무엇이 유엔을
움직이는가

무엇이 유엔을 움직이는가

지은이 김지훈
펴낸이 안용백
펴낸곳 (주)넥서스

초판 1쇄 인쇄 2016년 1월 3일
초판 1쇄 발행 2016년 1월 5일

출판신고 1992년 4월 3일 제311-2002-2호
04044 서울시 마포구 양화로 8길 24
Tel (02)330-5500 Fax (02)330-5555
ISBN 979-11-5752-619-2 03340

무엇이 유엔을 움직이는가

국제정치의 최일선, 5위원회를 읽는다

김지훈 지음

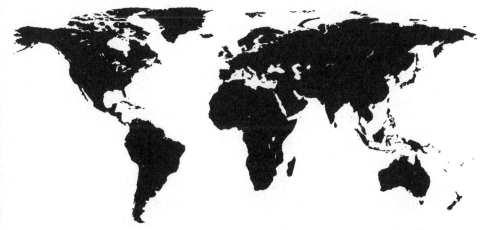

넥서스BOOKS

일러두기

• 이 책은 특정 기관의 공식 입장과 무관한 저자의 의견을 담고 있음을 밝힙니다.

• 저자가 주로 참고한 자료는 각 장 및 절 제목에 관련 출처를 모아놓았습니다. 본문에서 별다른 인용이 없을 때는 해당 보고서, 또는 다른 연도의 사무총장 보고서 및 ACABQ 보고서 등을 참고했습니다.

• 출처 없는 사진은 저자가 직접 찍은 것입니다.

• 5위원회 보고서 및 결의에서 사용되는 어휘들은 대부분 영어로 이루어져 있습니다. 다른 언어에 내재해 있는 사고 체계를 이해한다는 점에서, 우리말이 유엔 공용어가 아니므로 접근하기 쉽게 한다는 점에서 우리말 번역은 대단히 중요합니다. 이 책에서 저자는 가능한 한 사계에서 사용하는 어휘를 선택하고, 대응되는 말이 없거나 잘 모르는 경우에는 가급적 뜻이 잘 전달되도록 번역하려 했습니다. 다만 일부 도표, 주석으로 단 원문 등 세밀한 이해보다 참고하는 의의가 큰 경우에는 별도 번역을 하지 않았습니다. 그런 경우에도, 필요한 때에는 보충 설명을 가미했습니다.

• 몇 가지 반복되는 약자는 다음을 의미합니다.
ACABQ(Advisory Committee of the Administrative and Budgetary Questions): 유엔행정예산자문위원회
CMP(Capital Master Plan): 유엔본부개보수사업
COC(Committee on Contributions): 분담금위원회
GA(General Assembly): 총회
ICSC(International Civil Service Commission): 국제공무원위원회
PKO(peacekeeping operations): 평화유지활동
SG(Secretary-General): 사무총장
SPM(special political missions): 특별정치임무단
TRR(troop reimbursement rates): 경비상환율
YPP(Young Professionals Program): 공채시험

금년은 유엔 창설 70주년이 되는 해입니다. 제2차 세계대전 종전 후 70년 간 국제사회의 수많은 부침과 현대사의 소용돌이 속에서도 성장을 계속해온 유엔에 관해서는 역사의 굴곡만큼이나 그 평가가 상반되고 다양합니다.

전쟁과 무력 분쟁, 갈등과 유혈, 학살과 폭력이 비극적 결과를 야기할 때면, 좌절과 냉소가 국제사회를 휩쓸게 되고, 유엔에 대한 회의론과 과격한 무용 론으로 이어지게 됩니다. 이러한 분위기는 특히 안보리에서의 분쟁 지역 논의 가 강대국 간의 이해 다툼 때문에 생산적인 방향으로 진척되지 못하고 상황 을 마비시키거나 사태 악화에 오히려 기여하는 듯할 때 종종 두드러져 나타 납니다.

그러나 그보다 더 자주, 유엔은 세계화 시대에 어느 한 국가나 기구의 노력 으로는 다룰 수 없는 고귀한 일을 해오고 있습니다. 테러, 빈곤, 에너지, 질병, 여성, 물, 지속 가능 발전 등 수많은 글로벌 과제에 대처하는 데 유엔이 없었 다면 과연 어떻게 되었을까 하고 질문해보면, 유엔은 20세기 두 차례의 대참 상을 겪은 인류가 고안해낸 가장 큰 지혜의 산물이 아닐 수 없습니다. 유엔의 역할과 가치에 대한 상반된 평가와 논쟁은 앞으로 유엔의 지평을 넓히고 기 능을 강화시키는 데 오히려 긍정적 요소로 계속 작용할 것입니다.

우리나라는 1991년 유엔 가입 후 24년이 지나는 동안 대체로 5년 단위로 유엔 내에서 의미 있는 비약과 성장을 이어왔습니다. 안보리 비상임이사국 피 선, 유엔 총회 의장 선임, 유엔 사무총장 배출, 안보리 비상임이사국 재선, 경 제사회이사회 의장국 피선 등이 그것입니다. 특히 2006년 가을 반기문 사무 총장이 제8대 유엔의 수장으로 선출된 것은 우리 외교사에 큰 획을 긋는 일

대 사건이었습니다. 이로써 유엔과 국제사회에 한국의 경제적·정치적·문화적 역량을 함께 보여줄 수 있는 계기가 되었습니다.

이제 우리는 국제사회의 원조를 받던 나라에서 원조를 주는 나라로 올라섰습니다. 또한 유엔에서는 2%의 분담금을 내는 10위권의 재정 기여국이 되었습니다. 국제 관계에서 유엔의 역할이 확대·강화되고, 우리의 위상이 제고되고 있는 시점에서 우리는 미래를 향하여 새롭게 한 단계 높아진 역할에 대해 심각하게 고민할 때가 되었습니다. 이러한 때에 김지훈 참사관이 책을 낸 것은 세계화 속에서 우리의 외교를 생각하는 사람들에게 시기적으로 적지 않은 의미가 있다고 생각됩니다.

무릇 어떤 조직체와 마찬가지로 유엔도 기본적으로 예산과 인력으로 움직이고 정책이 이행되는 곳입니다. 예산을 효율적으로 사용하고 직원이 책임감 속에서 잠재력을 십분 발휘하도록 도와주는 일은 유엔의 임무가 중차대한 오늘날 반드시 필요한 과제입니다. 더 나아가 5위원회 업무를 보면 유엔 업무 전반을 볼 수 있고 국제사회의 치열한 경쟁을 느낄 수 있습니다.

김지훈 참사관은 주유엔대한민국대표부에 재직하면서 5위원회 업무를 열정과 집요함으로 깊이 파고들어 그 속에서 우리의 국익을 추구하고 국제사회의 큰 틀을 이해하고자 노력했음이 당시 대사였던 저의 뇌리에 인상 깊게 박혀 있습니다. 저자가 유엔의 외교관으로서 겪은 귀중한 체험과 성찰의 결과물을 함께 나눌 수 있다는 것은 독자들에게 흔치 않은 지적 행운일 것입니다.

김숙(전 주유엔대사)

2013년 2월 11일 아침 7시 30분, 뉴욕 맨해튼 45가/1가의 유엔 본부가 내다보이는 주유엔대한민국대표부에 들어섰다. 전 세계 국가들이 모여 지구적 문제의 해결을 논하는 국제정치의 상징 유엔에서 대한민국을 대표하여 일하게 되었다는 사실에 설렘과 긴장감이 느껴졌다.

그러나 부풀어오른 기대감은 며칠 후 미국대표부에서 있었던 선진국 협의에서 푹 꺼지고 말았다. 내 소개를 한 후 사람들의 대화를 귀를 쫑긋 세우고 들어보았지만, 도무지 무슨 말을 하는지 알아들을 수가 없었다. 그뿐 아니었다. 이런저런 회의 결과와 홈페이지 내용들을 훑어보고 며칠 후 5위원회 회의에 들어갔는데, 다른 나라 대표들은 외계에서 왔는지 애당초 알아먹을 수 없는 이야기들을 내뱉고 있는 것이었다.

자료를 숙지하고, 회의에 참석하며, 내용을 정리하고, 미리 고생한 선배들의 조언을 듣는 일과를 반복하다보니, 그제야 사람들 이야기에 귀가 뚫리고, 유엔 5위원회가 어떠한 곳인지 감이 오기 시작했다. 국회가 정부의 예산안을 결정하는 것처럼, 5위원회는 회원국들 간의 협상을 통해 유엔사무국 100억 불 규모의 예산을 결정한다. 4만 명 이상의 정원(定員) 규모 및 직급과 직원의 보수도 조정한다. 조직 운영의 기본인 돈과 사람에 관해 크고 작은 결정을 내리는 곳이 바로 5위원회였다.

그러나 그 세부 내용을 파악하는 것은 오히려 고차원적 문제였다. 그전에 유엔 문서 번호 읽는 법을 익히고, 회의장에서 발언권 얻는 법과 마이크 켜는 법부터 배워야 했다. 그런 시행착오를 겪다보니, 나의 선배들도 비슷한 고생을 했다는 것을 알게 되었다. 그러다가 1991년 유엔 가입 직후여서 물어볼 선배도 없던 시절의 신산은 더할 나위가 없었으리라는 데 생각이 미쳤고, 1991년 이전에는 주유엔대한민국대표부가 존재하지 않았다는 사실, 그리고 그 이전의 역사에 생각이 닿았다.

19세기 중엽 이후 한반도는 동·서양의 만남에 제대로 적응하지 못한 채 일본에 나라를 빼앗기고, 해방 후 전쟁을 치렀으며, 이후 남북 간 대립과 반목을 겪었다. 그러한 150년의 비극이 누적되어 나타난 결과의 하나는 바로 1945년 창설된 유엔에 46년이나 지난 1991년에야 회원국이 되었다는 것이다. 해방 후엔 한반도를 대표할 정부가 없었고, 정부 수립 이후에는 전란에 빠졌으며, 휴전 후에는 공산 진영과 자유 진영이 서로 남과 북의 가입을 반대했다.

우리가 냉전의 한복판에서 남북 대립의 쳇바퀴를 돌고 있을 때, 이미 유엔의 주인들은 예산 분담률, 분담금 체납 시 제재 조치, 유엔 직원 선발 방식에 대해 역사의 수레바퀴를 돌렸다. 우리가 투표권 없는 참관국으로 유엔의 회의를 침묵과 부러움 속에서 구경하고 있을 때, 선발 주자들은 유엔 공용어로 6개 언어를 삼고, 직원들 봉급을 세계 최고 수준으로 한다는 결의를 경쾌한 의사봉 소리와 함께 통과시켰다. 심지어 뉴욕의 유엔 본부 외에, 제2·3·4의 사무소를 제네바, 비엔나, 나이로비에 두며, 유엔 공용어 2개를 구사하는 사람에게 수당을 더 준다는 결정을 내리던 과정에서도 대한민국은 소외되어 있었다.

나는 2년간 5위원회 일을 하면서 국제 질서라는 평범한 이름의 현실이 얼마나 광대한지, 그리고 앞서가는 나라들이 그 현실을 얼마나 깊숙하고 세심하게 관리해나가고 있는지에 대한 깨달음에 몸서리쳤다. 그들은 제2차 세계대전의 난리통 속에서도 멀리 내다보며 유엔이라는 거대한 기구를 기획하고, 그 조직을 운영하기 위한 기구인 5위원회를 만들며, 이를 통해 예산과 평화유지활동(PKO) 운영 방식, 인사 정책, 행정 사항을 세세하게 결정해왔다. 믿거나 말거나, 유엔 세계에서는 안보리가 사무국에 자료 제출을 요청하면 하루가 걸리지만, 5위원회가 요청하면 당일에 바로 가져다준다고 한다. 그만큼 예산과 조직의 향배를 결정하는 5위원회에 유엔사무국은 민감하게 반응한다. 이 막대한 영향력을 가진 기구에 관한 진실이 그동안 우리나라에 별로 알려지지 않은 채 우리의 국제정치적 삶이 영위되어왔다.

이러한 악조건에도 불구하고, 우리는 재빨리 배웠다. 내용을 물어볼 사람도 없고, 그때그때 처리해야 할 일이 넘쳐나는 현실이라는 역사의 유물이 대한민국 외교관들의 오늘을 육중하게 짓눌러왔지만, 그들은 촌음을 쪼개서 5위원회를 익혔고, 성과를 올려왔다. 신규 가입국으로서 부담이 분산되도록 분담률의 완만한 상승을 이끌어냈고, 2000년 우리나라의 PKO 분담률이 오를 때는 1990년대 말 외환 위기로 초래된 어려움을 반영하여 예외적으로 2001~2005년에 걸쳐 서서히 인상되도록 했다. 1990년대 유엔 공채시험을 유치하고, 2000년대 초급전문가 제도를 만들어 한국인의 유엔 진출도 지원했다. 분담률 산정 방식을 심의하는 분담금위원회에 위원을 배출했고, 2006년에는 분담률 1% 이상 회원국 모임인 제네바그룹 활동을 개시했으며, 2010년대 들어 운영 개혁 논의에 적극적으로 뛰어들었다.

이 책은 이러한 우리의 5위원회 외교사의 연장선상에 있다. 유엔 사무총장도 배출했고, 매년 5,000억 원의 분담금을 납부하며, 분담율 12·13위를 차지하는 한국은 이제 유엔이 수행하는 구체 사업에 대해 우리의 국익과 판단에 따라 그 예산 수위와 인력 구조가 조정되도록 5위원회 논의 참여를 더욱 확대할 때가 되었다. 그래서 2년 동안 다루었던 예산안과 관련 제도를 정리한 정규예산 기본 내용, PKO예산 및 유엔 인사·행정 주요 의제 그리고 인사·복무·급여·행정에 관한 구체 지침을 담고 있는 유엔 직원규정 및 직원규칙을 우리말로 번역한 것을 골간으로 이 책을 쓰게 되었다.

그것으로는 성이 차지 않았다. 겉으로 점잖게 악수하는 외교관들이 협상장에서 10불을 놓고 얼마나 치사하게 구는지, 한 사람이라도 더 자기 사람을 심으려고 얼마나 욕심을 부리는지, 돈과 사람 앞에서 이득과 잔꾀가 오고 가는 세상을 일반인들, 특히 학생들이 알았으면 좋겠다고 생각했다. 국제정치가 벌어지는 적나라한 현실을 알 수 있기 때문이다. 대학교 때 외교 이론을 배우면서 실제 결과물이 나오기까지 현장에서 오고 가는 대화가 궁금했다. 그래서 각 장마다 사무국과 회원국들의 생각이 현실이 되는 협상 과정을 실었다. 특히 예산 협상의 진수를 보여준 2014-2015년 정규예산(4장), 20년 만에 인상이 이루어진 PKO 병력에 대한 경비상환율(5장), 그리고 반기문 유엔 사무총장의 중점 과제였던 이동근무 정책(6장)에 대해서는 회원국 대표들 간 이익을 주고받는 현장을 가능한 한 상세히 그리고자 했다.

그러나 협상을 준비하고, 진전시키는 것이 주업인 사람이 현장의 순간순간을 체계적인 기록으로 남기기 어렵다는 한계는 나에게도 적용된다. 그리고 5위원회 협상을 통해 국가 간 상호작용에 대한 법칙을 논하기에는 내 천착이 부족하다. 약간의 패턴이라도 제대로 정리되었는지 걱정이 앞설 뿐이다.

이 책은 5위원회에 관한 사실관계를 담고 있지만, 이를 좀 더 쉽게 이해할 수 있도록 내가 겪은 일들을 수필처럼 가미했다. 그리고 포장은 나의 책이되, 그 내용과 판단은 5위원회에서 직접 뛴 선배 외교관들의 노고에 빚진 바 크다. 일하며 들었던 경험담과 업무 고비마다 받은 시의적절한 조언의 진가는 형언하기 어려울 만큼 높다. 아울러 함께 일한 지원 인력들이 여러 의제의 기초 조사에 열정적으로 임해주었다. 그분들 모두에게 감사를 드린다. 물론 고귀한 지혜를 여기에 온전히 담아내지 못한 책임은 전적으로 나에게 있다.

대한민국은 5위원회에서 한계를 느꼈지만, 약진을 했고, 아쉬움도 있었지만, 성과도 만들었다. 다른 나라들이 1945년부터 참여해온 유엔 운영에 우리가 뒤늦게 동참했지만, 그래도 하면 된다고 생각한다. 21세기 유엔의 임무는 갈수록 늘어가고 있다. 지구적 과제를 당차게 수행하는 유능한 조직으로 만드는 도전 과제가 우리 앞에 놓여 있다. 1991년 유엔에 가입하면서 총회장에 수제천(壽齊天)의 아름다우며 아방가르드적인 선율로 평화에 대한 기여 의지를 만방에 선포한 대한민국이 5위원회에서 더욱 기여하기를 희망한다.

김지훈

차례

 **정규예산**

5장 PKO예산

 **6장 인적자원관리**

 **7장 행정 의제**

 유엔을 경영하라

1장

유엔을 움직이는 숨은 힘, 제5위원회

> "그와 협상을 해야 하는 상대방에게는 안타까운 일이지만,
> 이스라엘의 외교장관 에반은 유려한 언변에 일급 지성과
> 탁월한 외교적 감각까지 겸비했다. 그는 언제나 준비가 철저했다.
> 다시 말해, 자신이 원하는 것이 무엇인지 정확히 알고 있었다."
> – 헨리 키신저 전 미국 국무장관[001] –

---

001   Henry Kissinger, *White House Years*, 359쪽, Little, Brown & Company, 1979년.
"Eban's eloquence - unfortunately for those who had to negotiate with him - was allied to a first-class intelligence and fully professional grasp of diplomacy. He was always well prepared; he knew what he wanted."

여러 수비수를 제치는 축구선수 메시(Lionel Messi)의 드리블은 환상적이지만, 실제로 이와 같이 하려면 공 차는 법부터 익혀야 한다. 우즈(Tiger Woods)의 스윙은 물 흐르듯 자연스럽지만, 이를 내 것으로 만들려면, 부자연스러운 골프채 잡는 법부터 시작해야 한다. 이 지루한 기본기 연습이 복잡한 단계로 가기 위해 선행되어야 하는 것처럼 5위원회에서 이루어지는 국가 간 협상의 진면목을 발견하고, 우리 나름의 역할을 해내기 위해서는 기본 내용에 대한 준비가 이루어져야 한다. 여기 1장과 다음의 2장은 그러한 5위원회의 기초를 익히는 내용을 싣고 있다.

돈과 사람은 조직을 운영하는 두 가지 핵심 요소다. 5위원회에서 다루는 예산과 인사 쟁점들을 이해하는 것은 유엔이라는 조직이 어떻게 운영되고, 그 이면에 회원국들의 이해관계가 어떻게 얽혀 있으며, 우리는 유엔을 중심으로 한 세계에서 어떤 지위를 차지하고 있는지 파악하는 데 첩경 역할을 한다.

1

5위원회가
막강한 이유

내가 유엔대표부에서 일한다고 하면, 적지 않은 사람들이 반기문 사무총장을 자주 볼 수 있는지, 상사로 모시고 일하는지 묻곤 했다. 드물게 회의장에 함께 있는 때면, 먼발치에서 존경 어린 마음으로 바라보기는 하지만, 내가 속해 있는 유엔대표부에서 상사로 지휘를 받지는 않는다. 사무총장은 유엔대표부가 아닌, 유엔의 수장이다. 유엔대표부는 각 회원국을 대표하며, 국회와 유사하게 법령을 제정하는 반면, 사무총장은 유엔사무국의 수반으로서 정부와 유사하게 법령을 집행하는 역할을 수행한다. 가령 15개 안전보장이사회 이사국들이 유엔 평화유지(peacekeeping operations, PKO)군 창설을 결정하는 결의를 채택(입법)하면, 유엔사무국은 결의에 따라 PKO군을 만들고, 운영하는 임무를 수행(행정)한다.

입법부(국회의원)	행정부(대통령)	사법부(대법원장)
193개 유엔 회원국 (유엔대표부 대사)	유엔사무국 (사무총장)	국제사법재판소 (재판소장)
외교관	유엔 직원	판사/유엔 직원

유엔 사무총장을 세계의 대통령이라 종종 부르지만, 사무총장만큼 불쌍한 대통령도 없다. 유엔이 무슨 임무를 수행할 것인가 결정하는 데 주어

진 재량이 극히 제한되어 있기 때문이다.[002] 유엔의 임무를 결정하는 회원국 간 기구(intergovernmental body)를 총칭해 입법 기구(legislative body)라고 부르며, 여기에서 결의(resolution)를 채택해야 유엔의 임무가 생겨난다.

유엔의 입법 기구들은 기능과 구조에 따라 안전보장이사회(안보리), 경제사회이사회(경사리), 총회 등으로 구분되고, 총회는 다시 분야에 따라 제1위원회부터 6위원회까지 6개 주요 위원회(Main Committee)로 구분된다. 국회에 외교통일위원회, 보건복지위원회 등 여러 상임위원회가 있는 것과 마찬가지다. 5위원회는 유엔, 그중에서도 유엔사무국의 1년 기준 100억 불 규모의 예산, 4만 2,000명 직원에 관한 인사 정책, 소속 부서 및 산하 기관의 정원(定員) 및 행정 문제를 심의한다.[003] 국회의 예산결산특별위원회와 유사하면서, 예산 심의 범위가 유엔사무국 전체를 아우르고, 인사 정책 및 조직 존폐도 결정하는, 매우 막강한 기구라 할 수 있다.

5위원회는 유엔사무국의 예산만 다룬다. 유엔개발계획(UNDP)이나 유엔아동기금(UNICEF) 같은 수십 개의 유엔 기구들(Funds, Programs, specialized agencies) 예산은 해당 기구의 이사회(Executive Board) 소속 회원국

---

002 심지어 회원국들은 명시적으로 총회를 월권하지 말라고 말하기도 한다.
총회 결의(A/RES/67/248) 5조: Requests the Secretary-General(SG) not to take any measures that do not respect the prerogatives of the General Assembly(GA);

003 5위원회의 기능은 유엔 헌장 제17조 및 총회 결의에 나타나 있다.
UN Charter Article 17: The GA shall consider and approve the budget of the Organization. The expenses of the Organization shall be borne by the Members as apportioned by the GA. The GA shall consider and approve any financial and budgetary arrangements with specialized agencies referred to in Article 57 and shall examine the administrative budgets of such specialized agencies with a view to making recommendations to the agencies concerned.
A/RES/45/248 B, Sect. VI.
OP 1. Reaffirms that the Fifth Committee is the appropriate Main Committee of the GA entrusted with responsibilities for administrative and budgetary matters;
OP(operative paragraph)는 본문 조항을, PP(preambular paragraph)는 전문 조항을 나타내는 비공식적 표현이다. 결의 원문에는 'PP', 'OP', 'article(조)' 등은 쓰이지 않는다.

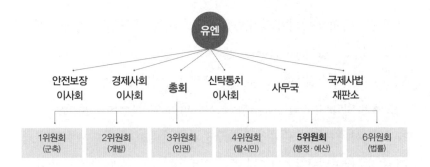

| 1위원회
(군축) | 2위원회
(개발) | 3위원회
(인권) | 4위원회
(탈식민) | **5위원회**
(행정·예산) | 6위원회
(법률) |

들이 승인한다.[004] 그러나 5위원회가 직원 급여 수준, 퇴직 연령 등을 다루는 유엔공동제도(UN common system)를 논의하므로, 이에 관한 결정은 제도에 참여하는 수십 개의 유엔 기구에 공통적으로 적용된다.[005] 5위원회의 결정이 대다수 유엔 기구 직원들의 삶에도 직접적 영향을 미치고 있는 것이다.

2013년도 유엔 시스템 및 유엔사무국 예산 규모 비교

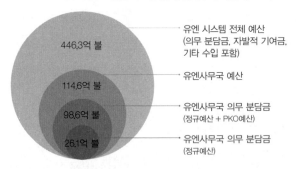

446.3억 불 — 유엔 시스템 전체 예산 (의무 분담금, 자발적 기여금, 기타 수입 포함)

114.6억 불 — 유엔사무국 예산

98.6억 불 — 유엔사무국 의무 분담금 (정규예산 + PKO예산)

26.1억 불 — 유엔사무국 의무 분담금 (정규예산)

※유엔 시스템 예산은 유엔공동제도 참여 기구(32개) 기준

---

004 5위원회에서는 전체 유엔 시스템의 예산을 비교해보는 차원에서 기구별 의무 분담금, 사업 분담금(자발적 기여금) 등을 취합한 자료를 받아본다. A/69/305(Budgetary and financial situation of the organizations of the United Nations system) 참조.

005 유엔 시스템에 대해서는 부록을 참고.

2
3대
논의 주제

5위원회 의제는 수십 개지만, 크게는 유엔사무국이 사용할 돈을 거두는 세입(歲入), 사업별 예산을 배정하는 세출(歲出), 그리고 이를 수행할 사람과 조직에 관한 인사·행정 셋으로 분류된다. 자세한 내용은 3-7장에서 다루고, 아래에서는 간단히만 훑어보자.

❶ 세입(歲入): 분담금

유엔사무국이 사용하는 돈은 기본적으로 193개 회원국의 정부 예산에서 나온다. 유엔의 분담금은 외교부와 여러 부처에 흩어져 있는 국제기구 분담금 항목에서 지출되는 우리의 세금인 것이다.[006]

이와 대조적으로, 사무국 외의 유엔 기구(Funds, Programs, specialized agencies)들은 회원국 분담금보다 정부, 기업 등이 자발적으로 낸 기여

---

006 유엔 의무 분담금은 분담률 공식에 따라 회원국별로 산정(assess)한다. 이 산정액(assessments)을 분담금, 그 비율을 분담률(scale of assessments)로 부르고, 회원국에 할당(apportion)하므로 'apportionments'로 표현하기도 한다.

금(voluntary contributions)[007]에 의존하는 정도가 더 크다. 유엔아동기금 (UNICEF)이 피겨스케이트 선수 김연아나 영화배우 오드리 햅번 등 친선 대사를 임명해 홍보 활동을 벌이는 것도 회원국 분담금만으로는 쓸 돈이 부족해 직접 자금을 끌어모으기 위해서다.

또 우리가 여러 개의 은행 계좌를 가지고 있는 것처럼 유엔도 다음 표와 같이 정규예산, PKO예산, 국제전범재판소 예산, 유엔본부개보수사업 예산 등 4개의 계정(account)을 가지고 있다. 계정을 구분하는 기준은 분담률이다. 정규예산과 달리 PKO예산은 PKO 창설 및 임무를 결정하는 안보리의 5개 상임이사국 분담률이 높다. 국제전범재판소 예산은 유엔의 일반 임무 성격과 안보리 책임 성격이 혼재되어 있다고 보아 정규예산 및 PKO예산 분담률을 50%씩 적용한다. 뉴욕의 유엔본부개보수사업은 특정 시점에 개축한다는 특수성 때문에 2008-2009년 시점의 정규예산 분담률만을 적용한다.

	분담률	최근 예산 규모
정규예산	정규예산 분담률	55억 불(2년)
PKO예산	안보리 상임이사국 분담률 높음	80억 불(1년)
국제전범재판소 (구유고 및 르완다 등) 예산	정규예산 분담률 50% + PKO예산 분담률 50%	4억 불(2년)
유엔본부개보수사업 예산	2008-2009년의 정규예산 분담률	19억 불(2007-2011년)

---

007 특정 사업에 지출되므로 사업 분담금으로 부르기도 하고, 일반 예산에 대비해 '예산 외 기금(extra-budget, XB)'으로 부르기도 한다.

❷ 세출(歲出): 정규예산 및 PKO예산

걷은 돈은 목적에 따라 배분해야 한다. 정규예산은 정무, 개발, 인권 등 각종 사업과 기획·관리 업무 등에 쓰인다. PKO예산은 PKO군 인건비, 건설, 식량, 연료, 수송 등의 활동에 쓰인다. 국제전범재판소 예산은 재판소 운영에, 유엔본부개보수사업 예산은 각종 건축 기자재 구입 및 설치에 사용된다. 5위원회는 이들 예산을 세부 분야별로 얼마씩 배정(appropriate)할 것인지 결정한다.

❸ 인사·행정

유엔사무국 직원에 대한 인사 정책, 직원 급여, 조직의 신설·폐지, 근무 관련 소(訴)를 해결하는 사법제도도 5위원회 소관 사항이다. 유엔 직원들의 정원(定員) 문제도 심의하는데, 이는 예산안의 일부로 논의된다.

3
5위원회는
어떻게 운영되는가

❶ 5위원회 회기 및 예산 회계연도

유엔 총회(General Assembly, GA)는 매년 9월 셋째 주 화요일 시작하여 1년 간 지속된다. 각국 정상들이 뉴욕에 오는 것이 그 첫 주, 즉 기조연설 주간으로, 이때 맨해튼의 미드이스트 (Mid-East) 지역은 정상들에 대한 차량 호위와 안전 조치로 교통이 마비되다시피 한다.[008] "일반 토론"으로 직역할 때 의미가 더 명확해지는 기조연설(general debate)은 회원국 대표들이 중요하게 생각하는 문제에 대해 연설함으로써 당해 총회의 전반적 분위기를 설정하고, 당시의 세계 여론을 반영한다. 본격적

유엔 총회 기조연설 최고의 스타는 역시 미국 대통령이다. 나는 69차 총회에서 우리 대표단의 이동을 지원한 후 총회장에 들어갔다. 외교장관이나 대사 등이 앉는 질서 정연한 대표단석과 달리, 나와 같은 지원 인력이 들어가는 방청석은 발 디딜 틈이 없었다. 미리 서 있던 사람에게 자리를 빌려 약 20초간 오바마 대통령을 바라보았다.

---

008   오바마 대통령은 유엔 총회 기조연설 주간에 발생하는 교통 체증에 대해 다음과 같이 조크를 던졌다.
"It's pretty smooth for me during the week, … I don't know what the problem is. Everybody hypes the traffic, but I haven't noticed."(USA투데이) 2014년 9월 24일 자 기사, http://www.usatoday.com/story/theoval/2014/09/24/obama-traffic-united-nations-clinton-global-initiative/16140743/)

인 논의는 기조연설 주간이 종료된 후 시작된다. 다음 표와 같이 총회 기간 중 본회기, 1차 속개회기, 2차 속개회기 등 3차례 정기 회기가 개회된다. 회기가 열리는 동안에는 매일 오전 10시에서 오후 1시(오전 회의) 및 오후 3시에서 6시(오후 회의)까지 회의가 이어지기 때문에, 회의 준비, 결과 정리, 전략 협의 등을 하다보면, 하루가 금세 지나간다.

	2013년	2014년					2015년				
	10-12월	1월	3월	5-6월	7월	10-12월	1월	3월	5-6월	7월	10-12월
총회	68차		→			←	69차	→			← 70차
회기	본		1차 속개	2차 속개		본		1차	2차		본
정규예산	'12-'13년 예산 →		←	'14-'15년 예산				→			
	예산안 2차 결산					예산 개요 1차 결산					예산안 2차 결산
PKO예산	'13-'14년 예산 →					← '14-'15년 예산 →					← '15-'16년
				예산안					예산안		
기타			본회기 미결 의제009			인적자원 관리		본회기 미결 의제			

※ 왼쪽 열의 정규예산 및 PKO예산 행에서 색을 입힌 부분은 예산 회계연도를, 색이 없는 부분은 5위원회 논의 의제를 말한다. 인적자원관리는 짝수 해에 다룬다.

정규예산(regular budget)은 가령, 2014년 1월 1일부터 2015년 12월 31일까지 2년을 주기로 편성되는 2개년 예산(biennium budget)이다. 홀수 연도 12월이 가기 전에 예산안 처리가 필요하다. PKO예산(financing for PKOs,

---

009 1차 속개회기는 원래대로라면 본회기에 처리하지 못한 일부 의제를 재차 논의하는 회기여야 하는데, 실제로는 책임성(accountability) 의제 같은 몇 개 의제가 전속으로 배정되고 있다.

PKO budget)은 변동성이 심한 현실을 반영하기 위해 1년 주기로 편성하며, 7월 1일부터 회계연도가 시작된다.

위 표에 근거해 2014-2015년 정규예산 결정 순서를 살펴보자.

2012년 중 사업예산 개요 제출

정규예산은 사업예산 개요(programme budget outline, 예산 개요)로 시작한다. 사무국이 실제 정규예산을 편성하기에 앞서 잠정적으로 예상해본 예산 규모와 중점 추진 사업이 담겨 있다. 사무국은 2014-2015년 사업예산 개요를 유엔행정예산자문위원회(Advisory Committee of the Administrative and Budgetary Questions, ACABQ) 및 5위원회에 제출한다. ACABQ[010]는 이를 검토하여 승인 수준에 대한 권고 의견을 5위원회에 제시한다.

2012년 10-12월 사업예산 개요 심의

5위원회가 채택하는 2014-2015년 사업예산 개요는 2013년 사무국의 정규예산 편성을 위한 기본 지침이 된다. 가령 사업예산 개요 결의에서 전기 연도 예산에 비해 1% 삭감된 수준을 결정하면, 사무총장은 각 부서에 '전년보다 1% 삭감된 예산을 편성하라'는 기본 지침을 내릴 수 있다. 사업예산 개요는 실제 예산안에 대한 구속력은 없다. 그래도 회원국이 합의하여 결정한 예산 편성의 기준이기 때문에, 이를 크게 벗어나지 못하도록 하는 효과가 있다.

---

010 처음 ACABQ라는 약자를 접하고, '아카바크'로 읽어야 하나 싶었다. 그냥 알파벳으로 '에이씨에이비큐'로 읽으면 되는데, 이렇게 약자로 읽는 말이 5위원회에는 많다.

2013년 중 사업예산안 제출

사무국은 2012년 결정된 예산 개요에 기초하여 2013년 여름경 2014-2015년 사업예산안(proposed programme budget)을 제출한다. 사업예산안도 우선 ACABQ가 승인 수준에 대한 의견을 제시한다. 유엔 예산이 상당히 증가해온 최근, ACABQ는 대체로 일정액을 삭감하는 것이 좋다고 권고한다.

2013년 10-12월 사업예산안 심의

회원국들과 사무국 간 사업예산안의 세부 과목(section)별 질의응답이 있고, 이어 회원국 간 예산 협상이 벌어진다. 좁쌀만 한 글씨로 사업예산안이 1,000페이지를 넘기고, ACABQ 보고서가 400페이지에 달할 뿐 아니라, 보고서들이 회기 직전이나, 심지어 회기 시작 후에 제출되는 경우도 허다하여 시간에 쫓기며 논의와 협상을 진행한다. 이 과정에서 회원국들의 관심사가 반영되고, 예산 규모가 조정된다.

2014년 말 및 2015년 말 수정예산안 심의

정부의 추가경정예산처럼, 유엔도 수정예산안(revised budget proposal)을 제출하고, 승인받는다. 수정예산안이 올라오는 이유는 2개년 계획을 짜 운영하는 과정에서 계획이 변경되기도 하고, 2014년 에볼라 바이러스에 대한 대응 사례처럼 긴급한 현안이 발생하기도 하기 때문이다. 아울러 환율, 물가 등의 변동에 따른 예산 조정분도 유엔에 독특한 예산 수정 원인이 된다. 2014년 10-12월 및 2015년 10-12월 각각 1차 결산(performance report) 및 2차 결산 의제에서 수정예산을 심의한다. 다음 회계연도로 넘길 금액

(credit)을 결정하기도 한다.

❷ 회기 내 논의 순서

공식 회의(formal meeting) 개최

그럼 실제 5위원회 회기가 시작되면, 어떤 순서를 거치며 논의를 진행하는 가. 우리가 사진이나 실제 뉴욕을 방문해서 보게 되는 높은 건물은 사무 국 건물(Secretariat Building)로 유엔사무국 직원들이 근무하는 곳이다. 회원 국 대표들이 모여 회의하는 곳은 이 사무국 건물과 통로로 연결되어 있는 회의장 건물(Conference Building)이다. 2014년 개보수를 끝내고 재개장한 이 건물의 CR3(Conference Room) 회의장에서 5위원회 공식 회의가 열린다. CR3 안으로 들어가보면, 생기기는 직사각형이지만, 맨 앞의 일렬로 둔 의 장단 자리를 빼고는 회원국들이 앉는 좌석을, 의장을 바라보기 편하게 부 채꼴 모양으로 늘어놓았다. 앞열에서 뒷열로 가며 ABC 순으로 회원국 자

5위원회가 열리는 CR3 회의장을 대한민국 좌석 뒷열에 서 바라본 모습.

리가 정해져 있다.

회기 첫날, 보통 5위원회 의장이 ACABQ 의장, 사무국 대표 등이 모인 가운데 개회를 선언한다. 이 후 세부 의제를 상정하면서, 사무 국 대표가 사무국 보고서 내용을, ACABQ 의장이 ACABQ 보고서 내용을 간략히 설명하는데, 대개는

이미 제출된 보고서를 추려 읽는 요식 행위로 끝난다. 이어서 회원국의 공식 발언(formal statement)이 이어지는데, 사전에 신청하거나 현장에서 의장에게 발언권을 얻어 행한다. 회원국들은 공식 발언을 통해 의제에 대한 자국의 관심과 원칙을 압축적으로 표명한다. TV에서 종

2014년 11월 14일 인적자원관리 의제에 관해 공식 발언했다(유엔 WebTV 캡처 화면).

종 보여주는 회원국들 모습은 대개 안보리, 경사리, 총회 공식 회의에서 실시하는 발언 장면으로, 공식 외교 석상에서 국가를 대표해 실시한다는 진중함과는 대조적으로, 발언 내용은 기본적인 입장만 신고 있어 결의 채택에는 별다른 영향력이 없는 경우가 태반이다. 공식 발언이 끝나면, 대체로 의장은 '비공식 협의(informal consultations)'에서 계속 논의하자면서 공식 회의 종료를 선언한다.

우리나라는 주로 정규예산안, PKO예산안, 인적자원관리 의제에 대해 공식 발언한다. 우리의 기본 입장을 표시하는 것이 나중에 비공식 협의에서 협상력을 제고하는 데 일정 정도 도움이 되지만, 다수 의제에 공식 발언하는 데 따른 실무적 부담도 적지 않다. 핵심 내용 중심의 간략한 발언이 좋다.

모든 공식 회의는 공개되며, 유엔의 WebTV를 통해 생중계되고, 유엔 공용어 동시통역이 제공된다.

비공식 협의(informal consultation)

딱딱한 공식 회의를 마치면, 비공식 협의를 통해 회원국과 사무국 간 질의응답이 진행된다. 국회에서 각 부처 장관들에게 질의를 던지는 것과 마찬가지다. 차이점은 유엔에서는 반드시 장관 격인 사무차장(Under-Secretary-General)만을 부르지 않고, 차관급, 국장급, 필요하면 구체적인 내용을 가장 잘 아는 과장급 인사들과도 질의응답을 진행한다는 데 있다.

ㄷ자 형태로 되어 있는 CR5에서 진행되는 5위원회 비공식 협의는 대개 1회에서 수회 진행된다. 사실 유엔사무국의 예산안 및 각종 보고서는 무미건조하고, 일부러 읽는 사람들이 이해하지 못하게 하려는 의도가 다분하다고 생각될 때가 많다.[011] 회원국들은 이해를 명확히 하기 위해 여러 가지 질문을 던진다. 우리 국회의원들의 상임위 활동을 보면, 사전에 얼마나 공부가 되어 있는지가 드러나는 것처럼, 회원국 대표가 던지는 질문은 대표의 보고서 내용에 대한 이해도를 보여주는 것은 물론, 해당 회원국이 앞으로 몇 달 동안 보일 적극성을 판가름하게 해준다. 정곡을 찌르는 질문을 던지면, 회원국 대표들이 엄지손가락을 치켜세우거나, 회의 후 날카로운 질문이었다고 덕담을 건네기도 하지만, 시간 낭비성 질문을 던지면, 회원국 대표들의 눈은 재빨리 자기의 스마트폰으로 옮겨 간다.

---

011   예를 들어, 사무국이 제출한 2014-2015년 예산 개요(A/67/529)는 53.4억 불이 소요된다고 첫 장에 요약되어 있다. 그러나 보고서 뒤에 가보면, 예산조정액(recosting), 여타 수정예산 등에 대한 총회 결정이 있게 되면 액수는 달라질 수 있다고 쓰여 있다(아래 참조). 결국 첨부물을 포함해 자료를 끝까지 읽어봐야 예산 개요에서 제시하는 액수가 53.4억 불을 훨씬 초과할 것임을 알 수 있다.
"24. The total preliminary estimate for the biennium 2014-2015 amounts to \$5,341.0 million. It should be emphasized that the preliminary estimate of \$5,341.0 million includes the deferred post-related recosting for inflation and exchange rates for planning purposes. This estimate will be affected by decisions to be taken by the GA with respect to those reports currently before it and forthcoming reports, as reflected in annex II. These reports, when considered and if adopted by the Assembly, will have an impact on the level of the proposed programme budget for the biennium 2014-2015."

질의응답이 끝나면, 해당 의제를 진행하는 간사가 회원국 대표들에게 이번에 채택할 결의의 뼈대 문안(skeletal language)을 나눠주고, 몇 월, 며칠, 몇 시까지 결의 문안(language proposals, proposed language, draft language, language)을 제출할 것을 요청한다. 문안이 제출되면, 이를 한데 엮은 결의안(draft resolution)을 놓고, 문안 제출 회원국이 자기 문안에 대해 간략히 설명한 후 대개 두 번 읽으면서 회원국 문안의 기본 의미에 대해 서로 질의응답한다.

모든 비공식 협의는 비공개로 진행하며, 유엔 공용어 동시통역이 제공된다.

비공식-비공식 협의(informal-informal consultation)

5위원회의 본격적인 게임은 비공식-비공식 협의에서 이루어진다. 공식 회의에서 마음 편하게 발언하기 어려운 점을 보완하기 위해 비공식 협의를 만들었지만, 마이크와 통역을 사용하고, 회원국 대표를 "존경하는 대한민국 대표님(distinguished representative from the Republic of Korea)"이라고 부르는 등 딱딱한 형식이 여전히 자유로운 토론에 걸림돌이 된다.

이러한 거추장스러움 없이 구체 제안, 주장의 변경 등을 바탕으로 한 협의를 진행하기 위해 '비공식'을 두 번 붙인 '비공식-비공식 협의'라는 이상한 이름의 시스템을 만들었다. 보통 결의 초안 제출 이후 진행되며, 회원국 대표끼리 이름(first name)을 부르며 이야기를 주고받는다. 비공식-비공식 협의는 CR5에서 이루어지며, 회의장 밖의 소파에 앉아서 하는 경우도 있어서 'couch meeting'이라고도 부른다. 영어로 대화하며, 내가 이런 제안을 하면 동의하겠느냐는 식의 즉자적 대화가 오고 간다. 비공식-비공식 협의에서 의제별 결의 문안이 다듬어지고, 합의가 도출된다.

통역이 제공되지 않으며, 대개 마이크도 사용하지 않는다.

최종 소인수 협상

유엔 근무 외교관들끼리 하는 이야기로, 5위원회 근무를 기피하는 이유가 밤샘 협상이 많기 때문이라고 한다. 회의장 건물 안, 그것도 5위원회 회의를 하는 CR5 바로 옆에 설치한 비엔나 카페(Vienna Cafe)에서 커피를 사마신 후, 돈과 사람을 하나라도 더 가져가려고 문자 그대로 핏줄 선 안구가 되어가며 수많은 밤을 지새운다. 의제별 비공식-비공식 협의에서 그렇게 밤을 새고도 합의가 도출되지 않는 일부 의제에 대해서는 소수의 사람들만이 모여 핵심 내용에 대해 담판을 짓는 소인수 협상이 이루어진다. 주로 선진국 대 개도국 구도로 대사 혹은 차석대사 간 3:3이나 5:5, 또는 실무자 간 같은 수로 이루어진다. 대개 회원국에 커다란 부담을 주는 예산안이나, 파급효과가 큰 개혁 의제들이 대상이 된다. 193개 회원국 중 유엔 운영에 깊이 관여하는 일부 회원국이 그룹 대표로 참여하는 소인수 협상이야말로 노련한 협상가들의 아슬아슬한 줄타기가 펼쳐지는 5위원회의 핵심 무대라 할 만하다.

내가 근무할 때는 주로 선진국 중에서 미국, 일본, 영국, 프랑스, 독일, 오스트리아 등이, 개도국 중에서 77그룹 의장국, 브라질, 파키스탄, 인도, 탄자니아, 이집트 등이 소인수 협상의 대표로 참석했다. 그리고 소속 그룹 부재에도 불구하고, 러시아가 의장의 초청 또는 자신의 꿋꿋한 의지로 참여하고, 관심사에 따라 미국 및 EU의 초청·묵인하에 캐나다, 호주 등도 참여했다.

소인수 협상은 5위원회 논의를 매듭짓는 확실한 방법인 반면, 참여하는 일부 회원국들의 관심사만 반영되며, 이미 제출된 여타국의 문안은 아예 논의 대상에서 제외되어버린다. 멕시코, 스위스, 노르웨이는 69차 총회 본회기 종료 직후 소인수 협상을 통한 논의 진전을 공식 비판한 적도 있다.

안타깝게도, 우리나라는 이 소인수 협상에 거의 참여하질 못했다. 초기에는 분담률이 낮기도 했고(1992-1994년의 경우, 0.690%), 5위원회 주요 플레이어로서 위상을 얻지 못했기 때문이기도 하다. 다행히 2014년 6월 PKO 예산안을 놓고 벌인 8:8 소인수 협상에 우리도 당당히 참여했다. 다자 외교 베테랑들이 기회를 잘 잡았고, 1.994%로 PKO 분담률 순위 12위로 올라선 자랑스러운 '대한민국'이라는 요소가 한국의 참여 당위성을 뒷받침하는 요소로 작용했다. 국력의 신장과 외교관들의 집요함이 어우러져 5위원회 역사상 처음으로 우리가 소인수 협상에 참여한 것은 우리 유엔 외교에서 조용하지만 의미심장한 승리였다. 자세한 이야기는 5장에서 다룬다.

결의 채택

지금까지 논의의 형식이 공식에서 비공식으로 내려왔다면, 결의 채택은 이 순서를 거꾸로 밟아 올라간다. 최종 소인수 협상에서 큰 쟁점에 대해 구술 및 간단한 메모 위주로 합의가 이루어지면, 실무자들이 비공식-비공식 협의를 통해 구체 문안에 합의를 도출한다. 합의된 문안(agreed text)은 의제 담당 간사가 비공식 협의에서 5위원회에 상정할 것을 제안하고, 회원국 의사를 확인한 후 반대가 없으면 의사봉을 두드린다. 동일한 내용의 결의안(draft resolution, L document)[012]을 5위원회 의장이 총회에 상정할 것을 제안하고, 회원국 의사를 확인한 후 반대가 없으면 의사봉을 두드린다. 총회에 상정된 동일한 내용의 5위원회 결의안은 이번에는 총회 의장이 회원국 의사를 확인한 후 반대가 없으면 의사봉을 두드린다. 이로써 결의안은 A/RES/70/000[013] 번호가 붙는 공식 결의가 된다. 우리가 보통 '유엔 총회에서 결정되었다'라고 하지만, 실제로는 개별 위원회에서 이미 정해진다.

기타 요소 1: 의장 및 간사 선정

5위원회 회의는 의장(Chair)이 주재한다. 의장은 각 지역그룹별로 1년씩 순환하는 순서에 따라 선출한다. 의장 선출 이외의 지역그룹은 부의장(3명) 및 보고관(Rapporteur, 1명)을 맡는다. 의장은 주로 공식 회의에서 회의 개회를 알리고, 회원국에 발언권을 부여하며, 투표를 하는 경우 관련 절차를 진행한다. 또한 회기 종료까지 합의가 도출되도록 각국 대표에 대한 직접 호소, 사무국 접촉 등의 역할을 수행하며, 최종 소인수 협상을 주재하면서, 의장 명의 중재안을 제시하기도 한다.[014]

회기가 시작되기 전 의장단에서 의장을 대신하여 각 의제별 논의 진행

---

012 'L'은 유엔 문서 코드 중 하나로, 한정 배포(limited distribution)를 의미하며, 표결 전이거나 최종 형태로 출력하기 이전 형태의 결의안을 말한다.

013 A는 총회(General Assembly), RES는 결의(Resolution), 70은 총회 차수, 000은 의제 번호를 칭한다. A/70/000과 같이 'RES'가 없는 문서 번호는 사무국, ACABQ, ICSC 등이 발행한 보고서를 말한다.

014 총회 의사규칙 106조에 규정된 위원회 의장의 역할은 다음과 같다.
"The Chairman shall declare the opening and closing of each meeting of the committee, direct its discussions, ensure observance of these rules, accord the right to speak, put questions and announce decisions. He shall rule on points of order and, subject to these rules, shall have complete control of the proceedings at any meeting and over the maintenance of order thereat. The Chairman may, in the course of the discussion of an item, propose to the committee the limitation of the time to be allowed to speakers, the limitation of the number of times each representative may speak, the closure of the list of speakers or the closure of the debate. He may also propose the suspension or the adjournment of the meeting or the adjournment of the debate on the item under discussion."

을 담당할 간사(coordinator)를 선정
한다. 간사는 ㄷ자 형태의 5위원회
회의장(CR5) 중앙에 착석한다. 회
의장 양쪽에는 선진국 및 개도국
대표들이 마주 보고 앉고, 그 중간
의 빈 공간에 놓은 탁자에는 러시
아, 멕시코, 호주 등 기타 회원국 대
표들이 앉는다. 어디에 앉는지만 보
아도 대강 회원국 성향이 드러난다.
간사는 지역그룹별로 적절하게 분

69차 총회 본회기에서 남수단 임무단(UNMISS) 예산 의제 간
사로 회의를 주재하는 모습. 의제에 대한 회원국들의 태도가
그다지 민감하지 않아 별다른 사건·사고 없이 진행되었지
만, 발언권을 배분하는 것과 회원국들 간 오고 가는 심리적 변
화를 인식하는 것. 이 두 가지 일을 동시에 처리하기 위해 매
순간 긴장감을 늦출 수 없었다.

담하나, 미국, 영국, 브라질, 러시아 등 주요국들은 간사를 수임하지 않는
경향이 있다. 실제 회의를 통해 자국 입장을 반영하는 데 더 큰 관심을 갖
고 있기 때문이다.

나는 2014년 69차 총회 본회기에서 우리나라가 한빛부대를 파병하고
있는 남수단 임무단(UNMISS) 예산안의 간사를 수임한 바 있다. 그간 다
른 간사들의 진행 모습을 내 나름대로 유심히 관찰했다. 적시에 논의의 발
산과 수렴을 조절하는 사람이 최고 간사고, 농담을 섞어 여유 있게 진행
하거나, 말은 많지 않아도 던지는 한마디에 무게가 실리는 사람이 그다음
이었다. 정해진 순서에 따라 무미건조하게 진행하거나, 발언권만 이곳저곳
분배하는 사람은 회의 장악력은 결여되어 있었지만, 회의 진행에 방해는
되지 않았다. 어떤 경우에는 회원국이 제기하는 제안과 수정안이 몇 조를
가리키는지조차 잘 모르는 얼치기 간사도 보았다. 나는 영어 원어민이 아
닌 사람으로서 화려한 언사는 지양하는 대신, 시간 낭비 없는 회의 진행

을 목표로 삼아 진행하고자 했다. 아울러 문안 제출이 기한 내에 이루어지거나, 1회독 및 2회독에 유의미한 질의가 오고 가는 등 작은 진전이 있을 때마다 회원국들에게 감사를 전하고, 진전을 이루었음을 알리는 등 가능한 한 긍정적인 분위기를 살리려 했다.

기타 요소 2: 총의(總意) 처리 관행

모든 회원국이 1국 1표를 행사하는 것이 민주적 국제기구 유엔의 특징이다. 그러나 5위원회에서 표결은 거의 없다. 1986년 개도국들이 수적 우세를 이용하여 자신들에게 유리한 방향으로 예산을 증액하려고 시도한 데 대해 미국이 분담금 납부를 거부한 것을 계기로 예산 관련 사항은 표결이 아닌, 총의(總意, consensus)로 처리하는 관행이 성립했기 때문이다.[015] 물론 동 관행에도 불구하고, 회원국은 총회 의사규칙에 따라 언제든지 투표를 요청할 수 있다.[016]

표결은 모든 회원국의 기본 권리이나, 실질적으로는 과반 득표가 보장된, 134개 회원국으로 구성된 77그룹만이 행사 가능하다고 볼 수 있다. 이와 동시에 총의 처리 관행이 선진국의 분담금 납부 거부를 예방한다는 목

---

015 A/RES/41/213 Sec. II
OP 7. Considers it desirable that the Fifth Committee, before submitting its recommendations on the outline of the programme budget to the GA in accordance with the provisions of the Charter and the rules of procedure of the Assembly, should continue to make all possible efforts with a view to establishing the broadest possible agreement.

016 총회 의사규칙(Rules of Procedure of the General Assembly)
Rule 124. Each member of the committee shall have one vote.
Rule 125. Decisions of committees shall be made by a majority of the members present and voting.
매년 레바논 평화유지군(UNIFIL) 예산안은 정치적 문제와 관련된 이스라엘의 요청으로, 특별정치임무단(SPM) 예산안은 보호책임(responsibilities to protect, R2P) 용어를 사용해서는 안 된다는 쿠바의 요청으로 표결 처리한다. 2012년 67차 총회 본회기 시 사무국의 변화관리계획(Change Management Plan) 추진에 대한 개도국의 이의 제기로 61개 개별 항목에 대해 총회 승인 여부를 표결로 결정했다.

적도 있으므로, 예산 규모에 대해 표결을 강행하는 것은 77그룹에도 매우 부담스러울 수밖에 없다. 따라서 현실적으로 5위원회 표결은 협상 진전을 위한 압박, 일부 회원국의 원칙 표명, 국내정치적 불가피성에서 비롯되는 것으로 볼 수 있다.

자, 이렇게 운영되는 5위원회를 실질적으로 주도하는 국가들이 누구인지 살펴보자.

69차 총회 본회기에 77그룹이 예산 개요 및 1차 결산 관련 결의안을 독자적으로 제출했다. 사진은 본회기 종료일이었던 2014년 12월 24일 동 결의안을 표결로 처리할 공식 회의를 개회하기에 앞서 몇몇 회원국들이 단상 앞에 모여 마지막 협의를 벌이는 모습이다. 이 협의 결과에 따라 표결 추진은 철회되었다. 여러 나라가 이 표결 위협에 대해 강하게 비판했다.

2장

5위원회
주요 플레이어

"공격성은 심리 분석에서 말하는 악의성이나 파괴성과 거리가 멀다. 공격성은 생명을 보존
하려는 본능의 집합체 가운데 가장 핵심적이라고 보는 것이 사실에 부합한다."
– 콘라드 로렌츠[017] –

"옛날 싸움을 잘하는 자는 먼저 상대가 나를 이기지 못하게 만들고 난 후 내가 상대를 이길
수 있는 조건을 살폈다. 이길 수 없음은 나에게 있고, 이길 수 있음은 적에게 있기 때문이다."
– 손자(孫子)[018] –

017　Konrad Lorenz, *On Aggression*, 48쪽, Harcourt, 1966년.
"Aggression, far from being the diabolical, destructive principle that classical phychoanalysis makes it out to be,
is really an essential part of the life-preserving organization of instincts, Though by accident it may function in the
wrong way and cause destruction, the same is true of practically any functional part of any system."
1973년 노벨의학상(병리학)을 수상한 로렌츠는 생명체의 공격성에 대해 같은 종의 동물들이 가용한 환경 내 고르게 분포되고, 경쟁자
간 싸움을 통해 적자의 번식을 도와주며, 새끼를 보호하는 세 가지 기능을 갖는다고 정리했다. 인간도 다른 동물과 다를 바 없이 이러
한 성향을 지니고 있는 한편, '개념'을 만들어내는 특성을 갖고 있어 인간만이 보이는 격한 경쟁과 전쟁을 가져온다고 말하고 있다. 동
시에 인간은 그러한 진화의 결과로 자신의 공격성의 대상을 다른 긍정적 목표로 통제할 수 있다(redirection)고 로렌츠는 낙관한다. 5
위원회에서 회원국들이 보이는 갈등, 경쟁, 그리고 합의의 과정은 인간성의 본질에 대한 영감을 불러일으킨다.

018　《손자병법(孫子兵法)》 군형(軍形)편, "昔之善戰者, 先爲不可勝, 以待敵之可勝. 不可勝在己, 可勝在敵."

유엔 193개 회원국 중 5위원회 논의에 적극적으로 참여하는 나라들이 있다. 이들 회원국의 내로라하는 협상가들이 보여주는 협상 과정은 한 발짝도 양보하지 않을 것 같은 공격적인 자세로 시작해서 마지막 합의를 도출할 때까지 순간순간의 번뜩임과 받아침이 오가는 한 편의 동적인 예술 작품과도 같다. 이들은 그러한 주고받음의 시나리오에 대해 사전에 몇 차례 연습을 거쳤을 것이다. 양보 가능한 사항과 양보할 수 없는 사항을 분명히 설정하고, 이를 제값 이상으로 주거나 헐값에 얻어내려는 전략을 수립했을 것이다. 이들 회원국들 간 역학 관계가 유엔 예산 및 인사 정책의 실질을 좌우한다. 원하는 바를 얻어내거나, 잃음을 최소화하기 위해서는 의제에 대해 정확히 분석하고, 우리의 우선순위와 상대의 우선순위를 비교·분석하는 작업이 요구된다. 그에 따라 5위원회 내 존재감이 엇갈린다.

5위원회를
주도하는 자들

❶ 개도국

개도국은 대체로 유엔의 수혜국이다. 내전과 분쟁의 해결, 빈곤 탈출 등을 위한 유엔의 사업 대부분이 이들 개도국에서 이루어진다. 따라서 개도국들은 유엔 예산의 충분한 편성을 지향한다. 또한 선진국 인사들이 기존에 유엔 내 요직을 차지해왔다고 보고, 개도국 출신 인사의 사무국 진출 확대를 강조한다. 사무총장의 재량권 강화도 경계하는데, 사무총장이 주요 선진국 및 안보리 상임이사국(P5)의 영향력에 휘둘릴 것으로 인식하고 있기 때문이다. 5개 상임이사국이 주도하는 안보리에 대응해, 총회는 개도국이 주도해야 한다는 생각을 신념처럼 갖고 있다.

개도국은 선진국 그룹과 더불어 5위원회 양대 세력의 하나로, 77그룹 의장국[019]을 통해 입장을 표명한다. 77그룹(Group of 77, Group of 77 and China로도 부른다)은 1964년 결성된 유엔 내 개도국들의 모임으로 현재 중국을 포함해 134개 회원국이 가입해 있다. 분담률을 합쳐도 30%가 채 되

019　의장국은 1년 순번제이며, 1월 교체가 이루어진다. 2013년 피지, 2014년 볼리비아에 이어 2015년 남아프리카공화국이 수임하고 있다.

지 않지만, 투표권으로는 3분의 2를 차지하기 때문에, 이들이 없이는 회의가 개시되지도, 정책이 만들어지지도 않는다. 의제별 담당자는 그룹 내부 회의에서 대체로 회원국 대표들의 기량을 가늠해 정한다. 국력 및 유엔 기여도도 영향을

회원국들은 개도국들의 원활한 협의를 위해 유엔 건물 내 77그룹 사무실을 제공했다. 우리나라도 1964년 77그룹 결성 당시에는 회원국이었다.

미쳐서 일부 국가들이 그룹의 입장 결정에 큰 영향력을 미치기도 한다.

　그룹 주도국으로는 수십 년간 개도국 및 남미의 맹주로 활약해왔으며, 외교관 실력이 출중한 브라질이 단연 돋보인다. 나는 2013년 중반 회의장에서 한 브라질 외교관과 인사를 나눈 적이 있다. 며칠 후 다시 만났을 때, 이름이 헷갈려서 얼결에 "How are you, Hernandez?"라고 인사를 건넸더니, 그 친구는 씩 웃으며, "Good. How about you, Mr. JOHNSON?"이라고 여유롭게 맞받아친 적이 있다. 다른 여성 외교관은 강인하기로 둘째가라면 서러워할 사람이었다. 이 외교관은 한 회의에서 사무국에 개도국 출신 인사들의 사무국 PKO 부서 진출을 위해 한 일을 설명하라고 물은 적이 있다. 사무국은 개도국 국민들을 대상으로 홍보 노력을 열심히 하고 있다고 답변했다. 이에 만족하지 못한 브라질 대표는 같은 내용의 질문을 여러 차례 반복했다. 그러자 한 회원국 대표가 "이미 답을 아는 내용에 대한 타령을 늘어놓기(harp on the same question)보다는 시간 안배 차원에서 다른 주제에 대해 논의하자"라고 했다. 다른 참석자들도 악보의 되돌이표처럼 브라질과 사무국 사이에 뻔한 이야기만 되풀이되는 데 싫증을 느끼던 차였기에 "옳거니" 동조하는 추임새를 넣었다. 이제 다음 주제로 넘어갈 분

위기라고 다들 생각했다. 브라질 대표가 말했다. "내 질문은 단순히 개인적 호기심에서 한 것이 아니라, 개도국 대표로서 개도국이 중요하게 생각하는 문제에 대해 제기한 것이에요. 만족할 만한 답변을 들을 때까지 계속 타령을 늘어놓을 생각이니(I will keep on harping on the same question, until I get satisfactory answers), 이 점 똑똑히 이해해주세요." 순간, 회의장은 물을 끼얹은 듯 조용해졌고, 브라질은 개도국 인사들의 사무국 진출에 대한 질문을 다시 한 번 던졌다. 브라질 외교관의 강경함을 맛본 계기였다.

다른 개도국 대표로는 안보리 상임이사국 중국, 비동맹 그룹의 맹주 인도, 1만 명에 가까운 PKO 병력을 파병하는 파키스탄 등이 꼽힌다. 그중 한 파키스탄 외교관의 활약은 우수한 협상가들이 모여 있는 가운데에서도 군계일학이었다. 체형이나 생김새도 그랬지만, 가끔 멜빵을 걸치고 나타나면, 영락없이 알 파치노(Al Pacino)가 연기한 영화 〈대부〉의 마이클 콜레오네(Michael Corleone)였다. 회의장에 들어오면 날카로운 눈으로 누가 앉아 있는지 죽 훑어보고 천천히 자리에 앉았다. 때로는 하나의 주장을 뒷받침하기 위해 다섯 가지의 이유를 들이댔다. 철야 협상을 즐기고, 협상을 통한 합의 도출에 확고한 의지가 있다는 말을 즐겨 했으며, 유창한 언변까지 갖추고 있었다. 몇 번 발언을 듣다보니, 된소리가 섞이고, 억양이 색다른 파키스탄식 영어(파키스탄은 우르두어와 함께 영어가 공용어임)에서 독특한 맛이 느껴졌다. 이 외교관과 2년간 협상해본 한 선진국 외교관은 선진국이 진정으로 원하는 협상 목표가 무엇인지 다 까발리게 만드는 재주가 있다고 평가했다. 협상은 내 논리도 준비해야 하지만, 상대방이 원하는 구체적인 목표와 우선순위를 끄집어내야 나한테 유리한 주고받기가 가능한데, 파키스탄 대표는 거기에 능했다. 자료를 들여다보면, 밑줄과 형광색 펜으로 그은 줄이 여럿 포개져 있었다. 사전 준비가 철저하다는 증거였다.

77그룹은 쿠바, 엘살바도르, 볼리비아 등 중남미의 강경 국가들이 그룹 전체의 의견을 좌우하기도 한다. 특히 쿠바는 서방에 대한 강경 자세를 유지하며, 발언을 독점하기도 할 정도로 회의 장악력이 엄청나다. 아프리카 국가 중에는 코트디부아르, 탄자니아, 나이지리아 등이 적극적으로 협상에 임한다.

이들의 활약을 보면서 다자 외교 무대에서 국력이 중요한 요소이기는 하지만, 개인의 자질 역시 그 나라의 기여의 질과 양을 좌우한다는 것을 깊이 깨달았다. 무엇보다 내가 한국에서 살면서 1인당 GDP를 통해 국가에 대한 첫인상을 받고, 그 국민들의 실력을 유추하곤 했는데, 그러한 세상 인식 방식이 얼마나 현실을 호도하는지 똑똑히 알게 되었다.

❷ 선진국(유사 입장 그룹, like-minded group)

5위원회의 또 다른 축인 선진국은 EU(28개 회원국 및 우크라이나, 보스니아-헤르체고비나 등 연대 국가 포함), 미국, 일본 등이 유사 입장 그룹이라는 연합을 형성해 논의에 임한다. 예산의 3분의 2 이상을 부담하는 선진국의 우선적 관심사는 유엔 예산의 효율적 편성 및 사용에 있다.

EU는 각 나라가 1명에서 수 명까지 담당자를 두고 있으며, 담당자 간 업무 분장을 통해 의제별 2-3명이 5위원회 의제를 담당한다. 영국은 미국과 밀접한 관계 및 사고방식 공유, 언어적 우위 등을 통해 실용적인 관점에서 운영 개선을 강조하고, 프랑스는 개도국 입장을 적절히 반영하는 데도 관심을 보인다. 독일은 미국, 일본에 이은 3위의 재정 기여국으로, 여타 선진국들과 마찬가지로 효율적 조직 운영에 관심을 기울이면서도, 미국, 영국의 유엔 운영 주도에 다소간의 문제를 제기하기도 한다. 분담률 1% 이상 회원국들의 모임인 제네바그룹의 한 회의에서 미국, 영국 등이 '사무국 예산의 0% 증가(zero nominal/real growth)'를 강조하자, 당시 독일 대표가 "실제 사업을 수행하는 데 충분한 예산 편성 없이 '예산의 0% 증가'와 같은 정치적 구호만 외치는 황당함(absurd)에서 벗어나야 한다"라고 언급한 적이 있다. 그 발언에는 안보리에서는 미국, 영국 등 상임이사국들이 유엔 임무를 인쇄물 복사하듯 찍어내면서 5위원회에서는 임무의 양과 관계없이 예산 절감만 외치는 데 대해 상임이사국이 아닌, 그러나 재정 기여는 3위인 독일의 불만이 녹아 있었을 것이다. 미국·영국과 독일 간 미묘한 관계는 그 후에도 계속 보였다. 이를 지켜보면서 20세기 전반 전쟁을 치렀던 이들의 경쟁이 끝났다고 생각하는 것은 오산임을 깨달았다. 오늘날에도 형태는 완화되었지만, 승전국, 유엔 설립 주역, 안보리 상임이사국인 선발 주자 대 패전국, 유엔 설립 원인 제공국, 안보리 비(非)상임이사국인 후발 주자 간 경쟁은 계속되고 있다.

내게 가장 인상적이었던 나라는 영국이었다. 20세기 초반까지 세계 최강대국이었던 영국은 양차 세계대전을 겪으면서 초강대국의 지위를 미국에 넘겨주었을 뿐만 아니라, 냉전기에는 미국, 소련에 밀려 지위가 한 단계 아래로 더 떨어졌다. 같은 시기 일본과 독일이 세계 2위 및 3위 경제로 부상한 반면, 영국은 IMF의 구제 금융을 받다가 마가렛 대처 수상의 리더십하에 겨우 회복되었다. 최근에는 중국이 G2의 하나로 각광받고 있어 영국은 사람들의 관심망에서 더더욱 벗어난 듯하다. 영국은 '해가 지지 않는 제국'에서 '이미 해가 진 국가'로 추락해버린 느낌이다.

그러나 유엔에서 '추락한 영국'이라는 인식을 갖는 것만큼 부정확하고, 위험한 것도 없다. 영국은 미국과 함께 제네바그룹의 공동 의장이며, 각종 선진국 협의를 이끌어나가고, 협상에서 정곡을 찌르는 발언으로 러시아 및 77그룹의 주장에 반격한다. 무엇보다 협상 후반부 양보 사항과 필요 사항에 대한 우선순위를 정하고, 이를 진전시키는 데 탁월하다. 2014년 12월 대사급 소인수 협상에서 영국 대표는 브라질과 볼리비아 대표에 맞서 흥분한 듯 말하며 쟁점에 집중력을 모은 후 냉정하게 논리를 전개하는 모습을 보여주었다. 이 '열랭법(熱冷法)'은 내가 5위원회에서 접해본 소위 '밀(고)당(기기)' 중에서도 정수였다.

이뿐 아니라 근무하는 외교관마다 기적같이 매우 빠른 시간 내에 내용을 소화하고, 운영 방식을 익히는 모습을 여러 번 목격했다. 이는 개인 능력 및 영어 외에, 유엔의 운영 시스템이 영국식 의회민주주의를 거의 그대로 본떴다는 데 기인한다. 유엔 수반(사무총장)의 임기를 보장해준다는 측면에서 대통령제의 특성이 깃들어 있지만, 사무총장의 재량이 대통령제의 대통령보다 상대적으로 적고, 의회 격인 입법 기구, 특히 5위원회와 행정부 격인 사무국 간 긴밀한 접촉이 있으며, 입법 기구의 결정이 사무국 업무 대부분에 선행한다는 점에서 의회 우위의 영국 시스템적 특성이 곳곳에서 보인다. 영국 실무자들한테 물어보면, 자기네 국내 정치에서 쓰는 용어 상당수가 유엔에서 그대로 쓰인다고 한다. 결국 제2차 세계대전 이후 유엔을 축으로 세계 질서를 유지하고자 했던 영국의 전략이 지금 후손들이 편하게 국제정치 무대에서 활약할 수 있는 발판이 된 것이다. 영국 외교관들은 추석에 위스키를 음복하며 조상들의 음덕을 넘는 양덕(陽德)

에 감사하고 있을지 모른다.

이러한 점 때문에, 영국을 보통 칭하는 '신사의 나라'라는 마케팅적 표현을 나는 거부한다. '신사'를 갖다 붙이면, 영국이 세계를 리드하기 위해 수백 년간 발휘했던 비전과 이를 달성하기 위해 추진한 치밀한 전략이 사라지고 만다. 1945년 만든 시스템을 통해 여전히 글로벌 과제에 대한 국제적 대응을 이끄는 본 모습이 가려지고 만다. 영국은 '전략의 나라'라 부르는 것이 적확하다.

한때 20%에 육박하는 분담금을 냈던 일본, 지금은 10.833%로 분담금이 반 토막 났지만, 여전히 2위의 재정 기여국으로 무시무시한 파워를 발휘한다. 선진국은 재정 문제에서 일본의 입장을 항상 존중하며, 일본의 참여 혹은 묵인 없는 재정 지출은 꺼린다. 개도국 역시 회의장에서 일본이 유엔 의무 분담금은 물론, 유엔의 개별 사업에 제공하는 사업 분담금을 내는 데 깊은 감사를 표하곤 한다.

일본대표부에 근무하는 5위원회 담당 외교관은 5명이지만, 이것이 전부가 아니다. 5위원회 논의에 앞서 권고 의견을 제시하는 ACABQ, 유엔 급여 체계 실무를 책임지는 국제공무원위원회, 유엔 기금의 투자처를 결정하는 투자위원회에 위원을 각각 두고 있다. 대한민국이 유엔 가입 이후 지금까지 이 기구들에 위원을 배출하지 못한 것을 보면, 일본의 위상이 얼마나 높은가를 알 수 있다. 어쨌든 일본은 이들 기구의 자국 위원들과 교류를 통해 5위원회 업무에 큰 도움을 받고 있을 것이다. 게다가 일본의 외교부에는 유엔정책과와 유엔행정예산과, 두 개 부서가 유엔 정책을 분담하고 있다. 우리 외교부에는 없는, 유엔의 행정 예산을 전담하는 유엔행정예산과가 있다는 것만 봐도, 5위원회에 대해 일본이 갖는 관심의 크기를 짐작할 수 있다. 사실 유엔사무국에 의무 분담금만 매년 10억 불 이상 내고 있고, 기타 다양한 유엔 기구들에 대한 재정 기여도 상당한 점을 생각하면, 예산 전담 부서가 있다는 것이 하등 이상할 것도 없다.

이러한 전방위적 조직을 갖고 움직이는 일본은 예산 증가의 원인, 절감 가능한 부분, 비효율적 예산 사용 내역 등을 파악하는 분석력이 뛰어나다. 2010년대 초, 그리고 내가 근무했던 2013년 PKO예산 규모를 결정하기에 앞서, 일본은 PKO예산을 구성하는 군·경 병력, 민간 직원, 운영비 등 세 항목 중에서 민간 직원을 여전히 주의를 집중해야 할 분야로 꼽은 바 있다. PKO 임무가 계속 증가하면서 민간 직원의 수도 비례하여 증가해왔는데, 임무 지원을 위한 각종 지원 업무들이 통폐합되고 매뉴얼화되었음을 생각해본다면, 민간 직원은 군 병력의 수에 정비례하게 증가할 필요가 없다는 것이 당시 일본의 분석이었다. 그런 노력이 2013년 전후 5위원회에서 PKO 임무단의 민간 직원 소요를 재검토하라고 결정하는 토대가 되었다. 일본은 예산 소요와 절감의 맥을 정확히 짚고 있다고 할 수 있다.

일본 외교는 철저하다. 위에서 말한 유엔 예산에 임하는 조직 구조도 그렇고, 냉철한 분석도 그렇지만, 외교관 개개인이 회의장에서 보이는 자세가 그러하다. 이들을 보면 사전에 사무국에 던질 구체적인 질문을 노트북이나 공책에 빼곡하게 적어오고, 조금이라도 관련이 있는 문서들은 모조리 출력해 문서철에 꽂아둔 것을 볼 수 있었다. 또한 다른 회원국 대표가 제기하는 문제에 대해서도 미리 준비한 덕분인지 차분하게 반

일본대표부 외교관들과 함께 총회장에서.

박하는 모습도 여러 번 목격했다.[020]

우리와 일본은 많은 의제에서 수시로 협의를 해왔다. 앞으로도 유엔 예산·행정에 녹아 있는 각종 비효율을 계속 제거해나가야 하므로, 우리와 일본과의 5위원회 협력은 강화되어야 한다고 생각한다. 한일 관계사 2,000년을 놓고 본다면, 임진왜란과 1900년 전후의 100년을 제외하고는 인적·문화적 교류가 언제나 그 한복판에 있었다. 주어, 목적어, 동사 순의 동일한 어족, 유사한 생김새, 《삼국사기》와 《속일본기》 등 고서에 기록된 백제와 일본과의 특수한 관계 등을 놓고 허령하게 바라보면, 한반도와 열도와의 관계는 우리가 요즘 느끼는 것 이상의 관계였으리라는 건 어렵지 않게 짐작할 수 있다. 이 특수한 관계를 인위적으로 국경을 나눈 근대국가라는 틀만으로 쳐다보기보다, 나의 삶의 연속선상에서 바라볼 수는 없을까. 19세기 후반 이후 한일 관계의 미래에 대한 당시 일본 지도층의 독단적 판단으로 한반도에 살던 사람들은 물론, 일본 열도의 일반인들마저도 피해를 입었다면, 21세기, 22세기에는 피해자와 가해자가 나뉘었던 역

---

020 2014년 12월 ACABQ 개혁 의제를 논의할 때였다. ACABQ의 업무량이 늘어나 1년에 9개월을 근무하는 상황이 되었다면서 이들에게 일일 출장비를 줄 것이 아니라, D-2(국장급) 전임 직원 대우를 제공해야 한다는 내용이었다. 선진국들은 매번 ACABQ 보고서 발간이 지연되어 사전 검토도 어려운 마당에 더 좋은 대우를 해달라고 떼쓴다며, 이 참에 비효율적인 ACABQ를 대대적으로 개혁해야 한다고 목소리를 높였다. 77그룹은 ACABQ 개혁은 다음에 논의하고, 우선 ACABQ 회기를 4주 연장하여 보고서 검토할 시간이나 늘려주자는 임시 해결책을 제안했다. 1년 39주 모이는 ACABQ의 회기를 43주로 늘림으로써 ACABQ 보고서가 일찍 제출되도록 하자는 취지였다. 선진국은 ACABQ 개혁 논의도 없이 예산만 늘어날 수밖에 없는 회기 연장은 동의할 수 없다고 반대했다.

이에 나는 4주 연장시키되, 연장에 소요되는 비용, 즉 위원들의 출장비[예산 과목(section) 1] 및 회의 개최 비용[총회의사진행국(DGACM) 예산]을 사무국이 자체 흡수하는 것을 조건으로 하자는 타협안을 냈다. 통상적으로 예산의 자체 흡수를 반대하는 77그룹이 그다지 부정적인 반응을 보이지 않았다. 그런데 일본이 반대 입장을 표했다. 다른 의제를 논의하는 과정에서 section 1 예산의 자체 흡수가 불가능하다는 것을 사무국 예산 담당자로부터 확인한 적이 있었는데, 관련 자료를 일본 담당자가 가지고 있다고 지금 들이민 것이다. 이쯤 되자, 일말의 관심을 보였던 77그룹도 타협안에 긍정적인 관심을 보일 수 없었고, 나 역시 사무국의 부정적 답변이 있는 상태에서 사무국의 예산 자체 흡수를 고집하기 어렵게 되었다. 다른 회의에서 사용했던 자료를 고이 간직하고 있다가 필요한 순간 사용함으로써 자기주장을 관철한 것이다. '기록의 일본'의 힘을 느낀 순간이었다.

※ ACABQ 개혁 의제에 대해서는 7장 2절 참조.

사를 인정하는 토대 위에 한 차원 성숙한 한일 관계를 만들어나가야 한다. 유엔이라고 하는 국제기구의 운영에서 양국이 효율적인 예산 사용, 효과적인 인력 운용에 대한 공통의 입장을 바탕으로 5위원회에서 협력 관계가 계속 발전되어 한일 관계 발전에도 기여할 수 있기를 희망한다.

미국은 유엔 최대 재정 기여국이자 제2차 세계대전 이후 질서 형성의 주도국으로, 정치적으로나 재정적으로나 선진국 내에서는 물론 5위원회 전체에서 탁월한 리더십을 발휘하고 있다. 유엔 건물을 마주 보는 자리에 건물이 있는 미국의 유엔대표부는 클린턴(Bill Clinton) 대통령 시절 주유엔 미국대사가 내각의 일원으로 격상되었을 정도로 미국 정부 내에서 중시된다. 대표부 내에서 서열 공동 2위를 차지하는 관리 및 개혁 담당 차석대사가 5위원회 협상단을 이끌고, 팀장 아래 10명에 가까운 실무자들이 2-3개의 의제를 분담한다.

내가 근무하면서 만난 미국 외교관들은 조용하게 협상을 진행하다가도, 절체절명의 순간에는 더 이상 양보는 없다는 투로 아주 냉철하게 자신의 입장을 전달하는 과감한 모습을 보여주었다. 선진국을 규합하여 사무국에 직위 폐지, 예산조정제도(recosting) 개선을 통한 예산의 구조적 절감을 보이라고 압박하기도 했다. 예산 협상에서는 양보하고, 받아내야 하는 수치들을 조목조목 열거하여 선진국 입장을 단결시키고, 77그룹에 양보 가능 금액과 개도국의 협조가 필요함을 아주 간략하게 이야기하며 압도적 기세로 상대의 양보를 종용하기도 했다.

미국은 자기주장을 명확하고 공세적인 자세로 전달하는 한편, 다른 회원국의 의견도 어느 회원국보다 열심히 청취한다. 대사급·실무급 선진국 협의를 이끌어 미국의 의제를 풀어놓으면서 의견을 청취하고, 리셉션에서

개도국 대표들과 스스럼없이 어울린다. 의견이 정반대일 때가 많은 러시아와도 합의 가능 영역에 관한 의견을 주고받는다. 유엔공동제도 의제에서는 협상 전술에 능한 벨기에와는 논의 진행 방법을 논하고, 한국과는 협상 논리를 고민했으며,

69차 총회 본회기 인적자원관리 비공식-비공식 협의 중 막간을 이용해 가진 선진국 협의. 가운데가 미국 대표.

중립적인 뉴질랜드에게는 중재 역할을 요청했다. 유엔 직원의 보수를 가장 공세적인 수준으로 인하하려 하면서도, 그러한 방안이 현실적이지 못하다는 다른 나라들의 의견을 받아들였다. 또한 코트디부아르, 탄자니아 등 개도국과는 직원 급여 수준 조정으로 예산이 절감되면, 개도국을 대상으로 하는 사업의 예산이 증액될 여지가 높아진다고 말하면서 상대방의 우선순위에 대한 이해를 보여주었다.

'용광로(melting pot)'로 종종 부르는 것처럼 다양한 인종이 함께 모여 살며 갖게 된 미국의 개방성이 여러 의견을 두루 듣는 것을 중시하는 문화적 배경으로 작용한다고 한다면, 유엔을 통해 글로벌 과제를 해결해가겠다는 미국 지도층의 단호한 의지 또한 미국의 유엔 내 포용적 접근법을 가능케 해준다. 클린턴 대통령 1기 임기에 주유엔미국대사로 부임한 올브라이트(Madeleine Albright)는 부임 직후 부트로스 갈리(Boutros Boutros-Ghali) 유엔 사무총장과 함께 유엔 내 실추된 미국의 이미지를 향상시킬 방안을 논의했다.[021] 오바마 대통령은 미국의 일방주의에 대한 비판을 불

---

021   Madeleine Albright, *Madam Secretary*, 136쪽, Miramax Books, 2003년.

식시키기 위해 유엔에서 협력을 강화할 것이라고 역설했다.[022] 국제연맹 창설을 주도한 윌슨(Woodrow Wilson) 대통령부터 본격화된 미국의 다자주의 강화 노력은 시기에 따라 다소간의 차이는 있지만, 오늘날까지도 계속되고 있다.

남자, 여자, 아일랜드계, 인도계, 한국계, 중국계, 유대계 등 다양한 인종과 태생이 조합된 미국대표부, 하지만 그 조합 속에서 한결같이 미국의 국익을 극대화하기 위한 분석, 전략, 협의, 면담, 항의, 압박 등 할 수 있는 모든 것이 만들어져 나왔다. 최고 지도자부터 실무자까지 모든 이가 유엔 운영 개혁에 확고한 의지를 갖고 있다는 것, 이것이 미국이 5위원회에서 최고의 리더십을 발휘하는 근본 이유다.

❸ 기타 회원국

선진국과 개도국으로 양분된 5위원회에 적극적으로 참여하는 다른 회원국들은 CANZ, 스위스, 멕시코, 그리고 러시아 등이 있다.

캐나다·호주·뉴질랜드가 영연방의 일원이라는 문화적 배경과 유사한 입장을 바탕으로 나라 이름 앞 글자를 따 만든 그룹인 CANZ(캔즈)는 각국 5위원회 담당자 간의 수시 접촉을 통해 입장을 조율하고, 발언문 작성

---

022 2009년 9월 23일 오바마 대통령 유엔 기조연설.
"I took office at a time when many around the world had come to view America with skepticism and distrust. Part of this was due to opposition to specific policies, and a belief that on certain critical issues, America has acted unilaterally, without regard for the interests of others. ··· But it is my deeply held belief that in the year 2009 – more than at any point in human history – the interests of nations and peoples are shared. ··· Together, we must build new coalitions that bridge old divides – coalitions of different faiths and creeds; of north and south, east, west, black, white, and brown."

및 비공식 회의 참석 업무를 분담한다. 전반적으로 예산 절감에 관심이 크다. 하지만 이들은 다자 외교에 높은 가치를 부여하는 나라들로, 분담금 완납과 회원국 간 합리적 입장 조율을 강조한다. 영어가 모국어인 점을 바탕으로 원만한 간사 역할을 수행하거나 적시에 타협안을 제출함으로써 많은 기여도 하고, 이를 통해 일정한 영향력도 발휘한다. 반면 협상 후반부에는 그러한 타협안이 선진국이나 77그룹의 안에 가려 빛을 못 보는 경우도 종종 발생한다. 의제에 따라서는 호주와 캐나다는 미국 같은 선진국에 동조하는 입장을 취하고, 뉴질랜드는 선진국 연대보다는 상대적으로 중립적 입장을 취하는 경우가 많다.

스위스는 국제연맹(League of Nations) 사무국이 소재했던 곳이자 유엔 제네바 사무소를 유치한 국가로, 조직 운영 전반, 특히 감사 제도, 정보통신, 투명성 등에 큰 관심을 갖고 있다. 또한 선진국과 개도국 간에 타협이 필요한 의제에서 타협안을 자주 만들어내는데, 가끔은 중재안 제시 및 채택이 목표인 것으로 보이는 경우도 있었다. 68차 총회 본회기에서 유엔 직원들의 근무지 이동을 의무화하는 이동근무 의제를 논의할 때, 스위스는 선진국마다 의견이 조금씩 다르고, 개도국은 주로 반대 입장임을 감안해, 시범 실시를 조건으로 승인하는 중재안을 제시한 바 있다. 그러나 이는 선진국 및 개도국의 협상 목표에 비춰볼 때 양측 모두에게 반대 입장으로 이해되기도 했다. 그럼에도 불구하고, 영세중립국 스위스는 그러한 중재 노력에 적극적이기 때문에 선진국이든 개도국이든 필요할 때 개입해주기를 바라는 회원국으로 평판을 유지하고 있다.

멕시코는 중남미 국가 중 유일한 OECD 회원국으로, 선진국 및 개도국 간 중재자 역할을 수행하고자 노력한다. 5위원회 근무 초반에 함께했던 한 외교관은 2013년 3월 인적자원관리 의제를 진행하면서 회원국들의 마음을 정확히 간파하는 놀라운 능력을 보여주었다. 협상 대표들이 진전된 안을 내지 않고 소극적인 마음이다 싶으면, 농담을 던지며 분위기를 띄웠고, 어느 회원국 제안에 다른 회원국으로부터 일고의 가치도 없다는 반응이 나오면, 정회를 선포하고 각자 잠시 생각해보자고 말했다. 그렇게 어려운 협상을 조율하느라 몸이 고달팠을 것이다. 협상 막바지가 되자 인중 옆에 큼지막한 뾰루지가 났다. 안쓰러운 마음에 "많이 힘든가보네. 뾰루지가 났어"라고 말을 건네자, 그는 빙긋 웃으며 "지금이야말로 콧수염을 기를 때지?"라고 했다. 그런 세밀한 감성으로 선진국과 개도국의 대표들을 두루 만나 의견을 조율함으로써 회원국들이 서로 다른 입장에도 불구하고 논의에 집중하게 만들었다.

멕시코의 관심사 중 하나는 특별정치임무단(Special Political Mission, SPM) 예산의 독립 편성이다. 가령 이라크에는 종족 화해 및 정치적 분쟁 예방을 위한 임무단(UNAMI)이 파견되어 있는데, 이러한 특별정치임무단의 창설과 임무는 안보리에서 결정한다. 그런데 똑같이 안보리에서 창설하고 임무를 결정하는 PKO 활동에 대해서는 상임이사국이 더 많은 예산을 부담하는 PKO예산 분담률을 적용하는 것과 달리, 특별정치임무단의 예산은 정규예산 분담률을 적용한다. 정규예산 분담률은 1.8%, PKO예산 분담률은 0.4%인 멕시코는 특별정치임무단에 대해서 PKO예산 분담률을 적용해야 한다고 강력히 주장한다. 물론 선진국은 멕시코 주장에 별다른 관심을 보이지 않는다.

CANZ, 스위스와 멕시코의 기여와 한계를 보면, 5위원회에서는 소위 중견 국가로, 선진국과 개도국 간 교량 역할을 한다는 것이 얼마나 허구적인

가 하는 느낌을 지우기 어렵다. 현실에서는 재정 기여가 큰 선진국, 또는 투표권을 쥐고 있는 개도국의 일원으로 충실한 활동을 하는 것이 자국 관심 의제에서 협력을 얻어내기에 유리할 수 있다. 이렇게 활동하는 대표적인 나라가 싱가포르다. 개방적이고, 효율적이며, 1인당 국민소득이 높은 싱가포르는 일견 선진국 입장에 동조할 것 같지만, 77그룹 일원으로서 의제에 따라 선진국에 최강경 입장을 선보이기도 한다. 77그룹 울타리 속에 들어가는 것이 국익 증진에 도움이 된다고 판단하기 때문이다.

그럼에도 불구하고, 중간그룹은 타협안을 제안하는 데 좀 더 신속하다는 장점이 있다. 영국, 브라질 등 선진국, 개도국 대표 국가들은 그룹의 입장을 벗어난 새로운 발언을 하기 어렵고, 또 그룹 입장을 변경하려면 회원국들 동의를 얻어야 하므로, 결국 입장이 구조적으로 경직될 수밖에 없다. 중간그룹은 5위원회 논의의 양극화를 타파하는 데 앞장설 수도 있다. 스위스, 멕시코, 호주, 뉴질랜드, 노르웨이는 2014년 12월 최근 심각해진 두 회원국 그룹 간 대치 현상을 타파해야 한다는 의견을 공식적으로 표명한 바 있다. 2015년 6월에는 멕시코, 인도네시아, 한국, 터키, 호주 등 5개국 모임인 MIKTA가 5위원회 운영의 효율성을 높이자는 공동 발언을 하기도 했다. 타협안 마련에 적극적이고, 합리적인 회의 운영을 강조하는 중간그룹 국가들은 다자 외교의 틀을 유지하는 데 상당한 역할을 담당한다.

마지막으로, 옛 소련의 국가 지위를 승계한 러시아는 5위원회에서 매우 큰 역할을 수행한다. 1940년대 미국, 영국과 더불어 전후 질서 형성을 주도한 나라였던 만큼, 유엔 운영에 대한 관심과 경험, 유엔 구석구석에 대한 지식이 타의 추종을 불허한다. 러시아는 특히 전례 및 법적 검토에 강하다. 2013년 초반 미국의 정부기관인 GAO(Government Accountability Office)

가 유엔의 보수에 관한 자료를 받아간 적이 있었다. 다른 회원국들은 기관 간에 자료를 요청하고 송부한 데 별다른 문제를 제기하지 않았지만, 러시아는 회원국도 아닌 일개 기관이 유엔 자료를 받아간 전례가 있느냐며 따져 물었다. 미국 대표가 기관 간에 오고 가는 공개 자료에 대해 회원국이 나설 필요가 없다고 하며 미적거리는 사무국을 두둔했다. 그러나 러시아는 회원국이 승인해준 적이 없다면, 사무국이 어떠한 자료를 유출하는지 관리 책임을 물을 수 없다고 지적했다. 결국 사무국이 과거 사례를 조사하여 1980년대 중반 GAO가 자료를 얻어간 적이 있고, 당시에도 별다른 문제가 되지 않았다는 답변을 한 이후에야 다음 질문으로 넘어갔다.

5위원회에서 6년을 근무하여 예산, 인적자원관리 등 모든 쟁점에 정통한 외교관이 있었다. 그는 넓은 인적 네트워크와 사전 공부를 통해 항상 치밀하게 준비해왔다. 특히 핵심 위주의 무게감 있는 발언과 사이사이에 스며 있는 유머로 협상을 주도했고, 후반부에 맹활약했다. 2013년 말 유엔공동제도를 논의할 때, 직원 급여 삭감을 주장하는 선진국에 맞서 협상 막판 회심의 발언을 했다. 급여의 삭감은 직원 사기에 부정적 영향을 미치는 반면, 동결이야말로 직원들의 기여를 인정하는 전제 위에 재정적 어려움에 동참할 것을 요구하는 정당한 방법이고, 어려운 경제 여건을 감안하여 급여 외에 수당과 혜택까지도 동결하는 것이 적절하며, 이를 통해 절감가능한 정확한 수치를 확인하기 위해 국제공무원위원회(ICSC)의 급여 담당 직원에게 문의하고, 그 결과를 토대로 최종 결정을 내리자고 한 것이다. 이 제안은 급여 삭감 주장의 과도함을 지적하는 동시에, 예산도 절감하고, 직원 사기도 유지하는 대단히 합리적인 방안이라는 인식을 낳았다. 감히 반박할 엄두가 나지 않는 완벽에 가까운 발언이었다.

러시아는 이와 같이 5위원회의 모든 의제에 대해 배경과 내용, 법적 근거에 대해 희한하리만치 정확히 꿰뚫고 있다. 아마도 유엔 설립 원년 멤버로 우수한 조직 기억 체계를 갖추고 있고, 유엔의 주요 플레이어이자 냉전의 한 축으로 남다른 자부심을 갖고 모든 의제에 대해 최고 수준의 공부를 하고 있으리라 추측된다. 그러한 러시아 외교관들과 근무하는 내내 의견을 많이 협의했다. 의제에 따라서는 다른 입장을 가지고 있었고, 특히 이동근무 제도 채택 당시, 우리와 상반되는 입장을 고수했던 이들이지만, 이들과 가능한 범위 내에서 의견의 일치를 보려고 노력했다. 그리고 논리 대 논리의 대결에서 지지 않겠다는 호승심도 발동됐다. 러시아는 5위원회의 주요 플레이어로 우리가 깊이 배워야 할 상대라고 생각했다.

회원국 간에 벌어지는 5위원회 협상은 후반으로 갈수록 차분함과 유머가 흥분, 냉정, 심지어 쌍욕으로 뒤바뀐다. 다 같이 모여 점잖게 이야기하는 회의가 이곳저곳에서 삼삼오오 수군거리며 득실을 주고받는 장사판으로 바뀐다. 한 가지 의제만이 아니라, 예산과 인적자원관리 등 여러 가지가 동시에 논의되면서 전장이 확대되고, 수 싸움이 복잡해진다. 며칠 동안의 야간 협상으로 남자는 수염이 덥수룩해지고, 여자는 화장이 군데군데 지워지게 되는 상황에서 협상장에 말끔한 얼굴로 나타나는 자는 협상에 참여하지 못한 불쌍한 관찰자일 뿐이다. 볼썽사나운 몰골을 가진 자야말로, 일선에서 국익을 위해 장렬하게 전장을 누빈 자라고 말할 수 있다.

이렇게 공세적 발언이 난무하는 속에서 나의 합당한 주장을 관철시키기 위해서는 공격성이 요구된다. 공격성(aggression)은 아드레날린 분비를 참지 못해 싸우려고 달려들거나, 남의 주장을 듣지 않는 일방주의를 의미하지 않는다. 그것은 변경 불가능한 유한한 게임의 법칙 앞에서 해당 게임에 최적으로 적응하기 위한 무한한 변화를 의미할 뿐이다. 처음에는 외교관이 좋은 말로 이야기를 주고받는 사람인 줄 알았다. 하지만 국익 수호는 그 이상을 요구했다. 대대수 착하게만 보이던 외교관들도 회기가 거듭될수록 겁낼 줄 모르는 투사로 진화했다. 이는 공격성, 즉 적극성, 근성에 기초한 논리 전개와 반박 능력이 소속 집단의 이익을 지켜내기 위한 첫 번째 역량임을 방증해준다. 동시에 협상을 주도하는 국가와 긴밀한 관계를 유지하고, 타협이 필요한 순간에는 유연성을 가지고 다른 나라들과도 연대하며, 우리가 추구하는 가치가 다를 때는 이를 과감하게 밀고 나가는 변화무쌍한 접근법을 구사해야 한다. 결정적 순간에 지원해줄 우군을 확보하고, 그 우군을 우리 편으로 유지하기 위해 장기적인 시간 속에서 공통의 이익을 끊임없이 생성하는 과정이야말로 5위원회에서 필요한 생존 전략이다.

❹ 기타 그룹

5위원회에서 77그룹과 같이 실질적인 협상의 주체로 등장하지는 않지만, 서로 모여 공통 관심사를 협의하는 그룹들이 몇몇 있다. 대표적인 것이 정규예산 분담률 1% 이상 회원국의 모임인 제네바그룹(Geneva Group)이다. 77그룹이 결성되던 1964년 유엔 재정 문제에 대한 공동 입장 모색과 의견 교환을 위해 창설되었고, 미국과 영국이 공동 의장국으로 회의 운영을 주도하고 있다. 우리나라는 2006년부터 참여하고 있으며, 현재 이탈리아, 스페인, 벨기에, 러시아, 멕시코 등 17개국이 활동하고 있다. 매년 2회 회의를 개최하여 주요 의제에 대한 사무국 고위 관계자의 설명을 듣고, 의견을 교환하며, 회기 대응 방안을 협의한다. 다만 회원국이 늘어나면서 입장이 다양해져 공동 행동으로 이어지는 경우는 최근 희박해지고 있다.

그 밖에 각 지역별로 중남미 그룹, 아프리카 그룹, 동구 그룹, 서구·기타 그룹, 그리고 아태 그룹이 자기 지역의 이익이 걸려 있는 사안에 대해 지역의 입장을 표명하기도 한다. 아태 그룹은 선진국 일본, 안보리 상임이사국이면서 개도국 입장을 대변하는 중국, 비동맹 인도, 중동 국가, PKO 파병국, ASEAN 등 다양한 정체성이 혼재되어 있어 단일 목소리를 내는 데는 지역그룹 중에서 제일 존재감이 떨어진다. 우리와 일본은 아태 그룹 외에도, EU와 EU 이외의 범선진국들이 협의하는 서구·기타 그룹(Western European and Others Group, WEOG) 모임에 종종 참여하곤 한다. 또한 느슨한 모임으로 미국, 일본, CANZ, 한국 등이 참여하는 JUSCANZ, 걸음마 단계에 있는 MIKTA[멕시코(Mexico), 인도네시아(Indonesia), 대한민국(Korea), 터키(Turkey), 호주(Australia)]가 있다.

이러한 모임들은 회원국들이 정보와 의견을 교환함으로써 다채로운 제휴와 협력을 모색하는 무대를 제공한다.

2
주연급
아웃사이더

유엔 예산 및 인사 결정 과정에 회원국만 있는 것은 아니다. 마치 위성들이 궤도를 따라 선회하듯 여러 개의 산하 기관들이 5위원회 외곽에서 담당 분야에 관한 다양한 신호를 쏜다. 이를 얼마나 적절히 활용하느냐가 결의 채택의 변수가 된다.

❶ 유엔행정예산자문위원회(Advisory Committee on Administrative and Budgetary Questions, ACABQ)[023]

ACABQ, 약자조차 길고 생소한 이 자문위원회는 모든 행정 및 예산 문제에 대해 총회에 자문을 제공하는 중요한 기구다. 총회를 대신하여 전문 기구 예산도 검토한다.

ACABQ 위원은 5위원회 근무 경력이 있는 전·현직 외교관이 대다수로,

---

023   설치 근거: 총회 결의 14(I)호(1946.2.13)
임기 3년의 의장 및 위원 등 16명으로 구성되며, 약 9개월 회기를 운영한다.

출신국 입장을 강하게 대변하는 것으로 알려져 있다. 이 때문에 이들 간에 토의를 거쳐 나오는 권고 의견은 5위원회의 심리적 타협선으로 여겨진다. 가령 ACABQ가 사무총장의 50억 불 예산안을 1,000만 불 삭감하여 승인하는 것이 좋다는 의견을 냈다면, 이견이 있는 회원국은 반박할 근거를 제시할 것이 기대된다. 실제로도 별도 의견이 제출되지 않으면, 1,000만 불을 삭감하는 결의가 자동 채택된다.[024] ACABQ에 자국 의견을 반영할 수 있다면, 논점을 선점할 수 있음을 말해준다. 위원을 보유하지 못한 회원국들은 보고서가 제출된 후에야 논점을 따라잡는 노력을 기울이는 불이익을 감수해야 한다.

ACABQ는 다음의 순서로 업무를 진행한다.

- 유엔사무국의 보고서 제출 → 유엔사무국과 질의응답 → 초안 작성 → 토의 및 초안 수정 → ACABQ 보고서 채택

이 과정에서 ACABQ는 유엔사무국으로부터 일반 회원국에 배포되지 않는 상세 자료를 받아본다. 이러한 자료와 사무국과 가진 협의를 토대로 예산의 증액 또는 삭감 등의 의견을 제시한다. 이들 위원들이 출신국의 유엔대표부 5위원회팀과 협의를 하면, 이러한 기밀성 자료와 토론 내용을 공유할 수 있으리라는 것은 쉽게 예상된다. 안타깝게도, 이러한 위상의 ACABQ에 우리나라는 아직 진출하지 못했다.

---

024 5위원회 결의 본문 초반부에는 거의 항상 다음과 같이 "본 결의의 별도 조항에서 달리 규정하지 않는 한, ACABQ 보고서 결론 및 권고 의견을 승인한다"라는 내용의 문안이 포함된다.
"Endorses the conclusions and recommendations contained in the report of the Advisory Committee on Administrative and Budgetary Questions, subject to the provisions of the present resolution;"

❷ 분담금위원회(Committee on Contributions, COC)[025]

또 다른 중요 기구로 분담금위원회가 있다. 한 번 정해지면 상당 기간 영향을 미치는 분담률 공식에 대해 권고하는 기구다. 3장에서 설명할 상세한 분담률 산정 방식은 대부분 분담금위원회에서 총회에 보고하는 내용이 바탕이 된다. 또한 3년마다 결정되는 각국 분담률을 확인하고, 분담금 연체 국가의 총회 투표권을 정지할 것인지에 대해 권고 의견을 제출한다.[026] 여기에는 우리나라도 2000년부터 위원을 배출했으며, 박해윤 대사에 이어 유대종 외교부 국제기구국장이 활동했고, 2015년부터는 윤성미 주카타르대사관 참사관이 위원직에 있다.

---

025   설치근거: 1946년 총회 결의 14(I)호
임기 3년인 18명의 전문가로 구성되며 지역적 배분, 개인적 능력, 경험을 토대로 5위원회의 추천을 받아 총회에서 임명한다. 6월 중 3주간 회의가 개최된다.

026   투표 정지 여부 심의 대상국은 대부분 최빈국들이다. 분담금위원회는 분담금 2년 체납으로 투표권을 정지할 수 있는 경우에도, 가능한 한 극단적 조치는 취하지 않고, 대체로 장기 분납 같은 방식을 통해 끌어안고 가자는 의견을 낸다.

❸ 국제공무원위원회(International Civil Service Commission, ICSC)[027]

ICSC는 유엔, 전문 기구 및 기타 유엔 기구 직원의 근무 조건에 관해 총회에 권고한다. 그런데 급여, 수당, 혜택 등으로 구성되는 인건비의 계산 과정이 복잡하기 때문에, 이에 관한 ICSC의 권고 의견은 설득력 있게 반박하기가 매우 어렵다. 게다가 총회가 결의로 유엔 직원들의 급여를 미국 연방공무원 급여의 110-120% 범위에서 뉴욕의 물가 수준을 감안하여 조정할 수 있는 권한도 부여했기 때문에, 일정 정도 집행 기능도 갖고 있다. 따라서 유엔 직원들의 근무 조건을 이론적으로야 5위원회가 원하는 대로 결정할 수 있지만, 현실적으로는 ICSC의 판단이 사실상 최종 판단에 가깝다고 하겠다. 이 기구 역시 우리는 위원을 배출하지 못하고 있다.

❹ 기타

사업조정위원회(Committee for Programme and Coordination, CPC)[028]는 예산의

---

027 설치 근거: 1974년 29차 총회 결의 3,357호
구성: 회원국 출신 인사 15명의 위원(임기 4년)으로 구성
ICSC가 설명하는 기구 기능은 다음과 같다.
"On some matters (e.g. establishment of daily subsistence allowance; schedules of post adjustment, i.e. cost-of-living element; hardship entitlements), the Commission itself may take decisions.
In other areas, it makes recommendations to the GA which then acts as the legislator for the rest of the common system. Such matters include Professional salary scales, the level of dependency allowances and education grant.
On still other matters, the Commission makes recommendations to the executive heads of the organizations; these include, in particular, human resources policy issues."

028 설치 근거: 1962년 경제사회이사회 결의 920(XXXIV)호

대상이 되는 사업 계획(Strategic Framework)과 사업 성과를 심의하는, 경제사회이사회(ECOSOC) 및 총회의 산하기관이다. 예산을 직접 다루지 않기 때문에 선진국들의 참여가 저조했지만, 최근 차기 예산의 기본이 되는 사업 계획에 개도국이 선호하는 사업들이 자꾸 포함되어 나중에 예산으로 부메랑이 되어 돌아오다보니, 그 영향력 억제를 위해 선진국 관여가 증대되는 추세다.

그 외에 유엔직원합동연금기금[029] 및 투자위원회[030]가 자산 운용을 주도하고, 회계감사단,[031] 독립감사자문위원회,[032] 합동감사단[033]이 서로 기능과 영역을 달리하며 감사를 수행한다.

구성: 우리를 포함해 34개국(3년 임기)으로 구성

029 유엔직원합동연금기금(UN Joint Staff Pension Fund) 설치 근거: 1948년 3차 총회 결의 248(III)호
기능: 퇴직, 사망, 장애 등에 따른 연금 관리
구성: 유엔 12명, 여타 19개 전문 기구 21명 등 총 33인으로 구성된 유엔직원합동연금이사회(United Nations Joint Staff Pension Board)가 담당
운영: 2010년 12월 현재 414억 불 규모의 자산 운용, 가입 유엔 기구 23개, 가입자 12만 명, 연금 수급자 6만 3,000명, 대표(Representative of the SG)에 기금 자산 투자에 대한 재량권 부여(5년 임기)

030 투자위원회(Investment Committee) 설치 근거: 1947년 2차 총회 결의 155(II)호
기능: 직원의 연금기금, 기타 신탁기금 또는 특별 기금을 투자하는 문제에 관하여 사무총장에게 자문 제공. 전문 기구 기금의 투자에 관해서도 조언 가능.
구성: 사무총장이 ACABQ 및 유엔직원합동연금이사회(UN Joint Staff Pension Board)와 협의 후 임명하는 9명의 위원(임기 3년)으로 구성

031 회계감사단(Board of Auditors, BOA) 설치 근거: 1946년 1차 총회 결의 74(I)호
기능: 유엔 본부, 전문 기구 및 국제사법재판소의 회계 감사 및 총회 보고.
구성: 총회 임명 3개국(임기 6년). 각국 감사원장이 대표이지만, 실제로는 직원 1~2명이 유엔에 상주하며, 회계 감사는 국내 감사 기구에서 수행

032 독립감사자문위원회(Independent Audit Advisory Committee, IAAC) 설치 근거: 2005년 60차 총회 결의 (A/RES/60/248)
기능: 감사 및 기타 감독 기능의 효과성 및 이행 제고를 위한 자문 제공
구성: 전문가 5명(임기 3년, 1회 연임 가능)

033 합동감사단(Joint Inspection Unit, JIU) 설치 근거: 1966년 21차 총회 결의 2150(XXI)호(1976년 31차 총회 결의 192호에 의거 상설 기관으로 결정)
기능: 유엔 및 전문 기구의 행정 및 재정 문제에 대한 감사권을 통해 유엔 기금 사용의 효율성 및 적법성을 조사하고, 유엔 기구 간의 협조 및 업무 효율성을 제고하기 위한 건의 또는 개혁안 제출
구성: 11명 이하의 전문가(임기 5년, 1회 연임 가능)

3
답은 유엔사무국이
쥐고 있다

사무국은 표면적으로는 보고서를 제출하고, 회원국의 질의에 응답하는 역할에 그치는 것으로 보인다. 그러나 실제로는 사무국 제안에 대한 홍보 활동 과정에서 세부 사안 간 경중을 암시하고, 회원국 문안 제출 이후에는 그 채택 가능성(whether it will fly or not)에 대한 판단 제공을 통해 5위원회에서 영향력을 발휘한다. 예산안 최종 협상에서는 비서실장, 관리 담당 사무차장, 또는 예산국장이 예산 절감 가능 규모에 대해 귀띔을 함으로써 합의 형성 탄착점을 가늠할 수 있게 도와준다. 사업 비용을 기존 예산으로 흡수할 수 있는 규모는 얼마인지, 예산이 사용되지 않고 남아 있는 분야는 무엇인지 가장 잘 알고 있는 것은 사무국일 수밖에 없다. 결국 비공식 협의 질의응답 과정에서 사무국이 나의 주장을 뒷받침하는 답변을 하도록 질의를 엄선하고, 문안 마련 및 협상 과정에서 사무국과 긴밀히 협의하여 채택 가능성이 큰 문안을 토대로 주장을 펴나가는 것이 협상을 유리하게 끌고 나가는 데 유용하다고 할 수 있다.

이익을 투영시키는 회원국들, 판단의 근거를 제공하는 주요 산하 기관, 그리고 답을 쥐고 있는 사무국, 이들의 역동적 관계 속에서 유엔의 예산 및 인사 정책이 결정된다. 이제 본격적으로 의제별 세부 내용과 결정 과정을 들여다보자. 그 첫 번째는 유엔 예산의 원천인 분담금이다.

3장

유엔 분담률

"세입(歲入) 정치에서는 세입 예산 결정 과정에 참여하는 모든 행위자들이
자기의 이익을 보호하기 위한 경쟁에 몰입한다. 따라서 기존의 자기 이익을 '보호'하는
동시에, 가능하면 조세부담을 적게 하려는 '이익의 정치'가 그 본질을 이룬다."
– 한국행정학회[034] –

---

034 행정학전자사전 '예산정치' 참고.
http://www.kapa21.or.kr/epadic/epadic_view.php?num=146&page=39&term_cate=&term_word=&term_key=&term_
auth=

'쪽지 예산'. 국회의원이 정부 예산에 자기 지역구를 위한 예산을 슬쩍 집어넣는 행위를 꼬집을 때 쓰는 말이다. 영어에도 선심성 사업을 'pork barrel(여물통)'이라고 비꼬는 표현이 있는 만큼, 국정(國政)을 책임지는 정치인들이 시정(市政)·군정(郡政) 중심의 협애한 시각으로 활개 치는 양태를 한국에만 있는 특수한 현상이라고 규정할 수는 없을 것이다. 이에 대한 고발은 계속되어야 한다. 안타까운 것은 이러한 국회의원들의 행태를 비판할수록 우리의 일상에 중대한 영향을 미치는 예산을 둘러싼 정치로부터 사람들의 관심을 멀게 하는 부작용을 낳고, 이것이 다시 정치인들의 정치 독점을 용인하는 데로 귀결된다는 점이다.

모든 국민(民)이 국가 운영의 주인(主)이라는 민주주의가 현실 속에서 효과적으로 작동하려면, 정치의 본질, 즉 이익을 둘러싼 갈등과 대립을 상수로 두고, 이를 관리하고, 해소하는 과정에 구성원들의 관심을 모아야 한다. 협상은 타결되기 전까지 타결된 것이 아니다. 현격한 입장 차이, 난관, 난항, 논란, 진통, 파행, 극한 대치, 이런 표현들은 대립만 강조하지, 그 안에서 벌어지고 있는 이익 주고받기는 제대로 보여주지 못한다. 우리가 제3자적으로 외부에서 비평만 할 것이 아니라, 문제점 속으로 들어가 대립의 일부가 되고, 동시에 대립을 풀어갈 방도를 제시하여 관계를 끌고 나가는 것, 거기에 민주주의의 핵심이 놓여 있다.

모든 예산은 정치적으로 결정된다. 자기의 선호와 가치를 예산에 반영시키기 위하여 서로 영향력을 동원하고 행사한다. 유엔 회원국의 분담률을 정하는 세입(歲入)과 거두어둔 돈을 분야별로 배정하는 세출(歲出)도 회원국들이 자기의 이익을 반영해가는 과정이다. 2%의 유엔 지분을 갖고 있는 국가로, 예산의 국제정치에 참여하는 것은 우리의 당연한 권리다.

1
정규예산 분담률은
어떻게 정해질까[035]

유엔도 돈이 있어야 평화, 개발, 인권을 위한 사업을 수행한다. 국민이 정부에 세금을 내듯, 회원국은 유엔에 분담금을 낸다. 회원국별 의무 분담금의 비율, 즉 분담률(scale of assessments)은 주요국에 대해 다음과 같다.[036]

순위	2013-2015년 정규예산 분담률(2010-2012년)		2013-2015년 PKO예산 분담률(2010-2012년)	
1	미국	22,000(22,000)	미국	28,3993(27,1415)
2	일본	10,833(12,530)	일본	10,8330(12,5300)
3	독일	7,141(8,018)	프랑스	7,2199(7,5540)
4	프랑스	5,593(6,123)	독일	7,1410(8,0180)
5	영국	5,179(6,604)	영국	6,6854(8,1474)
6	중국	5,148(3,189)	중국	6,6454(3,0343)
7	이태리	4,448(4,999)	이태리	4,4480(4,9990)
8	캐나다	2,984(3,207)	러시아	3,1472(1,9764)
9	스페인	2,973(3,177)	캐나다	2,9840(3,2070)
10	브라질	2,934(1,611)	스페인	2,9730(3,1770)
11	러시아	2,438(1,602)	호주	2,0740(1,9330)
12	호주	2,074(1,933)	한국	1,9940(2,2600)

035 다음 분담금위원회 보고서를 참고했다.
1. A/66/11 Official Records of the GA, 68th Session, Supplement No. 11
2. A/55/11 Official Records of the GA, 55th Session, Supplement No. 11

036 A/RES/67/238 및 A/RES/64/248

13	한국	1.994(2,260)	네덜란드	1.6540(1,8550)
14	멕시코	1.842(2,356)	스위스	1.0470(1,1300)
15	네덜란드	1.654(1,855)	벨기에	0.9980(1,0750)
16	터키	1.328(0,617)	스웨덴	0.9600(1,0640)
17	스위스	1.047(1,130)	노르웨이	0.8510(0,8710)
18	벨기에	0.998(1,075)	오스트리아	0.7980(0,8510)
19	스웨덴	0.960(1,064)	덴마크	0.6750(0,7360)
20	폴란드	0.921(0,828)	그리스	0.6380(0,6910)
21			브라질	0.5868(0,3222)
28			멕시코	0.3684(0,4712)
116			북한	0.0012(0,0014)
123	북한	0.006 (0,007)		

우리의 분담률은 약 2%로, 2015년 의무 분담금으로만 유엔사무국에 2억 1,500만 불의 적지 않은 돈을 냈다.[037] 우리의 분담률 2%는 어떻게 정해졌을까.

분담률을 정하는 방식은 좀 복잡하다. 다른 회원국이 덜 내면, 내가 더 많이 내야 하는 제로섬 게임 속에서 자신들이 부담하는 금액을 최소화하기 위한 많은 아이디어들이 수십 년간 누적되어왔기 때문이다. 동시에 산정 방식이 바뀌는 경우 회원국마다 받는 영향이 제각각이어서 모든 이가

---

037 2015년 외교부 소관의 유엔 및 기타 국제기구 분담금은 다음과 같다.

유엔 정규예산 분담금	5,500만 불
유엔 PKO예산 분담금	1억 6,000만 불
기타 의무 분담금(UNIDO, OECD, IAEA, WTO 등 40개 기구·사업)	5,500만 불
사업 분담금(UNDP, UNICEF, UNHCR 등 60개 기구·사업)	1억 5,800만 불

동의할 수 있는 새로운 공식을 만들어내는 것도 꽤나 어렵다. 2001년 이래 현재의 공식이 그대로 유지되어온 것도 그러한 이유에서다. 다행히 공식은 복잡하지만, 유엔의 회원국으로서 우리가 내는 회비가 어떻게 계산되는지에 관한 기본 원칙은 간단하다.

기본 원칙 = 실제 납부 능력	
요소 1: 국민 소득	높을수록 분담률 상승
요소 2: 외채 및 인구	많을수록 분담률 하락

정규예산 분담률 산정의 핵심은 유엔 회원국들의 담세력(擔稅力, capacity to pay)에 근거해야 한다는 것이다.[038] 국내에서도 세금 납부는 국민 각자의 담세력에 알맞도록 고소득자와 저소득자 간 공평하게 부담시켜야 함을 원칙으로 하는 것과 마찬가지다. 통상적으로 국민총소득(GNI)으로 판단하는 국가의 부(富)가 많으면 납부 능력이 크다고 할 수 있다. 미국, 일본, 독일 등 분담률 상위 회원국들은 모두 국민총소득이 높은 나라들이다. 동시에 빚(외채)이 많거나 먹여 살릴 식구가 많다면(1인당 GNI가 낮다면), 같은 소득이라도 지불 능력은 떨어진다.

국부, 채무, 인구, 이 세 가지를 기본 축으로 한 정규예산 분담률 산정 6단계는 다음과 같다. 평균이나, 곱셈, 나눗셈 등 수학 시간에 보던 것들이 몇 개 나오지만, 핵심 원칙만 염두에 두면, 세부 방식도 그리 어렵지 않다.

---

038   A/RES/54/237/C, A/RES/58/1/b 등
PP 4. Reaffirming also the fundamental principle that the expenses of the Organization should be apportioned among Member States broadly according to their capacity to pay, as specified in rule 160 of the rules of procedure of the GA,

무엇보다 수학적 공식이 아니라, 정치적 공식으로 달리 보인다.

❶ 회원국별 국민총소득(gross national income, GNI)

GNI는 매년 변한다. 그에 따라 분담금을 매년 정한다면, GNI 변화가 큰 때는 유엔 분담금 변동폭도 커진다. 그러한 변동성을 줄이기 위해 GNI는 우선 협상하는 해로부터 2년 전 연도를 기준년도로 삼은 후 이로부터 과거 6년 평균 및 과거 3년 평균, 두 가지 수치의 평균을 구한다. 예를 들어, 2013-2015년의 분담률은 협상 연도인 2012년의 2년 전, 즉 2010년을 기준으로 3년(2008~2010년) 및 6년(2005~2010년)의 GNI 평균을 각각 구한 후 다시 이 두 평균의 평균을 구한다. 이것이 전체 회원국들의 GNI 합에서 몇 퍼센트를 차지하는지 계산한다. 최근 경제성장이 빠른 회원국을 가정해보자.

2005년	2006년	2007년	2008년	2009년	2010년
8억 불	8억 불	8억 불	10억 불	12억 불	14억 불

- 3년(2008-10년) 평균 GNI: 12억 불
- 6면(2005-10년) 평균 GNI: 10억 불
- 기준 GNI: (12억 불 + 10억 불) ÷ 2 = 11억 불

3년 평균만 반영하면, GNI가 12억 불이 되어 분담률이 급격히 상승할

것이다. 6년 평균만 반영하면, GNI가 10억 불이 되어 분담률이 완만하게 오를 것이다. 변화의 속도를 반영하는 데 대한 상반된 입장을 절충하여 3년 평균과 6년 평균의 평균이라는 정치적 공식이 등장한 것이다.

❷ 외채 조정(debt-burden adjustment)

GNI가 크더라도, 빚이 많으면, 돈을 낼 능력이 떨어진다. 2013-2015년 분담률의 경우, 1인당 GNI가 1만 2,275불(세계은행 발표 고소득 국가와 기타 국가의 경계) 이하인 국가들은 총 외채(공공 및 민간 외채) 상환액의 12.5%를 GNI 평균에서 빼준다. 예를 들어, 1인당 GNI 8,000불, 기준 GNI 11억 불, 총 외채 상환액 1억 불인 회원국의 경우, 다음처럼 기준 GNI를 1,250만 불을 빼주고, 분담률은 하향 조정된다.

- 11억 불(GNI) − [1억 불(외채) x 12.5%] = 10억 8,750만 불

❸ 저소득 조정(low per capita income adjustment, LPCIA)

딸린 식구가 많으면 서로 먹을 게 줄어드는 데 대한 인지상정으로 인구를 GNI 규모 산정에 고려한다. 즉 회원국의 1인당 GNI가 세계 평균 1인당 GNI보다 낮은 경우, 세계 평균과의 간격(비율)의 80%를 위 평균 GNI에서 추가로 빼준다. 앞의 예와 같이, 세계 평균 1인당 GNI 1만 불, 1인당 GNI

8,000불, 기준 GNI 규모 11억 불인 회원국은 다음의 과정을 거친다.

- 1만 불(세계 평균 1인당 GNI) − 8,000불(회원국 1인당 GNI) = 2,000불
- 2,000불 ÷ 1만 불(세계 평균 1인당 GNI) x 100 = 20%
- 20% x 0.80(할인 비율) = 16%
- 10억 8,750만 불(외채 조정을 감안한 평균 GNI 규모) − (11억 불 x 16%, 즉 1억 7,600만 불) = 9억 1,150만 불

GNI, 외채 조정, 저소득 조정의 3개 기본 산정 방식으로 회원국의 국민 총소득 기준 규모를 정하고 나면, 그것이 193개 회원국 GNI의 총합에서 차지하는 비율이 나오게 된다. 그것이 기본적 유엔 분담률이 되는데, 이 분담률은 다음의 세 가지 한계를 넘지 않도록 조정된다.

❹ 분담률 하한(0.001%)

위 산정 방식에 따라 계산한 분담률이 0.001%보다 낮게 산정된다면, 분담률은 0.001%로 올라간다. 상승분이 발생한 만큼 나머지 회원국들의 분담률은 직전 3개년 분담률에 따라 하락한다.

❺ 최빈국 상한(0.01%)

1인당 소득이 가장 낮은 최빈국(2013-2015년 분담률의 경우 49개국)은 전체 예산의 최대 0.01%까지만 부담한다. 그 초과분은 나머지 회원국들이 자기 분담률만큼 흡수한다.

❻ 분담률 상한(22%)

최대 분담금 부담국 미국은 2001년 이전 25-39%를 부담했다. 2001년부터 특정 회원국의 분담률이 22%를 초과할 수 없도록 상한을 설정했다. 22% 초과분은 나머지 회원국들이 자기 분담률만큼 흡수한다.

위 6가지 단계로 계산한 분담률이 회원국의 최종 유엔 분담률이 된다.[039] 실제 납부 원칙이라는 객관적인 기준하에서 회원국들의 낼 수 있고 없음

---

039 지금까지 설명한 6단계에 관한 결의 원문은 다음과 같다(A/RES/67/238).
OP 5. Decides that the scale of assessments for the period from 2013 to 2015 shall be based on the following elements and criteria:
  (a) Estimates of gross national income;
  (b) Average statistical base periods of three and six years;
  (c) Conversion rates based on market exchange rates, except where that would cause excessive fluctuations and distortions in the income of some Member States, when price-adjusted rates of exchange or other appropriate conversion rates should be employed, taking due account of its resolution 46/221 B of 20 December 1991;
  (d) The debt-burden approach employed in the scale of assessments for the period from 2010 to 2012;
  (e) A low per capita income adjustment of 80%, with a threshold per capita income limit of the average per capita gross national income of all Member States for the statistical base periods;
  (f) A minimum assessment rate of 0.001%;
  (g) A maximum assessment rate for the least developed countries of 0.01%;
  (h) A maximum assessment rate of 22%;

을 절묘하게 반영하고 있다. 이 공식에 따라 정해지는 분담률은 3년간 적용된다. 가령 2012년 결정하는 분담률 공식에 따라 2013년에서 2015년까지 3년의 분담률이 정해진다.

분담률 공식이 자주 변하지는 않지만, 자국의 부담을 줄이기 위한 주장은 계속 제기된다. 최근 선진국은 외채 조정, 저소득 조정 등을 감안한 분담률 조정은 세계 경제 비중이 높아지고 있는 중국, 인도, 브라질 등 신흥국들에게만 유리하게 작용해 공정한 분담률 산정에 왜곡을 초래하고 있다고 주장하고 있다. 원래 이 두 요소는 경제 발전이 더딘 가난한 국가를 배려하기 위해 도입한 것이기 때문이다. 반면 개도국은 현행 산정 방식이 각국의 지불 능력을 가장 잘 반영하고 있으므로, 이를 유지해야 하고, 오히려 미국에게만 적용되는 분담률 상한을 현 22%에서 25%로 상향 조정해야 한다고 주장한다. 신흥국들은 상대적으로 높은 경제성장으로 현행 방식하에서도 자국의 분담률이 급격히 증가해 더 이상의 부담을 지우는 것은 곤란하다고 강조한다.

2013-2015년 분담률이 결정되던 2012년의 경우, 신흥국들의 빠른 경제성장 덕분에 영국, 프랑스 등 주요 선진국들의 분담률은 일정 정도 하락했다. 신흥국들은 분담률 상승폭이 크긴 했지만, 분담률 산정 방식에 1인당 GNI와 외채 요소가 반영되는 한에서는 상승폭이 구조적으로 줄어들게 되어 있었다. 결국 이러한 이익의 균형 위에 분담률 산정 방식은 다시 한 번 아무런 변화 없이 유지되었다.

6가지 요소로 산정한 2013-2015년 우리나라 분담률

1단계 우리의 GNI 비중(6년 및 3년 평균) 계산	·기준년도로부터 과거 6년(2005-2010년) GNI 평균(9,399억 불) 및 과거 3 년(2008-2010년) GNI 평균(9,303억 불)의 산술평균(9,351억 불) ➡ 세계 GNI에서 우리의 GNI 비중: 1.612%
2단계 외채 조정	·129개 수혜국의 삭감률(총 0.545%)만큼 나머지 63개국(미국 제외)이 자국 분담률(우리 2.260%)에 따라 흡수 ·우리는 총 삭감률(0.545%)의 0.012%를 흡수 ➡ 우리 분담률: 1.612%(GNI 비중)에서 1.624%로 상승
3단계 저소득 조정	·132개국 수혜국의 할인율(총 9.598%)만큼 나머지 61개국이 흡수 ·우리는 총 할인율(9.598%)의 0.207%를 추가 흡수 ➡ 우리 분담률: 1.624%에서 1.831%로 상승
4단계 분담률 하한(0.001%) 적용	·49개 최빈국 중 일부의 분담률이 0%에서 0.001%로 증가 ➡ 우리 분담률: 1.831%에서 1.830%로 소폭 하락
5단계 최빈국 상한(0.01%) 적용	·일부 국가의 할인율(0.106%)을 추가 부담 ➡ 우리 분담률: 1.830%에서 1.832%로 소폭 상승
6단계 분담률 상한(22%) 적용	·분담률 하한 및 최빈국 상한을 적용받는 49개국을 제외한 나머지 국가들이 5,625%만큼 추가적으로 부담 *상한 미적용 시 미국 분담률은 27.622% ➡ 우리 분담률: 상기 5,625% 중 0.162%를 추가 부담함에 따라 1.832%에서 1.994%로 상승

이론적으로 우리의 분담률을 낮추는 방식이 몇 가지 있다. 외채의 경우, 민간 외채를 제외하고, 주요 채무국들의 외채 총액의 10% 수준에 불과한 공공 외채만 반영하면, 개도국에 대한 할인 혜택은 감소하게 된다. 저소득 조정의 경우, 할인 혜택을 받는 회원국 범위를 좁히거나, 할인폭을 차등 적용하거나, 하향 조정해볼 수 있다. 또한 상한(22%) 적용으로 발생하는 차액을 우리를 비롯한 모든 회원국(최빈국 제외)들이 공동 부담하므로, 상한을 상향 조정해볼 수 있다.

마지막으로, 69차 총회 본회기 분담률 논의에서 77그룹은 EU 개별 회원국의 분담률을 합산한 결과에 대해 사무국에 문의한 적이 있다. 답변은 약 35.1%를 지급한다는 것이었는데, 77그룹이 EU를 일국으로 볼 경우, 현행 22%인 분담률 상한을 어느 정도 높여야 하는지 간을 본 것으로 볼 수 있다. 만약 분담률 상한이 높아진다면, 미국은 공식에 따라 분담률이 30% 수준으로 올라가고, 따라서 개도국을 포함한 대다수 국가들은 그만큼 분담률이 떨어진다. 그런 변화는 미국이 받아들일 리 만무하다. 향후 EU가 유엔에서 일국으로 간주된다면, EU 대 개도국의 대결 구도와 함께, 평소 강력하게 협조하는 EU와 22% 분담국 미국 간에 어떤 논의를 펼지도 흥미진진할 것이다.

2
안보리 상임이사국의
PKO예산 분담률이 더 높은 이유

유엔은 당초 헌장에 따라 회원국들로부터 갹출하여 유엔군(UN Army)을 창설하려 했다. 그러나 회원국들이 주권 문제임을 들어 군 병력을 유엔에 헌정하기를 꺼림에 따라 유엔군은 창설되지 못했다. 그래서 유엔이 군 병력을 임시로 빌려 쓰는 형태로 PKO군을 만들었다. PKO군은 개발, 인권 등 다른 영역과 달리 안보리가 그 창설과 임무, 규모 등을 결정한다. 그래서 국제 평화 및 안전 유지에 대한 특별한 책임이 있는 안보리의 5개 상임 이사국(5 permanent members, P5)에 더 큰 예산 부담을 지우고 있다.[040]

1973년 정한 바에 따르면, P5 및 기타 선진국 24개국 이외의 회원국은 정규예산 분담률의 20%만 부담하면 됐다. 그러나 회원국 증가, 경제력 변동 등에 발맞춰 분담률 형평성을 기해야 한다는 선진국 주장에 따라 2000년 PKO 분담률 산정 방식이 변경되었다.[041] 현재 다음과 같이 1인당

---

040 A/RES/55/235
OP 5. Decides also that the permanent members of the Security Council should form a separate level and that, consistent with their special responsibilities for the maintenance of peace and security, they should be assessed at a higher rate than for the regular budget;

041 여러 회원국들의 상이한 입장을 보여주는 PKO예산 분담률의 기본 원칙은 결의에서 다음과 같이 정해졌다(A/RES/55/235).
OP 1. Reaffirms the following general principles underlying the financing of UN peacekeeping operations:
    (a) The financing of such operations is the collective responsibility of all States Members of the UN and, accordingly, the costs of peacekeeping operations are expenses of the Organization to be borne by Member States in accordance with Article 17, paragraph 2, of the Charter of the UN;
    (b) In order to meet the expenditures caused by such operations, a different procedure is required from that

국민소득(GNI)을 기준으로 10개 그룹(Level A-J)으로 분류하여 분담률을 차등 적용한다.

그룹 구분(Level)	PKO 분담률
A(P5)	정규분담률 + a
B(WAI*의 2배 이상)	정규분담률의 100%
C(5개국)	정규분담률의 92.5%
D(WAI의 2배 이하)	정규분담률의 80%
E(WAI 1.8배 이하)	정규분담률의 60%
F(WAI 1.6배 이하)	정규분담률의 40%
G(WAI 1.4배 이하)	정규분담률의 30%
H(WAI 1.2배 이하)	정규분담률의 30%
I(WAI 이하)	정규분담률의 20%
J(최빈국)	정규분담률의 10%

* WAI(World Average Income): 모든 회원국의 1인당 GNI 평균

A그룹 및 B그룹을 제외한 회원국들은 정규예산 분담률 대비 할인율을 적용하며, 할인된 분담률은 A그룹(P5)이 자국 분담률에 비례하여 추가 부담한다. 각국이 어느 그룹에 소속하느냐는 A그룹 및 C그룹을 제외하고는 3년마다 국민소득 기준에 따라 결정된다.

---

applied to meet expenditures under the regular budget of the UN;
(c) Whereas the economically more developed countries are in a position to make relatively larger contributions to peacekeeping operations, the economically less developed countries have a relatively limited capacity to contribute towards peacekeeping operations involving heavy expenditures;
(d) The special responsibilities of the permanent members of the Security Council for the maintenance of peace and security should be borne in mind in connection with their contributions to the financing of peace and security operations;
(e) Where circumstances warrant, the General Assembly should give special consideration to the situation of any Member States which are victims of, and those which are otherwise involved in, the events or actions leading to a peacekeeping operation;

개도국들은 P5 국가들의 역할과 책임을 보다 강화하고, 개도국들의 부담은 줄이는 방향으로 산정 방식 변경이 필요하다는 입장이다. 특히 일부 개도국들은 전체적인 경제 규모가 작음에도 불구하고 1인당 GNI가 높다는 이유로 분담률이 자동 상향 조정되는 것에 대해 문제를 제기하고 있다. 반면 P5 등 주요 선진국들은 P5의 안보리 책임은 인정하나 PKO 분담률 산정 시 실질적인 지불 능력을 심각하게 초과할 수는 없다면서 산정 방식 변경에 유보적 입장을 견지하고 있다.

여기서 주목을 받는 그룹이 C그룹이다. 국민소득은 높으나, 개도국으로 분류한 브루나이, 쿠웨이트, 카타르, 싱가포르, UAE 등 5개국의 그룹으로, 2001년 탄생한 후부터 지금까지 유지되고 있다. 미국, EU 등은 C그룹이 객관적인 계산에 근거하고 있지 않은 점을 들어 그룹 폐지를 주장하고 있다. 이들 국가의 1인당 GNI는 세계 평균의 4배 수준으로 이들 국가보다 1인당 GNI가 낮은 국가들은 할인 혜택이 없으므로, 객관적이고 비교 가능한 기준 측면에서 문제라는 것이다. 아울러 산정 방식의 단순성 측면에서도 C그룹에 대한 재검토가 필요하다고 보고 있다.

유엔도
돈을 번다

1장에서 서술한 것처럼 정규예산 및 PKO예산 외에, 국제전범재판소 예산은 정규예산 분담률과 PKO예산 분담률로 50%씩 납부하고, 유엔본부 개보수사업(CMP) 분담률은 2008-2009년 분담률로 고정되어 있다.

이러한 4개 분담금(assessments) 외에, 유엔은 공제액(staff assessment), 일반 수입, 공공서비스 수입을 통해 세입을 책정한다. 2014-2015년 분담금 이외 수입 추정치는 다음과 같다.[042]

수입 항목(Income Section)	금액(1불)
1. 공제액(Income from staff assessment)*	491 185 600
2. 일반 수입(General income)	31 228 200
3. 공공서비스(Services to the public)	731 200
총액	523 145 000

* 공제액은 일부 국적(미국) 직원의 소득세를 대신 납부해주기 위해 책정하는 항목으로 회원국 분담금에서 충당된다. 상세 사항은 부록의 유엔 직원규정 3.3 참조

일반 수입 및 공공서비스 수입은 유엔우체국 수입, 유엔 통계 판매, 구내 식당 영업 및 서비스, 주차장, 유엔 TV 서비스, 일부 간행물 판매 등에서

---

042   A/68/6 Proposed programme budget for the biennium 2014–2015. Foreword and introduction

발생하며, 1년에 1,600만 불 정도 걷힌다.[043] 뉴욕에 놀러 갔다가 유엔 본부 방문객 센터에서 유엔 로고가 새겨진 티셔츠 하나만 사도, 사무국 재정에 도움을 주는 셈이다.

043 A/RES/68/248 Programme budget for the biennium 2014-2015, B. Income estimates for the biennium 2014-2015
OP 2. The income from staff assessment shall be credited to the Tax Equalization Fund in accordance with the provisions of GA resolution 973 (X) of 15 December 1955;
OP 3. Direct expenses of the UN Postal Administration, services to visitors, the sale of statistical products, catering operations and related services, garage operations, television services and the sale of publications not provided for under the budget appropriations shall be charged against the income derived from those activities.

4
분담률, 높은 것이 좋은가 낮은 것이 좋은가

분담률 산정 방식은 변경이 매우 어렵게 되어 있으므로, 협상에 능동적으로 임하더라도 우리의 분담률을 낮추는 데는 한계가 있다. 분담률 산정 방식 논의가 어떻게 진행되고 있는지 내용과 추이를 예의 주시하는 것이 현실적일 것이다. 동시에 세계 경제의 변화를 좀 더 신속하게 반영하거나, 실제 납부 능력을 반영하는 더욱 정교한 방식을 고안하고, 다른 회원국들과 지속적으로 공유해나갈 필요가 있다. 전례에 비추어보면, 분담률이 바뀌어야 하는 예상치 못한 일이나 충격이 발생할 수 있고,[044] 그러면 그간 제기되어온 논리들이 요긴하게 사용될 것이다.

시각을 달리하여, 분담률을 낮추는 것이 우리의 국익에 도움이 되는가도 고민해봐야 한다. 우리가 분담금 순위 13위로 소위 '유엔의 주요 주주'의 하나로 볼 수 있는 것은 사실이지만, 영향력 있는 국가 반열에 오른 것이라고 말하기는 아직 어렵다. 실제 5위원회 협상 과정에서 주요한 역할을 하는 선진국인 미국, 일본, 독일, 프랑스, 영국 등은 모두 5% 이상을 납

---

044 미국은 2000년까지 UN 정규 분담금 25% 및 PKO 분담금 30% 수준으로 부담했다. PKO예산의 경우, 73년 채택된 분담률 산정 방식에 따라 P5 및 24개 선진국을 제외한, 한국을 포함한 대부분의 회원국은 정규 분담률의 20%만을 납부해오고 있어, 그간의 회원국 증가, 각국의 변화된 경제력을 반영하지 못하다는 여론이 있었다. 이에 대한 개정 요구로 2000년 55차 총회에서 분담률 산정 방식이 대폭 바뀌었다. 다만 개정 후 첫 해인 2001년의 미국 분담률 인하분 3%는 테드 터너(Ted Turner) CNN 회장의 기여금으로 충당하고, 이를 여타 회원국에 반영함으로써 분담금의 급격한 인상은 방지했다.

부하고 있다. 유엔 내 영향력이 재정적 기여에 상당 부분 비례한다는 점에서 장기적으로 분담률을 높이는 방향으로 가는 것이 좋을 것이다.

다만 분담률은 정해진 공식에 따라 부담하므로, 분담률 상승은 국부가 축적된 결과로 이루어져야지, 분담률 협상의 내부적 목표가 될 수는 없다. 일부 국가들의 외교관들은 나라의 분담률은 1~2%에 불과해도, 때에 따라서는 10% 회원국 못지않은 협상력을 발휘하는 것을 볼 수 있다. 오스트리아는 저돌적 자세로 선진국의 협상 선봉에 섰고, 호주는 중재국이라는 브랜드 가치가 더해져 타협안을 제출하는 데 많은 성원을 받았다. 탄탄한 논리와 순발력, 그리고 배짱을 국가 브랜드와 분담률이 뒷받침해줄 때, 명실상부한 영향력이 생겨난다. 높은 분담률은 외교관의 깨끗한 실력에 후광을 비춰준다고 말할 수 있겠다.

결국 불필요한 재정 부담은 줄이되, 분담률이 높아지도록 국부는 계속 축적되어야 한다. 2015년 우리의 분담률 1.994%는 현 사무총장 배출국이라는 지위와 더불어 우리가 선진국과의 주요한 협의에 참여할 수 있게 하는 정도의 빛을 발해주고 있다. 다수의 개도국들, 그리고 유럽의 일부 나라들은 우리의 분담률에 대해 부러움의 시선을 보내기도 한다. 통일이 되고 우리의 경제력이 배가되어 분담률이 상승한다면, 우리의 5위원회 활약도 더욱 탄력을 받게 될 것이다.[045]

---

045   우리나라의 분담률 추이에 대해서는 《연합뉴스》에서 핵심을 추려 잘 정리해놓았다("한국 유엔분담금 순위 13위…13년째 핵심분담국", 2013년 10월 24일 자 기사, http://www.yonhapnews.co.kr/medialabs/info/graph/131023_01.html)

4장

정규예산

"현 상황을 유지하거나 바꾸어보려는 여러 국가들의 권력에 대한 열망으로 필연적으로 힘의
균형이라고 하는 구조가 출현하며, 힘의 균형을 유지하기 위한 정책이 만들어진다."

― 한스 몰겐소[046] ―

046   Hans J. Morgenthau, *Politics Among Nations*, 167쪽, Alfred A. Knoph, Inc., 1973년.
"The aspiration for power on the part of several nations, each trying either to maintain or overthrow the status quo,
leads of necessity to a configuration that is called the balance of power and the policies that aim at preserving it."
몰겐소는 인간의 몸에서 이루어지는 동적 평형(equilibrium)에 대한 생물학계의 연구를 인용하며, 균형을 추구하는 것은 몸에서도,
사회에서도, 국내 정치에서도, 그리고 국제정치에서도 공히 보이는 현상임을 강조하고 있다. 유엔 5위원회에서는 선진국과 개도국이
라는 두 진영 간 힘의 균형이 절묘하게 작동하고 있다.

이제 유엔 예산이 어떤 분야에 얼마만큼 배정되는지, 예산의 규모를 두고 회원국 간에 어떠한 치열한 다툼이 이루어지는지 살펴볼 차례가 되었다.

분담금과 각종 수입으로 확보한 세입 예산은 정규예산과 PKO예산을 통해 지출된다. 그중 정규예산은 PKO를 제외한 유엔사무국의 조직 운영, 총회 및 각 위원회 회의 지원, 개발, 인도적 지원 등 각종 사업에 소요된다.

짝수 연도에는 사업예산 개요(program budget outline)를 통해 대체적인 규모를 예상한다. 사업예산 개요는 예비적 성격에 불과하지만, 이것이 익년도에 사업예산안을 작성할 때 중요 지침 역할을 한다는 점 때문에, 최근에는 사업예산안에 버금가는 끈질긴 협상이 벌어진다.

홀수 연도에는 2014-2015년, 2016-2017년과 같이 2개년에 대한 사업예산안을 심의한다. 사무국은 전년도 사업예산 개요에 관한 5위원회 결의를 토대로 예산안을 편성한다. ACABQ가 일종의 판단의 기준이 되는 권고 의견을 제시하고 나면, 본격적으로 회원국들 간 협상이 진행된다. 그리고 보통은 밤샘 협상을 거치고, 회기 종료일을 연장하면서 협의를 진행한다. 이렇게 해서 결정된 예산은 1차 결산, 2차 결산을 거치며 액수가 수정된다.

이 일련의 과정에서 예산을 줄이려는 선진국과, 충분한 예산을 확보하려는 개도국 간에 치열한 균세(均勢) 다툼이 벌어진다. 대외 홍보, 사무국 압박, 회기 연장, 표결 위협 등 다양한 전술들이 동원된다.

본 장부터 많이 등장하는 숫자에 부담 가질 필요는 없다. 예산 내용과 이면에 깔려 있는 회원국들의 이익을 수월하게 이해하기 위한 예시 정도로 보면 좋을 듯하다.

정규예산안 살펴보기[047]

❶ 예산 규모

정규예산은 14개 부(part), 36개 절(section)의 세부 예산과목(fascicles)으로 구성되는데, 승인이 이루어진 55.3억 불 규모의 2014-2015년 정규예산을 먼저 영어 그대로 살펴보자.

Section	Amount(USdollars)
Part I. Overall policy making, direction and coordination	
1. Overall policymaking, direction and coordination	117 599 800
2. GA and Economic and Social Council affairs and conference management	673 012 400
Subtotal	790 612 200
Part II. Political affairs	
3. Political affairs	1 197 957 200
4. Disarmament	24 729 600
5. Peacekeeping operations	113 454 400
6. Peaceful uses of outer space	8 160 600

---

047 다음을 참고했다.
1. A/68/6 Proposed programme budget for the biennium 2014–2015, Foreword and introduction
2. A/68/6 (Sect. 3) (정무 분야 중 정무국 예산안)
3. A/68/7 ACABQ report on the proposed programme budget for the biennium 2014–2015 of the SG(ACABQ 보고서)
4. A/C.5/68/10 Letter dated 22 October 2013 from the President of the GA addressed to the Chair of the Fifth Committee
5. A/67/529 Budget outline for the biennium 2014–2015
6. A/67/625 Budget outline for the biennium 2014–2015(ACABQ 보고서)

		Subtotal	1 344 301 800

Part III. International justice and law

7. International Court of Justice	52 344 800
8. Legal affairs	47 809 200

	Subtotal	100 154 000

Part IV. International cooperation for development

9. Economic and social affairs	163 049 600
10. Least developed countries, landlocked developing countries and small developing States	11 579 100
11. United Nations support for the New Partnership for Africa's Development	17 000 300
12. Trade and development	147 132 500
13. International Trade Centre	39 913 900
14. Environment	34 963 500
15. Human settlements	23 260 700
16. International drug control, crime and terrorism prevention and criminal	43 883 000
17. UN-Women	15 328 500

	Subtotal	496 111 100

Part V. Regional cooperation for development

18. Economic and social development in Africa	151 633 600
19. Economic and social development in Asia and the Pacific	103 764 400
20. Economic development in Europe	71 706 300
21. Economic and social development in Latin America and the Caribbean	116 669 900
22. Economic and social development in Western Asia	70 189 500
23. Regular programme of technical cooperation	58 449 700

	Subtotal	572 413 400

Part VI. Human rights and humanitarian affairs

24. Human rights	174 785 600
25. International protection, durable solutions and assistance to refugees	91 496 800
26. Palestine refugees	55 227 500
27. Humanitarian assistance	31 581 400

	Subtotal	353 091 300

Part VII. Public information

28. Public information	188 443 900

	Subtotal	188 443 900

Part VIII. Common support services

29. Management and support services		657 782 400
	Subtotal	657 782 400

Part IX. Internal oversight

30. Internal oversight		40 552 300
	Subtotal	40 552 300

Part X. Jointly financed administrative activities and special expenses

31. Jointly financed administrative activities		11 357 800
32. Special expenses		143 660 200
	Subtotal	155 018 000

Part XI. Capital expenditures

33. Construction, alteration, improvement and major maintenance		75 268 700
	Subtotal	75 268 700

Part XII. Safety and security

34. Safety and security		241 370 100
	Subtotal	241 370 100

Part XIII. Development Account

35. Development Account		28 398 800
	Subtotal	28 398 800

Part XIV. Staff assessment

36. Staff assessment		486 831 800
	Subtotal	486 831 800
	Total	5 530 349 800

표가 왜 이리 긴가 싶지만, 이는 정규예산 관련 문서에서 가장 축약된 형태다. 그래도 분야별로 어느 정도의 예산이 들어가는지 알 수 있다. 우리말로 요약해보면 다음과 같다.

1부	정책 일반(사무총장실 예산 포함)	7.9
2부	정무(36개 특별정치임무단 예산 포함)	13.4
3부	법무(국제사법재판소 예산 포함)	1.0
4부	개발 및 환경	5.0
5부	대륙별 개발 협력(지역개발위원회 포함)	5.7
6부	인권 및 인도적 지원	3.5
7부	공공 정보	1.9
8부	기획·지원 업무(인사실, 예산실 등)	6.6
9부	내부 감찰	0.4
10부	공통 비용	1.6
11부	자산 관리	0.8
12부	안전 관리	2.4
13부	개발 계정(개발 역량 강화)	0.3
14부	공제액(소득세 납부 및 분담금 적립)	4.9

　　승인되기 전 예산안도 기본 형식은 마찬가지다.[048] 전체 예산안은 앞과 같고, 분야별 예산은 별도의 자료로 제출된다. 예시로, 앞 2부 3절(Part 2, Section 3) 정무 분야 예산안을 들여다보자.

(단위: 1,000불)

Component	2014–2015 estimate
A. Department of Political Affairs	
1. Policymaking organs	

048　A/68/6(INTRODUCTION)의 Table. 2 참조.
실제 예산안에는 단순히 다음 회계연도 금액만이 아니라, 전 회계연도 실제 지출액, 현 회계연도 승인액, 현 회계연도 수정액 등 세부 사항이 포함된다.

Security Council	217,3
Committee on the Exercise of the Inalienable Rights of the Palestinian People	73,2
Subtotal	290,5
2. Executive direction and management	7 547,2
3. Programme of work	
Subprogramme 1. Prevention, management and resolution of conflicts	40 494,1
Subprogramme 2. Electoral assistance	7 762,5
Subprogramme 3. Security Council affairs	14 127,9
Subprogramme 4. Decolonization	1 411,2
Subprogramme 5. Question of Palestine	6 017,6
Subprogramme 6. Counter-Terrorism Implementation Task Force	2 157,8
Subtotal	71 971,1
4. Programme support	6 841,6
Subtotal A	86 650,4
B. Special political missions	1 081 089,9
C. Office of the United Nations Special Coordinator for the Middle East Peace Process	17 160,9
D. Peacebuilding Support Office	6 159,8
E. Register of Damage	5 881,0
F. United Nations Office to the African Union	2 008,8
Total	1 198 950,8

정무국(Department of Political affairs)은 독재정권하에 난민이 발생하는 시리아에 특사를 보내거나, 소말리아의 붕괴된 질서를 재건하기 위해 지원단을 보내는 등 분쟁 예방 및 갈등 해소를 지원하고, 정세를 파악해 안보리에 보고하는 일을 한다. 위 표에 따른 정무 분야 예산안 12억 불은 6개 요소로 세분화되어 있음을 알 수 있다.[049]

---

049 이 중 특별정치임무단(SPM) 예산에 대해서는 본 장 5절 참조.

A. 정무국 예산	8,700만 불
B. 특별정치임무단(SPM)	10억 8,100만 불
C. 중동평화프로세스 특별조정관실	1,700만 불
D. 평화구축지원실	600만 불
E. 피해기록실(장벽에 의한 팔레스타인 주민 피해)	600만 불
F. 유엔 아프리카연합사무소	200만 불

예산안에는 당연히 구체적인 필요 이유, 정책 목표, 기대 성과, 성과 지표 등 세부 설명이 뒤따른다. 한 예로, 위 내용 중 정무국 예산(A. Department of Political Affairs)의 세부 사업(3. Programme of work)의 선거 지원 사업(Subprogramme 2. Electoral assistance)의 경우,[050] 정책 목표는 요청하는 정부의 국가 선거 기관의 역량을 강화하는 것이고, 기대 성과는 선거 기관의 역량 향상이며, 성과 지표는 회원국 중 선거 기관의 역량 강화를 요청하는 회원국 비율 40%라고 설명하고 있다.[051]

이에 대해 ACABQ는 예산 편성 전반에 걸친 사항이나, 세부 분야별 예

---

050 원문은 다음과 같다.

Objective of the Organization: To strengthen the existing capacity of the requesting Governments, in particular by enhancing the capacity of national electoral institutions

Expected accomplishments of the Secretariat	Indicators of achievement
Enhanced capacity of Member States requesting electoral assistance to strengthen their democratic processes and develop, improve and refine their electoral institutions and processes	Percentage of Member States requesting assistance that have strengthened existing electoral management bodies Performance measures 2010–11: 40 requests (20 per year) Estimate 2012–13: 40 requests (20 per yr) Target 2014–15: 40 requests (20 per yr)

051 물론 특정 정책의 성과 지표나 산출물이 지나치게 측정 가능한 수치 중심으로 나열되어 있어 실제 정책의 효과를 알 수 있는 지표가 없다는 비판이 끊임없이 제기되고 있다. 위의 경우, 선거 기관의 역량이 실제로 강화되었는지를 측정하는 방식은 역량 강화를 요청하는 회원국의 수보다는 가령, 유엔이 지원한 선거에서 개표의 정확도가 몇 % 향상되었다든가, 부정 선거가 몇 건 줄어들었다든가 하는 실제 선거 기관들의 관리 능력이 향상되었음을 암시하는 지표를 제시했다면 더욱 적절했을 것이다. 산출물(output) 중심으로 평가할 것이냐, 실제 영향(impact) 중심으로 평가할 것이냐를 두고 5위원회 및 2장에서 잠시 소개한 사업조정위원회(CPC)에서 토의가 지속되고 있다.

산 수준에 대해 검토하여 의견을 낸다. 예를 들면, 출장비(travel costs)의 경우, 출장을 화상 회의로 대체 가능한가에 대한 부서장의 검토 의무화, 현장 직원에 의한 업무 수행 확대, 교육을 위한 출장 시에는 비즈니스석 지급 대상이어도 2등석 좌석만 이용, 출장 일정에 여유를 두고 항공권 구입 등 지난 2년간 출장 및 비용을 최소화하기 위한 노력의 결과가 반영되지 않았다면서, 5% 일괄 삭감 의견을 냈다. 앞의 정무 분야 예산에 대해서는 선거 업무 조율이 비교적 잘 이루어지고 있다고 평가했으며, 특별정치임무단 예산은 직전 연도의 지출이 예산보다 많아진 점, 일부 임무단 예산이 아직 편성되지 않은 점 등을 감안하면, 수정예산이 늘어날 것이라는 의견을 냈다.

　5위원회 심의 과정에서 예산안 각 분야별로 사무국과 질의응답이 이루어지며, 후반부로 갈수록 각 분야 중 핵심 쟁점과 전체 예산 규모로 논의의 초점이 이동한다.

❷ 정원(定員)

정규예산안에서 회원국들의 관심사의 한 축이 예산 규모라면, 다른 한 축은 사무국의 정원 문제다. 다음의 2014-2015년 정원 제안표, 특히 정규예산(지출) 항목을 보자.

	2012-2013 승인	2014-2015 제안	증(감) 정원	%
정규예산(Regular budget)				
지출(Expenditure)	10 337	10 076	(261)	(2.5)
수입 항목(Income section)	89	89	–	–
소계(Subtotal)	10 426	10 165	(261)	(2.5)
기타 분담금(Other assessed)				
지원계정(Support activities)	1 296	1 326	30	2.3
소계(Subtotal)	1 296	1 326	30	2.3
예산 외 기금(Extrabudgetary)				
운영(Operational)	2 616	2 644	28	1.1
실질(Substantive)	1 737	1 741	4	0.2
지원(Support)	10 664	10 699	35	0.3
소계(Subtotal)	15 017	15 084	67	0.4
총 순 예산(Total net budget)	26 739	26 575	(164)	(0.6)

사무국의 2014-2015년 정규예산안에서 제안된 정규예산 정원은 지출 항목 기준 전기 대비 261개 축소된 1만 76개다.[052] 기타 분담금(other assessed) 항목 기준은 5장 PKO 지원계정에서 논의할 직위를 가리킨다. 예산 외 기금 항목 직위는 1만 5,084개가 제안되었으며, 이는 5위원회에서 논의하지 않는다.

사무국은 세부 정원의 변동 내역도 5위원회에 낱낱이 보고한다.

	2012-2013년 승인	직위 변동										2014-2015년 제안
		USG	ASG	D2	D1	P5	P4	P3	P2/1	GS	총계	
I. 정책 일반	2,058	1	1	2	(2)	(1)	12	13	(17)	(101)	(92)	1,966

---

052 유엔은 직위에 따라 인건비 재원이 정규예산, PKO예산, 예산 외 기금 등으로 상이하다. 정원(定員) 관련 대표적인 논의 과정은 5장 5절에서 설명했다.

구분												
II. 정무	862	–	–	–	–	–	(2)	(2)	(4)	(25)	(33)	829
III. 법무	267	–	–	–	–	–	–	–	1	(3)	(2)	265
IV. 개발	1,259	–	1	–	10	20	36	8	(1)	(17)	57	1,316
V. 대륙별 개발 협력	1,960	–	–	4	(3)	(2)	(3)	(9)	(8)	(55)	(76)	14,884
VI. 인권/인도적 지원	580	–	–	–	–	(2)	(6)	(4)	–	(6)	(18)	562
VII. 공공 정보	732	–	–	–	(2)	(1)	(2)	11	(1)	(7)	(2)	730
VIII. 기획·지원	1,425	–	–	–	2	(3)	1	–	(4)	(55)	(59)	1,366
IX. 내부 감찰	122	–	–	–	(2)	–	–	–	(1)	(1)	(4)	118
XII. 안전 관리	1,072	–	–	–	–	(1)	(2)	(3)	–	(26)	(32)	1,040
총계(Total)		1	2	6	3	10	34	14	(35)	(296)	(261)	10,076

앞의 2부, 3절(Part 2, Section 3) 정무 분야 정원 규모는 다음과 같다.

구분 (Category)	정규예산 직위 (Established regular budget)		임시직 Temporary				총계 (Total)	
			정규예산 (Regular budget)		예산 외 기금 (Extra-budgetary)			
회계연도	12-13	14-15	12-13	14-15	12-13	14-15	12-13	14-15
Professional and higher								
USG	1	1	–	–	–	–	1	1
ASG	2	2	–	–	–	–	2	2
D-2	8	8	–	–	–	–	8	8
D-1	15	15	–	–	–	–	15	15
P-5	36	35	1	1	–	2	37	38
P-4/3	88	88	–	–	12	16	100	104
P-2/1	24	20	–	–	–	2	24	24
소계	174	169	1	1	12	20	187	190
General Service								
Principal level	5	5	–	–	–	–	5	5
Other level	88	84	3	3	5	8	96	95
소계	93	89	3	3	5	8	101	100
총계	267	258	4	4	17	28	288	290

ACABQ는 이 가운데 제안 전반이나 세부 분야별 변동 사항 혹은 특 이점을 중심으로 추가적 검토를 진행하는데, 2014-2015년 예산안에 대 한 주요 권고 의견은 다음과 같다. 첫째, 직위 폐지(abolish)가 하위직에만 몰려 있어 문제라고 지적했다. 입부 단계인 P-2 및 P-1은 35개, 지원 업무 를 담당하는 GS는 296개가 폐지되는 반면, P-3 이상은 70개나 신설된 다. 이는 6장에서 설명할 직급의 고위직화 경향과 연결된다. 둘째, 사무국 은 총 261개의 폐지 제안 직위 중 4개 절(section)에 걸친 13개 직위의 경 우, 예산 외 기금으로 충당하겠다고 제안했다.[053] ACABQ는 업무 수행이 여전히 필요한 상황에서 재원만을 바꾸는 것은 직위 폐지로 인한 예산 절 감 효과가 지속 가능하지 않으므로, 반대 의견, 즉 직위를 유지하는 것이 좋다는 권고 의견을 냈다. 셋째, 직전 회계연도에서 새로 생겨났거나, 폐지 제안되었지만 폐지되지 않은 직위를 2년 만에 폐지하겠다고 제안한 직위

---

053 ACABQ가 정리한, 정규예산에서 예산 외 기금으로 재원만 바꾸는 직위는 다음과 같다. 실제 회의에서는 선진국 입 장을 반영하여 직위 감축이 우선시되었기 때문에 이 가운데 폐지된 것은 없다.

15. Human settlements	1	P-4 Chief, Best Practices Unit
18. Economic and social development in Africa	2	P-3 Economic Affairs Officer
	1	LL Staff Assistant
	1	P-5 Liaison Officer
	1	P-4 Social Affairs Officer
	2	P-4 Economic Affairs Officer
26. Palestine refugees	1	P-5 Deputy Director, UNRWA Affairs
	1	P-4 Field Procurement and Logistics Officer
	1	P-4 Field Human Resources Officer
27. Humanitarian assistance	1	P-3 Humanitarian Affairs Officer
	1	P-4 Information Systems Officer

에 관해서다. ACABQ는 5위원회가 직전 회계연도에 내린 결정 사항을 존중해야 하므로 폐지에 반대한다고 했다.[054] 2부, 3절 정무 분야와 관련해서는 분쟁 지역의 정세 파악 및 보고, 분쟁 해소 지원을 담당하는 세부 사업 1(Subprogramme 1. Prevention, management and resolution of conflicts)에서 9개 직위(P-5 1개, P-2 4개, GS 4개) 폐지 제안 관련, 임무 수행에 지장이 없도록 한다는 조건하에 반대하지 않는다는 의견을 냈다.[055]

정규예산안 협상에서 분담률이 높은 선진국들은 일괄 삭감과 같은 포괄적 접근을 통해 사무국 예산 및 인원 증원을 최소화하려는 입장을 견지하고 있다. 개별 사업마다 그 취지를 인정해 예산을 조금씩 늘려주다보면(incrementalism), 나중에는 가랑비에 옷 젖듯 예산 규모가 크게 불어나기 때문이다. 그래서 써야 할 돈을 기존 예산에서 흡수하고, 오랫동안 채용이 이루어지지 않는 공석 직위는 폐지하고, 새로운 자리는 꼭 만들어야 하는

---

054 ACABQ가 정리한, 직전 회계연도에서 새로 생겨났거나, 또는 폐지 제안되었지만 폐지되지 않은 직위는 다음과 같다. 역시 5위원회 논의에서 실제 폐지된 직위는 없다. 직위 감축에 유보적인 ACABQ 위원들이 직위 존폐의 변동성을 줄이는 것이 좋다는 객관적 기준을 차용하기는 했지만, 5위원회에서는 받아들여질 수 없는 논리였음을 알 수 있다.

9. Economic and social affairs	1	P-3 Statistician
19. Economic and social development in Asia and the Pacific	4	P-3 Translator
20. Economic development in Europe	1	P-2 Programme Analyst
21. Economic and social development in Latin America and the Caribbean	1 1	P-4 Computer Systems Officer LL Local staff
24. Human rights	1	P-4 Human Rights Officer

055 실제 협상에서는 아프리카 회원국들의 반대로 세부 사업 1의 P-2 1개를 포함, 다음과 같이 4개 직위는 폐지되지 않았다.
A/RES/68/246 Part II Political affairs, Section 3 Political affairs
OP 24. Decides not to abolish one P-2 post under subprogramme 1 in the Africa II Division;
OP 25. Takes note of paragraph II.11 of the report of the Advisory Committee, and decides not to abolish two General Service (Other level) posts under subprogrammes 4, Decolonization, and 5, Question of Palestine;
OP 26. Also takes note of paragraph II.14 of the report of the Advisory Committee, and decides not to abolish one General Service (Other level) post in the Office for the United Nations Register of Damage Caused by the Construction of the Wall in the Occupied Palestinian Territory;

지 재검토하는 등 사무국의 엄격한 재정 기율(fiscal discipline)을 강조한다. 특히 최근 세계적인 경제 위기로 재정 여건이 어려운 상황이어서 사무총장의 '일은 많이 돈은 적게(do more with less)' 정신을 강력히 지지하고 있다.

반면 유엔 사업의 수혜자인 개도국들은 정규예산 3% 삭감, 실질 증가율 0% 등 일률적인 예산 삭감에 거부감을 갖고 있고, 유엔 활동, 조직, 인원 및 예산의 확대를 추진한다. 특히 선진국의 주요 관심이자 정규예산 최대 규모 항목인 특별정치임무단(Special Political Mission, SPM) 예산이 늘어나다보니, 개발 분야 같은 개도국 지원 예산이 충분히 증가하지 못했다는 점에 대해 문제를 제기한다. 또한 자발적 기여금 같은 예산 외 기금에 대한 엄격한 관리가 필요하다는 입장을 견지한다. 관리되지 않는 자금이 많아질수록 총회를 주도하려는 개도국의 통제력이 줄어들 것을 우려하기 때문이다. 다만 개도국은 특별정치임무단 예산의 경우 공동 입장을 마련하지 못하고, 아프리카 그룹만이 공동 입장으로 대응하는 등 의제별 다소간의 입장 차이를 보이기도 한다.

위와 같은 선진국 및 개도국 진영 간 입장 차이 속에서 협상을 통해 유엔사무국의 2개년 예산안이 확정되는데, 2014-2015년 예산안이 도출되는 과정에 대해서는 잠시 후 4절에서 다루고자 한다. 그전에 수정예산(revised estimates)에 대해 살펴보려 한다. 특이하게도, 승인된 사무국 예산이 1년에 한 번씩 대규모로 조정되며, 회원국들이 이를 2개년 예산에 버금가는 비중으로 다루기 때문이다. 다음 회계연도 정규예산안의 증액 규모, 현재 회계연도의 수정예산 규모, 이 둘은 회원국의 분담금 규모를 대폭적으로 늘리는 양대 축이다.

2
예산에
혹 붙이기[056]

예산은 쓰기 전에도 고민스럽고, 쓰고 나서도 고민스럽다는 말이 있다. 유엔 예산이야말로 고민 끝에 승인한 지출 금액이 두 번 더 상승하게 되어 승인하고 나서도 또 고민하게 만든다.

(단위: 억 불)

| 2006-2007년 최종 | 2008-2009년 최종 | 2010-2011년 최종 | 2012-2013년 예산 | | | 2014-2015년 예산 |
			2011년 12월 승인	2012년 12월 수정	2013년 12월 수정	
41.5	48.0	54.2	51.5	54.0	55.7	55.3

위 표에서처럼 최근 유엔 예산은 지속적으로 상승해왔다. 그런데 2012-2013년 예산에서와 같이 5위원회가 승인해준 예산은 2년간 두 번 수정된다. 이는 지출 권한과 예산조정으로 대표되는 수정예산에 기인한다.

입법 기구(총회, 안보리, 경사리 등)가 2개년 예산 편성 당시 없었던 새로운 임무(mandate)를 만들어낼 수 있다. 또한 사무국이 입법 기구로부터 임무

---

056   다음을 참고했다.
1. A/68/628 Second performance report on the programme budget for the biennium 2012-2013
2. A/68/656 Second performance report on the programme budget for the biennium 2012-2013(ACABA 보고서)

는 받았으나, 정보가 부족하거나 사태가 진행 중이어서 정규예산안에 편성하지 못했을 수 있다. 이러한 예상하기 곤란한 비용에 대해 정규예산 승인 이후에도 사무총장이 5위원회의 사후 승인을 전제로 우선 지출을 할 수 있다. 이를 지출 권한(commitment authority)이라고 부른다.[057] 사무총장이 지출 권한을 행사할 수 있는 경우는 평화와 안전 관련 긴급하게 필요할 때, 원안 편성 당시 예상하기 곤란할 때, 입법 기구 결정이 있을 때, 결의를 채택하며 예산안을 나중에 제출하도록 승인한 때, 그리고 환율·물가 상승으로 지출 변동이 생긴 때 등이다.[058]

이 중에서 마지막 사유인 환율·물가 상승에 대해 지출 권한을 사용하는 경우가 'recosting'이다. 비용 재계산 또는 원가 재계산 정도로 번역되는 'recosting'은 '예산조정액'이라 부른다. 총회 결의로 비용을 재계산하는 방법이 제도화되어 있으므로, 지출 권한과 구별하여 우리말로 예산조정제도라고도 부른다. 예산조정이 아닌 일반적 지출 권한에 따른 예산 증가분

---

057 5위원회는 예산 결의와 별도의 결의로 2년마다 사무총장에게 포괄적 지출 권한을 승인해준다. 800만 불 이상의 큰 금액에 대해서는 ACABQ의 사전 동의(concurrence)를 받도록 되어 있다(A/RES/68/249 Unforeseen and extraordinary expenses for the biennium 2014-2015).
OP 1. Authorizes the SG, with the prior concurrence of the Advisory Committee on Administrative and Budgetary Questions and subject to the Financial Regulations and Rules of the United Nations 1 and the provisions of paragraph 3 below, to enter into commitments in the biennium 2014-2015 to meet unforeseen and extraordinary expenses arising either during or subsequent to the biennium, provided that the concurrence of the Advisory Committee shall not be necessary for:
   (a) Such commitments not exceeding a total of 8 million United States dollars in any one year of the biennium 2014-2015 as the SG certifies relate to the maintenance of peace and security;

058 유엔 재정규칙(Financial Rules of the United Nations) 102.4에 규정된 세부 사항은 다음과 같다.
(a) When, in the interest of peace and security, urgent approval is required;
(b) When they include activities which the SG considers to be of the highest urgency and which could not have been foreseen at the time the initial programme budget proposals were prepared;
(c) In respect of decisions taken by the GA;
(d) In respect of decisions taken by the Security Council, the Economic and Social Council or the Trusteeship Council;
(e) When they cover activities mentioned in earlier programme budget proposals as items for which later submissions would be made;
(f) When they involve changes in expenditure requirements associated with inflation and currency fluctuations.
대표적인 예로, 5위원회는 2014년 10월 에볼라 바이러스 대응을 위해 긴급 편성된 임무단 예산으로 1억 2,000만 불을 사용할 수 있다는 지출 권한을 승인해준 바 있다(A/RES/69/3, United Nations Mission for Ebola Emergency Response).

을 5위원회에서는 'add-on(s)'라 부르는데, 우리의 추가경정예산에 해당하는 이러한 예산 증가분을 나는 '혹 붙이기'라고 생각하곤 했다.

수정예산(revised estimates)	
추가경정예산(add-on(s))	예산조정액(recosting)

사무국은 이와 같이 사무총장의 지출 권한 및 예산조정으로 지출된 비용을 보전받기 위해 1년마다 수정예산안(revised program budget proposal, revised estimates under the expenditure section[059])을 5위원회에 제출한다. 수정예산안은 결산 보고서(performance report)에 포함되어 있다. 구체적인 결산 보고서를 들여다보자.

	백만 불
1. 증액(Increases)	
① 환율 변동(Changes in exchange rates)	43.8
② 물가 변동(Changes in inflation rates)	67.3
③ 지출 권한(Commitments entered into under the provisions of resolution 66/249 on unforeseen and extraordinary expenses and in respect of decisions of policymaking organs)	43.3
④ 직위 및 기타 비용(Variations in post costs due to standard and vacancy rates, and adjustments to other objects of expenditure, based on actual and anticipated requirements)	40.9
소계(Subtotal)	204.3
2. 감액(Reductions) 수입 증가(Increase in income)	31.0
순증액(Net increase)	173.2

059 우리나라의 수정예산은 정부가 예산안을 국회에 제출한 후 국회의 심의·확정 전에 부득이한 사정으로 수정하여 제출하는 예산을 말한다. 유엔의 수정예산은 5위원회의 심의·확정 후에 수정된다는 점에서 우리 제도와 다르다. 'revised estimates'는 맥락에 따라 수정 후의 예산 전체 규모를 나타내기도 하고, 증액분만 가리키기도 한다.

사무국이 2013년 11월 29일 제출한 2차 결산 보고서에 따르면, 2012–2013년 예산 증가액, 즉 수정예산은 2억 400만 불이 될 걸로 전망되었다. 이 중 증액(increases) 부분에서 ③ 지출 권한에 해당하는 금액은 4,330만 불임을 알 수 있다.

지출 권한이 쓰이는 곳은 예상하지 못한 비용(unforeseen and extraordinary expenses)과 정책 결정 기구의 결정(decisions of policymaking organs)으로 나뉜다. 2012–2013년의 경우, 예상하지 못한 비용은 시리아 인권 조사 위원회, 북한 인권 조사 위원회, 대호수 지역 특사 등 안보리 및 평화 유지의 주요한 결정과 관련된 사업에 2,300만 불이,[060] 정책 결정 부서의 결정에 따라 시에라리온 특별 재판소 및 2012년 가을 유엔 건물을 침수시킨 폭풍우

---

060 예상치 못한 비용에 대한 지출 권한 세부 내역은 다음과 같다(단위: 1,000불).

Section2. GA and ECOSOC affairs and conference management	
• Commission of inquiry on the human rights situation in the Syrian Arab Republic and commission of inquiry on the situation of human rights in the Democratic People's Republic of Korea	149.5
Section 3. Political affairs	
• United Nations Office in Mali(UNOM) • United Nations Assistance Mission in Somalia(UNSOM) • Special Envoy of the SG for the Great Lakes Region of Africa • Organization for the Prohibition of Chemical Weapons-United Nations joint mission in the Syrian Arab Republic	3677.4 8251.3 2153.1 5073.3
Section 7. International Court of Justice	
• International Court of Justice appointment of experts	38.1
Section 24. Human rights	
• Commission of inquiry on the human rights situation in the Syrian Arab Republic and commission of inquiry on the situation of human rights in the Democratic People's Republic of Korea	3708.3
Section 34. Construction, alteration, improvement and major maintenance	
• ESCWA blast assessment	226.8
Total	23277.8

'샌디(Sandy)'로 인한 유엔 건물 보수 작업에 2,000만 불이 사용되었다.[061]

지출 권한에 따른 수정예산에 대해서는 5위원회가 비교적 관용적인 태도를 취한다. 이미 유엔사무국에 부득이한 경우 지출 권한을 사용하도록 재량권을 부여했고, 800만 불을 넘는 금액은 ACABQ가 사전에 검토했기 때문이다. 문제는 예산조정제도에 있다.

---

061 정책 결정 부서의 결정에 대한 지출 권한 세부 내역은 다음과 같다(단위: 1,000불).

1. Subvention to the Special Court for Sierra Leone 　Section 3. Political affairs	14 000
2. Revised estimates relating to section 34 of the programme budget for the biennium 2012–2013 for remediation work in the aftermath of Storm Sandy 　Section 34. Construction, alteration, improvement, major maintenance	6 063
Total	20 063

3
애물단지가 된 예산조정제도

앞 절에서 수정예산 중 ③ 지출 권한을 제외한 ① 환율, ② 물가, ④ 직위 및 기타 비용을 합한 부분을 예산조정액(recosting)이라고 부른다. 예산조정 제도는 최근 유엔 예산 개혁의 핵심 과제로 떠올랐다. 사무총장이나 안보 리 등의 결정으로 증액되는 일반적 지출 권한과 달리, 사실상 자동 증액되 기 때문이다.

유엔은 전 세계를 대상으로 사업을 시행하는 조직이므로, 환율과 근무 지별 물가의 영향으로 지출 범위가 변동될 수 있다. 또한 일반 정부와 달 리 유엔은 그렇게 변동된 지출 공백을 다른 수입원으로부터 메울 수 있는 것이 아니라, 거의 전적으로 회원국 분담금에 의지해야 한다. 이것이 예산 승인 후 발생한 환율·물가·직위의 변화에 따른 인상분을 자동 보전해주 는 예산조정제도가 도입된 근본 이유였다.

앞선 2012-2013년 수정예산에서 예산조정액의 세부 내역을 보자.

(단위: 1,000불)

지출 항목	예산 변동분				
	① 환율	② 물가	③ 지출 권한	④ 직위·기타	총계
직위(Posts)	34 231.5	53 103.9	-	66 850.4	154 185.8
기타 인건비(Other staff costs)	534.2	(485.9)	6 355.7	33 095.7	39 499.7

직원 이외 보상 (Non-staff compensation)	27.6	121.5	–	357.9	507.0
컨설턴트(Consultants)	14.4	(22.7)	213.6	(2 749.9)	(2 544.6)
전문가(Experts)	41.0	–	–	(2 919.4)	(2 878.4)
출장비(Travel of representatives)	–	(164.4)	87.8	(4 558.0)	(4 634.6)
출장비(Travel of staff)	–	(145.8)	3 430.7	(1 295.1)	1 989.8
외주(Contractual services)	224.0	(349.6)	20.1	(23 968.4)	(24 073.9)
일반운영비 (General operating expenses)	514.7	(551.9)	8 508.2	(1 392.8)	7 078.2
관서운영비(Hospitality)	2.5	(2.0)	48.8	(190.1)	(140.8)
물품비(Supplies and materials)	97.6	(24.5)	122.5	(21 278.7)	(21 083.1)
가구·장비 (Furniture and equipment)	102.7	(48.6)	3 589.6	880.3	4 524.0
부지 관리 (Improvement of premises)	180.9	(173.7)	6 964.2	2 495.7	9 467.1
기여금(Grants and contributions)	2 404.5	3 098.1	14 000.0	(3 419.3)	16 083.3
기타(Other)	5 382.0	12 933.9	–	8 014.7	26 330.6
총계(Total)	43 757.6	67 288.3	43 341.2	49 923.0	204 310.1

세부 내역이라 복잡하지만, 핵심은 첫 행의 4개 원인에 따라 원래 예산보다 2억 400만 불 이상이 필요하다는 것이다. 이 중에서 ①②④의 환율·물가·직위의 변동으로 발생한 1억 6,000만 불 정도가 예산조정액(recosting)이 된다.

① 환율 부분은 달러와 기타 화폐 간 전환 과정에서 발생한다.[062] ② 물가는 근무지 물가의 변동으로 가용 예산에 영향을 미친다. ④ 직위 및 기

---

062 유엔 예산이 미국 달러 외에, 유로, 스위스 프랑 등 기타 통화(37%) 비중이 큰 특성상 구조적으로 환율 변동에 취약하다.

타 비용은 빈자리로 남아 있는 직위 비율을 말하는 공석률(vacancy rate)[063]이 직원 채용이 이루어짐에 따라 변동되고, 전 회계연도를 기준으로 편성한 봉급 및 공통 인건비(common staff costs)도 급여 수준의 변동에 따라 바뀌기에 발생한다. ①②의 환율 및 물가 변동분을 비(非)직위 조정액(non-post adjustments)으로, ④ 직위 및 기타 변동분을 직위 조정액(post-related adjustments)으로 부른다.

문제는 최근 5개 회계연도의 전체 예산 대비 예산조정액이 3억 불(6%)에 달할 정도로 그 규모가 확대되었고, 이것이 고스란히 회원국의 추가 부담으로 돌아온다는 데 있다.

회계연도 (Budget years)	최종 승인 (Final appropriation including recosting)	예산조정액 영향 (Recosting effect)	비중 (Recosting effect)
2004-2005	36.56억 불	4.10억 불	11%
2006-2007	41.94억 불	2.09억 불	5%
2008-2009	48.00억 불	3.42억 불	7%
2010-2011	54.16억 불	1.90억 불	4%
2012-2013	55.65억 불	3.02억 불	5%
총계	236.31억 불	14.53억 불	6%
지난 5개 회계연도 평균	47.26억 불	2.91억 불	6%

물가가 오르면, 소비자들은 씀씀이를 줄이는 것이 상식이다. 그러나 유엔에서는 이런 상식이 통하지 않았다. 물가가 오르거나, 환율이 안 좋아지면, 해당 비용을 회원국들이 '자동'으로 보전해주다보니, 주변 환경의 변화

---

063 공석률(vacancy rate)은 정원에 비해 충원이 되지 않은 직위의 비율을 말한다. 공석률을 낮게 책정하면, 그만큼 인력을 많이 충원하겠다는 뜻이므로 인건비 편성액이 상승한다.

에 대해 둔감해질 수밖에 없어 직원들의 예산 절감 의지를 불러일으키지 못하는 결과를 낳고 말았다.

이에 따라 선진국은 2011년 66차 총회에서 제도의 근본적 개선을 요구했다. 일단 예산조정액 중 ④ 직위 및 기타 관련 변동분은 실제 지출을 근거로 보전하기 위해 다음 해로 심의를 연기하기로 했다.[064] 1년 후인 67차 총회에서는 예산조정액 1.2억 불 가운데 9,000만 불만 승인해주고, 직위 및 기타 관련 변동분 3,000만 불은 다시 한 번 다음 해에 심의하기로 했다. 회원국들의 분담금을 줄여 유엔사무국의 예산 절약을 압박하는 의미가 담겨 있었다. 더불어 사무총장에게 환율 방어를 위한 조치(스위스 프랑의 선물 구매)를 시작할 수 있도록 승인해주었다.[065]

1년 후인 68차 총회에서 사무국은 2012-2013년 최종 예산조정액이 앞에서 살펴본 것처럼 2.1억 불(순증 1.7억 불)에 근접할 것으로 전망했다. 이를 기존처럼 회원국 분담금으로 낼 것이냐가 2014-2015년 정규예산안과 함께 68차 총회 예산 의제 최대의 쟁점이 되었고, 이는 잠시 후 살펴보기로 한다.

어쨌든 예산조정제도에 관해 현재까지 합의된 제도 관련 사항은 사무

---

064 A/RES/66/246
OP 27. Decides to defer consideration of post-related recosting for inflation and exchange rate projections to the first performance report, in order to ensure appropriation of post-related costs in line with actual expenditure experience;

065 A/RES/67/246 Questions relating to the programme budget for the biennium 2012-2013, X. First performance report on the programme budget for the biennium 2012-2013
OP 5. Decides to increase the initial appropriation by 91,251,400 dollars, which includes unforeseen and extraordinary expenses and actual expenditure for recosting for inflation and exchange rates for 2012, but excludes adjustments to standard costs relating to payroll, common staff costs and vacancy rates in 2012;
OP 8. Authorizes the SG, starting 1 January 2013, to utilize forward purchasing to protect the UN against exchange rate fluctuations, taking into account the findings presented in the second performance report of the SG on the programme budget for the biennium 2010-2011 and keeping the transaction costs as low as possible;

국에 69차 총회에 독립 검토(independent study)를 제출토록 요청한 정도다. 이에 따라 사무국은 2014년 9월 관련 보고서를 제출했다.[066] 아직까지 보고서의 제안 내용에 대한 회원국 합의는 도출되지 않았다. 현재로서는 사무국에 적극적인 환율 위험 방어, 공석률 관리 강화, 집행 시점 조절 등을 요구하고 있을 뿐이다. 그러나 예산조정제도는 금액이 커서 더 이상 지속 가능하지 않으므로, 효율적 예산 집행을 유인하는 방향으로 제도 개선이 필요하다. 무엇보다 예산 절감 노력을 기울이지 않아도 되는 현 상황을 방치하는 것은 바람직하지 않다. 회원국 예산으로 충당하는 분담금을 한 푼이라도 아껴 쓰려는 내적 도덕성이 확보되도록 회원국들의 관심이 필요할 따름이다.

---

066 A/69/381 The study on recosting and options for the organization in dealing with fluctuations in exchange rates and inflation

영국, 프랑스, 미국, 보츠와나, 태국, 브라질 등의 국제기구 및 금융 전문가들이 작성한 이 보고서에 따르면, 예산조정은 4개 주요 변수, 즉 환율(45.4%), 물가 상승(67.3%), 공통 인건비(common staff costs) 및 공석률(양자 합계 −12.7%)에 기인한다. 그런데 현 예산 체계는 부정확한 환율 예측(환율 측정 방식과 실제 사용 통화 불일치), 부정확한 물가 예측(인건비 계산에 필요한 내부 조정 중심의 가격 반영), 관리·감독 기능 미비(각 근무지의 지출 유형과 예산조정 영향을 감독·분석할 수단 부재), 정산 기능 부족 등 여러 문제를 내포하고 있다.

보고서는 이를 개선하기 위해 환율의 경우, 시장 전망을 반영할 수 있는 선물 시세(forward rate)를 사용하고, 환율 변동에 따른 영향을 축소하기 위한 헤징 전략, 즉 현지화 구성을 늘릴 것을 주문하고 있다. 물가의 경우, 현지 물가 변동과, 인건비 계산에 필요한 내부 조정 기제를 분리하여 사용할 것을 권고했다. 또한 리스크 관리를 위해 예산조정액 상한을 설정하여 부서별로 이를 넘지 않도록 하고, 예산조정 관리를 위한 예비 자금을 별도 운영함으로써 변동 규모가 적은 해의 잉여 자금을 변동 규모가 큰 해에 사용할 것을 제시했다.

4
예산의 국제정치:
2014-2015년 정규예산 결정 과정

예산계에 돌아다니는 우스갯소리가 있다. 예산 담당자가 수명이 다해 염라대왕 앞으로 가자, 염라대왕이 "이승에서 너의 공로를 인정해 125세까지 살게 해주었으니, 이만하면 됐느냐?"라고 말했다. 예산 담당자가 "저는 겨우 40살인데요"라고 말하자, 염라대왕이 말했다. "그럴 리가. 내가 너의 근무 시간을 확인해봤단 말이다."

5위원회 근무를 하면서 밤을 새는 날이 허다했다. 한두 번 겪고 나니, 회기 후반부가 되면 으레 밤샘 협상이 있으려니 하고, 아예 예비 옷가지를 챙겨 출근했다. 이 장에서 설명할 2013년 68차 총회 본회기 협상도 밤샘 협상을 통해 최종 합의가 도출된 경우였다. 이 협상에서 2012-2013년 예산조정액을 포함한 수정예산안, 예산조정제도 개선, 2014-2015년 정규예산안 등 3개 예산 의제, 그리고 직원 보수 동결, 대형 운영 개혁 의제가 동시에 논의되었다. 2014-2015년 정규예산안을 중심으로 어떠한 협상이 이루어졌는지 살펴보자.

5위원회는 2012년 67차 총회 본회기에 2014-2015년 예산의 대략적 규모를 담고 있는 예산 개요(budget outline)에 대해 사무국 제안 54.9억 불보다 1억 불 삭감한 53.9억 불을 승인했다. 돈만 축내는 별 볼 일 없는 활동을 없애고, 인력을 감축해 예산을 편성하라는 것이다.[067] 사무국은 총회의 1억 불 추가 삭감 요구를 바탕으로 모든 부서에 인건비 대 운영비의 비율을 7:3으로 나누어 예산 감액을 추진해 2014-2015년 예산안을 마련했다. 그러나 그 규모는 55.6억 불이었다. 새로운 임무가 생겨났고, 사무국이 다양한 감축 노력을 기울인 것은 틀림없지만, 예산 개요 53.9억 불보다는 훨씬 높았다. 인력은 정규직 기준 1만 337명을 1만 76명으로 261명 감축하는 안을 제출했다.

논의는 36개 예산 과목을 하나씩 짚어보는 것부터 시작되었다. 선진국은 예산안이 전년도에 승인한 예산 개요(53.9억 불)를 초과하며, 모든 예산 과목을 포괄하는 종합적인 검토가 제대로 이루어지지 않은 불충분한 안이라고 말했다. 반면 77그룹은 현 예산안으로도 임무 수행에 부정적 영향이 초래된다면서 예산 증액을 주장했다.[068] 다음에서 보는 바와 같이 분야

---

067 A/RES/67/248
OP 10. Invites the SG to prepare his proposed programme budget for the biennium 2014-2015 on the basis of a preliminary estimate of 5,392,672,400 US dollars at revised 2012-2013 rates;
OP 16. Notes that the budget proposal will reflect the benefit of further reviews of possible obsolete activities, additional cost-effective measures and simplified procedures, and in this regard requests the SG to rigorously pursue this in accordance with regulation 5.6 of the Regulations and Rules Governing Programme Planning, the Programme Aspects of the Budget, the Monitoring of Implementation and the Methods of Evaluation, and established practices;
OP 18. Requests the SG to include in his proposed programme budget for the biennium 2014-2015 proposals stemming from a comprehensive review of the staffing requirements for the Organization, to ensure that staffing reflects best practices and is appropriate to effectively implement mandates;

068 전년도에 승인한 예산 절감 지침(선진국 입장 반영) 및 업무 우선순위(개도국 입장 반영)는 다음과 같다(A/RES/67/248).
OP 11. Requests the SG, when making proposals for savings in the programme budget, to ensure the fair, equitable and non-selective treatment of all budget sections;
OP 12. Decides that the priorities for the biennium 2014-2015 shall be the following:
    (a) Promotion of sustained economic growth and sustainable development, in accordance with the relevant resolutions of the GA and recent UN conferences;
    (b) Maintenance of international peace and security;
    (c) Development of Africa;
    (d) Promotion of human rights;
    (e) Effective coordination of humanitarian assistance efforts;
    (f) Promotion of justice and international law;
    (g) Disarmament;

를 막론하고, 감축이 불충분하다는 선진국과 감축의 부정적 영향이 크다는 개도국 입장이 반복됐다.

분야	사무국 제안	선진국 질의	77그룹 질의	사무국 설명
공통	• 모든 부서에 걸쳐 261개 직위 폐지 • 출장비 5% 추가 삭감(ACABQ 의견)	• 일부 부서의 경우, 예산 개요 결의(67/248, 1억 불 추가 삭감)에 따른 예산 감축이 없는 이유	• 작업 방식에 대한 논의 여부 • 비용 추계 과소평가(10명만 계산)	• 예산 개요 마련 시 자체 효율성 추구 노력한 일부 부서는 금번 예산 감축에 예외로 인정
Section.1 (정책 일반)	• 파트너십 부서 신설로 30만 불 추가 소요	• 30만 불 자체 흡수 가능성	• 통제가 미비한 정책 일반 예산(사무총장실 예산 포함)에 두는 데 우려	• 사업 추진 목적상 정책 일반 예산에 둘 필요 • 흡수 곤란
DPI (공공 정보국)	• 14개 직위 폐지 • 임시직 12개 정규직 전환	• 임시직의 정규직 전환 필요성 • 재원 변동(예산 감액) 제안이 없는 이유	• 14개 직위 폐지 이유	• DPI는 작년 예산 개요 작성 시 이미 효율성 추구 노력 경주
DM (관리국)	• 직위 변경	• 새로운 직위 신설 및 상향 조정 요청 근거 • 새로운 출장 기준 결의(2013년 4월) 후 출장비 현황	• 폐지 제안 직위 중 상당수가 YPP 합격자가 배치받는 P-2 직위인 데 우려	• 내부 검토 결과를 바탕으로 직위 변경 제안 • 현재로서는 출장비 계산 불가
OICT (정보 통신 기술실)	• 32개 직위 감축	• 이동통신 기기 과다 보유 • 일반 건축과 CMP (유엔본부개보수사업) 건축 구분	• 직위 감축의 영향	• 이동통신 기기 보유에 관한 지침 작성 중
OSAA (Office of Special Advisor on Africa)	• 10명 및 480만 불 증원	• 자체 흡수 불가 이유 • 인원 증원이 P-5 및 P-4에 집중된 이유	• 직위 승인되지 않을 경우 영향 • 출장비 감축 영향	
ACABQ 근무 조건 변경	• 15명 위원에 대해 D-2 대우 제공	• 작업 방식에 대한 논의 여부 • 비용 추계 과소평가(10명만 계산)	• 근무 조건 변경으로 인한 긍정적 효과	• 사무총장이 제안할 수 있는 범위 내 제안 • 2014년경 10명에게 출장비 지급 전망

(h) Drug control, crime prevention and combating international terrorism in all its forms and manifestations;

또 다른 핵심 쟁점인 2012-2013년 수정예산은 앞 절에서 본 것처럼 2.1억 불에 근접했다. 지출 권한 사용액 4,500만 불, 예산조정액(recosting) 1억 6,500만 불에 달했는데, 선진국은 자동으로 인상되는 것은 묵과할 수 없다고 주장했고, 77그룹은 회원국 분담금이 없이는 채워질 수 없는 항목이라는 입장을 내세웠다.

회원국들이 사무국과 2014-2015년 예산 및 전기 연도 수정예산에 관한 질의응답을 끝낸 후 2013년 12월 10일 제출한 결의 문안은 638개나 되었다. 개별 예산 과목에 대한 세부 문안은 물론, 출장비 일괄 감축, 예산조정제도 등 예산안 전반에 영향을 미치는(cross-cutting) 정책 문안이 망라되어 있었다. 공식적인 회기 종료일은 12월 14일이었지만, 이날 협상이 마무리되리라고 생각하는 사람은 아무도 없었다.

며칠 후 협상 전략을 협의하기 위해 선진국 대사급 협의가 열렸다. 미국은 2012-2013년 수정예산 관련, 더 이상 자동적으로 인상되는 예산조정액의 볼모로 잡히지 않도록 이번만큼은 제도의 근본적 변경이 필요하다고 했다. 특히 2.1억 불을 회원국 분담금으로 부과하는 것은 수용하기 곤란하다고 했다. 또한 과다하게 편성된 인력을 감축하고, 직원 급여 수준도 조정해야 한다고 말했다. 우리를 포함한 참가국 대부분이 이에 동조했다. 일부 회원국들은 사무총장이 이동근무에 우선순위를 두면서 직원들을 독촉하니까 새로운 안, 수정된 안도 나오는데, 결산 때마다 회원국 부담으로 돌아오는 예산조정제도에 대해서는 별다른 관심이 없다고 지적했다. 이 대목에서 예산조정제도와 사무총장의 중점 추진 과제이자 우리가 적극 지지한 이동근무(mobility)가 연계될 가능성이 엿보였다.[069] 이날 논의한 내용의 핵심을 사무총장에게 전달하자는 데로 의견이 모아졌다.

곧이어 미국은 2012-2013년 수정예산을 특별계정(Special Account)에서 지불하자는 신선한 아이디어를 선진국에 제시했다. 우리에게는 특별계정을 사용하자는 중재안을 한국이 제시해줄 것도 요청했다. 미국이 회원국 추가 부담은 불가능하다는 극단적 입장을 고수하는 동안, 좀 더 유연한 한국이 중재안을 제시하면, 설득력이 있을 것이라는 생각이었다. 특별계정은 1972년 유엔이 겪고 있던 재정난을 해소하고자 회원국들의 자발적 기여, 일부 사장(死藏)된 임무 축소 등을 통해 모아둔 자금이었다. 1986년에도 추가적인 자금을 확보했다. 이때까지 일본 1,250만 불, 소련 1,000만 불, 영국 950만 불 등 여러 국가들이 십시일반으로 기부해 약 5,000만 불 규모로 조성한 이 특별계정은 사용된 일부를 뺀 나머지 금액이 고스란히 보관된 채 이자가 붙어 2013년 현재 2억 5,900만 불로 불어나 있었다. 나는 미국이 어디서 이런 숨어 있는 돈을 찾아냈는지 신통하기만 했고, 5위원회에 대해 여전히 알아야 할 게 많다는 걸 새삼 느꼈다.[070]

그러나 다른 회원국들의 대응은 재빨랐다. 호주 같은 일부 선진국은 특별계정은 유동성 부족에 대처하기 위한 목적이므로 사용에 신중을 기하

---

069 이동근무에 대해서는 6장 9절 참조.

070 특별계정, 운영기금 등 재정 상황에 관해서는 사무국이 매년 본회기 "Improving financial situation of the UN" 의제에서 5위원회에 설명한다. 2012년 사무총장 보고서(A/67/522)에서는 아래와 같이 정규예산이 일반기금(분담금), 운영기금(자금 회전을 위한 1.5억 불 규모의 현금 보유), 그리고 특별계정(Special Account)으로 이루어진다고 설명하고 있으나, 특별계정에 얼마의 잔고가 있는지는 언급이 없다.
Para. 7. Cash resources for the regular budget comprise the General Fund, to which assessed contributions are paid; the Working Capital Fund, at the level of $150 million set by the General Assembly; and the Special Account.
반면 1년 후인 A/68/524에서는 같은 설명을 하면서도, 특별계정에 2.59억 불을 보유하고 있다고 명시하고 있다.
Para. 9. At 1 October 2013, regular budget cash amounted to $55 million, excluding the Working Capital Fund and the Special Account ($150 million and $259 million, respectively).

자는 생각이었고, 일본은 특별계정에 기여금을 가장 많이 낸 국가로서 동 계정 사용이 탐탁치는 않았지만, 당장 추가적 재정 부담을 가져오지 않는 다는 점에서는 그 사용에 개방적이었다. 우리는 특별계정을 고안한 목적 은 이해하나, 수십 년간 사용하지 않고 있는 것은 예산을 비효율적으로 운용하는 것이라고 입장을 정리했다.

협상장에 긴장감이 더해져갔다. 이쯤 되면, 뭔가 돌파구를 마련하기 위 한 흔들림이 있을 것 같았다. 아니나 다를까. 12월 21일 저녁, 5위원회 의 장이 몇몇 대사들을 부르고, 사무국의 비서실장을 초청한 가운데 대사급 회의를 열었다. 선진국은 미국, 일본, 영국, 프랑스, 독일, 캐나다, EU에서, 개도국은 피지(77그룹 의장국), 브라질, 쿠바, 싱가포르, 탄자니아에서 대사 또는 차석대사가 참석했다. 나중에 의장단을 통해 확인한 이날의 대사급 회의 내용은 다음과 같았다.

비서실장은 새로운 회계연도인 2014년이 얼마 남지 않은 상황에서 예 산 협상에 별다른 진전이 없는 상황에 우려스럽다고 하고, 사무국도 도울 준비가 되어 있으니 조속한 시간 내에 결과를 도출해줄 것을 요청했다. 선 진국은 이에 화답하듯 대사급 협상을 통한 일괄 타결을 희망한다고 하면 서 다음을 제시했다.

- 2012-2013년 수정예산에 대한 창의적인 해결책
- 2014-2015년 예산안 관련, 직위 감축
- 유엔공동제도 의제에서 직원 급여 수준 하향 조정

반면 개도국 대표들은 디테일을 잘 알고 있는 실무진에 전권을 준 상황

이고, 빨리 결정하는 것보다 올바르게 결정하는 것이 바람직하므로, 대사급으로 격상하는 데 부정적이라는 입장을 피력했다.

비서실장은 양측의 논의 진전 방식에 대한 이견도 우려스럽고, 사무국이 도울 각오가 되어 있음을 고려해줄 것을 재차 요청하며, 5위원회 의장도 지금은 결정을 내려야 할 시점임을 강조하고, 최종 결정을 하기 위한 대사급 협상을 제안했다. 그러나 개도국의 입장 고수로 결국 21일 야간에 실무자 협상을 시도해보고, 안 되는 경우 대사급 회의를 진행하기로 하였다.

실무 협상은 계속되었다. 12월 22일 오전 선진국은 예산과 직위를 ACABQ 권고 수준(사무국 제안에서 1,380만 불 감축) 이하로 감축하고, 예산조정제도는 제도를 개선하고, 2012-2013년분은 분담금으로 납부할 수 없다는 내용의 제안을 던졌다. 이에 대해 77그룹은 내부 협의를 거친 후 개발 분야의 인력 및 예산 감축은 안 되며, 예산조정액은 일부에 대해서만 분담금을 부과하지 않는다는 내용의 수정안을 제시했다. 실무선에서 오고 간 양측 제안 내용은 다음과 같았다.

쟁점		선진국 제안	개도국 77그룹 수정안
2014-2015년 예산	예산 규모	• 54억 불 대 • 사무국안(-261개) + 30개	• 사무국안(55.6억 불) 이상 • 개발 분야 등 일부 세부 항목(section)에 대한 예산 및 인력 감축 불가
	인력 수준		
2012-2013년 수정 예산	예산 조정액	1.7억 불 분담금 부과 불가	• 환율·물가(non-post) 예산조정액은 분담금 미부과 • 직위 관련(post) 예산조정액 5,000만 불은 회원국 분담금으로 부과
	제도	제도 개선	제도 유지
파트너십 부서 신설		승인	승인 불가
ACABQ 근무 조건 개선		승인 불가	승인

내가 참여하고 있었던 이동근무 의제의 실무 협상은 진지하게 진행되고 있었으나, 6장에서 자세히 설명하겠지만, 12월 22일 당시 비용 문제를 필두로 몇 가지 쟁점에서 진전이 더뎠다.

더 이상 진전은 없었다. 결국 협상은 12월 23일 대사급 소인수 협상으로 격상되었다. 아마도 일부 선진국들과 77그룹은 미리 소인수 협상을 통해 최종 담판을 지으리라 생각하고, 참여자들을 미리 정해놓았으며, 의장과 이와 같은 논의 진행 방식에 대해 사전 협의를 해왔을 것이다. 우리는 참여자 명단에 빠져 있었으며, 미국을 통해 협상 양보 불가 사항(red lines)을 통보받으면서 의견이 있으면 알려달라는 내용을 전달받았다. 우리는 인력 감축, 파트너십 부서 신설, 그리고 사무총장의 인사 개혁 의제였던 이동근무 개혁안이 이번 회기에 승인되어야 한다는 것을 양보 불가 사항으로 전달했다.[071] 그렇게 12월 23일부터 대사급 소인수 협상이 시작되었다. 이제 우리가 할 수 있는 일이라고는 협상장 주변에서 진행 상황에 대해 그간 친목을 쌓아둔 이들에게 귀동냥을 구하는 것뿐이었다. 그러나 구체적인 이익을 앞에 두고 입장 고수와 양보의 갈림길에서 고민하는 협상가들에게 진행 상황을 일일이 물어볼 때 돌아오는 것은 냉담한 등 돌림일 때도 많았다.

---

071 선진국 간 사전에 협의한 사항 중 주요 사항은 다음과 같았다.
직위 225개 폐지
일부 부서의 직위 감축 예외 적용 불가
예산 규모 54억 불 대
예산조정제도 방법론 개선
2012/2013년 예산조정액(recosting)에 대한 분담금 부과 불가
파트너십 부서 신설
ACABQ 근무 조건 결정 연기(근무 조건 개선 불가)
유엔공동급여제도(직원 보수 조정)
이동근무

23일 자정을 넘기면서 일정한 진전이 만들어지기 시작했다. 예산조정 제도(recosting)는 내년에 외부 전문가들이 개선 방안을 마련하여 총회에 보고하기로 했다. 대신 2012-2013년분은 기존 예산의 잔액, 특별계정 등을 통해 충당해서 추가 분담금을 부과하지 않는 방향으로 논의가 진행되었다. 사무국도 반드시 필요하지는 않은 계약을 취소하는 등 2012-2013년 예산조정액을 메울 방법을 찾겠다고 했다. 인력 감축은 의견이 좁혀지지 않고 있었다. 선진국은 전체 감축 숫자를 먼저 정하고, 이를 모든 예산 과목(section)에 적용해야 한다고 했지만, 개도국은 개발 분야 인력을 감축하지 않기 위해 각 예산 과목별로 논의하자는 입장이었다. 이동근무는 예산 협상이 마무리가 된 후에나 논의될 것으로 전망됐다. 그리고 이후에 들려오는 이야기는 없었다.

동이 트고 난 후 영국, 일본 등을 통해 확인한 협상 과정은 이렇다. 23일 야간 소인수 협상이 시작된 지 얼마 지나지 않아 우리의 최대 관심 사항인 이동근무가 협상 테이블에 올려졌다. 하지만 비용 문제 같은 합의되지 않은 사항이 있다는 점 때문에 일단 다른 쟁점들부터 논의했다. 그러고는 예산 의제에 대해 피 말리는 주고받기 협상에 돌입했다. 아침 7시경 최종적으로 총 12개 사항에 대한 합의가 도출되었고, 이를 토대로 실무진이 마무리한 최종 협상 결과는 다음과 같았다.

분야		사무국 제안	협상 결과
2014-2015년 예산	규모	55.6억 불	55.3억 불(3,000만 불 삭감)[072]
	인력	261개 감축	219개 감축(감축 규모 축소)[073]

2012-2013년 결산	수정예산 규모	약 2억 1,000만 불	아직 집행되지 않은 여러 업무 계약(unliquidated obligations) 취소로 4,000만 불 절감
			지출 권한 4500만 불: 분담금 부과
			예산조정액 1억 2,100만 불 충당 - 2012-2013년 전범재판소 예산 불용액 4,100만 불 - 2010-2011년 예산 불용 처리된 적립금 2,300만 불 - 특별계정 2,700만 불 - (직원 보수 소득세) 공제액 수입 2,600만 불 - 사무국 기타 수입 500만 불[074]
	제도	개선 방안	외부 연구 용역 실시
유엔공동제도		지역조정급, 수당, 혜택 동결	
기타		파트너십 부서 신설·ACABQ 근무 조건 개선·이동근무 의제 이월	

이번 소인수 협상에서 선진국과 개도국은 대체적인 이익의 균형을 이

---

072 이번 대사급 협상에서 사무국 예산실은 2012-2013년 예산조정액에 충당할 수 있는 방안으로, 분담금 부과, 사무국 자체 흡수(전범재판소 예산 중 불용액), 특별계정, 2010-2011년 예산 불용 처리된 적립금, 사무국 수입 예산, (직원 보수의 소득세) 공제액 등 다양한 재원을 혼합 사용할 수 있을 것이란 의견을 제시했다. 회원국들은 협상을 통해 각 재원별 사용 비율을 결정했다(A/RES/68/245 A).
OP 2. Requests the SG to further review unliquidated obligations with a view to ensuring that only vital expenditures are ascribed to the programme budget for 2012-2013 and that other expenditures are cancelled, and decides accordingly to reduce the resource allocation for unliquidated obligations by 40,000,000 United States dollars;
OP 3. Resolves that, for the biennium 2012-2013:
(a) The amount of 5,399,364,500 dollars appropriated by it in its resolutions 67/247 A of 24 December 2012 and 67/269 of 28 June 2013 shall be increased by 165,703,300 dollars, as follows: (생략)

073 A/RES/68/248 A
The General Assembly
Resolves that, for the biennium 2014-2015:
OP 1. Appropriations totalling 5,530,349,800 United States dollars are hereby approved for the following purposes

074 신규 예산 소요 사업으로 아프리카 특별보좌관실 직위가 승인되었고, 예산안에서 폐지 제안된 중남미 경제사회 개발 분야 직위는 다음과 같이 12개가 살아났다(A/RES/68/246 Section 21 Economic and social development in Latin America and the Caribbean).
OP 36. Decides not to abolish one P-2 post under executive direction and management, one P-2 post under subprogramme 1, one P-2 post and one Local level post under subprogramme 3, one P-2 post under subprogramme 5, one Local level post under subprogramme 7, one Local level post under subprogramme 9, one P-3 post under subprogramme 12, one P-2 post under subprogramme 13 and one P-2 and three Local level posts under programme support;

4장 · 정규예산 · 121

루었다. 선진국은 2014-2015년 예산 3,000만 불, 2012-2013년 예산조정액 1억 2,100만 불 등 모두 1억 5,100만 불의 예산 절감 효과와, 직원 급여 동결을 통한 상당한 분담금 인상 억제 효과를 거두었다. 특히 폐지하기로 한 219개 직위는 다시 살아나기 어려우므로, 앞으로 누적적으로 예산이 줄어들게 되었다. 아울러 2012-2013년 수정예산에서 회원국 분담금으로 충당하는 것은 지출 권한으로 사용한 추가경정예산 4,500만 불에 국한시키고, 나머지 1억 2,100만 불은 특별계정 같은 사무국 보유 자금으로 충당하게 됐으므로, 예산조정액에 대해 분담금을 부과해서는 안 된다는 협상 목표를 달성한 셈이었다. 개도국은 예산 삭감 효과를 낸 1억 5,100만 불 중 1억 2,100만 불을 이미 사용된 2012-2013년 예산조정액에 집중시킴으로써 향후 유엔 사업에 쓰일 2014-2015년 예산에 대해서는 삭감액이 3,000만 불에 그치게 하는 실익을 거두었다. 예산조정제도는 외부 자문을 구하자는 선에서 타협하여 일단 현행 제도를 유지하는 데 성공했다. 중남미 지역 개발 분야, 아프리카 특별보좌관실 등 관심 분야 직위도 확보했다. 사무총장의 중점 추진 구상이지만 개도국 우려 사항인 파트너십 부서 신설은 일단 시간을 벌었고, 이동근무는 합의를 해주지 않음으로써 다른 이익을 얻을 협상 카드로 다시 활용할 수 있게 되었다.

우리로서는 예산 규모 상승 억제, 직위 감축 등 환영할 만한 성과도 있었지만, 우리의 주요 관심사였던 이동근무와 파트너십 부서 신설 의제가 모두 이월되는 시련을 겪었다. 이번에 선진국이 제시한 협상 불가 사항, 즉 쓸데없는 직위를 감축하고, 예산을 절감하며, 때 되면 자동적으로 사무국 손에 돈을 쥐어주는 예산조정제도를 손보고, 사무총장의 개혁 의제를 승인하는 것 모두 우리가 쌍수를 들고 환영할 만한 내용이었다. 그러나 상대방이 있는 싸움에서 무엇을 양보하고, 양보하지 않을 것인가는 현장의 협상가가 결정할 뿐이다. 이번 협상 결과를 놓고 볼 때, 참여한 회원국들이 장기적 개혁 의제인 이동근무와, 즉각적 재정 부담 절감 효과가 있는 예산 규모 중 어느 것을 우선시했는지는 명백했다.

협상 과정에 참여하지 못하는 것은 우리 이익을 챙길 기회를 잃는 것은 물론, 협상 경험도 쌓지 못한다. 그리고 5위원회 운영의 흐름에서 점점 밀려나는 악순환이 계속된다. 2014-2015년 예산을 둘러싼 68차 총회 본회기 소인수 협상은 대한민국이 5위원회 역사가 만들어지는 무대에 관찰자로 남겨지는 역경을 딛고 일어서야 하는 과제를 던져주었다.

5
특별정치임무단
예산[075]

앞서 1절에서 본 바와 같이 정규예산 중 가장 큰 비율을 차지하는 정무국 예산의 대부분을 구성하는 특별정치임무단 예산에 대해 살펴보자.

특별정치임무단(Special Political Mission, SPM)은 안보리 결정에 따라 분쟁의 정치적 해결을 위해 파견되는 임무단을 말한다. 예를 들어, 이라크에 파견한 UNAMI의 경우, 이라크-쿠웨이트 관계 개선, 아쉬라프(Ashraf) 캠프에 수용된 주민들의 재배치, 2013년 지방선거 지원, 이라크 인권위원회 설립 등의 임무를 맡았다. 아프가니스탄, 리비아, 사헬 지역 등에도 SPM이 파견되어 있다. 한마디로, 아직 전쟁이 일어나지 않았거나, 전쟁이 종결된 지역의 정치적 안정을 도모하는 임무단이라고 할 수 있다.[076]

---

075 다음을 주로 참고하였다.
1. A/66/340 Review of arrangements for funding and backstopping special political missions
2. A/69/363A/69/363/Corr.2 Estimates in respect of special political missions, good office sand other political initiatives authorized by the GA and/or the Security Council
3. A/68/327 Estimates in respect of special political missions, good offices and other political initiatives authorized by the GA and/or the Security Council
4. A/68/7/Add.10 Estimates in respect of special political missions, good offices and other political initiatives authorized by the GA and/or the Security Council(2014–2015년 특별정치임무단 예산안에 대한 ACABQ 보고서)

076 특별정치임무단은 한국과도 인연이 깊다. 유엔 총회는 1947년 결의 112(II)를 통해 유엔임시한국위원단(United Nations Temporary Commission on Korea, UNTCOK)을 창설했다. 임무는 자유·공개 선거를 감독하고, 점령군의 철수를 조력하며, 완전한 독립을 위한 새로운 정치 체제 수립을 지원하는 것이었다. 1948년에는 결의 195(III)를 통해 유엔한국위원단(United Nations Commission on Korea, UNCOK)을 창설하고, 점령군 철수 및 통일을 지원하는 임무를 개시했다. 그러나 한반도 북쪽 진입을 거부당해 통일 지원 임무 수행이 어려워지자, 유엔은 1949년 결의 293(IV)을 채택하여 군사적 충돌 가능성에 대해 관찰하고 보고하는 일을 위원단 임무에 추가했다. 유엔한국위원단은 1950년 10월 7일 유엔통일부흥위원단(United Nations Commission for the Unification and Rehabilitation of Korea,

이러한 성격상 SPM은 냉전 이후인 1990년대 활발해졌고, 그 임무도 복합화(multi-dimensional)되었다. 유엔이 근래에 들어 최초로 현장에 설치한 특별정치임무단으로 보는 것은 유엔브룬디사무소(United Nations Office in Brundi, UNOB)다. 1993년 설립된 UNOB은 브룬디의 정세를 보고하고, 점검하는 것을 주임무로 했다. 이후 SPM은 다음과 같이 그 수와 임무가 폭발적으로 늘어나, 2011년 현재 현장에 설립한 임무단은 16개로 확대되었고, 그중 8개 임무단이 각각 맡고 있는 임무의 수는 12-24개가 된다.[077]

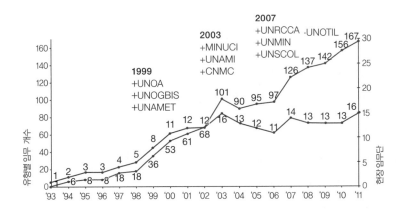

SPM은 세 가지 군(群)으로 나뉜다. 1군(Cluster I)은 주로 긴장 완화, 평화회담 지원 등을 위해 사무총장이 특사를 파견하는 경우로, 사이프러스, 아프리카 대호수 지역, 미얀마, 사헬 등의 임무단이 이에 속한다. 2군

UNCURK)으로 이관되었다. 특별정치임무단은 결코 우리와 동떨어진 사업이 아니다.

077 A/66/340

(Cluster II)은 유엔의 제재 감독팀으로, 소말리아·에리트레아, 민주콩고공화국, 북한 등의 무기 거래 금지, 자산 동결, 여행 제한 등 안보리 결의의 이행 여부를 점검한다. 3군(Cluster III)이 앞에서 설명한 현장 기반 임무단으로, 화해 촉진, 중재 제공, 정치적 대화 유지, 선거 지원 등 분쟁 예방을 위한 임무를 수행한다. 최근에는 성폭력, 여성 및 아동 문제에도 대응하는 등 3군 임무단의 임무는 갈수록 복합화되고 있다.

이러한 추세 속에서 SPM 예산은 대폭 증액되었다. 8,600만 불이었던 2000-2001년 예산은 2010-2011년 12억 불로 늘어났다. 정규예산 내 비율도 6%에서 20%로 늘어났다.

문제는 SPM 예산이 예측 가능성에 기반해 제출되는 2년짜리 정규예산에 포함되어 편성되다보니, 회계연도 중간에 그 규모가 대규모로 바뀐다는 점이다. SPM의 임무가 안보리 결정에 따라 확대되거나, 변경되지만, 이를 위한 인력 배치 같은 본부의 지원 업무 수행 체계는 2년간 변화되지 않는다는 점에 기인한다. 지난 2002-2003년부터 2012-2013년까지 수정예산으로 50% 내지 100%가 확대되었다. 2014-2015년 예산으로 사무국은 애초에 10.8억 불을 승인받았지만,[078] 2014년 6월 약 5,000만 불이 늘

---

078 2014년에는 6.0억 불, 2015년에는 4.8억 불이 승인되었다.
A/RES/68/247
OP 18. Approves the budgets totalling 596,826,600 dollars for the 36 special political missions authorized by the GA and/or the Security Council, which are presented in the reports of the SG;
A/RES/69/262
OP 18. Approves budgets totalling 480,262,600 dollars for the 35 special political missions authorized by the GA and/or the Security Council listed in table 6 of the report of the SG;

어나고,[079] 2015년 6월 3.1억 불이 추가되었다.[080]

2014년 말 제출한 2014-2015년 SPM 수정예산안

(단위 : 1,000불)

	2014년			2015년		
	배정 (Appropriation)	예상 지출 (Estimated expenditure)	예상 불용 (Estimated unencumbered balance)	총소요액 (Total requirements)	순소요액 (Net requirements)	차액 (Variance)
Cluster I	38 116.3	34 720.5	3 395.8	37 312.3	33 916.5	804.0
Cluster II	36 112.2	35 821.5	290.7	35 211.0	34 920.3	901.2
Cluster III	244 096.5	232 833.3	11 263.2	181 424.3	170 161.1	62 672.2
UNAMA*	191 364.5	189 936.0	1 428.5	94 968.0	93 539.5	96 396.5
UNAMI*	136 306.4	140 718.6	(4 412.2)	136 994.0	141 406.2	(687.6)
Total(net)	645 995.9	634 029.9	11 966.0	485 909.6	473 943.6	160 086.3

* 아프가니스탄 임무단(UNAMA) 및 이라크 임무단(UNAMI)은 그 규모와 중요성으로 예산을 별도로 편성한다.

SPM은 현장 중심 업무를 수행하므로, 각종 기자재, 물류, 행정 시스템 등은 현장을 기반으로 평화활동을 벌이는 PKO 임무단과 유사한 면이 많다. 이러한 지원 업무는 주로 PKO 업무 부서인 뉴욕의 평화유지활동국(Department of Peacekeeping Operations) 및 현장지원국(Department of Field Support), 우간다 엔테베의 지역 서비스 센터(Regional Service Center)가 수행

---

079 A/RES/68/280
OP 13. Decides to approve the total amount of 47,693,200 United States dollars net for the budgets of the five special political missions authorized by the GA and/or the Security Council included in the reports of the SG;

080 A/RES/69/274 B Sec. II
OP 10. Decides to approve resources for 2015 for the UN Support Mission in Libya, the UN Assistance Mission in Afghanistan and the Panel of Experts on South Sudan in the amount of 236,226,900 dollars net of staff assessment;
OP 11. Also decides to appropriate, under the procedures provided for in paragraph 11 of annex I to resolution 41/213 of 19 December 1986, an additional amount of 73,130,500 dollars under section 3, Political affairs, of the programme budget for the biennium 2014--2015, after taking into account the unencumbered balances and the amounts appropriated by the GA in its resolution 69/262;

한다. 그러나 SPM 예산은 1월부터 12월까지 회계연도를 기준으로 편성되는 반면, PKO 예산은 7월부터 익년 6월까지를 기준으로 하므로, 동일한 현장 지원 업무에 대해 엇박자의 예산 편성이 이루어질 수밖에 없다.

또 하나의 문제는 SPM 예산의 분담률 문제다. 싱가포르 같은 일부 77 그룹 국가, 멕시코 등은 안보리에서 그 창설을 결정하는 PKO와 마찬가지로, 역시 안보리에서 그 창설을 결정하는 SPM에 대해 PKO 분담률을 적용해야 한다고 주장한다. P5의 경우, 정규예산 분담률의 합은 40%인 반면, PKO예산 분담률의 합은 52%에 이른다. 한 회원국 담당자는 나에게 "어떤 동물이 있는데, 생긴 것, 짖는 것이 개와 같고, 만져봐도 개와 같다면, 그 동물은 개"라고 비유적으로 설명하며, SPM은 PKO와 다를 바 없다고 역설한 바 있다. 또한 69차 총회에서 개도국 대표는 안보리에서 어떤 국가가 SPM을 창설하자고 초안을 작성하는지 모조리 까발릴 수도 있다면서 P5의 책임 회피를 강하게 비판했다. 이에 대해 P5는 PKO와 SPM을 같은 성격으로 규정할 수 없다고 하고, 논의에 발을 들이지 않으려 한다.

이러한 대립각 속에서 중재적 의견을 내는 대표적 회원국이 스위스로, SPM에 정규예산 및 PKO예산과 다른 제3의 분담률(separate account)을 신설해야 하고, 별도 계정을 신설하는 전 단계로서 PKO 활동에 투입하는 전략 장비(strategic deployment stocks, SDS)[081]를 SPM에도 활용함으로써 예

---

081 전략 장비는 PKO 임무단에 초기 작전 능력을 지원하고, 물자를 신속하게 공급하기 위해 보관하는 장비를 말한다. 장비 보유고는 이탈리아 항구 도시인 브린디시(Brindisi)에 소재해 있는 유엔 군수기지(Logistics Base)에 있다. 5위원회는 2002년 결의(A/RES/56/292)를 통해 전략 장비 시스템을 갖추기로 하고, 1억 4,000만 불의 예산을 승인했다. 물론 5위원회답게 동 예산 1억 4,000만 불을 깔끔하게 회원국 분담금으로 채우질 않고, 구유고 분쟁 지역에 파견된 평화유지군 활동 종료 후 남은 9,600만 불, 아이티 임무단(MINUSTAH)에서 끌어온 예산 4,500만 불로 마련했다. 전략 장비의 예는 다음과 같다(군수기지 홈페이지 참고).

산을 절감해야 한다고 주장한다. P5 국가들은 전략 장비 활용에 대해서도 소극적인데, 이는 변화의 첫 단추가 궁극적으로 SPM 예산에 새로운 분담률을 적용하는 데로 이어질까 우려하기 때문이다. 결국 SPM 창설 및 임무 결정에 참여하는 국가와 참여하지 못하는 국가 간에 재정 부담을 놓고 자기 국익을 극대화하려는 정치적 과정이 전개되고 있다.

이러한 입장들이 여실히 표출되었던 것이 66차 총회였다. 사무국은 SPM 예산을 정규예산에서 분리하고, 예산 주기를 PKO와 같이 1년으로 조정하며, 신규 임무단에 대한 원활한 지원을 위해 PKO 예비기금(reserve fund) 및 전략 장비를 제한적으로 활용하는 것을 골자로 하는 재정 및 지원 체계(funding arrangements) 개편 방안을 제시했다. 그러나 P5 국가들이 사무총장의 보고서가 충분한 정보를 제공하지 못하고 있다는 의견을 피력하면서 동 개편안 논의는 성과 없이 연기되었다.

SPM은 여러 단점에도 불구하고, 역내 긴장을 완화하는 데 유용하므로, 임무 수행에 필요한 적절한 예산은 반드시 배분되어야 한다. 충분한 재원을 통해 SPM이 효과적으로 임무를 수행해 정치적 안정을 이룩하는 데 성과를 내는 것은 통상으로 먹고사는 우리에게도 바람직한 일이다. 동시에 예산 편성 및 배분 절차에 본질적으로 녹아 있는 예산 규모의 부정확

GROUP	ITEM	QUANTITY
CITS	Desktop and laptop computers Mobile VHF/UHF Radios	1,340 1,484
Engineering	Generators Hardwall Accommodation Unit	412 1,025
Transport	4x4 General Purpose Vehicles Other vehicles and trailers	636 541
Supply	20' Sea Containers Body armour and helmets	540 800

성을 줄이기 위해 공통의 전략 장비 활용, 결산 분석을 통한 시사점 도출 등 쉬운 쟁점부터 논의하는 것이 바람직하다.

6
유엔 건물도
리모델링한다[082]

특수 의제로 정규예산 분담률이 적용되면서, 별도의 계정으로 예산이 배정되는 유엔본부개보수사업 예산에 대해 살펴보려 한다.

　유엔 건물도 다른 건물과 마찬가지로 유지 및 보수에 일정한 비용이 쓰인다. 그런데 건물이 지어진 지 오래되고, 기능 및 직원은 확대되다보니, 최근 기존 건물의 개축이 관심사가 되었다. 원래는 비용이 많이 소모되는 점을 감안해 한 건씩 진행하자는 것이 당초 생각이었으나, 실제로는 동시다발적으로 추진되고 있다. 현재 유엔본부개보수 사업(Capital Master Plan, CMP), 유엔 제네바 사무소 건물 개보수 사업(Strategic Heritage Plan, SHP), 장기 사무공간 확보 사업(Long-term Accommodation, LTA)[083] 등 3대 사업이 논

082　다음을 참고했다.
1. A/68/352 Eleventh annual progress report on the implementation of the Capital Master Plan
2. A/68/352/Add.2 Update of the eleventh annual progress report on the implementation of the capital master plan
3. A/68/352/Add.3 Updated information on final expenditure for associated costs for the period from 2008 to 2013
4. A/68/797 ACABQ Report on the capital master plan
5. UN Capital Master Plan 홈페이지
http://www.un.org/wcm/content/site/cmp/home

083　유엔 사무국은 장기(2014-2034년) 뉴욕 소재 사무국과 산하 기구 직원들을 수용할 사무 공간을 확보하려 한다. 현재 뉴욕 소재 직원 9,600여 명 중 절반인 4,800여 명이 별도 임대건물을 사용하고 있다(2013년 기준). 67차 총회 시 포괄적인 검토를 요구함에 따라, 사무국은 아래 3가지 대안을 담은 보고서를 제출했고, 그중 두 가지 안, 특히 2안이 유력하게 검토되고 있다.
1안: 본부 내 NLB 자리에 건물 신축(35.3억 불, 회원국 분담금)
2안: 본부 옆 공터에 DC-5 건물 신축(40.8억 불, 30년간 분할 납부 후 소유)
3안: 현행 유지(45.5억 불, 매년 예산에 편성하여 지출)

의 또는 진행 중이며, 각각 약 23억 불, 8억 3,700만 스위스 프랑, 40억 불이 소요될 것으로 예상된다. 여기서는 현재 진행 중이어서 여타 사업에 시사점을 줄 수 있는 뉴욕의 유엔본부개보수사업(CMP)에 대해 정리해본다.

유엔 본부 건물은 1949년부터 1952년에 걸쳐 지어졌다. 이것이 50년

보수 공사 중인 유엔 총회장. 69차 총회가 시작된 2014년 9월 재개장했다(UN Photo/Werner Schmidt).

1952년 신탁통치이사회 회의장 개장 당시 설계를 맡은 덴마크 건축가 핀 율(Finn Juhl)은 레고 블록 같은 금속 상자로 천장의 조명 및 환기 시스템을 가려놓았다. 금번 개축 설계를 맡은 덴마크의 Salto & Sigsgaard가 이를 잘 보존시켜놓았다(UN Photo/Rick Bajornas).

가까이 지나면서 노후화됨에 따라, 개보수가 시작되었다. 공식적인 개보수의 목적은 건축적 미와 원래의 설계를 보존하고, 뉴욕의 건물 및 소방안전 규정에 합치시키며, 부식된 부품을 교체하고, 에너지 효율성과 보안을 강화하며, 직원 및 회원국들의 접근 및 작업 여건을 개선시키는 데 있다. 5위원회는 2006년 유엔 본부 건물의 개보수 7개년 계획(2014년 완료 목표)을 승인하면서, 그 예산으로 18.8억 불을 배정했다.[084] CMP에 따른 그간의 작업 결과는 다음과 같다.[085]

084 A/RES/61/251
OP 10. Decides to approve the capital master plan, including the recommended scope options, to be completed from 2006 to 2014, at a total revised project budget not to exceed 1,876.7 million United States dollars (exclusive of any credit facility fees);

085 아래 유엔 CMP 홈페이지 시간계획 자료 및 CMP 보고서를 참고하여 정리.
http://www.un.org/wcm/webdav/site/cmp/shared/CMP%20Phasing.pdf

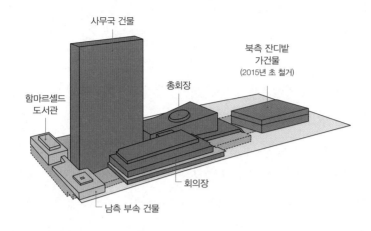

사무국 건물

함마르셸드 도서관

총회장

북측 잔디밭 가건물
(2015년 초 철거)

회의장

남측 부속 건물

건물 종류	기간	개축 기간 중 대체 방식
회의장(Conference Building)	2010년 초~ 2013년 초	• 2008년 5월~2010년 1월 북측 잔디밭(North Lawn)에 2층짜리 가건물 신축
총회장(General Assembly Hall)	2013년 중~ 2014년 9월	• 2015년 해체 예정이었으나, 현재 계속 사용 중
사무국 건물(Secretariat Building)	2010년 초~ 2012년 중	직원들의 임시 수용 공간(swing space)으로 본부 주변의 외부 건물 내 사무실 임대
남측 부속 건물(South Annex, 구내식당, 통역원 사무실 등)	미정	미정
도서관 건물(Library Building)	미정	미정

　　그러나 상기 작업을 진행하는 과정에서 공사비가 눈덩이처럼 불어나는 문제점이 발생했다. 사업 초기인 2007년 사무국의 고질적인 관료주의적 구조로 중요 결정이 지연되고, 사업 책임 간부의 퇴직으로 리더십 공백이 생기면서 공사가 지연되었으며, 또 공사 중 사용할 임시 사무 공간의 임차료도 올라갔다. 둘째, 계획에 없던 부대 비용(associated costs)이 발생했다. 말이 좋아 부대 비용이지, 실제로는 비용 초과분(cost overrun)이었다. 2006

년 이후 실제 건축 비용이 상승한 점도 있지만, 새 가구를 예상보다 많이 들여놓거나, 방송 장비를 업그레이드하는 등 비용을 과도하게 사용한 측면도 상존했다. 여기에 뉴저지(New Jersey)에 유엔의 정보기술 시스템과 파일을 백업하기 위한 2차 데이터 센터를 설립하는 데 1,500만 불이 소요되었다. 공사 진행 과정에서 새로 추가된 요소였다. 이렇게 공사 계획 변경 및 비용 초과분 발생으로 증가된 비용이 3억 8,000만 불에 달했다. 이 3억 8,000만 불에는 당초 개보수 예정이었던 남측 부속 건물과 도서관 건물 개보수 계획에 따른 비용은 포함되지도 않았다.

5위원회는 추가된 비용 중 공사 계획의 변경과 관련된 일부만 회원국 분담금으로 충당할 수 있도록 승인했다. 나머지는 미국의 1억 불 자발적 기여금, 이자 수입 등으로 충당되었다. 하지만 비용 초과분과 2차 데이터 센터 건립 비용 1억 5,500만 불은 애초에 계획에 없는 부분이어서 회원국의 추가적 재정 부담은 있을 수 없다는 선진국의 반대로 예산이 배정되지 않았다. 그저 사무총장의 지출 권한(commitment authority)을 인정해줌으로써 일단 CMP 계정에 들어 있는 돈으로 선지불할 수 있도록 허용해주었을 뿐이다.

이렇게 전체 비용이 배정된 예산을 초과함에 따라, 2014년 6월이면 공사 일정에 따라 이런저런 계약업자들에게 비용을 지불하면서 CMP 계정이 고갈될 것으로 예상되었다. 사무국은 2014년 2월 현재 CMP 계정에 2억 3,100만 불의 자금을 보유하고 있는데, 총회장 개축에 1억 6,100만 불, 42가 및 48가 출입구 개축에 1,700만 불, 기타 지출에 1억 8,800만 불 등 총 3억 6,600만 불이 소요될 예정이라고 밝혔다. 2014년 6월 14일 날짜로 2억 3,100만 불의 보유 자금이 마이너스로 돌아설 것으로 전망되었다. 건물을 짓다가 공사비가 없어지는 상황이 되고 만 것이다.

(단위 : 100만 불)

구분	사업 및 부대 비용 현금 지출 (cash outflows)	현금 잔액	구분	사업 및 부대 비용 현금 지출 (cash outflows)	현금 잔액
2월 말	34.86	196.14	11월 말	16.39	(115.61)
3월 말	45.41	150.72	12월 말	13.03	(128.64)
4월 말	58.43	92.29	2015년 1월 말	9.22	(137.86)
5월 말	55.19	37.10	2월 말	7.89	(145.75)
6월 말	36.78	0.32	3월 말	4.61	(150.37)
7월 말	35.15	(34.83)	4월 말	1.92	(152.29)
8월 말	25.07	(59.89)	5월 말	1.53	(153.82)
9월 말	20.33	(80.22)	6월 말	1.53	(155.34)
10월 말	19.00	(99.23)			

이에 따라 CMP 사업의 현금을 어떻게 조달할 것이냐(cash flow bridging mechanism)가 발등에 떨어진 불이 되었다.

68차 총회 1차 속개회의(2014년 3월)에서 선진국은 애당초 무리한 사업 계획을 추진하여 자금을 소진시켜놓고서 회원국들에 손을 벌리는 사무 국의 행태를 강하게 질타했다. 반면 77그룹은 사무국의 계획이 부정확했 던 점은 불가항력적인 측면이 있으며, 근본적으로 미국의 분담금 납부 지 연이 현금 조달을 어렵게 한 원인이고 받아쳤다. 미국은 통상적으로 11월 내외가 되어야 당해 연도의 분담금을 납부하며, 따라서 2014년 11월이 되어야 CMP는 물론, 여타 사업의 자금 부족이 해갈되는 상황을 비판한 것이다.

날이 선 공방이 지속되던 중 3월 27일(목) 오후 3시 밤샘 협상으로 이어 진 최종 협의가 시작되었다. 미국은 국내적으로 CMP 분담금을 추가로 내는 것은 의회 결정 사항이기 때문에, 예산 배정(appropriation)을 해도 돈을 낼 수가 없다고 하고, 정규예산의 운영기금(Working Capital Fund)[086]과 특별 계정(Special Account)[087]을 함께 사용하고, 해당 순서(sequencing)를 구체적으로 논의해보자고 제안했다. 77그룹은 선진국이 말하는 운영기금의 경우, 미국이 분담금을 신속하게 납부해야 사용 가능할 텐데, 분담금 체납이 계속된다면, 2014년 11월 1.77억 불 적자, 12월 3.82억 불 적자에 이르고, 따라서 11월 이전에 미국 분담금이 예정대로 들어오기만 기다리는 것은 불확실성이 크다며 미국을 정면으로 겨냥한 발언을 폈다. 또한 전체 1.55억 불의 CMP 부대 비용(associated costs) 중에 올해 1.25억 불을 사용하는 상황에서 이에 대한 명확한 방향 없이 가는 것은 무책임하다고 일갈했다. 타협점 모색에 적극적이었던 호주가 쉬운 해결책은 없는 게 명확하니, 부족한 현금을 충당하기 위한 다양한 가능성에 대해 머리를 맞대고 논의해보자고 제안했고, 77그룹은 서로 우려와 생각을 이야기했으니, 각자 방안을 잘 생각해서 내일 다시 논의해보자고 하고는 파했다.

그러나 회기 종료일인 내일까지 마냥 기다릴 수는 없었다. 네덜란드 출신 간사는 선진국과 개도국 그룹을 각각 만나 서로 입장이 명확하니, 각자 수정안을 가져와 다시 시작하자고 설득했다. 오후 8시경 회의는 재개되었다. 회의 분위기는 사뭇 냉랭했다. 미국 대표는 차가운 목소리로 다음의 세 가지 양보 불가 사항(red lines)을 제시했다.

086　정규예산 분담금 청구서를 각 회원국에 발송 후 각국의 분담금 납부 시까지 발생하는 일시적인 예산 부족 현상을 해소하기 위해 운영하는 현금 융통을 위한 운영 자금을 말한다.

087　특별계정(Special Account)은 1972년 유엔이 겪고 있던 재정난을 해소하고자 회원국들의 자발적 기여, 일부 사장(死藏)된 임무 축소 등을 통해 모아둔 자금이다. 본 장 4절 참고.

- 금번에 CMP 예산 배정 불가(no appropriation now)
- 금번에 추가 CMP 분담금 부과 불가(no assessment now)
- 이중 예산 배정/분담금 부과 불가(no appropriation/ assessment twice)

77그룹은 잠시 얼어붙은 분위기였다. 분담금을 내지 않으면, 언젠가는 운영기금이 고갈될 게 뻔하다고 말하는 브라질과 토고 대표의 목소리가 좀 기어들어갔다. 그러나 이란 대표는 다음과 같은 질문을 던졌다. "예산 배정을 받아들일 수 없다는 것이 이번에 안 된다는 것인가, 영원히 안 된다는 것인가. 회원국에 추가 CMP 분담금을 부과하는 것이 이번에 안 된다는 것인가, 영원히 안 된다는 것인가." 이란 대표는 미국 대표의 발언이 불분명하다고 평가하더니, 77그룹 자체 협의를 위한 정회를 요구했다. 자신감을 회복했는지, 돌아온 77그룹의 브라질 대표는 자신들도 양보 불가 사항을 말하겠다며, 당찬 목소리로 다음을 제시했다.

- 자금 흐름 문제에 대한 결정 연기 불가
- 금번에 회원국에 추가 CMP 분담금 부과
- 금번에 현금 부족분 해결 후의 사용분 충당 방안 결정

양쪽의 양보 불가 사항을 통해 드러난 사실은 명확했다. 선진국은 이미 초과 비용(cost overruns)이 발생한 부분에 대해서는 막대한 자금이 하늘에서 뚝 떨어지지 않고서는 분담금 납부가 불가피함을 이해했다. 그러나 유엔본부개보수사업의 초과 비용이 계속적으로 증가되어온 현실에서 오늘 예산을 배정하면, 내일 또 더 달라고 사무국이 손 벌릴지 모를 일이었다.

따라서 최종 비용이 확정되기 전까지는 추가적인 분담금 부과 및 납부는 받아들일 수 없었다. 동시에 분담금 부과를 요구하는 77그룹에 협상 카드의 값을 올려놓을 수 있었다. 사업 진행에 부정적 영향을 미치지 않는 한도까지 가능한 한 시간을 끄는 것이 선진국에 유리했다.

77그룹도 지금 당장 분담금 부과 및 납부가 가능하지 않다는 점은 잘 알고 있었다. 그러나 금번에 현금 부족분을 일시적으로 메우더라도, 이를 위해 어디에선가 끌어온 유엔 자금은 개발 같은 다른 사업에 쓰여야 할 돈을 임시로 빌려온 것이므로, 반드시 유엔에 되돌려줘야 했다. 빌려 쓴 자금은 결국 돈이 하늘에서 뚝 떨어지지 않는 한, 회원국 분담금으로 상환해야 했다. 따라서 분담금 부과 시점이 도래했을 때, 확실하게 분담금 부과를 받아낼 근거로 사용하기 위해 미리 CMP 사업의 초과 비용을 회원국 분담금으로 메워야 한다는 점을 결의 문안에 명시하려고 했다. 언젠가는 회원국 분담금 부과가 이루어져야 한다는 것, 이란 대표는 바로 이 점을 꿰뚫어보고, 이번에 분담금 부과가 안 된다는 것인지, 영원히 안 된다는 것인지 확실히 하라고 선진국에 응수했던 것이다.

선진국은 77그룹의 양보 불가 사항을 듣고 난 후 정회를 요청하였다. 첫 번째 사항인 현금 흐름 문제는 기왕에 선진국도 풀어야 한다고 생각하는 부분이므로 큰 문제는 안 되었다. 세 번째 사항도 어차피 금번에 현금 부족분을 메우면(cash flow bridging mechanism), 충당이 이루어지긴 해야 하니, 원칙 자체는 받아들이기 어렵지 않았다. 그러나 두 번째 사항인 회원국에 분담금을 부과하는 것은 받아들일 수 없는 사항이었다. 그러나 77그룹은 현금 부족분을 메울 다양한 방법에 대해서는 논의 가능하지만, 궁극적으로 어느 재원이든 유엔 예산의 최종 책임을 지는 회원국의 분담금을 통해 보충이 이루어져야 한다는 입장이 확고했다. 분담금이 들어와야 사무국이 개발 분야 자금을 제때에 집행할 수 있기 때문이었다.

회의 중단과 재개, 그룹 내부 협의가 반복되었다. 조금씩 양보한 문안들이 오고 갔지만, 모두 상술한 그룹별 핵심 이익을 벗어나지 않았다. 일단 특별계정과 운영기금에서 자금을 인출할 수 있도록 한다는 데 의견이 일치했다. 특별계정이 직전의 68차 총회 본회기에 이어 또다시 등장했는데, 선진국에는 선물 주는 산타 할아버지와 같고, 개도국도 거부할 필요가 없다고 생각하는 모양이었다. 다만 운영기금 사용분 충당 방안에 대해서는 의견이 모아지지 않았다.

자정을 넘긴 후 선진국은 현금 사용분을 메울 필요성을 인지한다(acknowledge)는 문구는 수용 가능하다는 전향적인 제안을 냈다. 77그룹은 인지 수준에 머무는 것은 수용 곤란하며, 현금 흐름에 대한 사용분을 메울 구체적인 방법을 결정하지 않는 것은 수용할 테니, 선진국도 69차 총회 본회기에는 추가 분담금을 부과하기로 결정한다는 문안에 합의하라고 요구했다. 선진국은 그 즈음이면 금년도 분담금 납부가 이루어질 상황에서 추가 분담금 납부 여부를 미리 결정하는 것은 적절하지 않다고 하고, 69차 총회 본회기에 현금 사용분을 메울 결정을 내려야 한다(will be required to be replenished)는 것을 인지한다는 문안을 제시했다. 이렇게 한 걸음씩 서로 접근하는 논의가 이어진 결과, 아침 해가 뜬 이후 협상단은 다음의 요소가 포함된 문안에 잠정 합의했다.

- 특별계정과 운영기금으로 현금 조달(cash flow) 해소

• 현금 사용분 충당은 기존 분담률에 따라 보충하기로 결정[088]

첫 번째 사항은 선진국 요구대로 새로운 분담금 부과 없이 현금 부족 문제를 해결하는 방안이었다. 두 번째 사항의 핵심적 의미는 미국이 2014년 하반기 납부 예정인 분담금을 확실히 납부하라는 것이었다. 이로써 선진국은 금번에 추가 분담금을 부과하거나 그것으로 현금 부족분을 메울 수 없다는 협상 목표를 지켰고, 77그룹은 기존 분담금이기는 하지만, 현금 사용분을 분담금으로 메워야 한다는 점을 반영시켰다.

이번 협상에서는 도서관 및 남측 부속 건물 등 개보수가 원래 계획에 포함되어 있었음을 과거형으로 재확인했다. 77그룹은 도서관 등의 개보수가 CMP의 불가분의 일부임을 강조하는 입장을 다소 완화했다. 미국, 일본 등은 도서관 등 개보수 관련 새로운 제안을 가져오라는 문안을 철회했다. 서로가 자기 입장에 변화가 없다고 주장할 근거를 확보하는 가운데, 시간이 흐르면, 도서관 등 개보수 계획이 수정될 수 있다는 가능성을 열어둔 것이다.[089]

CMP 사업을 통해 알 수 있는 것은 대규모 사업의 사업 추진 체계가 느슨하고, 사전 계획 수립이 치밀하지 못하다는 점이다. 특히 추가 비용이 발

---

088 합의된 결의안은 다음과 같다(A/RES/68/247B).
OP 13. Authorizes the SG, on an exceptional basis, to make use of the Working Capital Fund and the Special Account established by the GA in its resolution 3049 A (XXVII) of 19 December 1972 as a bridging mechanism to address possible cash flow challenges of the project during the time remaining until its completion, and requests the SG to submit a report thereon to the Assembly at the main part of its sixty-ninth session;
OP 14. Decides, in this context, that the bridging mechanism will be replenished at the main part of the sixty-ninth session of the GA through the established budget assessment in order to maintain the robust liquidity of the Organization;

089 A/RES/68/247B
OP 9. Reaffirms the scope of the capital master plan project in accordance with paragraph 10 of its resolution 61/251 and as affirmed in subsequent resolutions;

생하는 과정에서 회원국에 신속하게 알려주지 않고, 돈이 많이 들었으니, 더 달라고 하는 나몰라라식 태도가 신랄한 비판의 대상이 되었다. 현재 유엔 제네바 사무소 건물 개보수 사업(SHP)의 기본 설계가 진행 중이고, 뉴욕시에 새로운 유엔 건물을 짓는 방안이 장기적으로 뉴욕의 사무 공간을 확보(LTA)하기 위한 유력한 방안으로 논의되고 있다. CMP 사업에서 나타난 허점이 보완되지 않으면, 천문학적인 돈이 건물 개보수 및 신축에 쓰이게 될 것이다. 이에 대한 관리 및 감독이 긴요하다.

마지막으로, 이와 같은 대규모 유엔 조달 사업이 진행되는 과정에서 우리 업체의 참여가 제고될 필요가 있다. 2014년 전체 유엔의 조달 시장은 171억 불 규모다. 뉴욕과 제네바에 건물 설계, 시공, 보수, 감리 등 단계마다 참여의 기회가 있을 것이다. 건물 소재국 업체가 지리적 이점을 살릴 수는 있지만, 193개 회원국으로 구성된 유엔의 조달 체계는 특정 국적 업체에게 혜택이 집중되기는 곤란한 구조로 되어 있다.[090]

---

090   추가적인 내용은 주유엔대표부 및 유엔사무국 조달과 홈페이지를 참고할 수 있다.
http://un.mofa.go.kr/korean/am/un/market/summary/index.jsp
https://www.un.org/Depts/ptd/welcome-united-nations-procurement-division-unpd

5장

PKO예산

"내가 뉴욕에 도착해보니, 유엔 본부 내 평화유지 담당 직원은 10명 남짓에 불과했다. 24시간 운영하는 상황실도 없고, 물류 수송에 대한 관리도 허술하기 짝이 없었다. 평화유지활동을 하나 개시하려면, 사령관과 병력을 뽑고, 지금은 유엔의 상징이 되어버린 평화유지군의 파란색 전투모부터, 연필, 트럭도 죄다 구입하는 등 맨 땅에서 새로 시작해야 했다."

– 매들린 올브라이트 전 주유엔미국대사[091] –

091   Madeleine Albright, *Madam Secretary*, 147쪽, Miramax Books, 2003년.
"When I first arrived in New York there were only about a dozen people in UN Headquarters assigned to manage peacekeeping. There was no twenty-four-hour operations center and virtually no control over logistics. Every new operation had to start from scratch, recruiting commanders and troops, and procuring everything from blue helmets to pencils and trucks."

1950년 6.25전쟁이 발발한 후 유엔은 북한을 격퇴하기 위해 한반도에 파병한 16개국의 군 병력을 통할하는 유엔사령부(UN Command) 수립을 결정했다. 당시에 얼마의 비용이 소요되었고, 유엔은 얼마를 부담했을까. 만일 유엔이 16개국에 모든 비용을 지불했다면, 천문학적인 재원이 소요됐을 것만은 틀림없다. 현재 규모가 큰 임무단의 경우 10억 불을 포함해 수단, 콩고민주공화국, 말리 등지에 파견한 16개 PKO 임무단의 12만 명 군·경 병력 유지에 80억 불이 소요되기 때문이다. PKO예산을 세부적으로 이해하는 것은 한국이 내고 있는 2%의 돈이 어떻게 쓰이고 있는지 면밀히 감독하는 외에도, 세계질서를 유지해나가는 전략의 하나인 PKO에 대한 회원국들 및 유엔의 정책 우선순위를 파악하는 데 유용하다.

5위원회에서 논의하는 PKO예산 주요 의제는 다음과 같다.

- 임무단별 예산: 16개 임무단 및 이탈리아 브린디시(Brindisi) 소재 군수기지(UN Logistic Base, UNLB) 예산
- 정책 의제(Cross-cutting Issues): 인사(2만 여 직위, 공석률, 개도국 국민 진출 확대 등), 운영(항공, 연료, 자산 등), 글로벌현장지원전략(Global Field Support Strategy, GFSS)[092] 등
- 지원계정(Support Account): PKO 지원 업무 예산 및 직위
- 기타: 종료 임무단 결산, 회계감사 보고서 등

예산 논의는 이를 사용할 데가 있음을 전제로 하고 있다. 군 병력 제공, 무기 등 장비 공급 방법, 식량, 일상적 물품까지 PKO 운영 세부 사항을 이해하여야 PKO 예산에 대한 감이 온다.

---

092 글로벌현장지원전략은 PKO 활동을 효과적으로 지원하기 위해 서비스 센터 강화, 서비스별 모듈화 작업, 재원 운영 효율화, 인적자원 운용 효율화 등 4개 영역을 개선해온 작업을 말하며, 마무리 단계에 있다. 추가 내용은 아래 참고.
1. A/64/633 Global Field Support Strategy
2. Benicsáak Péeter, *Overview of the United Nations Logistics Base/Global Services Centre*, 2012년

PKO예산안
살펴보기[093]

안보리에서 PKO 창설 결의를 채택하면, 임무단이 생겨난다. 현재 지구상에 16개의 PKO 임무단이 파견되어 있다.[094]

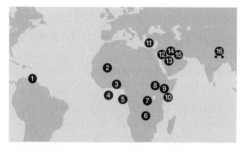

4 UNMIL Liberia	**10** UNMISS South Sudan
5 UNOCI Côte d'Ivoire	**11** UNMIK Kosovo
6 MONUSCO Dem. Rep. of the Congo	**12** UNFICYP Cyprus
7 MINUSCA Central African Republic	**13** UNTSO Middle East
	14 UNIFIL Lebanon
8 UNAMID Darfur	**15** UNDOF Syria
9 UNISFA Abyei	**16** UNMOGIP India and Pakistan

1 MINUSTAH Haiti **2** MINURSO Western Sahara **3** MINUSMA Mali

---

093   다음을 참고했다.
1. A/C.5/69/24Approved resources for peacekeeping operations for the period from 1 July 2015 to 30 June 2016, Note by the SG
2. A/69/751/REV.1
3. A/68/782Observations and recommendations on cross-cutting issues related to peacekeeping operations, Report of theAdvisory Committee on Administrative and Budgetary Questions(ACABQ 보고서)
4. A/C.5/68/23Note by the SG on the proposed budgetary levels for peacekeeping operation for the period from 1 July 2014 to 30 June 2015
5. A/67/723Overview of the financing of the UN peacekeeping operations: budget performance for the period from 1 July 2011 to 30 June 2012 and budget for the period from 1 July 2013 to 30 June 2014

094   아래 유엔 PKO 홈페이지 참조(2015년 9월 30일 기준).
http://www.un.org/en/peacekeeping/documents/bnote0915.pdf

PKO 임무단은 주로 아프리카와 중동에 파견되어 있으며, 다음 도표에서 보는 것처럼 12만 5,000명이 근무하고, 각종 운송 장비를 사용해 다양한 작전 및 활동을 수행하는 데 연간 82억 불이 사용된다.[095]

현장 인력 12만 5,000명을 나타내는 동그라미에는 PKO 활동을 수행하는 2개 집단이 포함된다. 첫 번째 집단은 군인과 경찰로 구성되는 PKO 군으로, 군 병력은 갈등을 겪고 있는 세력 간 평화를 지켜내는 일을 하고, 경찰 병력은 일반 치안 유지를 담당한다.[096] PKO 활동의 또 다른 집단은 유엔에 소속되어 일하는 유엔 직원과 유엔 업무를 지원하는 외부인들(컨설턴트, 임시직, 노무자 등)로 구성되며, 보통 민간 인력이라 부른다.[097] 지구적

---

095 아래 유엔 PKO 홈페이지 중 파트너십 참조.
http://www.un.org/en/peacekeeping/resources/statistics/factsheet.shtml
096 2015년 2월 현재 PKO군 병력은 총 9만 551명으로, 인원별 순위는 다음과 같다. 1위 방글라데시 8,836명, 2위 파키스탄 8,230명, 3위 인도 7,868명, 4위 나이지리아 4,738명, 5위 르완다 4,684명.
097 지구적 차원에서 PKO 인원 구성은 다음과 같다.

수송 활동을 가리키는 동그라미는 PKO 운영 방식이 간단치 않음을 말해준다.

그럼 이 PKO 임무단은 무슨 임무를 수행하는가. 전통적인 PKO 임무단은 주로 분쟁이 있는 국가 간 평화 구축 환경을 조성하기 위한 임시 완충 지대 역할을 했다. 가볍게 무장한 채 기지 주변을 순찰하거나 비행하면서 휴전이나 관련 합의 이행 상황을 관찰·감시·보고하는 임무를 수행했다. 인도-파키스탄 국경 분쟁을 감시하는 UNMOGIP, 사이프러스에 파견된 UNFICYP, 시리아 골란 고원에 파견된 UNDOF가 대표적인 예다.

그러나 최근에는 그와 같은 임무 외에, 평화을 정착시키기 위한 다층적인 임무를 수행하는 방식(multidimensional peacekeeping)이 자리를 잡아가고 있다. 평화협정 이행, 지뢰 제거, 반군 같은 무장 요원의 무장 해제·동원 해제·재통합(disarmament, dismobilization, reintegration, DDR), 선거 지원, 인권 감시, 평화 구축, 치안 분야 재건(security sector reform, SSR) 및 기타 법치 확립, 무력 충돌하 여성·어린이·민간인 보호,[098] 그리고 사회·경제적 개발 진흥까

군·경 병력(Uniformed personnel) 10만 6,245명(2015년 8월 31일 기준)	민간 인력(Civilian personnel) 1만 6,791명(2015년 6월 30일)
• 군(Troops): 9만 889명 • 경찰(Police): 1만 3,550명 • 군사 참관인(Military observers): 1,806명	• 국제채용 직원(International): 5,315명 • 국내채용 직원(Local): 1만 1,476명 • 유엔봉사단(UN Volunteers): 1,710명(2015년 8월 31일 기준)

098 안보리는 다음의 의미 있는 결의를 채택했다.
– 여성·평화·안전: Security Council resolution 1,325(2000년)
– 어린이: Security Council resolution 1,612(2005년)
– 무력 충돌하 민간인 보호: Security Council resolution 1,674(2006년)
예를 들어, S/RES/1325(2000년)에 다음과 같이 규정하고 있다.
OP 8. Calls on all actors involved, when negotiating and implementing peace agreements, to adopt a gender perspective, including, inter alia:
(a) The special needs of women and girls during repatriation and resettlement and for rehabilitation, reintegration and post-conflict reconstruction;
(b) Measures that support local women"s peace initiatives and indigenous processes for conflict resolution, and that involve women in all of the implementation mechanisms of the peace agreements;
(c) Measures that ensure the protection of and respect for human rights of women and girls, particularly as they relate to the constitution, the electoral system, the police and the judiciary;

PKO 업무 담당 부서(뉴욕)

DEPARTMENT OF
FIELD
SUPPORT

Office of the Under-Secretary-General (DPKO/OUSG)

Office of Operations

Office of the Assistant Secretary-General
- Africa I Division
- Africa II Division
- Asia, Middle East, Europe and Latin America Division

Office of Rule of Law and Security Institutions

Office of the Assistant Secretary-General
- Police Division
- Mine Action Service
- Criminal Law & Judicial Advisory Service
- Disarmament Demobilisation and Reintegration Section
- Security Sector Reform Unit

Office of Military Affairs

Office of Military Adviser
- Current Military Operations Service
- Force Generation Service
- Military Planning Service

SHARED CAPACITIES

Office of the Chief of Staff
- Executive Office
- Situation Centre
- Public Affairs Section
- Peacekeeping Information Management Unit
- Focal point for Security

Policy, Evaluation and Training Division
- Partnerships Team
- Evaluation Team
- Policy and Best Practice Service
- Integrated Training Service

Office for the Peacekeeping Strategic Partnership
- Senior Leadership Appointments Section
- Audit Response and Boards of Inquiry Section
- Conduct and Discipline Unit

Office fo the Under-Secretary-General (DFS/OUSG)

Office of the Assistant Secretary-General

Field Personnel Division
- Field Personnel Specialist Support Service
- Quality Assurance and Information Management Section
- Field Personnel Operations Service

Field Budget and Finance Division
- Budget & Performance Reporting Service
- MOU & Claims Management Section
- Reimbursement Policy and Liaison Section

Logistics Support Division
- Air Transport Service
- Strategic Support Service
- Strategic Transport Service
- Aviation Safety Service
- Logistics Operation Service

Information & Communications Technology Division
- Field Communications & IT Operation Service
- Field Technology and Security Operations Service

Global Service Centre
- UN Logistics Base (Brindisi, Italy)
- UN Support Base (Valencia, Spain)

Regional Service Centre Entebbe

지 평화유지 및 국가 재건의 거의 모든 영역이 PKO 활동의 일부가 되고 있다. 콩고민주공화국, 아이티, 수단, 남수단, 라이베리아, 말리 등에 파견된 임무단은 열거한 임무 상당수를 수행하고 있다.

뿐만 아니라, 현장의 PKO 임무가 진화되는 과정에서 유엔 본부 역시 부서 역할이 확대되었다. 앞과 같이 평화유지활동국(DPKO) 내에 국제 평화 유지 및 다양한 통합 임무에 관한 정책 수립 및 집행을, 현장지원국(DFS) 내에 인사 및 예산, 수송, 정보통신 기술 운영을 담당하는 다양한 부서를 두고 있다.

이와 같이 다수의 인원과 조직으로 복합적인 업무를 수행하다보니, PKO예산은 최근 80억 불을 초과하는 지경에 이르게 되었다. 이 예산은 군·경 병력 및 민간 인력에 대한 인건비과 운영비로 삼분된다. 유엔은 각 회원국에게서 군대와 경찰을 빌려 PKO군을 꾸리고,[099] 병력을 제공해준 회원국에게 병력 및 장비 사용의 대가로 경비상환율(또는 경비상환액, troop reimbursement rate, TRR) 및 장비상환율(또는 장비상환액, reimbursement tate to contingent-owned equipment, COE)을 지급한다. 또한 유엔 직원 및 외부인들(민간 인력)에게 월급을 주어야 한다. 마지막으로, PKO군의 활동 반경이 모든 대륙에 걸쳐 있다보니 다양한 장비 운용, 항공기 및 차량을 통한 이동, 물자 수송 등에 상당한 운영비가 소요된다.

099　유엔과 회원국은 PKO병력 제공에 관한 양해각서를 체결하며, 양해각서에 병력 수, 기간, 들여올 장비 등 구체 사항을 기재한다.

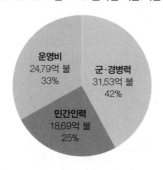

2013-2014년 PKO 분야별 지출 비율

운영비
24.79억 불
33%

군·경병력
31.53억 불
42%

민간인력
18.69억 불
25%

이제 실제 5위원회가 승인한 약 83억 불의 2015-2016년 PKO예산표를 들여다보자.

(단위: 1,000불)

구 분	MINUSCA	소계	UNLB	지원계정	총계
1. 군·경 병력 (Military and police personnel costs)	356,021	3 493,824	–	–	3,493,824
2. 민간 인력 (Civilian personnel costs)	153,963	1 678,249	40,473	232,820	1,951,543
3. 운영비 (Operational requirements)					
선거 참관 (Civilian electoral observers)	–	–	–	–	–
컨설턴트(Consultants)	462	7,979	400	6,049	14,428
출장(Official travel)	4,695	43,511	1,091	9,638	54,240
시설 (Facilities and infrastructure)	122,413	793,598	8,243	22,986	824,828
육로운송 (Ground transportation)	42,152	200,192	1,014	–	201,206
항공운송(Air transportation)	52,913	821,005	–	–	821,005
해로운송(Naval transportation)	90	41,731	–	–	41,731
통신(Communications)	20,364	164,533	7,286	2,071	173,891
정보기술 (Information technology)	15,055	130,885	6,895	14,484	152,264

의료(Medical)	9,336	47,071	305	–	47,376
특별장비(Special equipment)	–	–	–	–	–
기타 (Other supplies, services and equipment)	33,599	420,283	1,449	16,317	438,050
긴급지원사업(Quick-impact projects)	3,000	24,414	–	–	24,414
4. 통합자원관리사업 (Enterprise resource planning project)	–	–	–	31,306	31,306
5. 정보시스템보안 (Information and systems security)	–	–	–	821	821
총(gross) 소요액	814,066	7,867,280	67,157	336,495	8,270,933
6. 공제액 (Staff assessment income)	10,115	147,658	6,097	25,868	179 624
순 소요액	803,951	7,719,622	61,059	310,627	8 091 308
7. 자발적 기여 [Voluntary contributions in kind (budgeted)]	–	4 632	–	–	4 632
총(total) 소요액	814,066	7,871,912	67,157	336,495	8,275,565

※ 첫 행 MINUSCA 이후의 개별 임무단은 지면 관계상 생략

사무국이 제출하는 PKO예산안의 구성도 승인된 예산과 기본적으로 동일하다. 위와 같은 요약된 표의 세로축에 3대 분야를 놓고, 가로축에 각 임무단을 두어 전체 예산안을 만들고, 아울러 개별 임무단 예산안도 함께 제출된다. 예산 필요 이유 같은 상세 내용이 포함되는 것은 물론이다.

이 예산 규모를 논의하는 과정에서 선진국은 예산 과다 편성 방지 및 재원 운용의 효율성 제고를 강조한다. 특히 EU 및 일본은 PKO예산의 일률적인 삭감을 제안하기도 한다. 임무단별 예산 규모가 1억 불 미만인 경우 ACABQ 권고안에 대비하여 1% 삭감하고, 1억 불 이상인 경우 1.5% 추가 삭감하거나, 운영비를 일정 비율(3%)씩 추가 삭감하고, 민간 직원들의 공석률을 일률적으로 일정 수준(1%) 상향 조정할 것을 주장한 적도 한다.

이에 반해, 77그룹은 개별 임무단의 특수성을 고려하지 않는 일률적인 삭감 방안에 강하게 반대한다. 또한 파병 병력에 대한 충분한 지원 및 보상이 필요하다는 점을 강조한다. 다만 아이티에 파병된 MINUSTAH에 우선적 관심을 갖고 있는 중남미, PKO 주요 활동 지역인 아프리카, 그리고 3대 PKO 파병국(인도, 파키스탄, 방글라데시) 간에는 분야별 우선순위에 대해 의견 차이를 보이기도 한다.

정규예산이 예산 과목별로 편성되어 있지만, 협상 막판에는 전체 규모 중심의 논의가 이루어지는 것처럼, PKO예산안도 임무단별로 편성되어 있지만, 협상 막판에는 전체 규모 중심의 논의가 이루어진다. 이를 상세히 이해하기 위해 민간 인력, PKO 운영, 그리고 군·경 병력에 대한 예산 순으로 검토해보자. 특히 4절에서는 4년간 지속된 병력제공국에 대한 경비상환율을 둘러싼 협상 과정을 다뤄본다.

2
PKO에 참여하는 민간인[100]

평화유지활동을 효과적으로 수행하기 위해 2014-2015년 현재 약 2만 4,000명의 민간 인력 직원들이 현장과 본부에서 PKO 지원 업무를 담당하고 있다.

임무단	2014/2015년 승인				2015/2016년 제안				변 동	
	직위	임시직	UNV	합계	직위	임시직	UNV	합계	숫자	%
MINURSO	262	–	16	278	257	–	16	273	–5	–1.8
MINUSTAH	1,293	41	140	1,474	1,378	71	191	1,640	166	11.3
MONUSCO	1,459	2	148	1,609	1,541	2	174	1,717	108	6.7
UNAMID	1,636	2	153	1,791	1,407	–	116	1,523	–268	–15.0
UNDOF	3,814	203	524	4,541	3,738	216	457	4,411	–130	–2.9
UNFICYP	3,727	104	169	4,000	3,239	99	167	3,505	–495	–12.4
UNIFIL	156	12	–	168	135	8	–	143	–25	–14.9
UNISFA	150	–	–	150	150	–	–	150	–	–
UNMIK	966	–	–	966	910	–	–	910	–56	–5.8
UNMIL	257	15	37	309	253	13	32	28	–11	–3.6

---

100 다음을 참고했다.
1. A/69/751/Rev.1 Overview of the financing of the UN peacekeeping operations: budget performance for the period from1 July 2013 to 30 June 2014 and budget for the period from 1 July 2015 to 30 June 2016
2. A/68/731, Report of the SG on overview of the financing of the UN peacekeeping operations: budget performance for the period from 1 July 2012 to 30 June 2013 and budget for the period from 1 July 2014 to 30 June 2015
3. A/68/782 ACABQ 보고서

UNMISS	345	–	27	372	344	–	27	371	-1	-0.3
UNMIT	1,384	–	237	1,621	1,251	–	204	1,455	-166	-10.2
UNOCI	2,546	45	475	3,066	2,536	45	465	3,046	-20	-0.7
UNSOA	1,207	–	178	1,385	1,071	–	154	1,225	-160	-11.6
UNSMIS	470	2	17	489	476	3	18	497	8	1.6
UNLB	411	13	–	242	417	39	–	456	32	7.5
Support Account	1,330	128	–	1,458	1,376	87	–	1,463	5	0.3
총 계	21,413	567	2,121	24,101	20,479	583	2,021	23,083	-1,018	-4.8

※ UNV(UN Volunteer, 유엔봉사단) : 독일 본에 소재하고 있는 기구로, 25세 이상의 근무 유경험 청년들에게 현장 일자리
를 제공한다. 기구 이름과 달리, 채용되면 정식 유엔 직원이 된다.

PKO 활동이 1990년대 이후 급증하고, 임무도 정찰 및 치안 등 군 작전 위주에서 인도 지원, 법치 등으로 복합화되었으므로 민간 인력도 늘어났다. 그러나 이미 상당한 업무가 시간의 흐름과 함께 체계화되어 인력 규모를 임무에 맞게 적정화할 수 있게 되었다. 그러한 필요를 반영하여 사무국은 2013년부터 3개년 계획으로 민간 인력 적정성을 검토(civilian staffing review)해오고 있다.[101] 직위별 증감은 혼재되어 있지만, 사무국은 전반적으로 정원을 축소하는 방향으로 검토하고 있다.

---

101 A/RES/66/264
OP 23. "Underlines the importance of the SG comprehensively reviewing the civilian staffing requirements for each
     peacekeeping mission, with particular attention to the feasibility of nationalizing Field Service posts and
     improving the ratio of substantive to support staff, in particular when there is a significant change in mandate
     or authorized force levels, to ensure that the civilian staffing structure is appropriate to effectively implement
     the current mission mandate and that it reflects staffing best practices across missions."
조항이 'underlines'로 되어 있다. 'request'라는 구체적 표현이 협상 과정에서 77그룹의 반대로 성사되지 못했음을 추측할 수 있다.
그러나 'underline'은 사무국이 의지만 있으면 추진해도 무방하다는 정도의 권한을 부여하는 효과는 있다.

2013년	UNAMID, UNIFIL, UNOCI(총 217개 직위 폐지 제안)
2014년	UNAMI, UNISFA, MINURSO, MONUSCO, MINUSTAH, RSC(Regional Service Center, 우간다 엔테베)
2015년	기타 임무단 검토

사무국의 노력에 병행하여 5위원회에서는 1년 이상 채용이 이루어지지 않은 장기 공석 직위(post) 폐지를 검토해야 한다.[102] PKO 임무단이 주둔하는 지역은 대개 치안이 불안하고, 근무 조건이 열악하므로, 일하려는 사람을 구하기가 쉽지 않다. 따라서 주요 임무단에서 다음과 같이 높은 공석률(전체 직위 대비 직원이 채용되지 않은 비율)이 나타나기도 한다.

임무단	직위 분류	2013/2014년 승인(%)	2014년 2월 28일 기준 실제(%)	2014/2015년 제안(%)
MINUSMA	국제채용(International)	59.0	47.5	20.0
	국내채용(National Professional Officers)	78.0	75.8	35.0
	국내일반(National General Service)	62.0	78.3	35.0
	유엔봉사단(United Nations Volunteers)	66.0	57.9	20.0
	임시(국제)(Temporary international)	59.0	–	25.0
UNAMID	국제채용(International)	16.0	12.3	18.0
	국내채용(National Professional Officers)	30.0	21.7	35.0
	국내일반(National General Service)	13.0	0.3	10.0
	유엔봉사단(United Nations Volunteers)	27.0	22.9	20.0
	임시(국제)(Temporary international)	27.0	52.4	45.0
	임시(국내)(Temporary national)	17.0	–	15.0

---

102 68차 총회 2차 속개회의에서 선진국은 24개월 이상 공석 직위의 폐지를 재차 제기했다. 우리는 이에 대해 개도국 반대를 일부 수용하고, 고위직이 많은 역피라미드형 구조 개선도 필요하다는 점을 감안하여, 18개월 이상 공석인 P-5(과장급) 이상 직위에 대한 폐지 문안을 제출한 바 있다. 일부 회원국이 사무국에 이에 따른 재정 절감액을 문의하는 등 관심을 보이기도 했다. 그러나 금번에도 장기 공석 폐지는 개도국의 반대로 달성되지 못했다.

UNISFA	국제채용(International)	30.0	24.7	20.0
	국내채용(National Professional Officers)	45.0	80.0	60.0
	국내일반(National General Service)	35.0	30.3	30.0
	유엔봉사단(United Nations Volunteers)	45.0	44.1	40.0
	임시(국제)(Temporary international)	50.0	75.0	20.0

예를 들어, 말리에 파견한 MINUSMA의 2014년 2월 28일 국제채용 직원의 공석률은 47.5%에 이름을 알 수 있다. 그런데도 사무국은 2014-2015년도 예산안에서 MINUSMA의 공석률을 겨우 20%로 설정했다. 인건비가 과다 편성될 수밖에 없다. 직원 채용의 어

말리에 파견된 PKO인 MINUSCA는 기후, 지형, 치안이 매우 열악한 지역에서 활동한다. 사진 위쪽에 큼지막한 모래바람이 온 땅을 집어삼킬 기세로 다가오고 있다(UN Photo/ Balgoje Grujic).

려움은 홍보 강화, 직원 파견 등을 통해 해소해야겠지만, 공석률 책정의 대상이 되는 기간 및 시점은 합리적인 예산 편성 기준에 따라 정해져야 할 것이다.

셋째, 임무 지역의 능력 배양을 통해 국제채용 직위를 인건비가 상대적으로 저렴한 국내채용 직위로 전환하는 작업도 요구된다. 국내채용 직위는 해외로부터 임무 지역으로 파견하는 비용이 들지 않으며, PKO 주둔국 국민의 역량 강화에도 도움이 된다.

개도국은 임무단마다 처한 환경과 임무가 다르므로, 군·경 규모와 민간 인력 간에 대칭적 비례 관계는 있을 수 없다는 입장을 견지하고 있다. 공석 폐지를 제도화하는 것에 대해서도 불합리하다는 입장이다.

3
PKO 운영비
디테일[103]

앞에서 검토한 민간 직원 인건비는 고정비 성격이어서 직위 변동 외에는
절감 여지가 크지 않다. 따라서 실제 5위원회에서 예산 절감이 유력한 영
역은 PKO 운영 분야(operational costs)다. 내용이 좀 세부적이기는 하지만,
하나하나가 전부 PKO라는 백조를 움직이는 수면 아래 다리 역할을 하
고, 또 우리의 세금으로 이루어지는 일이다. 무엇보다 어떠한 PKO 지원
업무가 이루어지는지 살펴보면, PKO 정책을 검토하는 데도 시사점을 얻
을 수 있다. 방대한 PKO 운영 요소 중 주요한 12가지를 살펴본다.

103 다음 보고서를 참고했다.
1. A/69/751/Rev.1 Report of the SG on overview of the financing of the UN peacekeeping operations: budget performance for the period from 1 July 2013 to 30 June 2014 and budget for the period from 1 July 2015 to 30 June 2016)
2. A/68/731 Report of the SG on overview of the financing of the UN peacekeeping operations: budget performance for the period from 1 July 2012 to 30 June 2013 and budget for the period from 1 July 2014 to 30 June 2015
3. A/68/782 Report of the Advisory Committee on Administrative and Budgetary Questions(정책 의제 ACABQ 보고서)
4. A/68/5 (Vol. II) Report of the Board of Auditors and financial report and audited financial statements for the 12-month period from 1 July 2012 to 30June 2013 on the UN peacekeeping operations[회계감사단(BOA) 보고서]
5. A/68/637 and Corr.1 Report of the SG on the fourth annual progress report on the implementation of the global field support strategy
6. A/68/782 Report of the Advisory Committee on Administrative and Budgetary Questions (글로벌현장지원전략 ACABQ 보고서)
7. A/67/723 Overview of the financing of the UN peacekeeping operations: budget performance for the period from 1 July 2011 to 30 June 2012 and budget for the period from 1 July 2013 to 30 June 2014
8. A/67/780 Observations and recommendations on cross-cutting issues related to peacekeeping operations(ACABQ 보고서)

❶ 장비상환율[104]

PKO는 장비를 가지고 있어야 한다. 제공국은 두 가지 형태로 병력보유장비(contingent- owned equipment)를 유엔에 제공한다. 첫째는 건식 대여(乾式貸與, dry lease)로, 회원국은 단지 장비만 제공하고, 그 관리는 유엔 및 평화유지군이 책임지는 방식이다. 둘째는 습식 대여(濕式貸與, wet lease)로, 병력제공국이 자국군의 장비를 갖고 들어와 직접 사용 및 관리하는 방식이다. 회원국들이 유엔의 상비군 보유를 허여치 않는 데서 기인하는 유엔의 군용 장비 보유 방식이라 할 수 있다.

유엔은 PKO 병력이 제공하는 장비에 대해 그 경비를 상환해준다. 이 장비상환율(reimbursement to contingent-owned equipment, COE)을 결정하는 절차는 기왕에 있어왔다. 그러나 1990년대 PKO 임무가 증가하고 복잡해지면서 들여와야 하는 장비도 비례적으로 다양해졌다. 따라서 기존의 절차로는 장비상환율을 정확히 계산하거나, 책정하기가 어려워졌다. 사무국은 1994년 회원국의 무기 전문가들의 참여하에 권고안을 만들어 5위원회 승인을 받는 절차를 제안했고, 이 제안은 1995년 5위원회에서 채택되었다.[105] 이에 따라 군인 다수로 구성된 여러 개의 작업반이 장비 범주별 성능에 대한 종합 기준, 주요 장비와 기타 장비 분류, 이에 대한 단순화된 경비상환율 공식 등을 제안했고, 이는 1996년 채택되었다.[106] 이후에도

---

104 다음을 참고했다.
A/68/380 Report of the SG on the triennial review of the rates and standards for reimbursement to Member States for contingent-owned equipment

105 A/RES/49/233A

106 A/RES/50/222

수년에 한 번씩 병력제공국 출신의 무기 전문가로 구성된 장비상환율 작업반을 구성하여 장비상환율을 재검토해오고 있다. 몇 가지 장비만 살펴보아도, 유엔이 정말 시시콜콜한 데까지 전부 상환율을 정해두었음을 알 수 있다.[107]

한 가지 쟁점은 장비가 부실하거나, 반입이 지연되어 경비 지급을 유예하는 것인데, 이는 4절 경비상환율에서 잠시 다룬다. 어쨌든 장비상환율 비용과 공식을 들여다보는 일은 PKO의 장비 운용 방식, 통제 방법, 그리고 PKO가 수행하는 작전의 범위에 대해 전반적인 감을 잡는 데 도움이 된다.

---

107   수신기, 내비게이션, 발전기, 폭탄 탐지기, 열이미지 장비 등 아래 예시 참고.

Category of equipment	2011 new major equipment reimbursement rates							
	Generic fair market value	Estimated useful life	2011 Maintenance rate	2011 Dry lease	2011 Wet lease	No-fault incident factor	Monthly non -UN POL	New item
COMMUNICATIONS EQUIPMENT								
Air-ground base station transceivers AM/FM	33 365	7	280	403	683	0.2		
AIRFIELD SUPPORT EQUIPMENT								
Navigation systems	1 977 682	10	5 796	16 810	22 606	0.2		
GENERATORS – STATIONARY AND MOBILE								
20KVA to 30KVA	41 734	12	140	307	447	0.5	309.0	
DEMINING and EOD EQUIPMENT								
Bomb Locator	7 435	5	74	125	199	0.1		
AREA EQUIPMENT – OBSERVATION								
Thermal imaging systems – aerial version	133 686	8	488	1 415	1 903	0.2		

❷ 건설

PKO군 활동을 위해서는 주둔지 방벽, 숙소, 회의실은 물론, 전기·물 등 공급 장비, 헬기장, 비행장 등 막대한 시설을 건설해야 한다. 이 과정에서 크게 세 가지 문제점이 발생한다. 첫째, 불충분한 예비 검토, 둘째, 완공 지연, 셋째, 본부의 감독 부족이 그것이다.[108]

임무단이 속한 지역은 대체로 치안이 불안하고, 모래바람이나 홍수 등 기후 조건이 열악하기 때문에 이러한 문제가 발생하는 것은 어느 정도 예견되는 일이다. 문제는 이러한 악조건에도 불구하고, 유엔사무국이 모든 사업을 계획대로 이루어낸다는 가정하에 예산을 편성한다는 데 있다. 2013-2014년도의 경우, 100만 불 이상 소요 건설 사업은 24개로 총 1.72억 불이 책정됐으나, 3개 분기가 지난 2014년 3월까지 사용된 금액은 20%인 3,580만 불에 불과했다. 또한 건설 계획의 계획성 결여도 문제로, 2013년 상반기 검토 시에는 100만 불 이상 소요 사업 계획이 16개, 예상 소요액은 5,920만 불에 불과했으나, 불과 1년 후 2013년 계획안에 비해 3배 이상 증가된 예산을 배정했다.

사무국의 예산 불용은 결국 회원국의 부담만 가중시킨다. 선진국은 건설 사업에 대한 책임 소재 명확화, 본부의 관리·감독 강화, 다개년 계획에 대한 상세 설명을 요구하고 있다. 프랑스는 68차 총회 2차 속개회의에서

---

108 회계감사단(BOA)은 PKO 운영에 필요한 건설 사업에 대해 다음 문제점을 지적하고 있다(para. 124).
△significant differences between construction budgets, the acquisition plan and actual implementation(insufficient preliminary assessments of construction projects), △significant delays in projects at missions(inadequate control over project execution), △problems in timely and accurate monitoring of field projects by Headquarters(deficient governance and monitoring by Headquarters)

계속되는 건설 예산의 불용을 지적하며, 건설 예산 5% 일괄 삭감을 주장하기도 하였다. 건설 사업 예산이 PKO군 주둔지의 지역 경제 활성화에 기여하는 측면을 높이 사는 77그룹으로서는 당연히 일괄 삭감에 동의하지 않고 있다. 다행히 69차 총회에서는 가능한 한 건설 다개년 계획도 예산안에 포함시키고, 현장의 건설 여건을 고려하는 노력을 강화하도록 결정했다.[109]

❸ 자산 관리(asset management)

자산의 무료 이전(transferring assets at no cost)

유엔은 자산 부자다. 회계감사단(BOA)은 2012/2013년도 유엔이 보유하고 있는 고정자산(non-expendable property)의 가액을 22.8억 불로 추정했다. 발전기, 물 시설, 차량, 컴퓨터 등 다양한 품목이 고정자산에 속한다. 이를 PKO 임무단별로 나누어 보유하고 있는데, 유엔은 임무단 간 자산의 효과적 사용을 위해 옆 임무단에 자신의 자산을 건네주는 자산 이전을 허용하고 있다. 가령 2012-2013년도 UNDOF(골란 고원 정전감시임무단)의 경우, 4륜구동 무장 차량 15대를 UNAMA(아프가니스탄 SPM)로 이전시켰다. 이러한 과정에서 자산을 수령하는 임무단이 자산을 송부하는 임무단에 운

---

109 A/RES/69/307
OP 36. Also requests the SG to present in his budget proposals a clear vision of the construction requirements for each mission, including, as appropriate, multi-year plans, and to continue his efforts to improve all aspects of project planning, including the assumptions underlying the formulation of such budgets, with due consideration of operational circumstances on the ground, and to closely monitor the execution of works to ensure their timely completion;

반비만 지불하고, 자산 가치에 대해서는 지불하지 않고 있다. 사실상 자산을 무료로 이전하는 셈인데, 이는 잉여 자산을 효과적으로 사용하는 장점이 있는 반면, 자산을 송부한 임무단은 결과적으로 불필요한 자산을 보유 및 사용(그에 따른 비용을 지불)하고, 이전받는 임무단은 당초에 새로운 자산을 구입하려는 명목으로 받은 예산을 사용하지 못하게 되는 문제를 야기한다.

유엔 재정규정(Financial Regulations) 5.14 및 유엔 재정규칙(Financial Rules) 105.22에 따르면, 임무단 소요 수준 대비 잉여 고정자산을 판매, 처분, 임무단 간 이전하는 경우, 적정 시장 가치에 의거해야 한다.[110] 적정 시장 가치를 기준으로 자산 이전이 이루어지도록 감독을 강화하는 것이 자산 이전 부대 및 수령 부대 모두의 예산을 효과적으로 관리하는 데 도움이 될 것이다.

자산 미사용 1: 차량 표준보유비율(Standard Cost and Ratio Manual)

2013년 6월 기준 1년 이상 사용하지 않은 고정자산의 가액이 9,600만 불 수준에 이른다.[111] 유휴 자산을 최소화하는 데 거론되는 두 가지 주요 장비가 차량과 컴퓨터다.

사무국은 2011/2012년도에 차량 사용연한(vehicle life expectancy)을 6년

---

110 재정규칙 105조 22항은 다음과 같다.
Sales of supplies, equipment or other property declared surplus or unserviceable shall be based on competitive bidding, unless the relevant Property Survey Board
(c) Deems it appropriate to transfer surplus property from one project or operation for use in another and determines the fair market value at which the transfer(s) shall be effected;

111 주요 항목은 다음과 같다.
prefabricated buildings $41.9 million, generator sets $8.3million, water equipment $5.4 million, vehicles of several categories —armoured, engineering, ambulance and heavy goods $4.1 million, computers $869,060

16만km(악조건의 경우 12만km)에서 7년 18만km(악조건 14만km)로 연장하면서 차량 신규 구매를 축소한 바 있다. 또한 2012-2013년도 차량 표준보유비율에 따른 차량 신규 구매 최소화, 임무단 간 차량 이전 등의 노력으로 당초 보유 예상 차량 규모에 비해 2,403대(31%)를 감소시켰다. 2014-2015년에는 2013-2014년 대비 신규 구매량 기준 25대 증가에 그칠 것으로 예상된다(동기 중 인력은 1,440명 증가 예상).

임무단	인력		차량		
	승인	실제	표준보유	실제보유	차이(%)
MINURSO	324	316	124	131	6
MINUSMA	1 541	1 228	405	300	-26
MINUSTAH	1 825	1 715	621	582	-6
MONUSCO	3 453	3 177	1 094	982	-10
UNAMID	4 869	4 399	1 569	964	-39
UNDOF	147	141	42	41	-2
UNFICYP	154	151	54	35	-36
UNIFIL	547	526	166	228	37
UNISFA	645	747	161	121	-25
UNMIK	181	168	62	57	-12
UNMIL	1 468	1 364	479	405	-15
UNMISS	2 956	2 572	883	794	-10
UNOCI	1 529	1 402	499	460	-8
UNSOA	991	938	349	144	-59
UNLB	133	119	48	15	-69
Total	20 763	18 689	6 556	5 256	-20

한편 사무국의 육로수송팀(Surface Transport Section in the Logistics Support

Division)은 소형승용차 보유 현황 전수 검토를 담당한다. 이에 대한 5위원회 차원의 확인이 필요하다. 또한 소위 'VIP 차량'(D-1 이상에게 지급되는 공용 차량) 운용에 대한 규칙·기준이 없는데, 고통 분담 관점에서 VIP 차량 지급 직위를 D-2 이상으로 상향 조정하거나, 최소한 VIP 차량 이용 가능 기준 제정을 촉구할 필요가 있다. 사무국도 이러한 사실에 둔감하지 않아 보유 차량을 최적으로 재구성하기 위한 계획을 수립하기로 했고, 5위원회는 69차 총회에서 이를 승인했다.[112]

자산 미사용 2: 컴퓨터 표준보유비율(computing devices: desktops, laptops, netbooks)

유엔은 뉴욕의 현장지원국(DFS)이 정한 표준보유비율(Standard Cost and Ratio Manual, standard ratio)을 기초로 하되, 현장별 특성을 감안하여 컴퓨터 보유 규모를 정한다. ACABQ가 사무국으로부터 받은 자료를 분석하여 정리한 바에 따르면, 컴퓨터는 국제채용 직원, 유엔봉사단원, 군 장교 1명당 1대, 군 참관 장교 또는 민간 경찰관 2명당 1대, 그리고 국내채용 직원 2.5명당 1대를 기본 비율로 한다.

그러나 사무국은 2012-2013년의 경우, 표준보유비율에 따른 규모보다 28.1%나 많은 규모를 편성했다.

---

112 A/RES/69/307
OP 41. Acknowledges the initiative of the SG to review and optimize the composition of missions' vehicle fleets to ensure that they are adapted to the conditions and operational circumstances on the ground;

	승인 인력	표준보유비율에 따른 규모	2012-2013년 제안 규모	편차(%)
MINURSO	528	318	487	53,2
MINUSTAH	3 595	2 083	3 573	71,5
UNDOF	295	229	295	28,8
UNFICYP	328	196	204	4,2
UNIFIL	1 472	984	1 027	4,3
UNISFA	549	404	404	—
UNMIK	418	282	418	48,1
UNMIL	2 536	1 582	2 125	34,4
UNMISS	4 835	3 097	4 392	41,8
UNMIT	2 404	1 429	1 708	19,6
UNSOA	935	564	478	-15,2
UNAMID	9 981	5 947	5 987	0,7
UNOCI	2 173	1 361	2 173	59,6
MONUSCO	7 236	4 364	5 980	37,0
총 계	37 285	22 839	29 251	28,1

임무단마다 처지가 달라 일부분 들쭉날쭉할 수는 있지만, 전반적으로 컴퓨터 보유 규모를 설정할 때 표준보유비율을 정확히 지키지 않고 있음을 알 수 있다.

2012-2013년에는 5위원회의 회원국 입장 대립 속에 정책 의제에 대한 결의는 채택되지 않았다. 그렇지만 ACABQ의 지적 덕분인지 1년 후인 2013-2014년에는 사무국이 표준보유비율 대비 6% 미달되도록 편성했고, 2014-2015년에는 아래와 같이 14% 미달 편성했다.

임무단 (Mission)	승인 인력 (Approved personnel)	표준 할당 (Standard allocation)	예산 편성 컴퓨터 규모(Budgeted holdings)	차이 (Variance, percentage)
MINURSO	530	515	465	−1
MINUSMA	2 281	1 737	1 135	−35
MINUSTAH	2 950	2 811	2 564	−9
MONUSCO	6 024	5 636	5 439	−3
UNAMID	7 754	6 892	5 987	−13
UNDOF	226	215	216	−
UNFICYP	267	263	220	−16
UNLBd	545	513	515	−
UNIFIL	1 308	1 218	1 106	−9
UNISFA	781	582	552	−5
UNMIK	398	383	386	1
UNMIL	2 404	2 254	1 669	−26
UNMISS	4 793	4 085	3 452	−15
UNOCI	2 290	2 121	1 876	−12
UNSOA	1 432	1 343	730	−46
RSC	430	413	422	2
총계	34 413	30 981	26 734	−14

2014-2015년의 경우에는 국내채용 직원에 대한 표준보유비율을 당초 2.5명당 1대에서 1인당 1대로 변경했음에도 불구하고, 전체 편성 규모가 줄어들었으므로, 사무국이 상당한 예산 절감 노력을 기울였음을 알 수 있다. 이러한 노력은 유엔 직원이 아닌, 외부 인력 및 기타 용도 컴퓨터 보유 규모에 대해서도 적용되고 있다.

구분	2012-2013년	2013-2014년	2014-2015년
계약업자(Contractors)	721	893	857
정부파견인사(Government- provided personnel)	311	245	187
임차(Loans)	182	720	63

기타(Others, 군·경 병력과 연결, 공용, 교육용, 데이터 송수신용 등)	6 906	6 914	6 097
총계	8 120	8 772	7 204

5위원회는 69차 총회에서 표준보유비율을 기본 원칙으로서 준수할 것을 다시 한 번 강조했다. 물론 개도국의 입장을 반영하여 임무단별 상이한 임무, 복잡성, 규모 등도 감안하라고 전제를 달았다. 표준보유비율을 정기적으로 개선해갈 것도 주문했다. 이와 함께, 간부들의 자산관리 책임을 엄격히 관리·감독할 필요성을 강조했다.[113] ACABQ는 컴퓨터 표준보유비율에 대해 총회 승인을 받을 것을 권고하고 있다.

❹ 항공관리 시스템(air transportation management system)

흰 바탕에 검은 글씨로 쓴 UN 로고를 붙인 유엔 항공기는 분쟁 지역에서 희망의 단비와도 같은 상징물이다. 유엔은 2014년 상반기 현재 200대 이상으로 구성된 항공단(aviation fleet)을 운용 중이다. 회전익 항공기(rotary wing aircraft, 헬기)와 고정익 항공기(fixed wing aircraft, 일반 비행기)로 양분되는

---

113   A/RES/69/307
OP 16. Notes the importance of the Standard Cost and Ratio Manual as an effective standardized consolidated reference tool to ensure credibility, consistency and transparency, and urges the SG to continue his efforts to align the holding of assets with the Manual, while duly taking into account the situation on the ground and bearing in mind the mandate, complexities and size of individual peacekeeping missions;
OP 17. Urges the SG to continue his efforts to regularly update the Standard Cost and Ratio Manual and to include information in this regard in his next overview report on the financing of the UN peacekeeping operations;
OP 33. Requests the SG to strengthen oversight and internal controls in the areas of procurement and asset management across peacekeeping missions, including by holding mission management accountable for checking stock levels before undertaking any acquisition activity in order to ensure compliance with established asset management policies, taking into account the current and future needs of the mission and the importance of the full implementation of the International Public Sector Accounting Standards;

유엔 항공단은 조달 입찰을 통해 그 운영을 외주한다. 주로 터키(일반 항공기), 우크라이나(헬기) 등이 항공기 운영 및 서비스를 담당하며, 해당 항공기는 러시아산이 대부분을 차지하는 것으로 알려져 있다.

항공기는 교통 시스템이 구비되어 있지 않은 분쟁 지역에서 임무단의 이동에 필수적이다. 세계식량계획(WFP)이 홍수로 다리가 끊긴 지역에 보급품을 전달하기 위해서도 항공기에 의존할 수밖에 없다. 이런 이유로 항공비는 PKO 운영비 중 가장 큰 비중을 차지하며, 사무국은 다양한 절감 노력을 기울이고 있다.

항공비 추이

2012/2013년(지출)	2013/2014년(지출)	2014/2015년(예상)
8억 4,110만 불	9억 5,830만 불	8억 1,150만 불

첫째, 항공기 추가 조달을 자제하고, 계약을 맺은 민간 항공기에 여타 임무단이 비용 지불 조건으로 이용하도록 하고 있다.

둘째, 지구 전체를 활동 무대로 하는 특성상, 효과적인 항공 운송 및 관리 시스템 구축이 필수적이다. 항공 기록 관리 및 항공 수요 예측을 토대로, 최단거리·최다승객·최대화물량이 가능토록 다양한 규모의 항공기를 적절하게 구매·편성·관리해야 한다. 이를 담당할 집단이 필요한데, 사무국 내부 직원인 항공운송과(Air Transport Section) 직원들은 다수가 항공기 조종사 출신으로, 항공관리 분야의 전문가는 아니다. 그래서 외주를 맡겨 온 것이지만, 업무 전반에 관한 통합 관리가 되지 않고 있다.

사무국은 통합적인 항공관리가 어려운 한계를 극복하기 위해 항공관리 시스템을 몇 개의 업무군으로 구분하여 외주를 맡기기 위한 모듈별 항공관리 시스템(Aviation Information Management Suite, a series of aviation modules)을 추진해왔다. 이 시스템이 제대로 전개되었는지, 그리고 모듈 간 정합성이 확보되었는지 확인할 필요가 있다. 향후 모듈별 항공관리 시스템이 정착될 경우, 대규모 데이터 확보가 가능해져 효과적인 항공 운용 기획 및 보다 정확한 성과지표 개발이 가능해지며, 안전 관리, 항공기 사용 최적화, 효율적 항공단 구성, 조달 수요 예측, 계약업자의 성과 측정 등의 효과도 볼 수 있을 전망이다. 69차 총회에서는 이 모듈별 항공관리 시스템에 대해 긍정적 기대감을 표했다.[114] 아울러 글로벌 항공 관리 현황을 스스로 평가하는 데 필요한 자체 평가지표(suitable metrics and key performance indicators)도 개발하고 있다.

항공관리 강화 맥락에서 5위원회는 2014년 68차 총회에서 상기 업무를 담당하는 항공운송과(Air Transport Section) 부서장을 P-5(과장급)에서 D-1(국장급)로 상향 조정(reclassification)해달라는 사무국 제안도 승인했다. 업계의 항공관리 전문가를 영입하기 위해 이 정도의 대우는 필요하다는 현장지원국(DFS)의 논리를 인정한 것이다.

셋째, 사무국은 장거리 대형 항공기(contracting of a long-range, wide-body passenger aircraft) 사용을 늘리고 있다. 2012년 9월부터 에티오피아 항공의 B-767기 1대를 대여(lease arrangement)하여 아디스아바바를 근거지로 군·

---

114 A/RES/69/307
OP 37. Recalls paragraphs 137 and 143 of the report of the Advisory Committee, welcomes the ongoing roll-out of the aviation information management system across all peacekeeping operations with aviation assets, and looks forward to further reporting on the improvements realized in air operations;

경 병력 전개 및 귀환에 활용하고 있다.[115] 사무국은 이를 통해 2014년 상반기까지 항공기 내 공석을 줄여 800만 불을 절감했다고 설명했는데, 보통 사무국이 구체적인 수치를 들이대며 절감했다고 단언하는 경우에는 그 속에 다른 이유에서 절감된 부분이 포함되었을 것이라고 의심해보는 것이 타당하다. ACABQ도 내부감찰실(OIOS)을 통해 실제 비용 및 효과에 대한 감사를 실시할 것을 권고했는데, 대형 항공기 사용에 따른 절감액이 정확하게 계산된 것인지는 검토해볼 필요가 있다.

넷째, 공항 기반시설 투자 문제(Airfield support infrastructure)가 있다. 일반적인 비행기인 고정익 항공기(fixed-wing)는 단가는 저렴하나, 국제 규정에 합치하는 활주로 같은 공항 기반시설 건설에 상당한 비용 및 시간이 소요된다. 반면 헬기와 같은 회전익 항공기(rotary-wing)는 단가는 높으나, 활주로 건설이 불필요하고, 항공기의 유연한 운영이 가능하다. 5위원회는 66차 총회에서 사무국에 고정익 항공기 대 회전익 항공기 사용에 대한 비교 분석을 요구했으나, 사무국은 별다른 설명을 제공하지 않았다. 향후 구체 비용에 대한 비교 분석을 통해 초기 비용과 중장기 비용 간 배분 문제에 대한 해답을 찾아볼 필요가 있다.

---

115   비용은 월별 최소 235시간에 대한 비용, 초과치에 대한 할인된 단위 시간 비용, 운영비(승무원, 보수, 보험 등), 일회성 유엔 로고 도료비(9만 불) 등으로 구성된다.

❺ 연료 관리(fuel management)

유엔은 항공기는 물론, 차량, 발전기 등에 상당한 양의 연료를 사용한다. 연료 관리에 크게 세 가지 문제가 지적된다.

첫째, 과거 10년의 연료 사용량 평균을 기준으로 익년도 연료 사용량 기준을 설정하는 현 방식은 매우 부정확하다. 기준 기간이 무려 10년이나 되므로, 변동성이 심한 최근의 연료 사용량 및 가격 패턴을 제대로 반영하기가 곤란하기 때문이다. 실제로 10년 평균치와 실제 사용 치 간에는 다음과 같이 상당한 차이가 나타난다.[116]

(단위 : 리터)

항공기	임무단	2011년 시간당 표준량	2010/2011년 실제 사용량	2012년 시간당 표준량	2011/2012년 실제 사용량
An-24(수송기)	MINURCAT		1,058		–
	MINURSO	1,120	977	1,139	1,016
	MINUSCO		1,291		1,137
Mi-8MTV(헬기)	UNAMID		575		566
	UNIFIL	665	587	653	740
	MONUSCO		595		628

다행히 5위원회는 69차 총회에서 최근 떨어진 유가를 반영할 수 있도록 일회성이나마 2014년 11월에서 2015년 4월의 반 년 동안의 평균 유가

---

116   A/67/780 Annex 8(위 표에서는 일부만 예시)
수송기(An-24) 사진은 Martin Palicka(아래 주소 참고), 헬기 사진은 UN Photo/Isaac Billy.
http://2014.planes.cz/en/photo/1001498/an24rv-ra-47295-united-nations-uno-senaki-ugks/

를 사용하도록 승인했다.[117]

둘째, 연료 사용 투명성이 부족하며, 사기, 횡령, 남용 가능성에 노출되어 있다. 2012년 UNOCI(코트디부아르 임무단)의 경우, 차량 60대 중 15대가 6만 9,800리터를 사용했는데, 기준에 따른 4만 4,870리터를 절반이나 초과한 양이었다. UNIFIL(레바논 임무단)의 경우, 여타 임무단에 속한 연료를 UNIFIL 연료 보유고(reserve fuel)에 포함시킨 적도 있다. 42일 치를 보유하고 있어야 한다는 규정을 지키기 위한 무리수였다. 심지어 UNISFA(아비에이 임무단)의 경우에는 고용된 업체가 유엔 장비에 연료를 보충하면서 전후 연료량 기록을 누락해버렸다.[118] 연료 관리에 허점이 많음을 보여주는 사례들이다. 연료량을 체크하는 전자관리 시스템의 개선이 필요한 동시에, 유엔 직원과 용역 업체 직원들의 내적 도덕성이 요구되는 분야다.

셋째, 연료 관리 방법을 개선할 필요가 있다. 연료 관리 방법은 임무단이 직접 조달하여 운영(in-house)하거나, 외주(turnkey)를 주거나, 이 둘을 혼합(hybrid)하는 방식 등 세 가지가 있다. 사무국은 외주 방식을 확대하고 있다. 사업자가 보관(storage), 배분(distribution), 운송(logistics), 필요 장비 및 인력 공급·교육 등을 담당함으로써 운영에 따른 위험과 사기 가능성을 줄이고, 내부 인력 및 비용을 절감할 수 있기 때문이다. 사무국이 제시하는 직접 운영 방식과 외주 방식의 비교표는 다음과 같다.[119]

---

117 A/RES/69/307
OP 18. Recalls paragraph 69 of the report of the Advisory Committee, decides, on an exceptional basis and without setting a precedent, to apply, for the financial period from 1 July 2015 to 30 June 2016, fuel prices based on the average rates from November 2014 to April 2015, and requests the SG to report thereon in the context of the next performance reports of the individual missions;

118 OIOS 보고서, *Audit of fuel management in the UN Interim Force in Abyei*(UNISFA)(2013/085)

119 A/64/660(ACABQ 보고서) Table 1

임무단	관리 방식	고정 연료비	운영 및 관리비	연료 운송비	총 비용
MINUSTAH	In-house	0.2630	0.2704	0.04727	0.5806
	Turnkey	0.1621	0.1405	없음	0.3025
UNIFIL	In-house	0.0321	0.0842	0.0028	0.1191
	Turnkey	0.0282	0.0266	0.0060	0.0608
UNMIL	In-house	0.1899	0.0495	0.0234	0.2628
	Turnkey	0.2100	없음	없음	0.2100
UNAMID	Turnkey	0.7252	0.1707	0.0588	0.9547
UNMIS	Turnkey	0.3307	0.3129	0.0551	0.6987

그러나 사무국의 설명에는 초기 비용(start-up cost)에 대한 분석이 미비하다는 문제점이 있다. 외주 방식으로 전환하면서 2011-2012년 콩고민주공화국 임무단 MONUSCO는 6,240만 불, 2012-2013년 남수단 임무단 UNMISS는 1,000만 불이 소요된 바 있다. 사무국은 외주 방식을 확대해 나갈 계획이고, 연료관리편람 요약서를 대외 배포하기로 하였으므로, 정확한 비용-효과 분석, 운영과 관련된 인원의 감축 및 이에 따른 인건비 절감 등에 대해 점검하여야 한다.

❻ 식량 관리(Rations Management)

전 세계 파병되어 있는 PKO 군·경 병력과 민간 인력을 위한 식비로

2011~2012년에 3억 불이 소요되었다.[120] 먹어도 돌아서면 배고프다는 군인들을 위한 식사는 양질로 충분히 제공되어야 한다. 나 역시 2014년 초 PKO 임무단에 출장을 가 식사를 해보았지만, 계란 후라이, 으깬 감자, 식빵 등 나온 음식들이 무늬만 영국식 아침 식사이지, 먹고 돌아서니 얼마 안 가 허기가 졌다. 질적 개선에 쓰일 비용을 확보하기 위해서도 식비 중 불필요하게 나가는 부분은 절감되어야 한다.

사무국은 1인당 4500kcal/1일 섭취를 조건으로 외부로부터 PKO 군·경 병력에게 제공할 식량을 구매한다. 2011년부터 새로운 식량 표준을 임무단에 적용하고 있는데, 신(新)표준은 제품 제원, 처리 기준, 영양소 정보, 포장 방법 등에 대해 구체적인 요건을 부과하고, 지침 준수 증명을 업자가 부담하는 것으로 변경했다. 병력당 9.98불/1일이 소요되는 구(舊)표준에 비해, 신표준은 8.50불/1일의 비용이 소요되어 예산 10%를 절감할 것으로 전망된다.[121] 2014년 중반 현재 신표준에 따라 총 13개 조달 계약 중 8개가 변경되었고, 4개 조달 절차가 진행 중이며, 2개가 준비 중이다.

ACABQ는 식량의 질을 저하시키지 않는 전제하에, 물류비용을 가능한 한 절감하고, 아울러 전자관리 시스템을 개선할 것을 권고하고 있다.[122]

---

120   A/67/780 Para. 140

121   임무단별 1인당 단가는 $5.27(UNIFIL)에서 $10.92(UNMISS)로 편차가 있다. 운송, 창고, 보관, 보험 비용 등이 임무단별로 상이하기 때문이다.

122   PKO 임무단 참관 장교(military observers)는 전투식량(작전 수행에 대비해 지급한다는 취지)의 유통기한 내 사용을 위해 매달 전투식량 2개(1개에 세 끼 식사 포함)를 소비토록 하고 있다. 일반적으로 전투식량(Meals Ready to Eat, MRE)은 오랫동안 보관 가능하도록 방부 처리를 하는데, 이 때문인지 과거에는 일반 식사보다 맛이 떨어진다는 것이 대체적인 평이었고, 그래서 전투식량을 농담으로 MRE(Meals Rejected by Everyone)라고도 불렀다. 참관 장교는 의무적으로 매달 2일을 전투식량으로 식사해야 하니, 때로는 물자 절약을 위한 유엔의 노력이 눈물겨울 지경이다.

❼ 긴급지원사업(Quick-Impact Projects, QIPs)

평화유지군이 주둔국의 동의를 받고, 정통성 있는 기구인 유엔의 깃발 아래 활동하기는 하지만, 주둔지 주민들에게는 엄연히 외국군이다. 따라서 자국 영토에 들어온 외국군의 활동에 대해 반감이 생길 수 있다. 2000년 PKO 활동의 혁신을 위한 제안을 담은 브라히미 보고서(Brahimi Report)[123]에서 임무단과 현지인들 사이의 협력 및 신뢰(credibility)를 제고하기 위해 긴급지원사업이 필요하다고 제안된 이후 긴급지원사업은 21세기 PKO 활동의 중요한 일부분이 되었다. 군사 작전 분야가 아닌, 교육, 주거, 법치 등 일상생활과 밀접한 분야에서 건물을 짓거나, 가구나 컴퓨터 등 물품을 제공해주는 등의 사업을 말한다.

당초 긴급지원사업은 임무단의 신뢰 구축이 절실히 필요한 단계인 임무단 초기에 실시하기로 하였다. 그러나 5위원회에서는 지금까지 창설 초기를 지난 단계의 사업도 거의 전부 승인해주었다. 긴급지원사업은 PKO가 주둔한 지역의 주민들에게 일종의 개발 사업으로서 직접적 혜택을 가져다주고, 따라서 77그룹이 그 축소에 강력히 반대해왔기 때문이다.

2013-2014년도 사업 예시(일부)

임무단	사 업	비 용	시행 기간
MINUSMA	Project: Radio Cultural NAANAY-FM 99.4	$46,858	6개월 이상
MINUSTAH	Provision of furnitures for schools (Ministère de l'Intérieur et des Collectivités Territoriales)	$99,995	3개월

---

123 A/55/305

| MONUSCO | Drilling of water source in Kamayi and Tubuluku quarter in Kananga | $10,214 | 3-6개월 |
| UNOCI | Construction of the Ouragahio school clinic | $24,232 | 4개월 |

나는 2014년 2월 5위원회의 현장 방문 출장의 일환으로 수단 다푸르(Darfur) 지역 마을에 방문한 적이 있다. 약 500명 정도가 초가집 같은 건물에 살고 있는 이 마을에 UNAMID(다푸르 임무단)가 지어준 학교와 병원 건물을 시찰하고, 지역 주민들과 직접 만나보기 위함이었다. 엘 대인(El Daein) 유엔 사무소에서 차로 2시간 남짓 모랫길을 달려 도착한 마을에는 5위원회 대표들과 UNAMID 관계자를 환영하기 위해 모든 주변 지역 주민이

UNAMID 학교(UN Photo/Albert Gonzalez Farran)

UNOCI 화장실(UN Photo/Patricia Esteve)

나와 있었다. 남자들은 흰 가운의 전통 의상을, 여자와 어린이는 빨강, 노랑, 파랑 등 형형색색의 옷을 입고 우리를 맞았다. 그들은 뉴욕에서 온 손님들에게 자기들의 신방을 공개하고, 자신들에게 무척이나 귀한 염소를 잡아 고기를 대접했으며, 손수 만든 고유의 과자를 선물로 주었다. 심지어 나는 낙타를 타고 나온 한 환영 인사의 손에 이끌려 낙타 등에도 올라타 보았다. 그 순박하기 그지없던 사람들이 혀를 떨며 내던 환영의 환호성과 학교 앞에 서서 우리에게 만세를 부르던 어린아이들의 표정이 생생하다.

긴급지원사업은 외국군으로 구성된 유엔 PKO군에 대한 이미지 제고 및 신뢰 구축에 실제로 기여하고 있다는 것은 부정할 수 없는 사실이다.

이러한 긴급지원사업에 대해 선진국은 임무단 초기 신뢰 구축에 활용한다는 당초 취지에 부합하도록 추진해야 한다는 입장이면서도, 그 액수는 전체 예산 규모에 비추어 얼마 되지 않고, 개도국의 반대도 심해 협상 우선순위는 높지 않다고 판단하고 있다. 결국 실질적인 효과와 개도국의 강력한 옹호, 선진국의 허용적 태도가 결합되면서 긴급지원사업은 임무단의 주요 활동 중 하나로 굳어진 것으로 보인다. 사무국은 2014-2015년에도 전기에 비해 664만 불(42%) 증액된 예산을 편성하였다.

기왕에 긴급지원사업이 당초의 취지와 무관하게 임무단의 주요 임무의 하나로 자리를 잡았다면, 예산의 효율적 사용 차원에서 지역 개발을 담당하는 UNDP 등 여타 기구 사업과의 중복 방지를 도모하는 것이 바람직할 것으로 보인다. 이들 기구도 학교 건물 건립, 병원 시설 보급, 우물 개발 등 유사한 사업을 실시하고 있기 때문이다. 아울러 임무단 예산별 긴급지원사업 비율이 최대 0.98%(MINUSTAH/UNMIK)에서 최소 0.10%(UNIFIL)까지 편차가 크므로, 이에 대한 균형 조절을 통해 창설 초기 단계에 있거나 임무가 확대되는 임무단에 예산 배분이 강화되도록 하는 것이 긴급지원예산을 효과적으로 관리하는 현실적 방안일 것으로 생각된다.

긴급지원사업 최근 예산 및 2014-2015년 예산안

(단위: 1,000불)

구 분	2011 -2012년	2012 -2013년	2013 -2014년 (A)	2014-2015년 예산			
				요구 (B)	증감 (B-A)	임무단 예산 대비 비율	창설 연도
합 계	17,580	14,750	15,775	22,419	6,644	-	

MINURSO	50	–	–	–	–	–	1991
MINUSMA	없음	없음	600	3,000	2,400	0,37%	2013
MINUSTAH	7,500	5,000	5,000	5,000	–	0,98%	2004
MONUSCO	1,500	2,000	2,000	7,000	5,000	0,51%	2010
UNAMID	4,000	2,000	2,000	2,000	–	0,16%	2007
UNIFIL	500	500	500	500	–	0,10%	1978
UNISFA	150	250	250	500	250	0,15%	2011
UNMIK	–	–	425	419	–6	0,98%	1999
UNMIL	1,000	1,000	1,000	1,000	–	0,23%	2003
UNMISS	880	2,000	2,000	2,000	–1,000	–1,000	2011
UNOCI	2,000	2,000	2,000	2,000	–	0,39%	2004

❽ 친환경 정책(environmental management)

임무단의 환경 업무 목적은 PKO 활동이 환경에 미치는 부정적 영향을 최소화하는 데 있다. 주재국 법령의 준수, 폐기물 관리(폐기물 관리 사업자에 대한 감독 강화), 물 관리(하수 처리 시설 장착), 연료 소비 제한 등이 주요한 업무다. 최근에는 태양광을 통한 전기 생산 개선, 프레온가스(CFC) 불사용 에어컨 및 고효율 전구 사용, 물 절약 장치 등을 계약 체결 과정에 반영하는 등의 성과가 있고, MINUSMA(말리 임무단)의 경우 창설 과정에서 최초로 환경담당관이 투입되기도 했다.

친환경적 PKO 활동의 추진에 원론적으로 제동을 거는 회원국은 없다.[124] 다만 러시아는 총론에 찬성하면서 각론에서는 기존 유엔 법령의 준

---

124 A/RES/69/307

수를 강조하는 경우가 많다.[125] 러시아는 가격경쟁력 중심의 현 유엔 조달 시스템하에서 항공 자산의 약 75%가 러시아제로 조달되는 것으로 알려져 있는데, 친환경 정책이 강화될 경우, 가격경쟁력 외에 친환경 기술을 적용하는 것과 같이 궁극적으로 조달 시스템이 변화될 것을 우려하기 때문이다.

친환경 정책은 특별한 이유가 없는 한 강화되는 것이 바람직하다고 본다. 우리나라도 주한미군의 한강 독극물 유출 사건을 겪으면서 답답했던 적이 있다. 온 대륙이 나뒹구는 쓰레기로 몸살을 앓고 있는 현실에서 외부에서 들어온 PKO군마저 이러한 아프리카 산수(山水)의 파괴에 동참해서는 안 된다. 평화가 아름다움을 느낄 줄 아는 마음에서 싹튼다고 한다면, PKO 임무단 역시 자연을 아끼는 정책을 통해 아프리카 등 주민들의 심미적 감수성을 일으키는 데 조금이라도 기여하는 것이 지역 내 갈등을 평화적으로 해결하는 하나의 방안이 될 것이다.

❾ 예산 종합 관리

러시아에는 회계연도 마지막에 예산을 소진하기 위해 잔디밭을 초록색 페인트로 칠한다는 농담이 있다. 어느 공공조직에서나 회계연도 막바지에

OP 28. Requests the SG to continue his efforts to reduce the overall environmental footprint of each peacekeeping mission, including by implementing environmentally friendly waste management and power generation systems, in full compliance with the relevant rules and regulations, including, but not limited to, the UN environmental and waste management policy and procedures;

125 러시아의 PKO 정책 의제 및 개별 임무단 의제 내 관심 문안: "… (친환경 정책 관련 원칙) … within (in accordance with) the rules, regulations and legislative framework of the UN"

예산 사용이 몰리는 문제와, 미집행 잔액(unspent balance) 문제가 발생하며, 유엔도 예외가 아니다. 특히 상당한 규모의 미집행 잔액이 병력 및 장비의 충원 지연(delayed deployment)으로 발생하고 있다. 이는 파병국의 국내 상황과도 결부되어 있기는 하나, 충원 지연으로 PKO 활동에 지장이 초래되어서는 곤란하므로, 유엔 회원국의 지속적 감독이 필요하다.

⑩ 출장비 관리(Travel Expenditure Management)

출장비는 PKO가 아니라도, 웬만한 업무 수행을 위해 필수불가결한 경비면서도, 예산 절감이 필요할 때는 우선적으로 거론되는 영역이기도 하다. 2014-2015년 PKO 예산에서 사무국이 제안한 출장비는 5,090만 불인데, ACABQ 보고서를 보면 구체적인 낭비 사례가 잘 나타나 있다.[126] 유엔은 전 세계 임무단 및 유엔 사무소에 걸쳐 설치한 화상회의 시스템을 적극 활용할 필요가 있다. 아울러 본부-임무단 간 권한 위임을 재조정해 출장 수요를 구조적으로 줄이는 관점의 전환도 검토해볼 필요가 있다. 출장을 통해 현지 분위기를 익히는 장점에도 불구하고, 이를 명분으로 한 과도한 예산을 편성하는 주객전도의 관행은 지양되어야 한다.

---

126 주요 출장비 낭비 사례는 다음과 같다.
1. 지원 업무 수행 목적으로 본부 출장을 계획한 사례: UNAMID(99건), UNSOA(50건), MINUSMA(37건)
2. UNSOA: 간부급(Chief/Deputy Chief) 연례회의 목적의 출장을 제안했으나, 여타 임무단에서는 유사한 성격의 출장 계획 전무
3. MINUSMA, UNISFA, UNSOA: 본부 출장자 초청 비용이 임무단 출장비에 포함(직원 채용을 위해 면접관이 현장 방문하는 비용 130만 불)

⓫ 공간정보 업무(geospatial capabilities) 통합안[127]

PKO 활동은 넓은 지역을 이동하고, 분쟁 지역 내 무장 단체와의 접촉도 이루어질 수 있는 만큼, 평소 이동 및 작전 수행에 필요한 충분한 지리적 정보를 확보하는 것이 긴요하다. 유엔은 이를 위해 다양한 공간정보 업무를 수행한다.

공간정보 업무란 지구적 차원에서 천연 또는 인공 지형·지물의 지리·공간적 위치 및 특성에 관한 데이터를 수집·공유·관리하는 활동을 지칭한다. 최근 유엔은 UN 지도, UN Gazetteer(지명 DB), UN Earth system(위성사진 DB) 등의 중층적 정보관리 시스템을 운영하고 있다.

이러한 체계화된 공간정보 시스템의 시초는 지도 제작이었다. 1953년 창설된 지도제작팀(Cartographic Section)은 초기에는 기본적인 지도 위에 현장 근무 군장교가 구체 지형을 펜으로 가미하는 식의 초보적 수준으로 지도를 만들었다. 그러다가 1980년대 이후 지리학계에서 지리정보시스템(geographic information system, GIS)이 발전되는 추세에 따라, 유엔도 GIS 중심으로 업무 수행 방식을 변경해나갔다. 위성사진을 시범적으로 도입한 후 2000년대 중반에는 구글 어스(Google Earth)를 구입한 것으로 알려져 있다. 사무국은 이러한 업무 변화 과정에서 공간정보 업무의 유기성을 제고하기 위해 공간관리 업무를 재조정해왔고, 그 연장선상에서 2013년 공간관리 업무 통합안을 총회에 제출했다.

---

127   사무국과 면담 내용 및 아래 자료를 추가로 참고했다.
1. A/68/727(UNLB 사무총장 보고서)
2. A/68/782.Add.8(UNLB ACABQ 보고서)
3. UN Cartographic Section Website

그런데 공간정보 업무가 평화유지활동 수행을 위한 지도 제공이라는 단편적 기능만 갖는 것은 아니다. 유엔에서 공간정보 업무는 PKO 활동, 물류, 정무 업무 등을 수행하는 다양한 부서 간 공유된 작전 개념(common operation system)을 수립 및 수행하는 기초가 된다. 다시 말해, 유엔의 임무가 날로 확대되는 과정에서 부서 간 정책 조율의 기초로 공간정보를 활용하는 것이다. 유엔이 '지리(geographic)'라 하지 않고, '공간(geospatial)'이라 부르는 것도 해당 학계의 발달된 연구를 반영하는 것 외에, 이러한 통합적 정책을 수행하고자 하는 의지가 있기 때문이다. 이러한 정보를 활용해 정책을 수행하는 사례는 다음과 같이 무척이나 다양하다.

PKO 작전	해당 지역 지형지물에 익숙한 반군과 대등한 활동 위해 필요
국경선 획정	정치적 민감성 때문에 세밀한 분석 필수
선거 구획	선거 인원 결정 및 투표소 설치
자원 위치	전쟁의 원인이 되는 수원(水源) 파악(말리, 다푸르 등)
전염병	조류인플루엔자 확산도(擴散圖) 작성(WHO)
지도 제작 역량 개발	모잠비크에 모자보건 건강 지도 제작 추진[유엔인구기금(UNFPA)]

공간정보는 위성의 활용에 따라 지역에 대한 접근성이 강화되었지만, 최근에는 무인기의 발달로 더욱 고도화되고 있다. 유엔도 무인기(unarmed, unmannded aerial vehicle, UUAV)의 활용이 시작되었고, 그 논의도 활발해지고 있다. 무인 정

2013년 MONUSCO(콩고민주공화국 임무단)에 처음으로 무인기가 투입되었다(UN Photo/Sylvain Liechti).

찰기는 적시·적소에 근접 촬영이 가능하여 위성사진보다 정확한 정보를 제공해주기 때문이다. 다만 아직은 사진 정보의 입체성이 떨어져 사진 내 물체의 원근 및 크기가 부정확한 것으로 알려져 있다. 그래서 위성사진과 무인기 정보는 비교 분석을 통해 분석 정확도를 제고해주므로, 상보적 관계에 있다고 볼 수 있다.

이러한 흐름 속에서 사무국은 68차 총회에서 현장 임무 수행 과정상 공간정보 관리 수준을 제고하기 위해 관련 업무 통합안을 제출했다. 현장에서 수행하는 임무 일부[128]를 이탈리아 브린디시(Brindisi)에 소재한 유엔 군수기지(UN Logistics Base, UNLB)의 글로벌 지원 센터(Global Service Center)로 통합한다는 것이 골자였다. 이 과정에서 현장 인원 36명 감축 및 군수기지 인원 16명 증원도 함께 이루어진다. 사무국은 이를 통해 설비 중복을 방지하여 현장 예산을 절감하고, 공통된 기준 및 지침을 적용할 수 있는 등의 효과가 기대된다고 하였다. ACABQ는 일단 통합의 효과가 불분명하며, 인력 감축 가능성도 크지 않다는 유보적 권고 의견을 냈다.

유엔의 공간정보 수준은 업계의 기술 수준, 반군의 현장에 대한 이해 등과 비교해 여전히 미약하다고 볼 수 있다. 따라서 효율적 현장 활동 지원을 위해 기본적으로 지도 및 위성사진 등 공간정보를 효과적으로 활용하는 시스템은 계속적으로 점검되고, 업데이트되어야 한다. 업무 통합은 공간정보를 효율적으로 활용하기 위한 자연스러운 길일 것이다. 다만 사무국의 군수기지와 현장 간 업무 분장 방안, 인력 감축에 따른 업무 수행

---

128 통합 대상 임무: △위성이미지 관리 및 처리 총괄, △ 공간·지형·환경 및 이미지 분석, △지형도 제작 및 기지 지도화 작업, △공간정보 응용 프로그램 개발, △과정, 결과물 및 데이터 모델 표준화 작업 등

계획은 명확히 짚고 넘어가는 것이 좋다. 본부는 장기적 차원의 기획 및 관리를, 현장은 반군 관련 상황 분석, 투표소 설치 위치 기획 등 각각 특화된 업무를 수행하는 것이 바람직하고, 인적 배분은 이러한 업무 분장을 고려하여 이루어져야 할 것이다.

⑫ 임무단 간 협력(Inter-mission Cooperation, IMC)[129]

2014년 68차 총회 2차 속개회의를 뜨겁게 달구었던 정책 의제 쟁점이다. 시발은 안보리 결정이었다. 2011년 수단으로부터 분리 독립한 남수단에서 2013년 말 치안이 급작스럽게 악화되었다. 이에 따라, 안보리가 PKO 병력을 급파하기로 결정했는데, 병력 파견 시간을 단축하기 위해 회원국이 아닌 주변 임무단에서 끌어오기로 했다.

임무단 간 협력이란 PKO 활동의 신속한 전개를 위해 2개 또는 그 이상의 근접 임무단간 인력 및 장비를 임시·단기적으로 파견 또는 공유하는 조치를 말한다. 유엔이 개별 임무단들을 통합적으로 운영함으로써 임무를 효율적으로 수행하기 위한 구상이다.[130] PKO군은 유엔이라는 하나의 깃발 아래 뭉친 집단처럼 보이지만, 실제로는 개별 PKO 임무단이 서로 다른 임무를 부여받고, 서로 다른 지휘체계 아래 각기 독립적으로 운영된다.

---

129 임무단 간 협력 구상의 지역적 맥락, 협력 내용 및 발전 제언 등 전반적 분석을 담고 있는 다음을 참고했다. 노르웨이국제문제연구소(Norwegian Institute of International Affairs) Victor Angelo, *Inter-mission Cooperation: Reflecting on Sudan and Central Africa Experience*, 2011년 4월

130 2012년 12월 12일, Herve Ladsous 평화유지활동국(DPKO) 사무차장의 안보리 보고.

그만큼, PKO임무단의 상호 병력 운용은 경직적일 수밖에 없다.

임무단간 협력은 다음 표에서 보는 사례와 같이 PKO 임무단 간 작전 기획과 정보의 공유, PKO임무단과 SPM 간 협력, PKO현장지원전략을 통한 지원서비스 통합 등을 포괄하나,[131] 2014년 상반기에 문제가 된 것은 임무단 간 인력·장비의 임시 파견이었다.

MINUSMA(2013년)	UNOCI에 행정 및 인력 지원
	UNMIL에 항공자산 관련 정보통신 기술 및 인력 지원
UNSMIS(2012년)	중동 내 여러 임무단에서 지원
UNOCI/UNMIL 간 **(2010-2011년)**	헬기 및 기타 항공자산 정기적으로 공동 사용
MINUSTAH(2010년)	지진 발생 시, 거의 모든 임무단에서 민간직원 파견 및 아프리카 내 임무단에서 수송 지원
ONUB/MONUC 간(2006년)	군·경 병력 임시 파견
UNMIBH(1999년) **(Bosnia and Herzegovina)**	UNMIK 창설 시 일부 병력 파견

2013년 12월 안보리는 남수단 임무단(UNMISS)의 병력을 군인 1만 2,500명 및 경찰 1,323명으로 증강할 것을 결의하면서 임무단 간 협력을 활용하라고 결정했다.[132] 보병대대, 경찰부대, 항공자산의 즉각적·대규모적

---

131 A/67/723

132 SC RES 2132

OP 4. Decides, therefore, that given the urgent circumstances of the situation, UNMISS will consist of a military component of up to 12,500 troops of all ranks and of a police component, including appropriate Formed Police Units, of up to 1,323, …

OP 5. Authorizes the SG to take the necessary steps to facilitate inter-mission cooperation and, if needed and subject to further Council consideration, complementary force and asset generation, and authorizes, in order to reach the new levels of troops and police within the overall troop ceiling set out in paragraph 4 on a temporary basis, appropriate transfer of troops, force enablers, and multipliers from other missions, in particular MONUSCO, UNAMID, UNISFA, UNOCI and UNMIL, subject to the agreement of the troop-contributing countries and without prejudice to the performance of the mandates of these UN missions;

수요에 즉각 대응하기 위함이었다. 비용 절감을 추구하는 선진국은 임무가 한가해진 일부 PKO 임무단의 유휴 병력을 활용하고, 새로운 병력 투입을 최소화한다는 차원에서 임무단 간 협력을 환영했다.

그러나 77그룹은 대규모의 인원 및 장비 이동에 따른 임무단 간 예산 배분 및 운영 문제를 제기했다. 현행 총회 결의가 임무단 간 예산을 별도 편성해야 하며, 상호 전용하는 것을 금지하고 있기 때문이다.[133] 다만 2006년 이후 안보리 결의에 따라 일부 임무단에 대해 인력·장비를 임시 파견(temporary redeployment)해오면서, 관련 비용을 다음과 같이 분담해왔다.

모(母)임무단	평소 병력 유지에 소요되는 비용(병력 상환 경비, 식량, 연료 등)
자(子)임무단 (병력을 받은 임무단)	임무단 간 이동에 따르는 직접 경비, 항공기 등 작전 소요 비용, 기타 비용 ※ 비용회복기제(cost-recovery mechanism): 모(母) 임무단 선지불 및 자(子) 임무단 후송금

그런데 이번 임무단 간 협력은 그러한 틀을 깨뜨리는 측면이 있었다. 4월까지 이미 발생한 750만 불과, 안보리가 임무단 간 협력을 중단키로 다시 결정한[134] 5월 27일까지 발생할 금액을 모두 모(母)임무단들이 부담해

133 A/RES/57/335
OP 23. Emphasizes that no peacekeeping mission shall be financed by borrowing funds from other active peacekeeping missions.

134 SC/RES/2155
OP 11. Authorizes the SG to take the necessary steps, in accordance with paragraph 8, to expedite force and asset generation, and as necessary, discontinue the inter-Mission cooperation already authorized under resolution 2132 (2013);

야 했다.[135] 또한 77그룹은 예산 중복 편성 가능성,[136] 인력 낭비 문제,[137] 장비 관리 문제,[138] 기존 임무단의 임무 수행 능력 저하 문제[139]도 제기했다.

이렇게 77그룹이 동원 가능한 논리를 총동원한 이유는 따로 있었다. 정부 역량에 한계가 있는 나라의 경우, 지방에 할거하는 반군을 제압하는 데 PKO군을 활용할 수 있고, PKO 주둔을 통해 일정 규모의 지역 경제 활성화도 노릴 수 있다. 가령 PKO군이 사용하는 비행장은 나중에 PKO가 철수할 때, 통상적으로 주둔지 정부에게 인계한다. 그런데 임무단 간 협력이 활성화되어 대규모 병력의 자유로운 이동이 가능해진다면, 기존 PKO 병력을 내보낸 국가는 여전히 불안한 자국의 치안이 더욱 악화될 수 있고, PKO군 주둔이 가져오는 지역 경제 활성화 효과도 감소할 가능성이 높았다. 따라서 77그룹은 병력을 빼내는 임무단에 배정한 예산이

---

135 ACABQ는 파견 시점부터 자(子)임무단인 UNMISS가 비용을 부담할 것을 권고했다(A/68/782).

136 사무국의 2014/2015년 예산안에는 UNMIL 1부대 인건비(50만 불) 및 MINUSTA의 장비상환액(35만 불)이 각각 2014/2015년 UNMIL 및 MINUSTAH 예산안에 포함되어 있어, 기술적으로 UNMISS 예산안과 중복되었다.

137 UNAMID 병력의 경우, UNMISS 내 숙소, 보안 시설(barb wire) 등 미비로 파견 없이 대기 중에 임무단 간 협력이 종료된 바 있다.

138 병력 소유 장비는 임무단 간 협력에 따른 병력 파견에도 불구하고, 임무의 성격에 따라 일부는 UNMISS로 보내고, 나머지는 모임무단에 남겨두었다. 그리고 UNMISS 파송 장비는 모임무단에서 필요 시 복귀 또는 신규 보충하고, 모임무단 잔류 장비는 UNMISS에서 필요로 하지 않을 경우 본국에 반환하기로 했다(정책 의제 보충 답변 자료 참고). 이에 따라 일부 병력 소유 장비의 유휴화가 발생했다. 병력 소유 장비에 대해서는 사무국, 임무단, 병력제공국 간 협의를 통해 Statement of Unit Requirements(SUR)의 구체 내용을 구성하는데, 임무단 간 협력은 동 내용에 따른 장비 사용을 어렵게 만든다.

139 2014년 4월 현재까지 MONUSCO, UNMIL, MINUSTAH, UNOCI, UNAMID 등에서 1,000명 이상이 이동했다. 자임무단으로 기존 병력·장비를 이동시킨 만큼, 모임무단의 임무 수행 능력에 공백이 발생할 수 있다. 그러나 모임무단 주둔지의 안전 상황, 임무 달성 정도, 병력 수준 등에 대한 사무국의 종합 평가가 선행되므로, 동 평가를 통해 새로운 균형점으로 임무 수행 능력(병력·자산 규모)이 조정된다고 해석 가능하다. MINUSTAH의 네팔 병력(350명 규모)이 대표적인 사례다. 당초 MINUSTAH 파견 지역인 아이티의 포르토프랭스(Port-au-Prince)에서 지역 및 국내 피난민 수용소 순찰, 인도적 지원 업무, 아이티 경찰 및 유엔 경찰과 공동 활동 등을 수행했다. 이후 안보리 결의 2119에서 병력 수를 6,270명에서 5,021명으로 1,249명을 단계적으로 축소키로 함에 따라, 네팔 병력은 2014년 2월 네팔 귀환을 준비했다. 그러던 중 UNMISS 소요 사태 대응을 위해 UNMISS에 파견하고, 일정 기간 임무 수행 후 본국 귀환하기로 한 것이다. 동 보병대대의 이른 귀국(UNMISS로 파견)으로 인한 공백은 여타 PKO 병력과, 당시 규모 및 역할이 증가한 아이티 경찰이 분담함으로써 보강되었다.

UNMISS로 흘러들어가는 것을 막기 위해 UNMISS가 모든 비용을 부담하고, 그에 대한 예산을 배정해야 한다고 주장한 것이다.[140]

반면 선진국은 임무단 간 협력이 UNMISS의 신속한 병력 증강을 위한 유일한 조치이며, 임시적 성격임을 감안 시, 실용적 관점에서 유연한 예산 배정이 필요하다는 입장을 고수했다. 결국 협상에서는 임무단 간 협력에 관한 문안은 합의를 도출하지 않는 것으로 합의되었다. 구체적 결정을 미룸으로써 금번 UNMISS 임무단 간 협력을 통한 병력 배치 및 예산 배분을 한시적으로 인정하되, 예산 독립 운영의 원칙은 고수한 것이다. 임무단 간 협력을 장려하지도, 부정하지도 않는 협상 결과였다.

임무단 간 협력은 유휴 병력을 실제 필요한 곳으로 돌리고, 예산을 절감한다는 장점이 있으므로, 선진국이 그 활용을 확대하는 데 관심을 가질 가능성이 크다. 특히 PKO 임무단의 규모를 축소하거나 폐지하는 데 필요한 치안 수준에 관한 명확한 기준(PKO의 출구 전략)이 부재한 현 상황에서 임무단 간 협력은 거부하기 힘든 명분으로 작용한다. 이러한 장점을 살리기 위해서는 이동 규모, 시간 계획, 관련 비용 등 병력 운용에 관한 상세 사항을 정교하게 관리해나가야 할 것이다.

마지막으로, PKO의 세부 운영 사항이 대한민국의 PKO 전략에 던지는 시사점이 있다. 임무단 간 협력의 경우, 선진국은 이를 위기에 민첩하게

---

140 77그룹은 비공식 협의에서 모임무단 예산이 아닌, PKO 예비기금(reserve fund) 사용 가능성에 대해 문의했고, 사무국은 2013년 12월 UNMISS에 대한 신속한 파병을 우선적으로 논의하던 당시에는 고려된 선택지가 아니었다고 설명했다[PKO 예비기금: PKO의 긴급 파견 또는 기존 PKO 활동 규모의 확대 등에 대비하기 위한 기금으로, 2013년12월23일 잔고는 1억 2,800만 불이었다(정책 의제 보충 답변 자료 3)].

대응하는 방편이라고 강력히 옹호했는데, 이는 확고한 치안을 확보하지 못한 상황에서 이전 임무단인 수단 임무단(UNMIS)의 철수를 성급히 결정한 데 대해 책임을 느꼈음을 말해주는 것이다. 부수적으로는 분담금 납부액 축소도 도모했다. 개도국은 임무단 간 협력이 임무단 운용의 기본 원칙의 예외임을 강조하면서, PKO 주둔에 따른 혜택을 고수하려 했다. 저마다 자신들의 이익을 걸어두고, 자신에게 조금이라도 유리한 조건을 만들어내려 한 것은 임무단 간 협력만이 아니라, 긴급지원사업, 장비상환율, 곧 살펴볼 경비상환율 등 다른 쟁점에서도 마찬가지였다.

우리는 현재 600명 수준의 PKO부대를 레바논과 남수단에 파견하고 있다. 남북 대치 상황을 감안하며 결정한 파견 규모다. 그리고 이러한 파병 여부 및 파병 규모가 우리의 PKO 정책의 핵심에 있다. 그러나 이제는 국내 안보 문제로 우리 군의 파병 규모를 저울질하는 단계를 뛰어넘어, PKO를 어떻게 활용할 것인지도 고민해야 할 시점에 있다. 작게는 통상으로 먹고 사는 나라로서 우리의 경제 활동 증대 가능성이 큰 지역의 PKO 예산을 충분히 배정하고, 크게는 세계 안보 전략인 PKO의 효과성을 높이는 다양한 운영 아이디어를 제시할 수도 있다.[141] PKO 운영 분야는 우리의 PKO 정책을 세밀화해야 할 과제와, 평화에 더욱 공헌할 기회를 동시에 던져주고 있다.

---

141 영국의 경우, 중장기 PKO 발전 관점에서 PKO 활동을 담당하는 사무국 내 부서인 평화유지활동국(DPKO)와 특별정치임무단을 담당하는 부서인 DPA 간 조율도 강화되어야 한다고 주장한 바 있다. 지역 분쟁에 대한 유기적 대응 강화라는 명확한 입장에서 나오는 구체적 아이디어다.

4
PKO 파병 비용의
국제정치: 경비상환율[142]

이제 2010년대 PKO예산 최대 쟁점이자 예산 20%를 차지하는 경비상환율을 둘러싼 68차 총회 2차 속개회의 협상에 대해 소개하고자 한다. 앞에서 다룬 PKO 예산안 및 개별 정책 의제도 함께 논의되었다.

장비에 대해 경비를 상환하는 것과 마찬가지로, 유엔은 군·경 병력 파견에 소요된 경비를 돌려주는 형태로 병력제공국에 비용을 지불하는데, 이를 경비상환율 또는 상환액(rates of reimbursement to troop-contributing countries, troop reimbursement rates, TRR)이라고 부른다. 병력 1인에 대한 비용으로 나타내는 TRR은 1980년 950불에서 1,300불로 인상된 것을 제외하면, 수십 년간 사실상 동결되어왔다.

1973년	1975년	1977년	1980년	1991년	2001년	2002년
650불	720불	950불	1,300불	1,349불	1,376불	1,404불

---

142 다음을 참고했다.
1. A/C.5/67/10 Letter dated 11 October 2012 from the Chair of the Senior Advisory Group on rates of reimbursement to troop-contributing countries and other related issues to the SG transmitting the report of the Group
2. A/68/813 Report of the SG on the results of the revised survey to establish the standard rate of reimbursement to troop-contributing countries, as approved by the GA in its resolution on the report of the Senior Advisory Group on rates of reimbursement to troop-contributing countries

총액	병력 수당	전문가 수당	피복·장비	개인화기
1,404불	1,028불	303불	68불	5불

※ 단, 전문가 수당 303불은 모든 병력에게 제공되지 않으며, 따라서 평균 경비상환율은 이를 제외한 1,101불로 간주함

이 경비상환율에는 군의 해외 파병에 관한 대립되는 입장이 숨어 있다.

역사적으로 파병은 주로 군사력이 강한 나라들의 몫이었다. 지중해와 유럽을 장악한 로마, 서역 원정을 떠난 한(漢)제국, 해군력을 전 세계에 과시한 대영제국은 모두 당대의 군사 최강국들이었다. 지금은 미국이 독일, 사우디아라비아, 한국, 일본 등 전 세계에 수십만 명 규모의 미군을 파병하고 있다. 그런데 파병에는 언제나 돈이 많이 든다. 게다가 냉전이 종식된 이후 분쟁과 내전은 주로 중동과 아프리카에서 발생했으며, 여기에 선진국이 직접 군사력을 투입하는 것은 명분과 비용 측면에서 득보다 실이 컸다. 1994년 미국이 소말리아 내전에 개입했으나, 별다른 성과 없이 철군한 것이 대표적인 사례였다.[143] 따라서 정통성 있는 기구인 유엔을 통한 파병을 선호하게 되었고, PKO 활용을 늘려왔다. 다만 자국군을 관료주의적인 유엔의 지휘하에 둠으로써 국제사회의 볼모로 잡히는 일을 꺼려했다. 약소국은 무력 분쟁에서 외국군에 의해 결정되는 운명을 그대로 수용해야 했던 경우가 많았다. 그러나 유엔을 통한 병력 파병은 무력 분쟁에 약소국도 참여할 수 있는 기회였다. 게다가 유엔으로부터 소위 '파병 수당'을 통한 외화 획득도 가능했다.

---

143 다음을 참고했다.
Max Boot, *Paving the Road to Hell: The Failure of U.N. Peacekeeping*, Foreign Policy March/April 2000
https://www.foreignaffairs.com/reviews/review-essay/2000-03-01/paving-road-hell-failure-un-peacekeeping

결국 선진국은 세계적 안보 목표 달성을 위해 PKO군 창설을 주도하되 자국군의 참여는 최소화하고, 개도국은 지역 안보에 직접 기여하면서 경제적 실리를 확보하게 되었다. 이러한 양측의 이익의 균형 위에 정통성을 갖춘 유엔을 통한 PKO 파병이 급증하게 된 것이다. PKO 파병 수당, 즉 TRR은 저렴한 비용으로 군사력 투입을 대체하려는 선진국과, PKO군 참여에 합당한 대가를 받으려는 개도국 간 재정적 부담을 둘러싼 교섭의 산물이라 할 수 있다.

❶ 협상 1단계: TRR 고위자문그룹 설치

2011년 5월(65차 총회) 개도국은 유엔 예산이 증가하는 데 비례하여 TRR도 인상되어야 한다는 논리로 문제를 제기했다. 일반적으로 유엔 예산은 사무국 업무가 조정됨에 따라 배정 규모가 조정된다. 직원들의 월급 역시 '최고 대우의 원칙(Noblemaire Principle)' 및 이를 뒷받침하는 공식에 따라 뉴욕의 물가 상승 등을 반영하여 사실상 자동 인상된다. 반면 PKO군이 받는 TRR은 한 번 정해지면 변하지 않는 구조로 되어 있으니, 이 구조 자체가 비용 인상을 억제하려는 선진국 입장이 반영되어 있다고 할 수 있다. 따라서 유엔 예산이 증가하는 데 비례하여 TRR을 인상해야 한다는 논리는 다른 분야의 예산 편성과 동등한 구조를 요구한다는 점에서 타당성이 있었다.

이에 대한 선진국의 반대 논리는 PKO군에 들이는 비용 대비 효과가 제한적이라는 것이었다. 장갑차, 개인 화기 등 병력제공국이 PKO 활동에 투입하는 장비가 부실한 경우가 많고, 장비 반입이 지연되는 일도 잦으며, 다수의 성(性) 문제가 발생하기도 한다.[144] 따라서 이러한 문제점들을 먼저 해소하지 않은 채 경비상환율을 인상하는 것은 타당하지 못하다는 것이 선진국 주장이었다.

양측은 협상을 통해 2011년도에 한해 8,500만 불(1인당 71불/월 수준)을 추가 지급하기로 결정했다.[145] 결의에는 추가 지급이 "예외적으로" 이루어진다고 함으로써 향후 TRR 인상 논의에 미칠 영향을 차단하고자 했다. 동시에 추가 경비를 지급한 것과 별개로, TRR 산정 방식에 대한 검토는 계속되어야 한다는 개도국의 관심도 명확히 반영했다. 이를 재검토할 고위자문그룹(senior advisory group, SAG)을 두는 데 합의한 것이다. 고위자문그룹에 누구를 앉힐 것인가도 협상의 쟁점이었는데, 선진국은 그룹 위원을 병력제공국 중심으로 임명하면 객관성이 보장되지 않는다고 주장했다. 결국 주요 병력제공국(troop-contributing countries, TCC) 출신 5명, 주요 재정 기여국 출신 5명, 사무총장이 임명하는 PKO 전문가 5명, 각 지역그룹별 1명씩 도합 5명 등 총 20명으로 구성하기로 했다.[146] 병력제공국과 재정 기

---

144   국제사면위원회(Amnesty International)는 2015년 8월 11일 보도자료를 통해 MINUSCA 평화유지군(르완다 및 카메룬군 소속으로 추정)이 8월 초 방기(Bangui) 인근 무슬림 거주 지역에서 12세 소녀를 성폭행하고, 범죄 자행 후 인근에 있던 사람 몇 명을 살해한 사건이 있었다고 발표했다. 이후 MINUSCA의 게이(Gaye) 특별대표는 임무단 내 성범죄 혐의에 대해 정치적 책임을 지고 사퇴했다.

145   A/RES/65/289
OP 72. Decides to provide, on an exceptional basis, a one-time supplemental payment of 85 million United States dollars to troop-contributing countries during the period from 1 July 2011 to 30 June 2012, without prejudice to the integrity of the process set forth in resolution 63/285;

146   A/RES/65/289
OP 73. Requests the SG to establish, by October 2011, a senior advisory group consisting of five eminent persons of relevant experience appointed by the SG, five representatives from major troop contributors, five representatives from major financial contributors and one member from each regional group, to consider rates of reimbursement to troop-contributing countries and related issues;

여국, 회원국 출신 인사와 외부 인사 간 균형을 고려한 결과였다. 고위자 문그룹이 재검토를 끝내는 시한은 "현실적으로 가능한 한 일찍" 제출하는 것으로 결론이 났다.[147] 전반적으로, 경비 인상을 확정 짓지 않으려는 선진 국의 입장이 반영되었면서도, 일회성이나마 8,500만 불의 추가 경비 지급 이 이루어졌고, 고위자문그룹을 통해 TRR을 인상할 가능성을 열어둔다 는 점에서 개도국에도 의미 있는 결과물이었다. 유엔의 협상이 대체로 시 간을 들여 단계적으로 답을 찾아가는 경우가 다반사라는 점을 재확인시 켜준 결론이었다.

❷ 협상 2단계: 실소요 경비 조사 실시

2011년 6월 채택한 결의에 따라 그해 하반기 설치된 고위자문그룹은 TRR 관련 쟁점을 검토한 후 2012년 11월 권고안을 담은 보고서를 제출 했다.[148] 2012년 5월 2차 속개회기에서 논의하기에는 늦은 셈이었으니, 선 진국으로서는 내심 바랐던 대로 시간을 끌게 된 셈이었다. 어쨌든 고위자 문그룹 보고서의 핵심 내용은 다음과 같았다.

① 2013-2014년도에도 병력 1인당 기준액 1,028불의 6.75%를 보충적으로 지
   급(약 8,500만 불 추가 소요)

---

147 A/RES/65/289
OP 74. Decides that the senior advisory group shall complete its work as soon as practicable;

148 A/C.5/67/10

② 병력교체 주기를 6개월에서 1년으로 연장

③ 주요 장비(equipment)가 작동되지 않거나 MOU와 다를 경우 장비상환률

　　(reimbursement for contingent-owned equipment, COE) 지급 축소

④ 20대 파병국을 소득을 기준으로 고소득 국가, 중고소득 국가, 중저소득 국가, 저

　　소득 국가 등 4개 등급으로 나누고, 각 국가군에서 1국 이상이 포함되도록 10개

　　국을 선정하여 5개 분야[149] 경비 실사

⑤ 수당 신설

　– 위험 수당(risk premium): 고위험 지역 활동에 대한 보상으로, 전체 병력 중

　　10%에 대해 최대 10% 지급

　– 작전능력 수당(enabling capacity): 고도의 작전능력 제공에 대한 보상으로,

　　전체 병력 중 20%에 대해 최대 15% 지급

　고위자문그룹이 제출한 위 보고서 내용을 심의하기에 앞서 심의 시점에 대해, 선진국은 통상 PKO예산을 심의하는 2차 속개회기(2013년 5-6월)를, 77그룹은 가능한 한 일찍 보고서를 제출한다는 결의의 취지에 따라 1차 속개회기(2013년 3월)를 주장했다. 결과적으로 논의는 1차 속개회기에서 시작했으나, 결론은 2차 속개회의에서 냄으로써 양측의 입장이 골고루 반영되게 되었다.

　2013년 3월 67차 총회 1차 속개회기에서 우선, TRR 8,500만 불 추가 지급① 관련, 선진국은 지난 결의에서 예외적으로 이루어진 일을 다시

149　5개 분야: 수당, 피복 및 장비, 파병 전 의료비, 내륙 교통비, 파병 전 훈련비(Allowances, Clothing, gear and equipment, Predeployment medical expenses, Inland travel, Delivery of UN-mandated training)

논의하는 것은 당초 취지에 어긋난다며 반대했다. 그러나 77그룹은 당시 예외적으로 추가 지급 결의를 채택한 전제는 TRR 산정 방식에 대해 재검토한다는 것이었기 때문에, 그전까지는 추가 지급하는 것이 당연하다고 주장했다.

PKO 병력의 교체주기(②)는 통상적으로 6개월이었다. 해외 파병, 특히 실제 교전이 이루어질 수 있는 분쟁 지역에 장기간 투입되는 데 따른 근무 및 생활의 어려움을 감안한 조치였지만, 근무 기간이 짧아 업무 경험이 손실되고, 이동하는 데 행정 비용이 낭비되는 문제가 있었다. 병력교체 주기는 개도국에게 전술적으로 이용할 가치가 충분한 카드였을 것이다. 선진국이 대부분을 부담하는 유엔의 행정 비용을 줄이는 데 합의했다는 생색을 낼 수 있기 때문이다. 게다가 다음 쟁점인 장비상환률에서 선진국의 양보를 얻어낼 카드로도 사용할 수 있었다. 따라서 개도국은 버릴 카드의 값을 높이기 위해 병력교체 주기를 늘리는 경우 파병 장병들의 삶의 질이 떨어질 것이며, 장병들의 성적 일탈 가능성이 커질 수 있다고까지 극단적인 주장도 서슴지 않았다.

장비상환률을 지급하는 조건을 강화(③)해야 한다는 것은 병력제공국으로서는 받아들이기 쉽지 않았다. PKO 파병국이 들여온 장비가 부실하거나 지연되면, 해당 회원국의 자존심에 먹칠을 하게 된다. 게다가 부실함에 상응하는 만큼 경비를 되돌려 받지도 못한다. 77그룹은 우선 장비의 부실성 판단 기준이 부정확하고, 또한 장비가 부족하여 병력 안전에 지장이 초래되는 상황에서 장비상환액마저 지급해주지 않는 것은 이중적 어려움을 부과하는 것이라며 강력히 반대했다. 특히 아프리카 그룹은 2013년 4월 현재 장비에 대한 경비 중 16%, 즉 1.74억 불이 부실성 및 지연 등의 이유로 지급되지 않았는데, TRR 보충 지급이 이루어져도 고작 8,500만 불이니, 수지가 맞지 않는 장사라고 솔직하게 터놓고 이야기했다.[150]

나머지 쟁점인 파병 소요 경비에 대한 사무국의 현장조사(④)와 수당 신설(⑤) 두 가지는 현장조사가 수당 신설 같은 경비상환율 공식 산정의 전제이므로, 현장조사를 먼저 하자는 쪽으로 정리가 되었다.

결국 경비상환액 보충 지급, 병력교체 주기, 장비상환률 지급 조건 강화 등 세 가지 쟁점은 서로 맞물려 있어 계산기를 두들겨보아야 할 게 뻔했다. 그리고 대표부에서 파악해본 바로는 77그룹 내에서도 주요 PKO 파병 국들은 실제 파병 경비 조사를, 아프리카 그룹은 장비 부실에 따른 페널티를, 중남미 국가들은 병력교체 주기 연장을 각각 우선시하고 있어 내부 의견 조정이 있는 것 같았다. 거듭된 협상으로 양측 입장은 명확해졌고, 협상의 최종 목적지도 분명했지만, 말끔한 합의는 나오지 않았다.

회기 종료일인 3월 28일 오후 대부분의 의제에 대한 결의를 공식 회의에서 채택했고, 이어 의장은 합의가 도출되지 않은 TRR 논의는 다음 회기로 연기하는 것이 어떻겠느냐고 회원국 의견을 물었다. 그러자 77그룹 대표인 피지 대사 및 선진국, 러시아 등 10개국이 협상을 계속하는 것이 좋겠다고 이구동성의 의견을 폈다. 의장은 그럼 협상을 계속하되, 다음 날부터 유엔 공휴일이 시작되니, 결의 채택을 위한 공식 회의를 4월 2일에 갖자는 제안을 했다. 그러자 인도 대사가 협상이 거의 막바지에 다다른 만큼, 오늘 밤이라도 합의가 도출될 수 있으니, 공식 회의 재개일을 4월로 넘기지 말자고 언급했다. 3월 31일부로 전년도에 일회성으로 승인한 TRR

---

150 협상 중 사무국 제공 답변 및 아프리카 그룹 주장.

보충 지급이 종료되므로, 4월 1일부터 새로운 경비를 계속 지급받으려면, 그전에 합의가 도출되고, 총회 공식 승인을 받아야 하기 때문이었다. 결국 의장은 공식 회의 재개 일시를 3월 28일이다, 4월 2일이다, 명확히 정하지 않고, 합의가 도출되면 다시 의장단 내부 회의를 열어 회원국 입장을 묻겠다는 선에서 공식 회의를 종료했고, 협상은 재개되었다.[151]

그러나 3월 28일 자정이라도 끝낼 수 있다던 인도 대사의 호언과는 달리, 협상은 합의에 도달하지 못했고, 4월 3일 결국 대사급 협상으로 격상되었다. 4월 15일 의장은 77그룹과 선진국 그룹을 각각 접촉해, 자신의 중재안을 내밀었다. 그리고 4월 16일 잠정 합의가 있다고 보고, 24시간의 묵인 절차(silence procedure) 후 합의가 이루어진 것으로 선언하겠다고 못 박았다.

그렇게 하여 합의한 내용은 8,500만 불 수준의 TRR은 다시 한 번 보충 지급하되, 병력교체 주기는 12개월로 연장한다는 것이었다. 선진국은 8,500만 불이 TRR의 항구적 인상분보다 적다고 생각했을 것이다. 개도국은 병력교체 주기 카드를 활용해 8,500만 불을 일단 확보했을 뿐만 아니라, 교체 주기 자체에 대해서도 여러 예외를 두었다. 12개월 주기를 해군에 대해서는 적용하지 않고, 아울러 전체 병력의 3% 미만의 소규모 병력 제공국의 육상 병력에 대해서도 2년은 면제시키기로 하였다. 장비상환율

---

151 협상 시한은 단순한 시간 약속이 아니라, 협상에 매우 중요한 절차적 요소로, 이것 역시 협상의 대상이다. 인도 대사가 3월 31일을 협상 시한으로 잡아야 한다고 한 것은 일부러 시간에 쫓기는 모습을 보여줌으로써 선진국이 자신들이 유리한 위치에 있다는 착각을 갖고 협상 테이블에 앉도록 유인하고, PKO 병력의 복지를 고려해야 한다는 대외 발언으로 협상 지연 또는 결렬 책임을 선진국에 전가시킬 수 있는 기반을 만들어둔 것이 된다. 선진국은 협상 시한을 3월 31일로 정하자는 인도 대사의 주장에 반대하는 것은 PKO 병력의 복지를 고려하지 못한 처사라는 비판을 초래할 수 있으므로, 아무런 발언을 할 필요가 없었다. 의장은 시한을 정하느냐, 정하지 않느냐의 문제에서 합의 도출이 먼저라는 출구를 택했다. 시한을 마냥 늦추지는 않되, 당장 정하지도 않는 결정을 내린 것이다. 대사급 협상가들의 노련함이 듬뿍 묻어난다.

의 경우, 장비가 부실하거나 반입이 지연될 경우 경비를 지급하지 않는 범위는 확대했지만, 2번 연속 불만족(부실) 평가를 받은 경우에만 지급을 유예하는 등 여러 예외를 두었다.[152] 물론 이러한 예외 조항에도 불구하고, 금번 합의는 파병국에 불량 장비를 최소화하도록 독려하는 의미가 있었다.[153]

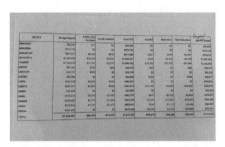

2013~2014년 PKO예산안 협상 막바지에 제시되었던 한 제안. 임무단 예산, 경비상환율 6.75% 인상, 12개월 교체 주기, 이를 합친 예산 전체, ACABQ 삭감액, 회원국 삭감액, 전체 삭감액, 제안된(합의된) 예산안 순으로 각 임무단 및 전체 금액이 표시되어 있다. 협상 막바지에는 이와 같이 종이 1장짜리 제안과 수정안이 오고 간다.

❸ 협상 3단계: 경비상환율 인상 [154]

고위자문그룹 권고안 및 이를 채택한 5위원회 결의에 따라 사무국은 10개국을 선정하여 실제 PKO군 파병에 소요된 경비에 대한 조사를 실시했다. 2014년 3월 28일 제출된 조사 결과에 따르면, 실제 소요액

---

152   2번 연속 불만족 평가를 받는 경우라도, 차량은 불량 장비가 전체의 10% 미만인 때에는 원래대로 전액 지급하기로 했다. 아울러 지급 유예액이 전체의 35%를 넘지 않도록 상한선을 설정했다. 장비가 불가항력적 사유로 불량해진 경우에도 장비상환액은 예정대로 지급하기로 했다.

153   미국대표부 조셉 토셀라(Joseph Torsella) 차석대사는 결의 채택 후 가진 공식 발언에서 다음과 같이 평가했다. "We have often spoken in this Committee of the increasing complexity and difficulty of peacekeeping operations. The SAG recognized this changing environment and the need to improve readiness to meet these evolving challenges. The resolution we adopted includes a number of peacekeeping enhancements and incentives for improving mission readiness to achieve difficult mandates. The resolution authorizes the SG to pay a premium to TCCs who provide critical enablers that are in short supply. We have also established a new standard rotation period to provide greater continuity on the ground and conserve scarce resources, and we have provided incentives to TCCs to ensure that their troops are fully equipped with the tools they need to meet the challenges of their mandates."

154   보통 대표부에서는 의제별로 사수(lead negotiator)를 정해 전담하나, TRR 인상의 경우에는 그 중요성을 감안하여 고재신 1등서기관이 사수로 참여하고, 내가 부사수로 다양한 지원 활동에 동참했다. 또한 중요 의제는 담당 여부와 관계 없이 그 진전 사항을 알고 있어야만 전반적 협상 분위기, 특정 의제의 소인수 협상 격상 등에 대한 감을 얻을 수 있다.

이 현재의 경비상환율 기준액 1,210불보다 45.6%, 즉 552불 높은 것으로 파악됐다. 이대로 인상된다면, 6억 7,000만 불의 예산이 증가되는 엄청난 규모였다. 게다가 위험 수당(전체 소요의 1%, 1,330만 불) 및 작전 수당(전체 소요의 3%, 4,000만 불) 신설로 5,330만 불이 추가 소요될 전망이었다.

(1인당 평균, 불/월)

구 분	현행	설문조사	증가	%
계	1,210*	1,762	552	45.6
수당(전문가수당* 포함)	1,137	1,368	231	20.3
피복 및 장비(개인화기 포함)	73	168	95	130.1
파병 전 의료비(신설)	-	59	59	순증
내륙 교통비(신설)	-	19	19	순증
파병 전 훈련비(신설)	-	148	148	순증

* 보통 기본 수당을 1,101불(수당＋피복 및 장비)로 보고 있는데, 보고서는 일부에게 지급되는 전문가 수당의 평균을 이에 추가하여 1,210불을 제시.

대표부는 사실상 동결되어온 TRR의 현실화 필요성에 따라 일정한 금액 인상은 수용 가능하나, 재정 부담이 최소화되도록 한다는 협상 목표를 세우고, 다음과 같은 기본 논리를 준비했다.

① TRR: 의료비와 훈련비는 파병국의 전투력 향상에도 도움이 되므로, 유엔과 병력제공국이 부담을 나누는 것이 바람직. 또한 UN이 요구하는 기준에 부합하는 병력을 PKO에 파병하는 것은 병력제공국으로서의 의무

② 위험·작전 수당 신설: 전체 소요액의 일정 비율을 자동 지급하는 방식보다는 지급 요건을 정하고, 실제 소요액을 반영할 필요가 있음. 위험·작전 수당 신설 시 유사한 성격의 전문가 수당($303/월, 보병의 10%, 병참팀의 25%에 대해 일률

적으로 지급) 폐지 검토

　③ 추진 방식: 급격한 예산 증가에 따른 재정 기여국 부담을 감안, 단계적으로 기준

　　변경 및 수당 신설 방안 검토

　④ 예산 추가 소요를 자체 흡수토록 요구

　⑤ 6-7억 불 수준의 대규모 인상 가능성, 77그룹의 최대 관심사로 금번 회기 최대

　　쟁점이 될 것이 확실한바, 주요 재정 기여국과 연대하여 적극 대응

　2014년 5월 초 미국, EU, 일본, 한국 등 실무자들이 모여 협상 전략을 협의했다. 조사 결과에 대해서는 고소득 국가군에서 경비를 가장 많이 사용하는 이탈리아가 견본 국가로 선정됨으로써 실제 소요액이 매우 높게 나온 점이 지적되었다. 그렇지만 고소득 국가가 포함되어 조사 결과가 왜곡되었다고 주장하는 것은 지난 협상에서 실제 소요액을 조사하자는 데 동의했던 입장을 스스로 부정하는 자기모순에 빠지고, 선진국 입장이 조사 방법론의 틀 속에 갇힐 수 있으므로 지양하기로 했다. 다음으로 TRR 인상폭을 최소화하기 위한 선진국 협의를 지속해나가기로 했다. 이는 어느 일국이 협상에서 독자적으로 치고 나가는 것을 예방하여 77그룹에 대한 협상력 누수를 방지하겠다는 뜻이었다. 재정 부담이 크게 증가할 수 있는 상황에서 서로 내부 단속을 하는 셈이었다. 각오를 단단히 하고 있음이 확실했다.

　실무진 간 협상이 시작되었지만, 합의가 없으면 TRR이 인상되지 않으므로 급할 게 없는 선진국은 아무런 입장을 제시하지 않았다. 위로부터 위임받은 권한이 없다는 발언만 되풀이했다. 77그룹은 그럴 줄 알았다는 듯이 이번 2차 속개회기에서 TRR 논의가 없으면, 다른 의제에서도 전혀 진

전이 없을 것이라고 으름장을 놓았다. 4주간 시간만 축냈다.

사실, 우리 대표부는 우리 나름의 역할을 모색해오고 있었다. 우리는 PKO 병력 파병국이자 주요 재정 기여국으로서 선진국과 개도국 양측의 입장을 모두 이해할 수 있는 위치에 있었다. 미국 담당자에게 타협안 제시 필요성을 슬며시 제기해보았다. 미국은 어떠한 협상 결과든 인상 규모로 인한 부담이 미국으로서는 매우 크기 때문에, 결과에 책임질 만한 타협안은 찾기 어렵지 않겠느냐고 했다. 그러면서 자기는 협상 권한이 없다고 덧붙였다. 22%의 최고 분담률을 납부하는 미국도 타협안을 내지 않는데, 다른 나라가 감 놔라 배 놔라 해서는 곤란하다는 의미였다. 종국에 가서는 대사급에서 정치적으로 결정할 수밖에 없다는 의미도 내포하고 있었다.

비공식 협의를 모두 마치고, 5월 28일 통상적인 문안 제출이 마감되었다. 새로운 TRR로 선진국은 공란을, 개도국은 설문조사 결과 1,762불을 그대로 적어냈다. 이것은 선진국과 개도국이 각자의 입장에 대해 이미 상호 간파했다는 의미였다. 6월 4일 개최된 두 번째 비공식-비공식 협의에서도 양측은 서로에게 협상 의지가 없다는 책임 공방만 되풀이했다.

남은 것은 어느 시점에 대사급으로 격상하느냐였다. 나는 물건 가격 흥정하듯 줄다리기가 이어질 것이 뻔한 상황에서 이 시점을 앞당기는 데 기여하면 좋겠다고 보고, 간사를 맡고 있던 스위스 담당자와 협의를 했다. 간사는 금번 의제는 결국 최종 단계에서 소인수 고위급 협상을 통해 정치적으로 결정될 가능성이 큰 것으로 전망하면서 선진국 및 개도국 일부가 개별적으로 차석대사급 비공식 접촉을 시작했다고 동향을 설명했다. 예상대로 표면적 실무 논의는 그저 쇼에 지나지 않으며, 선진국 및 개도국이 물밑에서 접촉하고 있음을 확인한 동시에, 이미 교섭의 선수를 뺏겼다는 생각이 머리를 강하게 스치고 지나갔다. 어쨌든 아직 실무진 회의에서 중재안이 제시된 적은 없으므로, 우리는 병력제공국이 일부 비용을 자체 흡수하고, 연차적으로 인상하는 아이디어를 제시하면서 의견을 물었고, 간사는 적절한 시기에 수정안을 제안해줄 것을 요청했다.

시기를 고르던 중 우리는 선진국이 타협안을 제안할 것이라는 정보를 입수했다. 선진국 타협안과 우리의 타협안이 동시에 나오게 되면, 선진국 공조는 퇴색된다. 간사와 점심 먹으며 들었던 물밑 접촉이 수면 위로 떠올랐음을 알게 되었다. 미국 및 영국 실무자에게 향후 계획에 대해 문의해보니, 우선 제시할 숫자는 1,150불로, 현재 수준 1,101불에서 4.5% 증가한 수준이라고 했다. 1,101불을 기준으로 잡은 것은 새로 위험 수당 등이 신설되는 점을 감안하여 현 전문가 수당을 포함시키지 않는 것이 정확하기 때문이라고 했다. 사무국의 예산 자체 흡수 노력, 조사 방법으로서 고위자문그룹이 사용한 평균값이 아닌 중간값을 적용하여 실제 소요액을 낮추는 것 등 다양한 요소를 감안한 것으로 설명하되, 구체적인 내용은 불필요한 논쟁 방지를 위해 설명하지 않기로 했다.

드디어 6월 12일 점심시간에 비공식-비공식 협의가 열렸다. 회의장이 거의 꽉 찬 걸로 봐서 웬만한 나라는 모두 참여한 듯했다. 먼저 선진국이 1,150불이 적힌 수정안을 제시했다. 미국은 역대 한 번도 실제 경비 전체를 보전해준 적이 없다는 사실, 조사 방법론으로 중간값을 택한 점 등을 종합적으로 고려한 수치라고 설명했다. 영국은 비교를 위한 현재의 기본값은 전문가 수당을 제외한 1,101불이며, 동 수치 적용 시 6,000만 불의 증액이 이루어짐을 설명했다. 이에 대해 77그룹의 나이지리아, 파키스탄 등 주요 병력제공국과 브라질은 동 수치는 현재 평균 TRR인 1,210불(전문가 수당)보다 낮은 수준이어서 받아들일 수 없다고 하고, 협상 진전을 위해 1,150불이 나오게 된 상세 논리를 제시해줄 것을 강하게 요청했다. 선진국은 산출 근거에 대해 구체적인 답변을 하지 않고, 포괄적인 접근을 통해 나온 수치라고 기존 설명을 반복하며, 비교 기준으로 1,210불이 아닌, 병력 개인에게 제공되는 비용만 계산한 1,101불을 사용해야 더 정확하다고 반박했다. 우리는 우리나라도 병력제공국의 일원으로서 경비상환율 인상의 필요성은 인정하나, 어려운 재정 여건을 감안하여 중립적인 대안 모색이 필요하며, 선진국이 제시한 수치에 새로 신설될 위험 및 작전 수당을 합할 경우, 현재보다 높은 수준이라고 대응했다.

1시간가량 진행된 회의를 통해 77그룹은 선진국이 세부 논리를 대기만 하면, 이를 물고 늘어져 디테일에 강한 실무진 간에 협상을 진행할 요량임이 재확인되었다. 선진국 역시 고위급으로 협상 수준을 올리기 전까지 77그룹 뜻에 휘말려 들어갈 생각이 없음을 분명히 했다. 회의 종료 후 몇몇 회원국 실무자 반응을 보니, 미국은 77그룹의 반응이 나쁘지 않으며, 최종 숫자는 협상 진행 과정에서 봐야 할 것이라고 했고, 영국도 별 탈 없이 회의가 진행된 것으로 본다고 했다. 77그룹의 경우, 알제리는 이게 시작일 뿐임을 잘 알고 있다고 했고, 심지어 이집트는 웃으며 영국 담당자와 월드컵 축구 이야기를 나누었다. 이미 게임의 법칙을 잘 알고 있는 선수들이라 여유가 있었다. 동시에 토고 담당자가 6월이 가기 전에 타결을 지어야 하지 않겠느냐고 말한 데서 시간이 77그룹 편이 아닌 데 대한 우려도 느낄 수 있었다. 시간의 지원을 받는 선진국은 실무선에서 시간에 쫓기는 개도국이 양보를 하면 고맙게 받아들이고, 평행선이 계속되면 적절한 순간에 고위급으로 격상시키겠다는 셈법이었다. 어차피 설문조사 결과는 병력제공국 내 비용 조사 과정에서 뻥튀기 되었을 가능성을 배제할 수 없는 만큼, 상세한 계산을 통해 객관적인 비용을 뽑아낸다는 것 자체가 가능하지도, 필요하지도 않다고 본 것이다.

미국, EU 등은 느긋했다. 77그룹과의 논의도, 선진국 간 추가 전략 협의도 하지 않았다. 태풍 전야처럼 고요한 날들이 하루하루 지나가고 있었다. 대한민국은 협상에서 별다른 역할이 없었다. 불안했다.

6월 20일 금요일 아침, 올 것이 왔다. 의장국인 핀란드의 담당자로부터 이메일을 받는데, 협상 진전을 위해 6월 23일 월요일 점심시간에 선진국 7명, 개도국 7명, 러시아 1명으로 하여 15명 소인수 협상을 하겠다는 것이었다.[155] 각 그룹별 7명이라는 구체 숫자가 나온 것은 이미 그룹 내에서 참여국이 정해졌으며, 그러한 국가들 간에 사전 교감이 있었음을 뜻했다. 또다시 소인수 협상에 우리나라가 제외될 상황이 됐다. 협상 2년 차이자, 지난 두 번의 회기에서 인적자원관리 의제에서 문구 하나마다 협상에 깊게 참여했던 나로서는 가장 큰 PKO 의제인 TRR 협상에 한국이 빠진다면, 몹시 가슴이 아플 것 같았다. 가까이는 동료 및 외교부 선배들, 멀리

---

155 이메일은 소인수 협상으로 들어가는 당시의 상황을 잘 보여주고 있어 여기 그대로 옮겨본다.
"As you are aware, the negotiations in the Fifth Committee are not progressing. The secretariat has informed me that because of Umoja implementation, the peacekeeping budgets need to be finalized by Friday, 27 June. If not, we risk difficulties in the UN peacekeeping missions. As Chairman of the Fifth Committee, it is my responsibility that we deliver results and do not put peacekeeping missions in jeopardy. At this juncture, the bureau and the members of the committee need to get serious and bear our collective responsibility towards the GA and the UN peacekeepers.
We are running out of time. To expedite our work and to produce results before Friday 27 June, I will call the representatives of the main negotiating groups this morning and invite them for a meeting on Monday 23 June at lunch time (1pm) in Conference Room B (CB). I will ask that on one side the G77 and the African Group and on the other side the Like Minded will be present with a team of 7 people each. The Russian Federation will also be invited to attend. I expect these 15 representatives to have the mandate from their respective groups to address all outstanding issues on the agenda for the second resumed session and to work without breaks as long as it takes to reach an agreement.
I have informed the PGA on the current status of negotiations in the Fifth Committee and on my proposed way forward. He is following the situation closely.
Chairman of the Fifth Committee"

는 헤이그에 갔던 이준, 이상열, 이휘준 열사들이 생각났다.

대표부는 이 문제를 중대하게 생각했다. 오전에 회의를 갖고, 우리의 위상과 경비상환율 인상이 주는 부담을 감안하여 적극적으로 대응하기로 했다. 선진국 7에 들어가든, 러시아처럼 +1로 추가해 들어가든, 이번만큼은 소인수 협상에 들어갈 방법을 찾기로 했다. 점심시간을 이용해 영국 실무자 및 주요 대표들을 접촉한 내용을 종합해보니, 소인수 협상에서 선진국 7명은 미국, 일본, EU 4명(영국·프랑스·독일·EU), CANZ가 될 것으로 예상됐다. CANZ 1명이 들어가는 것이나, EU가 4명이나 들어가는 것이 의아했다. 우리는 의장을 접촉한다, 개도국에 7명에 1명을 더 추가할 것을 타진한다, 미국에 우리의 참여 문제에 협조를 요청한다, 세 가지 방안을 검토했다. 막판에 최종 타협안을 결정하는 데 영향을 미칠 나라는 미국인 만큼, 선진국 입장을 리드하는 미국을 접촉하자는 쪽으로 가닥이 잡혔다. 나는 미국 대표부에 보내는 이메일 초안을 잡았다. '주요 재정 기여국의 하나로서 금번 TRR 협상 결과는 우리에게 전례 없는 부담으로 작용한다, 그간 갖고 있던 타협안을 제시하지 않은 것도 선진국 입장을 존중해서였다, 향후 협상에서 선진국 일원으로서 회의 결과 도출에 기여하고자 한다'는 내용이었다. 동 초안에, 선진국 7에 한국이 들어가기 어려울 경우, 인원을 늘리는 방안도 검토해보라는 내용을 추가하기로 했다. 그리고 동 내용은 TRR 의제 주임인 고재신 서기관이 미국대표부에 보냈다. 그렇게 이메일을 발송한 게 오후 5시였다.

금요일은 물론 토요일 오전 내내 답장이 없었다. 월요일 점심시간까지 여유가 없으므로, 나는 보험 성격으로 차석대사 및 팀장에게 의장국에 같은 요청을 하자고 건의했고, 토요일 오후에 의장국 핀란드 담당자에게 이메일을 발송했다. 의장 측으로부터 곧바로 회신이 왔다. 의장이 이미 양 그룹에 7명을 정해오라고 언급한 만큼, 참여국 결정 여부는 전적으로 그룹 내부 협의 사항이라는 것이었다. 이미 선진국 7명은 확고히 정해진 게 분명했다. 물 건너간 듯싶었다.

그러나 23일 월요일 오전 미국 대표부로부터 기다리던 회신이 왔다. 의장에게 8:8로 하자고 건의했으니, 의장이 어떻게 정할지는 모르겠으나, 일단 참여할 준비를 하고 있는 게 좋겠다는 내용이었다. 협상 주요국인 미국의 요청이고, 일단 소인수 협상을 개최하는 게 중요하니, 의장도 딱히 거부할 이유가 없었다. 지난 토요일 의장국에 우리가 직접 요청도 해놓았으니, 거절할 경우 우리에 대한 부담도 높아질 것인 만큼, 참여할 가능성이 매우 높아졌다고 볼 수 있었다. 대표부는 선진국 실무자를 접촉해, 그때 막 끝난 선진국 전략 협의 결과를 받았다. 일단 2주 전 제안한 1,150불을 고수하면서 77그룹의 답을 요구하자는 취지였다.

그런데 소인수 협상이 개최되어야 할 점심시간에 회의장에서는 때아닌 소동이 벌어졌다. 77그룹에서 77그룹 간사와 아프리카 그룹 간사를 추가로 넣자고 주장했기 때문이다. 아마도 미국이 8:8로 확대하자고 의장에게 요청하고, 의장이 이에 관한 77그룹 의견을 문의한 후 77그룹 내부 협의에서 PKO예산의 직접적 영향을 받는 아프리카 회원국들이 아프리카 그룹 간사 추가를 주장했고, 이에 대해 비(非)아프리카 회원국들이 견제의 뜻에서 77그룹 간사(남미의 볼리비아)를 넣자고 한 것 같았다. TRR에 대한 77그룹 관심이 어지간히 큰 모양이었다. 점심시간에 열릴 예정이던 회의는 오후 3시로 변경되었고, 급기야 오후 5시 개최하는 것으로 다시 바뀌었다. 당초의 7:7 협상이 우리의 참여로 8:8로 늘어났다가, 77그룹의 요청으로 9:9로 모양이 변해가면서 회의 형식의 복잡함을 없애는 차원에서 도로 7:7로 되돌아가는 게 아닐까 하는 우려마저 들었다. 어쨌든 회의 형식과는 별개로, 미국, 영국 실무자와 협의 결과, 소인수 협상의 일괄 타결 단계에서도 쟁점이 생길 경우 다시 본부 지시를 받아야 한다는 것으로 보아, 여전히 진전이 있을 가능성은 낮아 보였다.

우여곡절 끝에 구성원을 8:8에 77그룹 간사를 추가하기로 합의를 보고, 6월 24일 화요일 15시부터 18시 30분까지 소인수 협상이 개최되었다. 드디어 우리나라도 소인수 협상에 참여하게 된 것이다. 77그룹은 선진국이 제시한 1,150불은 현재 평균 경비상환율(1,210불)보다도 낮은 수준으로 진지함이 결여되어 있다고 지적하면서 현실적인 수정안 제시를 요구했다. 동시에 77그룹이 제시한 1,762불 또한 실제 소요 경비를 전액 지원해주는 것으로 현실적인 대안은 아니므로, 협상 진전을 위해 보다 낮은 수준의 수정안을 제시할 수 있다고 양보의 뜻을 비쳤다. 선진국은 1,150불의 수정안과 근거를 제시하였으므로, 77그룹이 의견을 제시할 차례라고 대응하였고, 실무 차원에서는 추가적인 권한이 없어서 논의를 지속할 수 없다는 점을 강조했다. 그러자 77그룹은 TRR 논의에서 진전이 있어야만, 2014-2015년 PKO 예산안 및 정책 의제도 논의하겠다고 했고, 선진국은 모든 의제를 동시에 논의하는 일괄 협상이 바람직하다고 응수했다. 설전이 오가는 과정에서 77그룹도 더 이상 실무급의 협상은 어렵다는 점을 인식했을 것이다.

6월 25일 오후 77그룹은 경비상환율 협상을 대사급으로 격상시킨다는 데 동의한다고 하면서, 여기서 진전이 있어야 PKO 예산 정책 의제나 전체 예산안 등 다른 의제를 실무급에서 계속하겠다는 뜻을 재차 밝혔다.

그러면서 협상 인원을 줄이자고 주장했다. 이해관계자가 많을수록 타협안을 사전 협의 없이 내서는 안 된다는 압박이 강해지고, 따라서 유연성이 제약받기 때문이다. 그러나 경비상환율에 대한 각국 관심이 높아 결국 8:8+1의 협상 구도로 다음 날인 6월 26일 목요일 오전 10시 대사급 회의를 개최하기로 확정됐다. 우리는 20여 년 전 5위원회 담당 초대 실무자였던 백지아 차석대사가 이 대사급 회의에 참여했다.

회원국들은 분주했다. 사전 협의가 길어져 오전 10시 예정 회의는 12시에 개최되었다. 77그룹에서 볼리비아, 브라질, 우루과이, 우간다, 이집트, 나이지리아, 인도, 파키스탄, 방글라데시가 참여했고, 선진국에서 미국, 영국, 프랑스, 독일, 벨기에, 일본, 캐나다, 한국이 참여했으며, 러시아가 +1로 들어왔다. 77그룹은 선진국의 수정안이 없는 상태에서는 더 이상 진전이 없다고 했고, 선진국은 1,762불은 절대 받아들일 수 없다고 하면서 협상 시한이 촉박한 점, 국내 정치권 설득 등을 감안해 경비상환율 인상, PKO 예산안 2억 불 삭감, 정책 의제를 일괄 타결하자고 했다. 77그룹은 경비상환율 인상액을 우선 결정하지 않고는 다른 쟁점은 논의할 수 없다는 입장을 고수했다.

드디어 선진국이 1,250불로 인상하자는 수정안을 제시했다. 당초의 1,150불보다 100불이 인상된 수준이었다. 그러자 77그룹은 잠깐의 내부 논의를 거쳐, TRR은 설문조사 결과를 반영해야 하는데, 선진국 제안은 설문조사 결과와 관계없는 인위적인 방안이라고 평가하고, 2014년 1,462불, 2015년 1,562불, 2016년 1,662불, 2017년 설문조사 결과인 1,762불로 100불씩 단계적으로 인상하는 수정안을 제시했다. 선진국은 1,762불은 감당할 수도, 지속 가능하지도 않은 대안이라고 대응했다. 의장은 그룹 내부 논의를 통해 진전된 대안을 고려해줄 것을 당부하고, 정회했다. 양쪽이 각각 한 발짝 양보한 진전이 있었다.

6월 27일 금요일 오전 10시 회의가 속개되었지만, 전날과 동일한 논의만 지속되었다. 협상이 지지부진하자 77그룹은 정회를 요청하고, 내부 협의를 하고 돌아오더니, TRR 논의에 진전이 없을 경우, 표결로 가겠다고 언급했다. 그러면서 선진국이 수정안을 가져올 때까지 회의를 중단하겠다고 했다. 77그룹의 강경 발언에 분위기가 험악해졌다.

이때 겨울잠을 자듯 조용하던 러시아가 마침내 깨어났다. 처음으로 발언권을 얻은 러시아가 무슨 말을 할지 다들 귀를 기울였다. 대표들의 시선을 거두어간 러시아는 향후 2년간 1,268불, 다음 2년간 1,368불로 올리자는 대안을 제시했다. 수정안을 제시하는 데 다들 눈치만 살피는 분위기 속에서 내놓은 파격이었고, 표결을 추진하겠다는 77그룹의 주장에 맞서 협의를 통해 합의를 도출해야 한다는 결기 서린 개입이었다. 내용적으로도 양측이 제시한 안에서 조금씩 더 양보하는 적정한 수준의 제안이었다.

여기서 다시 한 번 확인되는 것이 러시아의 경험과 순발력이다. 사실 우리나라도 협상 진전을 위해 적절한 순간에 제시할 타협안을 검토해오고 있었지만, 이번 소인수 협상에서 선진국에 실질적 보탬이 되는 역할을 한다는 차원에서 선진국과의 공조에 우선순위를 둘 수밖에 없었다. 그런데 러시아는 이미 주요국의 일원으로서, 그것도 +1의 특별 지위로 당당히 참여해 모든 회원국이 관심을 가질 만한 수정안을 적기에 제시한 것이다. 러시아의 위상과 배짱이 아침 태양처럼 찬란히 빛을 발하는 순간이었다.

그러나 아침 태양은 중천으로 뜨지 못하고 곧바로 먹구름에 가리고 말았다. 협상 진전에 목말라하던 의장이 77그룹에 러시아 안에 대해 어떻게 생각하느냐고 묻자, 77그룹은 그것은 러시아의 제안일 뿐, 선진국의 수정 제안이 아니라며 답변을 거부했다. 사실 러시아의 제안은 금액 수준으로는 양쪽의 입장을 아주 적절하게 절충한 묘안이었지만, 77그룹으로서는 1,368불로 인상되더라도, 당초 주장한 1,762불과는 차이가 커서 곧바로 긍정적인 반응을 보이기에는 부담이 있었다. 그리고 굳이 따지자면, 77그룹보다는 선진국의 입장에 가까운 방안이었다. 이 당시 크림반도 병합, 우크라이나 침공 등으로 서방의 경제적 압박이 더해지고, 가스 가격이 하락하면서 정부 재정을 긴축해야 했기에 경비상환율 인상을 최소화하려고 이번 제안을 냈다는 이야기들이 돌았다. 77그룹의 퇴짜에 머쓱해진 러시아 대표를 위로하듯 의장은 대안이 나왔으므로 논의를 지속해야 한다고 외쳤지만, 공허한 외침일 뿐이었다. 협상은 정회됐고, 77그룹은 자신들의 입장만 담은 결의안(L document)을 밤에 의장단에 제출했다. 투표로 정하겠다는 것이었다.

6월 29일 선진국 그룹은 미국대표부에서 예산안에 대해 표결을 실시하겠다는 77그룹의 움직임을 놓고 대사급 협의를 했다. 미국, 프랑스, 영국 등은 실제 표결이 이루어질 가능성이 크지는 않겠지만, 만일 합의되지 않은 경비상환율이 투표로 일방적으로 결정될 경우, 추가적인 PKO 분담금을 내기 곤란할 것이라고 했다. 일부 대사들은 한 77그룹 회원국의 비공식 언급대로 1,303불을 제안하자고 했고, 일부는 1,303불은 개도국이 받아들일 가능성이 적으므로 러시아 제안보다 약간 높은 수준으로 제시하자고 하면서 본부로부터 받은 최종 양보 가능한 선은 1,350불 수준이라고 덧붙였다. 결국 러시아 제안의 평균치인 1,318불보다 7불 높은 1,325불을 타협안으로 하고, 2억 불 PKO예산 삭감, 규모가 축소되는 3개 임무단의 분담금은 6개월 치만 부과하는 등의 기타 사항도 포함시키기로 했다.

PKO예산 회계연도의 마지막 날인 2014년 6월 30일 대사급 협상이 재개되었다. 선진국은 TRR로 1,325불을 제시하고, 2014-2015년 예산 2억 불 삭감, 규모가 축소되는 3개 임무단 분담금을 6개월 치만 부과, 임무단 간 협력 지속, 사무총장의 임무단 내 배치 자율권 인정 등을 일괄 타결할 것을 제안했다. 이에 대해 77그룹은 TRR로 1,460불에서 시작하여 4년 차에 1,610불에 도달하도록 하고, 신설되는 작전 및 위험 수당은 예비기금(reserve fund)[156]에서 충당하며, 2014-2015년 예산으로 ACABQ 권고안보다 1,700만 불 증액한다는 일괄 타결안을 제시했다. 양측은 상대방의 제안을 모두 거부했다. 표결의 암울한 가능성이 현실로 성큼 다가왔다.

선진국 그룹이 향후 대응 방향에 대해 다시 협의했다. 이때 백지아 차석대사가 PKO예산안에 대해 표결까지 가는 것은 피하고 마지막까지 합의 도출을 위해 최선을 다하는 진정성을 보여주기 위해 최후 수단으로 양측 간 극히 제한된 인원의 담판을 추진할 것을 제기하였다. 미국 등 협상 주도국에 힘을 실어주는 최적 타이밍의 발언이었다.

이 제안을 받아들인 5위원회 의장이 저녁 7시 양측 대표 각 3명, 비서실장을 불렀다. 의장은 양측의 입장을 반영한 중재안이라고 하면서 경비상환율은 설문 결과인 1,762불의 75%인 1,322불에서 시작, 3년 차 1,365불, 4년 차는 80%인 1,410불로 인상하고, PKO예산안 2억 불 삭감, 임무단 간 협력 등 정책 의제는 선진국 안대로 하여, 양자를 수정 없이 일괄 타결할 것을 제안했다. 2014년 6월 30일 밤 PKO 예산 협상 일괄 타결안 현

---

156 PKO 운영에 필요한 최소치를 분담금에서 받아 보유하는 현금으로 사용 후 나중에 보충된다.

황은 다음과 같았다.

쟁점	선진국	77그룹	의장 중재
TRR	$1,325	• $1,460에 시작, 4년 차에 $1,610 도달 • 작전·위험 수당 신설 및 예비기금(reserve fund)에서 충당	단계적 인상 -1,322불 -1,322불 -1,365불 -1,410불
2014-2015년 예산 규모	2억 불 삭감	• ACABQ 권고안 +1,700만 불	선진국 안
	규모 축소 3개 임무단은 6개월 치만 예산 편성		
정책 의제	임무단 간 협력 방식 지속 (사무총장의 임무단 배치 자율권 인정)		

의장 중재안에 대해 선진국은 수용하겠다고 했으나, 77그룹은 반대했다. 의장은 인내심을 잃지 않고, 일단 새로운 회계연도가 시작되는 7월 1일부터 PKO가 계속 운영되는 데 재정적 지장이 없도록 오전 공식 회의를 열어 15일간의 지출 권한(commitment authority)[157]을 승인하고, 협상을 계속할 것을 제안했다. 여기에는 회원국 모두가 동의했다.

7월 1일 새벽 의장이 선진국과 77그룹을 각각 접촉하는 과정에서 협상이 중대한 기로에 서 있으니, 아무래도 사무총장이 나서서 주요국을 설득하는 것이 좋겠다는 의견이 제기되었다. 그러나 외교의 거인인 반기문 사무총장은 역시 격이 달랐다. 오전 10시 공식 회의 개최를 위해 회원국들이 모인 상황에서 사무총장은 TRR이나 PKO예산 규모를 어쩌고저쩌고 하자는 이야기를 하는 대신, 2014-2015년 회계연도 꼭두새벽에 임시로

---

157 사무총장이 5위원회 승인 없이도 비용을 지불할 수 있도록 허여해주는 권한.

지출 권한을 승인하려는 데 대해 부정적인 입장임을 밝히고, 세계 평화 유지 수단인 PKO가 정상적으로 운영될 수 있도록 회원국들이 총회 차원의 합의를 신속하게 도출할 것을 요청했다. 회원국들이 대승적 관점에서 책임 있게 행동하라고 12만 PKO군의 최고 통수권자다운 호령을 내린 것이다. 사무총장의 협상 독려와 회계연도를 넘기는 데 대한 부담으로 협상은 재개되었다.

결국 밤샘 협상을 거쳐 7월 3일 새벽 최종 합의가 도출되었다. 개도국의 완강한 주장으로 TRR은 처음 2년은 의장 제안(1322불)보다 10불 많은 1,332불, 3년 차는 1,365불, 4년 차에 1,410불로 올린 후 유지하되, 부담 경감을 주장한 선진국의 입장을 감안하여 1–2년 차에서 의장 제안보다 10불 인상한 데 필요한 금액인 2,000만 불은 사무국이 자체적으로 예산을 절감함으로써 충당하기로 하였다. 그리고 새로운 작전 수당 및 위험 수당은 별도 재원 마련 없이 결산을 심의할 때 재론하기로 했다. 2014–2015년 PKO예산은 사무국 안보다 2억 불을 삭감하기로 했다. 축소되는 PKO 임무단 중 라이베리아(UNMIL), 코트디브아르(UNOCI) 임무단은 12개월 예산을 승인하되, 분담금은 일단 6개월만 부과하고, 아이티(MINUSTAH), 다푸르(UNAMID) 임무단은 아프리카 그룹 및 중남미 그룹의 뜻을 반영해 12개월 분담금을 그대로 부과하기로 했다. 치안 불안으로 당초 6개월치만 상정된 남수단 임무단(UNMISS)은 6개월치만 승인했다. 임무단 간 협력 및 사무총장의 임무단 내 인력 배치 권한 문제는 결정을 미룸으로써 사실상 계속 행사 가능하도록 하였다.[158]

---

158 A/RES/68/281

쟁점	최종 결과
TRR	• 단계적 인상: 1,332불 → 1,332불 → 1,365불 → 1,410불 • 작전 수당 및 위험 수당은 결산에서 논의
2014-2015년 예산 규모	• 2억 불 삭감: 전체 78.3억 불 규모 　단, 6개월치만 부과하는 임무단이 있으므로, 실제 1년 예산은 80억 불 이상 수준 • UNMIL/UNOCI: 1년 예산 승인 및 6개월 치 분담금 부과 • MINUSTAH/UNAMID: 1년 예산 승인 및 부과
정책 의제	• 문구 합의 없음(사실상 임무단 간 협력 방식 지속)

약 4년에 걸친 피 말리는 협상의 의의는 다음과 같다.

첫째, 지난 20여 년간 동결되어온 병력제공국에 대한 경비상환율을 실제 소요 경비를 감안하여 현실화했다. PKO 임무의 증가 및 복합화를 반영할 수 있도록 상당한 수준의 경비상환율 인상을 결정한 것이다. 1,101불을 기준으로 하면, 1년 차 22%, 4년 차 28%가 인상된 것이다.

둘째, 회원국에 따라 재정 부담 최소화, 파병 대가 확대 등 각론적 이익이 다른 상황에서도, 끈질긴 협상을 통해 PKO 예산이라는 공통분모에 대해 합의를 만들어냈다. 이는 다자 외교가 비효율적이라는 비판 속에서도 서로 다른 주권국가들이 유엔을 통한 업무 추진에 의미를 부여함을 재확인시켜주는 것이었다.

셋째, 우리나라는 5위원회에서 유엔 가입 이후 최초로 대사급 최종 협상에 참여했다. 안보나 개발, 인권 관련 기구와 달리, 우리의 역할과 존

OP 4. Reaffirms its resolution 67/261, welcomes the results of the revised survey, and decides to establish a single rate of reimbursement to countries contributing contingent personnel to United Nations field operations in the amount of 1,332 United States dollars per person per month as from 1 July 2014, increasing to 1,365 dollars per person per month as from 1 July 2016 and increasing to 1,410 dollars per person per month as from 1 July 2017;

OP 5. Requests the Secretary-General to make such payments as he authorizes for the premium payments from the accounts of the qualifying missions, and also requests the Secretary-General to report on such payments and on any implications for approved funding levels in the report on the budget performance of each peacekeeping operation.

재감이 상대적으로 미약했던 5위원회에서 우리의 입장을 직접 펴는 신기원을 연 것이다. 여기에는 사람의 힘이 결정적이었다. 30년 이상 다자 외교를 책임져와 나아갈 방향에 대해 명확히 인식한 오준 대사, 20년 전 5위원회 담당 사무관으로 흐름을 정확히 읽은 백지아 차석대사, 유엔 예산과 인사에 정통한 유대종 공사참사관, 예리한 분석을 제공한 고재신 서기관, 그리고 단기 연구원으로서 열정적으로 자료 정리를 지원해준 조성연 연구원 등 멤버들이 모두 마음을 하나로 뭉쳐 협상에 임했다. 특히 적절한 시점마다 선진국 지원 발언을 하고, 최종 담판을 제안함으로써 합의 도출에 상당한 역할을 수행했다. 아마 미국이 우리의 소인수 협상 참여를 도와준 데에는 한국의 기여를 기대한 부분이 있을 텐데, 이번에 한국은 선진국 사이에서 의미심장한 역할을 수행했다.

경비상환율 협상은 우리의 PKO 정책이 세밀화되어야 한다는 점을 재확인시켜준다. 금번 소인수 협상에 참여한 것과 별개로, TRR 인상 방안을 연구한 20명의 고위자문그룹과 10개국 PKO 경비 실사단에 한국인은 없었다. 2000년 PKO 운영 개혁 방안을 담은 브라히미 보고서 작성에 참여한 한국인 자문관도 없었다. PKO가 역내 평화 정착에 실질적으로 기여한 사례가 없다는 비판이 있지만, 아직까지 이를 능가하는 대안이 없는 상황에서는 당분간 그 효과성을 높이는 논의가 계속될 것이다. 지구적 차원의 디테일한 PKO 전략에 대한 연구 축적은 세계 안보 질서 유지의 한 축을 차지하고 있는 PKO 논의의 주류에 참여하기 위한 당면 과제라 하겠다.

5
거대한 체스판의 실제,
지원계정[159]

지원계정(support account)은 1991년 결의에 따라 PKO 활동을 본부에서 지원(backstopping functions)하는 데 필요한 인적·물적 자원 제공을 위해 만든 정규예산 내 계정[160]이다. PKO예산은 안보리 상임이사국이 더 큰 부담을 지는 PKO 분담률이 적용되는데, 지원계정만큼은 정규예산 분담률이 적용된다. 주된 이유는 PKO 관련 임무 중 인재 채용 같은 인사 관리 업무, 예산 편성 같은 행정 업무는 사무국이 통상적으로 수행하는 임무와 동일한 성격이라는 것이다. 2014-2015년 3.26억 불이 승인된 지원계정은 1400여 개 직위, 지원 조직, 지원 인력 인사 문제 등을 다룬다.

---

159   다음을 참고했다.
1. A/68/648 Support account
2. A/67/635 Support account
3. A/68/742 Support account(ACABQ 보고서)
4. A/67/756 Support account(ACABQ 보고서)
거대한 체스판은 전 미국국가안보보좌관 브레진스키(Zbigniew Brzezinski)의 지정학 전략 서적 제목이다.

160   A/RES/45/258
OP 9. Takes note of the observations and proposals of the SG on the technical guidelines relating to the use and operation of the support account for peace-keeping operations, and approves its establishment effective 1 January 1990, subject to the observations of the Advisory Committee.
이후 결의를 통해 반복되는 지원계정의 주목적은 안보리의 PKO 신설 결정 후 일반 임무단은 30일, 통합 임무단은 90일 이내에 파견할 수 있도록 신속한 파병을 지원하는 것이다.

❶ PKO 지원 업무 직위

지원계정 의제의 최대 관심사는 PKO 지원 업무를 수행하는 약 1,400개 정규 직위에 있다. 해당 직위 하나하나에 대해 5위원회가 신설, 유지, 폐지, 변경을 결정하는 것이다. 사무국이 5위원회에 제출한 다음의 2014-2015년 지원계정 직위 제안서를 살펴보자.

Department/office	2013/2014년 승인	임시직(GTA)[161]에서 전환	신규직위	2014/2015년 제안
Posts				
Department of PKO	432	13	3	448
UN Office to the African Union	54	–	–	54
Department of Field Support	391	9	–	400
Department of Management	247	8	–	255
Office of Internal Oversight Services	115	8	–	123
Executive Office of the SG	5	–	–	5
Office of the UN Ombudsman and Mediation Services	7	2	–	9
Ethics Office	1	1	1	3
Office of Legal Affairs	16	–	–	16
Department of Public Information	4	–	–	4
Department of Safety and Security	18	–	1	19
Secretariat of the ACABQ	–	–	–	–
Office of the UN High Commissioner for Human Rights	2	–	3	5
Subtotal	1,291	41	8	1,341

Department/office	2013/ 2014년 승인	종료	임시직 (GTA)에서 전환	신규 직위	2014/ 2015년 제안
General temporary assistance(positions)					
Department of PKO	**17**	**-2**	**-13**	**-**	**2**
Department of Field Support	35	-2	-9	-	24
Department of Management	44	-1	-8	1	36
Office of Internal Oversight Services	40	-	-8	2	34
Office of Staff Legal Assistance	1	-	-	1	2
Office of the UN Ombudsman and Mediation Services	2	-	-2	-	-
Ethics Office	1	-	-1	-	-
Office of Legal Affairs	2	-	-	-	2
Secretariat of the Advisory Committee on Administrative and Budgetary Questions	1	-	-	-	1
Subtotal	143	-5	-41	4	101
Total	1,435	-5	-	12	1,442

예를 들어, 위 표에 굵게 표시한 PKO국(局)의 경우, 임시직 이외의 정규직(posts)에 대해서는 기존 432개에서 새로 16개를 늘려 448개 직위를 승인해달라고 요청하고 있다. 16개는 기존 임시직(general temporary assistance, 1년 단기 계약)의 정규직 전환 13개, 직위 신설 3개로 이루어져 있다. 임시직에 대해서는 기존 17개 직위 중 2개는 종료, 13개는 정규직 전환, 2개는 신설(즉 유지)을 제안하고 있다.

5위원회는 위 1,400여 개 중 사무국이 변경을 제안한 정원표 위에 관

---

161   GTA는 'general temporary assistance(positions)'의 약자로, 임시직을 말한다. .

심 있는 회원국의 입장(승인, 반대, 제3의 의견 등)을 표기한 엑셀 파일을 놓고서 주고받기식 협상을 진행하여 정원을 승인한다. 말하자면, 인사판을 펼쳐놓고서 직위라는 말을 이리저리 옮겨보는 것이다. 조직 기능에 대한 입장, 자국민 여부 및 진출 가능성, 직위 존폐에 대한 회원국의 영향력 확보 등으로 저마다 관심 있는 직위에 대해 강한 입장을 내세운다. 내가 협상에 참여했던 2013년 5-6월(67차 총회 2차 속개회의) 논의에서 나타난 세 가지를 사례를 보면, 개별 직위에 대해 회원국들이 어떤 관심을 갖고 있는지 알 수 있다.

첫째, 사무국은 인권최고대표사무실(Office of the UN High Commissioner for Human Rights, OHCHR)에 D-1 1개(뉴욕), P-4 1개(제네바) 및 P-3 1개(뉴욕) 등 3개의 직위 신설을 제안했다. PKO 활동의 일부인 인권 관련 업무 수행을 위한 인력이 부족하다는 것이다. 인권 업무 수행을 강조하는 EU는 이를 강력히 지지한 반면, 러시아는 PKO 내 인권 업무를 지나치게 강조하는 것은 바람직하지 않다며 반대했다. 이런 상황에서 미국이 인권 업무 수행 필요성은 인정하면서도 인력이 과다하게 증원된다는 의견을 피력하면서 결국 실무급 2명만 증원하자는 합의가 도출됐다. 선진국의 강조 사항인 인권에 대한 인력 확대를 달성하고, 선진국 간 과도한 이견을 보이지 않도록 하며, 러시아의 반대 입장도 일정 정도 존중해주는 선에서 타협이 이루어진 것이다.

둘째 사례는 주요국 간 입장 차이가 좁혀지지 않은 경우다. 밤샘 협상을 통해 1,400여 개 직위에 대한 합의가 마무리되기 직전 남은 쟁점이 정부파견인사(government provided personnel, GPP) P-4 4개의 민간 직위 전환 문제였다. 사무국은 현재 PKO국 내 군사자문관실(Office of the Military

Advisers)의 지원계정 133개 직위 중 110개가 현역 군인 파견 인사 직위로, 3년 주기로 파견 인사 순환이 이루어짐에 따라 조직 기억(institutional memory) 단절, 채용 및 교육 비용 발생 등 비생산적 결과가 초래된다며 우선 군사자문관실 4개 직위를 장기 근무가 가능한 민간 직위로 전환해줄 것을 5위원회에 요청했다. 이 제안을 강력히 지지한 것은 캐나다였다. PKO 활동에 대한 관심, 언어의 우위 등으로 캐나다는 군 인사를 상당수 파견해왔고, 따라서 4개 직위를 민간 직위로 전환할 경우, 유엔에 파견한 캐나다 군인 중 일부는 민간 직위 공모를 통해 다시 유엔에서 일할 기회를 얻을 가능성이 높았다. 자문관 파견이 적지 않은 미국 역시 이를 강력히 지원했다. 그러나 77그룹은 강력하게 반대했다. 개도국 출신 인사의 유엔, 특히 정책 부서 진출을 10년 이상 추진해도 잘 실현되지 않는 마당에, 선진국 인사가 더 치고 들어올 수 있는 직위 신설에 동의할 리 만무했다. 게다가 선진국 입장에서는 다른 직위에 대한 합의가 모두 마무리된 상황에서 77그룹의 입장 변화를 유도할 협상 카드도 남아 있지 않았다. 결국 정부파견인사 4개 직위를 민간 직위로 전환하는 데는 합의가 이루어지지 않았다. 여기에 대해서는 우선 77그룹이 강력하게 반대하는 협상 쟁점에 있어 선진국 간 협상 우선순위에 대해 명확한 합의가 없었다는 점이 지적 가능하고, 동시에 77그룹의 반대 입장을 잘 아는 선진국이 지원계정 전체에 관한 원만한 합의를 도출하고, 정부파견인사 직위에 대해서는 선진국의 여전한 관심을 재확인시키는 정도에서 만족했다고도 볼 수 있다.

셋째, 합의가 도출되지 않았지만, 협상 전략이 아닌, 실력 부족이 문제의 원인인 경우도 살펴볼 필요가 있다. 내부감찰실(OIOS)[162]의 19개 임시직(GTA)의 정규직 전환 문제가 제기되었다. 배경은 이렇다. 내부감찰실은 2009년 유엔 직원의 비리, 사건·사고 조사 기능을 강화하기 위해 거점구조형(hub structure)으로 조직을 개편하겠다고 제안했다. 5위원회는 시범적으로 뉴욕, 비엔나, 나이로비(케냐) 3개 지역 중심과 규모가 큰 7개 임무단(MONUSCO, MINUSTAH, UNMIL, UNMISS, UNOCI, UNAMID, UNIFIL)에 상주조사관을 파견키로 하고, 정규직 2개 및 임시직 51개를 신설했다.[163] 4년이 지난 2013년 내부감찰실은 종료된 시범 사업 결과와 사건·사고에 대한 조사 수요를 감안하여 3개 지역 중심 중 케냐 나이로비를 우간다 엔테베로 변경하겠다고 5위원회에 제안했다. 엔테베가 항공 이동의 거점이고, 물가가 저렴하며, 내부감찰실의 지역 사무소 소재지여서 협업이 가능하다는 논리였다.

케냐 대표는 크게 반발했다. 5위 비공식협의에서 나이로비에 상주조사관을 잔류시키는 장점을 길게 설명했다. 간사가 발언이 길어진다며 마무리해달라고 해도, 약 20분간 마이크를 놓지 않았다. 나이로비가 유엔 나이로비 사무소(UN Office Nairobi)가 있는 곳으로 다수의 기관이 함께 상주함으로써 행정 시너지 효과가 있고, 엔테베로 옮기게 되면 이전 비용도 발생한다는 것이었다. 케냐 대표가 강력히 반대한 이유는 명확했다. 2009년 5위원회가 나이로비를 지역거점으로 승인해준 것이 케냐 입장에서는 작은 유엔 기구를 유치한 것과 다름없는 일이었는데, 이제 와서 사무국이 이

---

162 내부감찰실에 대해서는 7장 6절 참조.

163 A/RES/63/287

를 번복하면, 국제기구 하나가 날아가는 셈이었다. 그러나 케냐의 애절한 주장이 먹힐 리 없었다. 같은 아프리카 국가이자 상주조사관을 받는 입장인 우간다가 반대했고, 아프리카 회원국들의 연합인 아프리카 그룹이 어느 한편을 들어주기 곤란했다. 결국 5위원회는 나이로비에 두었던 6개 직위 중 5개를 엔테베 등 여타 기관으로 재배치(redeployment)하기로 결정했다.[164] 유엔에서 우군이 없으면, 결코 자기주장을 관철시킬 수 없음을 확인시켜준 사례였다.

❷ PKO 지원 업무 조직 개편

2013-2014년 PKO예산 및 지원계정 논의 중 휴식 시간. 조그마한 사무실에 다닥다닥 붙어 앉아 거대한 체스판 속의 개별 직위라는 말들을 심각하게 이리저리 움직였다.

지원계정 의제의 두 번째 쟁점은 PKO 조직 개편이다. 67차 총회 2차 속개회의에서는 PKO군 평가 부서 신설 문제가 논란 속에 논의되었다.

사무국은 PKO 활동의 효과성 제고를 위해 PKO 병력에 대한 객관적 검토, 분석, 조언 및 권

---

164 A/RES/68/283
    – 2 posts (1 D1 Deputy Director and 1 P5 Senior Investigator) to the Regional Investigation Office in Entebbe
    – 1 post (P4 Investigator) to UNMISS
    – 1 post (P4 Investigator) to MONUSCO
    – 1 GS from Nairobi to MINUSTAH

고 등 평가 기능을 수행하는 평화유지군 평가실(Office of the Evaluation of Field Uniformed Personnel) 신설이 필요하다면서 2개(D-2 1명 및 GS 1명) 직위를 새로 만들고, 3개(P-5 2명 및 P-4 1명) 직위를 타 부서에서 가져오는(redeployment) 조직 개편안을 5위원회에 제출했다. 동 제안을 제출한 배경에는 일반적으로 회원국별로 PKO 병력의 역량과 군기가 다르고, 이를 좀 더 객관적으로 비교함으로써 PKO 병력의 전반적 수준을 높이겠다는 의도가 있었다.

유엔에서 대부분의 PKO 병력을 제공하는 국가들은 개도국이다. 77그룹은 PKO 병력이 유엔 직원과 달리 UN 소속이 아니라 개별 병력지원국 소속이므로 병력 성과평가(performance evaluation)는 주권 침해라며, 부서 신설에 강력히 반대했다. 특히 병력제공국별 군·경 병력 간 노골적인 성과 비교가 이루어져 향후 PKO 인사 운영·예산 지급에 부정적 영향이 미칠 것을 우려했다.[165] 평가가 낮게 나오는 PKO 병력의 출신국은 국제사회의 웃음거리가 될 소지가 있었다.

선진국은 평가 부서 신설의 취지가 합당하고, 평가 기능이 추가됐다고 해서 개별 PKO군 지휘관이 평가 부서장에게 보고할 의무가 생기는 것도 아니어서 명령 체계에 영향을 미치는 바도 없다며 사무국의 부서 신설 제안을 지지했다. 평가를 통해 병력 규모를 적정 수준으로 하향 조정할 수 있다면, 관련 예산 역시 줄일 수 있다는 판단이었다. 77그룹은 신규 부서를 만들지 말고, 기존의 유엔 내 여러 평가 기구를 활용할 것을 제안했지

165　사무국안에 따르면, 신설 부서는 △PKO 활동에 관한 고위자문그룹(Senior Advisory Group)의 검토를 거쳤으며, △PKO 병력의 성과(performance)에 영향을 미칠 수 있는 정책 사안(cross-cutting issue) 및 성과급 지급 기준에 대한 검토도 수행 가능하다.

만, 사무국은 기존 평가 기구의 기능적 한계를 거론하며 PKO 병력을 평가하는 데 한계가 있다고 했다.[166]

77그룹은 부서 업무로 성과평가만이 아니라 병력 복지 향상 등 주변 여건도 평가하고, 아울러 평가 기능에 견제와 균형 장치를 반영하자는 타협안을 제안했다. 이 타협안에 대한 밤샘 협상 결과, 부서를 신설하되, 부서는 집행 기능 없이 평가만 수행하기로 했다. 주권 존중 차원에서 평화유지군의 명령 체계에 영향을 미치지 않는다는 점을 강조하는 문구도 채택했다. 또한 PKO 활동에 대한 안전·복지·유엔의 충분한 지원을 위한 조언 기능을 추가하기로 했다. 부서장은 평화유지군 지휘 경험을 보유한 인사 중에서 임명하며, 회원국들의 병력 기여 수준을 고려하기로 하고, 같은 내용을 결의 채택 공식 회의에서 현장지원국(Department of Field Support, DFS) 사무차장이 공개 언급하기로 했다. 직위도 D-2(국장급) 1개 및 GS(행정직원) 1개만 승인하고, 부서 명칭도 '평가'를 뺀 '평화유지전략파트너십실(Office of the Peacekeeping Strategic Partnership)'로 변경했다.[167]

---

166 사무국은 △평화유지활동국(Department of Peacekeeping Operations, DPKO)은 임무수행결과보고서(end-of-assignment reports) 검토, 현장 방문, 기술평가 등을 기초로 사업 중심의 평가를 수행하고, △내부감찰실(OIOS)은 특정 사건·사고에 대한 조사 기능을 수행할 뿐 실무 부서를 지속적으로 관리·감독하기는 곤란하며, △합동감사단(JIU)은 유엔 외부 평가 기구로서 유엔 시스템 내 개별 기구 간 정책 조율이 필요한 사안(cross-cutting issues)을 검토한다며, 신규 부서가 필요하다고 회원국들에게 설명했다.

167 A/RES/67/287
OP 25. Decides to establish the Office for the Peacekeeping Strategic Partnership, reporting to the Under-Secretaries-General of the Department of Peacekeeping Operations and the Department of Field Support;
OP 26. Stresses that the nature and functions of the Office shall remain nonexecutive;
OP 27. Requests the SG to appoint a Director of the Office who has leadership experience in peacekeeping missions and is from a troop- or police contributing country, taking into account the level of national contributions to peacekeeping operations;
OP 28. Decides that initially the functions of the Office shall include:
(a) Strengthening the peacekeeping partnership by assisting in identifying gaps that have an impact on the delivery of mandates by UN peacekeeping missions by making recommendations on systemic issues relating to UN peacekeeping operations;
(b) Making recommendations to ensure the safety, security and welfare of, and the Organization"s provision of adequate support services to, uniformed field personnel;

결국 PKO 병력에 대한 평가를 추진하겠다고 시작한 조직 신설 논의는 평가 기능과 함께 PKO 병력에 대한 지원, PKO 부서와 병력제공국 간 협의를 강조함으로써 병력제공국의 이익도 상당 부분 반영하기로 하고 종결되었다.

❸ 지원계정 예산의 PKO예산에 대한 연동(scalability)

유엔의 PKO가 확대되고, 더불어 그 지원 업무가 늘어나면서 함께 증대되어온 지원계정 예산은 PKO예산 대비 어느 정도의 비율이 적정한지에 대한 기준 없이 임무단별 6-15%로 들쭉날쭉하게 편성되어왔다. 게다가 최근 예산 증가 속도도 전체 PKO예산 증가 속도보다 높은 상황이다.

예산의 예상 가능성을 중시하는 나라들은 위와 같은 '그때그때 달라요' 식의 예산 편성을 지양하고, 지원계정 예산을 PKO예산에 연동(scalability)시켜야 하는 필요성을 누차 지적해왔다. 90년대 이후 PKO 업무가 유엔의 주요 업무로 자리를 잡으면서 지원 업무 또한 매뉴얼화가 가능한 상태에

(c) Working closely with troop- and police-contributing countries and senior leadership, both in the field and at Headquarters;

(d) Making recommendations to incorporate lessons learned and best practices from peacekeeping missions into peacekeeping operations;

OP 29. Stresses the importance of effective coordination, consultation and dialogue between the Office and troop- and police-contributing countries in the execution of its work;

OP 30. Decides that the Office shall not have an impact on existing command and control arrangements for uniformed personnel, specifically on the responsibilities of force commanders and police commissioners in the field;

OP 31. Requests that the Office, in performing its functions, ensure effective coordination, consultation and dialogue with troop- and police-contributing countries;

OP 32. Decides that the review of the mandate and functions of the Office shall be conducted by relevant intergovernmental bodies during the sixty-ninth session of the GA;

OP 33. Also decides that future revisions of the functions of the Office shall be subject to the approval of the GA;

이르렀으므로, PKO 규모에 비춰본 적정 수준의 예산도 사전에 계산 가능하다는 이야기다. ACABQ 역시 지원계정이 평화유지활동의 수·규모·복잡성에 대한 충분한 고려 없이 계속 증가되어왔고, 따라서 본부의 지원 업무 제공 수준이 평화유지활동의 전반적 규모와 연관성이 있어야 하며, 향후 지원계정 예산의 기준금액(baseline)으로 활용하기 위해 정규예산으로 충당하는 인건비 및 비인건비를 상세히 정리해야 한다는 권고 의견을 냈다.[168] 그러나 77그룹은 임무단별로 치안 상황, 파병 규모, 수행 임무의 양 및 복잡성 등이 천차만별인 상황에서 지원계정 예산을 PKO에 연동시키는 것은 어불성설이라고 주장한다. 이러한 양측의 대립으로 지원계정 결의에서 연동 문제는 원론적 중요성만이 나타나고 있다.

궁극적으로, 예산 규모의 예측 가능성 제고를 위해 PKO 규모에 상응하는 수준의 지원계정 예산 규모를 설정할 필요가 있으나, 연동률을 설정하려면 지원 업무의 기본 또는 핵심 업무가 무엇인지 정리하는 것이 선행되어야 할 것이다. 따라서 우선 사무국에 공통 지원 업무에 대한 정의를 내리는 작업을 추진하는 것이 바람직하다.

❹ 병력제공국의 사무국 진출 강화

유엔이 제2차 세계대전 승전국들, 세계 정치의 흐름을 선도해간 나라들이 고안하여 만들어낸 기구임을 감안하면, 이들 국가들이 원년 멤버로서의

---

168 A/67/848

자부심 및 주인의식에서 자국민 진출에 유리한 조건을 만들려 한다는 것은 쉽게 추측해볼 수 있다. 동시에 회원국이 늘어나면서 유엔 진출에 형평성이 확보되어야 한다는 후발 국가들의 주장 또한 그 정당성을 인정하지 않을 수 없다.

이런 배경하에 77그룹은 매년 병력제공국의 사무국·정책 부서(DPKO 및 DFS) 진출 강화(improve geographical representation)를 강력하게 추진하고 있다. 대부분의 PKO 병력을 제공함으로써 세계 평화 유지에 크게 기여하고 있다는 점을 핵심 논리로 내세우고 있다. 이것은 분담금을 많이 내는 회원국이 재정적으로 유엔에 기여한다는 명분 못지않게 설득력이 있다.

67차 총회에서 77그룹은 평화유지 업무 관련 인사 선발·임명 시 '주요 병력제공국 인사 중 선발(from major troop or police-contributing countries)', '병력제공 수준에 따라 선발(in accordance with the level of troop contribution)' 등 명시적 표현을 결의에 포함시킬 것을 주장했다. 파키스탄은 매년 5위원회에서 병력제공국의 사무국 진출 강화가 논의되지만, 사무국이 인재 선발 시 회원국별 병력 제공을 통한 기여 여부를 고려하는 점을 명확하게 감독할 수 없고, 실제 고위직이나 정책 부서 진출 인사 수에 별다른 변화가 없다고 언급했다. 지난 10년간 말로 때워온 것밖에 되지 않는다고 사무국과 선진국을 싸잡아 비판했다. 그러나 선진국은 병력지원국의 기여는 인정되나, 경쟁 선발의 인사 원칙을 훼손할 수 없다는 기존의 주장을 되풀이하며 전혀 양보하지 않았다.

이번 협상에서 병력제공국의 사무국 진출을 확대하는 명시적 합의는 도출되지 않았지만, 그 기여를 인정하는 격은 높였다. 기존 유엔 본부 내에 설치되어 있는 '유엔 평화유지군 기념관(UN Peacekeepers Memorial)'을 승

격·개축하기로 결정한 것이다. 기념관은 유엔 6개 공용어로 '평화를 위해 희생한 자들을 여기 기억하며'라는 문구를 새긴 두꺼운 유리로 된 평판(2.1m x 5.4m 크기)을 191개의 돌계단이 받치고 있는 기념탑(monument)으로, '기념관'이라는 명칭과 달리 야외에 있다. 1988년 유엔평화유지군의 노벨평화상 수상

2015년 5월 29일 PKO군 기념일(International Day of United Nations Peacekeepers)을 맞아 반기문 유엔 사무총장이 기념관 앞에 희생된 PKO군을 기리며 화환을 놓았다 (UN Photo/Mark Garten). 1948년 이후 희생된 PKO 군 · 경 병력은 3,300명을 넘는다(평화유지군 기념관 홈페이지 참고).

상금으로 2003년 10월 24일 건립되었는데, PKO와 관련된 중요 행사나 사건·사고로 희생자가 발생하는 경우 추념식을 이곳에서 치르곤 한다.[169] 나라마다 조국을 지키다 순국한 분들의 영령을 받들기 위한 기념물을 가지고 있는 것에 비추어보면, 임무 수행 중 사망하거나 부상하는 경우가 잦은 PKO 병력의 기여를 기리기 위해 유엔에 적절한 기념관을 두는 것은 합당한 조치라 하겠다.

---

169 유엔은 4위원회 결의(A/RES/57/129)를 통해 5월 29일을 PKO군 기념일로 정했다.
OP 1. Decides to designate 29 May as the International Day of United Nations Peacekeepers, to be observed annually to pay tribute to all the men and women who have served and continue to serve in United Nations peacekeeping operations for their high level of professionalism, dedication and courage, and to honour the memory of those who have lost their lives in the cause of peace;

❺ 선진국의 사무국 진출 강화: 현역 군인 및 경찰 파견(secondment of active–duty military and police personnel)[170]

1990년대 초반 PKO 활동의 증대 및 관련 인력 수요 급증으로 총회는 1992년 사무총장에게 회원국들로부터 전문성을 보유한 정부인사의 파견 (government-provided personnel, GPP)을 받을 것을 장려하는 결의를 채택했다.[171] 그러나 이 결의는 무보수 직원(Gratis Personnel)의 규모가 증가하여 지시 및 보수 문제가 유발되고, 선진국 출신 인사 파견이 증가하여 유엔의 국제성이 훼손된다는 지적에 직면하게 되었다.[172] 그러자 총회는 결의를 통해 정부파견 인사(GPP)를 고도의 전문성이 시급히 요구되는 경우에만 단기적으로 사용토록 파견 조건을 한정하고,[173] 군·경 인사의 경우에는 유엔 직원으로 2년간(최장 4년) 고용할 것을 결정했다.[174]

90년대 초반의 흐름에서 선진국과 개도국·러시아 간 정부파견 인사

---

170 다음을 참고했다.
1. A/68/495(정부인사 파견 사무총장 보고서, 논의는 인적자원관리에서 실시)
2. A/68/615(ACABQ 보고서)

171 A/RES/47/71 Comprehensive review of the whole question of peace-keeping operations in all their aspects

172 A/51/688 and Corr.1
무보수 직원(gratis personnel)은 인적자원관리 의제에서도 다루는 유엔 직원의 한 종류로, 아래와 같이 분류된다.
– 유형 1(Type I): JPO 및 기술전문가(associate experts and junior professional officers for technical cooperation projects, technical cooperation experts)
– 유형 2(Type II): 외교면제를 향유하는 전문가(Expert on Mission for the UN)로, PKO국 내 군사담당관 포함. 1년간 근무 및 예외적으로 2년(경찰은 3년) 추가 가능.
※ 유형 2 무보수 직원은 2013년 7월 1일 현재 PKO 활동 내 총 336명(본부 166명 및 현장 170명)임

173 A/RES/51/243 Gratis personnel provided by Governments and other entities
OP 4. Decides also that the SG can accept type II gratis personnel only in the following circumstances:
(a) After the approval of a budget, to provide expertise not available within the Organization for very specialized functions, as identified by the SG, and for a limited and specified period of time;
(b) To provide temporary and urgent assistance in the case of new and/or expanded mandates of the Organization, pending a decision by the GA on the level of resources required to implement those mandates;

174 A/RES/52/248
유엔 직원이 아닌 군·경 인사에게는 유엔 직원규정 및 직원규칙 준수 의무가 적용되지 않는 문제가 있다.

를 둘러싼 입장 대립이 확연히 드러난다. 선진국은 현역 군·경 인사 파견 (secondment)을 수월하게 하기 위해 정부파견 인사의 관리를 느슨하게 해야 한다는 입장을 견지해왔다. 77그룹 및 러시아는 유엔 업무는 기본적으로 유엔 직원이 수행해야 하고, 정부인사 파견 시 유엔 직원이 수행할 직위가 축소된다는 차원에서 선진국 인사가 사실상 독점하는 정부파견 인사 시스템을 통제하려 해왔다. 사무국 진출에 병력제공국의 기여를 인정해야 한다는 것이 77그룹의 관심사라면, 전문성 있는 현역 군·경 병력을 PKO에 참여시켜야 한다는 것은 그 나름대로 타당한 선진국의 논리다.

이러한 대립각 속에서 최근 제기된 쟁점 하나는 현직 정부파견 인사가 PKO 병력을 운용하는 유엔에서 일하는 데 따른 군인으로서 충성의 문제와, 양 기관 간 규정 충돌 문제였다. 파견 직원은 유엔이 아닌 출신 정부로부터 보수를 수령하므로, 다른 외부 기관(정부)으로부터 보수를 일절 받아서는 안 된다는 유엔 규정을 위반하고 있는 실정이다.[175] 또한 일부 정부파견 인사 입장에서는 유엔으로부터 출장비를 받고 있으므로, 외부 기관(유엔 포함)으로부터 보수를 받을 수 없도록 한 자국법을 위반하고 있는 것이다. 5위원회는 이 문제를 규정이 현실을 따라가지 못하고 있는 사례로 보고, 그 개선책을 논의해왔다. 67차 총회에서는 미국 등의 주장으로 사무총장이 2013년 말까지 정부인사 파견 참여를 수월케 하는 조치를 예외적으로 실시하고, 이익 충돌을 해소할 방안을 보고토록 결정했다.[176] 물론 러

---

175 직원규정(Staff Regulations) 1.2(j): No staff member shall accept any honour, decoration, favour, gift or remuneration from any Government.
2012년 사무국 조사 결과, 본부 3%(5/177), 현장 40%(64/154)의 정부파견 인사가 국내 보수를 수령하고 있는 것으로 나타났다.

176 A/RES/67/287
OP 21. Notes the difficulties related to the secondment of active—duty military and police personnel against posts, and requests the SG to report to the GA during the main part of its sixty—eighth session on proposals for its

시아의 주장도 받아들여 정부파견 인사의 활용을 최소화해야 한다는 원칙을 재확인하고, 특히 1년 이상 근무하는 경우 그 필요성을 5위원회에 보고하라는 내용도 채택했다.[177] 이에 따라 사무국은 68차 총회에 정부파견 인사를 계약직으로 채용(fixed-term appointment)하는 것이 유엔 직원으로서 핵심 업무 수행을 가능케 하고, 모든 회원국을 동등하게 대우한다는 차원에서 가장 바람직하다고 하고, 이익 충돌을 방지하기 위해 유관 직원 규정 조항 2개의 개정을 제안했다.[178] 5위원회는 동 제안에 대한 결정을 하기에 앞서 다른 대안을 검토해볼 것을 요구하고, 사무국이 정부인사 파견 참여를 수월케 하는 조치 실시를 3년 연장하기로 결정했다.[179]

병력제공국은 병력 기여로, 재정 기여국은 정부파견 인사로 사무국 진출을 도모하는 가운데, 우리는 향후 통일 과정에서 감축될 상당수의 유

---

consideration, and, as an exceptional measure not to be extended beyond 31 December 2013, to facilitate the full participation of all Member States in seconding active-duty officers;

177 A/RES/67/287
OP 22. Reiterates its request contained in paragraph 65 of its resolution 67/255, notes that, while the government-provided personnel modality is aimed at facilitating the rapid deployment of specialized capabilities for short-term requirements or capabilities generally found only in national Governments, its use is not a substitute for staff, and requests the Secretary-General to ensure that the use of the government-provided personnel modality is in line with relevant results-based budgeting frameworks and to provide justification when deployment of government-provided personnel is envisaged beyond one year;

178 첫째는 양 기관에 대한 충성 의무 간 충돌이 생기는 경우 유엔으로부터 퇴직하겠다는 의사를 사무총장에게 즉시 알린다는 내용을 서약하는 것이다[Staff regulation 1.1 (b) - written declaration: "In the event of any conflict between the declaration made by me under the present staff regulation and the oath or affirmation of office made by me as a member of my national Government, I shall immediately inform the UN and offer to resign forthwith in order to fulfil my obligations under that oath or affirmation."].
둘째는 보수 문제에 대해서는 국내 규정상 유엔 보수를 지급받을 수 없는 경우, 보수를 해당 정부에게 송금하고, 관련 사항을 채용계약서에 명시한다는 것이다[Staff regulation 1.2 (j) - honours, gifts or remuneration: "Military and police personnel on secondment from government service, who are appointed on posts specifically approved for active-duty military and police personnel, may be permitted to accept remuneration from their national Governments on terms and conditions specified by the SG in their letters of appointment."].

179 A/RES/68/252
OP 31. Requests the SG to extend for a further three years the exceptional measures authorized in paragraph 21 of its resolution 67/287 of 28 June 2013, and to intensify his engagement with Member States with a view to identifying alternative solutions for addressing the conflicts between national legislation and the UN staff regulations and rules regarding the secondment of active-duty military and police personnel;

능한 군 병력이 PKO 부대 및 유엔 내 PKO 정책 부서에서 활동하는 방안을 장기 과제로 검토해볼 수 있을 것이다. 이는 남북 간의 군비 감축 논의와도 연결된다.

❻ 지원계정 논의의 시사점

지원계정 논의에 참여하면서 세계 질서를 유지하기 위해 세밀한 부분까지 신경 쓰는 다른 국가들의 치밀함에 계속 놀랐다. 나는 1,400개는커녕, 단 1개 직위에 대해서도 제대로 알지 못하는데, 협상을 주도한 회원국들은 도대체 무슨 공부를 했기에 직위별로 폐지, 신설, 상향 조정에 대해 저렇게 명확한 자기 의견을 편단 말인가. 내가 5위원회 업무를 시작한 지 4개월밖에 지나지 않았고, 회기 직전에는 대통령 행사 준비로 분주했으니, 그럴 수도 있다고 위안을 삼아보려 했지만, 직위에 대한 궁금증은 가시질 않았다. 나중에 사무총장 보고서나 ACABQ 보고서를 찬찬히 읽어보아도 개별 직위가 무슨 일을 하는지에 대한 설명은 찾을 수 없었기 때문이다. 한때 '학교에서 가르쳐주지 않는'이라는 표현이 유행했는데, 지원계정 1,400개 직위, 그리고 정규예산에서 논의하는 1만 개 직위 및 PKO예산의 일반 직위 2만 3,000개는 딱 그런 종류의 영역이었다.

　이 책은 5위원회의 사실에 관한 책이지만, 잠시 소설을 써보고자 한다. 1945년 유엔을 설립한 원년 멤버들, 그 대표부에서 일하는 직원들 컴퓨터에는 유엔 직위를 정리한 파일이 저장되어 있다. 이 엑셀 파일을 열어보면, 세로축에는 직위, 가로축에는 이름, 부서명, 기능, 현재 직원(국적), 설립년도, 직급 조정년도, 비고(함의)를 넣은 다음과 같은 표가 뜬다.

부서	직급	직함	기능	현원 국적	설립년도	직급 조정 년도	비고(함의)
A	D-2	○○ 국장	○○ 총괄	미국	1945년	1991년	
	P-5	△△ 과장	△△ 관리	러시아	2003년		
	...						
B	D-1						
	P-3						
	...						
...							

　지난 70년간 매년 5위원회 논의를 할 때마다 관련 자료를 축적해 2015년인 지금 이 표를 들여다보면, 웬만한 직위에 대한 대강의 이해가 가능하다. 협상이 시작되면, 사무국의 직급 폐지·조정 제안은 이 표에서 대응하는 것을 찾아 비교해보고, 신설은 표에 새로 추가한다. 그리고 관련된 사무국 직원(자국 국민이면 더 좋다)을 만나보고, 해당 직위에 대해 물어본다.

　상상의 나래를 잠시 폈다. 5위원회 주요국들이 실제 이와 같이 하고 있는지는 알 수 없지만, 협상장에서 개별 직위에 대해 신설, 폐지를 그렇게 자신 있게 논의하는 걸 보면, 최소한 부서별 기능에 대해 명확히 이해하는 토대 위에, 인사상 각 직급이 일반적으로 담당하는 차별화된 역할에 대한 지식을 접목시켜 관련 내용을 이해하고 있음은 분명하다.

　지구적 차원에서 안보를 관리하는 것도 아니고, PKO 주둔지도 아닌 우리가 1,400개 지원계정 직위 및 이들이 속해 있는 부서에 대해 속속들이 파악하는 것은 우리 삶과 연관성이 떨어진다. 그럼에도 불구하고, 선진국과 77그룹이 주요 주체가 되어 진행하는 지원계정 협상을 보고 있노라면, 그 과정에 관찰자 내지 방관자가 되었다는 자괴감을 금하기 어렵다. 세상은 신기한 기물이라서 마음먹은 대로 돌아가는 것은 아니지만,[180] 이렇게 몇 나라들이 세계 경영을 위해 인원 한 명까지 세심하게 관리하는 세상이라고 한다면, 나의 실천적 참여 없는 무관심은 스스로를 세계에서 괴리시키고, 역사의 흐름을 비주체적으로 따라가게 만들 뿐이다.

PKO 활동이 제대로 돌아가도록 도와주는 기제인 1,400개 직위 및 관련 조직이 결국 지구적 차원의 PKO 활동의 일부를 구성하고 있으므로, 그 운영 방식에 대한 우리의 지식과 참여는 궁극적으로 지구적 차원의 안보 질서에 동참하는 것이 된다. 특정 직위에 자국 인사를 진출시키고, 특정 조직을 자기들 입맛에 맞게 변형해보려는 개별 회원국의 이익이 합당한 명분 없이 반영되지 않도록 하고, 유엔이 수행해야 하는 주요 업무에 적정한 인원이 배치되도록 관리·감독하는 것, 이것은 모든 회원국에게 보장된 법적 권리이자, 주요 재정 기여국으로서 우리의 신성한 책무이기도 하다. 거꾸로, 개별 직위에 대해 우리의 구체적인 이익을 걸어두거나, 명확한 입장을 정하고 들여다보는 것은 PKO 운용에 대한 착상을 얻는 데도 도움이 될 수 있다. 직위 1,400개를 놓고 벌어지는 지원계정 협상은 국제 정치의 현실이 '거대한 체스판'인 동시에, 직위 하나하나까지도 상세하게 짜는 치밀한 작업임을 일깨워준다.

---

180 《노자(老子)》 28장, "將欲取天下而爲之, 吾見其不得已. 天下神器, 不可爲也."

인적자원관리

조직문화의 변화 없는 구조 · 제도의 변경은 실질적인 개선을 달성하지 못한 채, 밑 빠진 독에 물 붓기가 될 수 있습니다. 직원들의 자율성, 자긍심, 열정, 책임감을 높이는 것이야말로 유엔사무국에서 운영 개혁의 성공을 보장하는 핵심 요소입니다."

– 김현종 전 주유엔대사[181] –

---

181   김현종, Thematic Debate: Toward a Common Understanding of Management Reform, 회의 공식 발언, 2008년 4월 8일.
"The measure of genuine change is a shift in the Secretariat staff's mindset toward both their tasks and their approach to work. A structural reform can only formulate the conditions under which a cultural change can occur. A structural and institutional change, not followed by a cultural shift, can lead to useless investment and transit cost without fruitful improvement. Enhancing spontaneity, pride, passion and accountability is a key factor in guarantying the success of managerial reform."

농담 반 진담 반으로, 유엔 사람들도 유엔의 인사 정책을 모른다고 한다. 4만 명이 넘는 정규 직원과 수많은 외부 인력, 10만 명이 넘는 PKO 군·경 병력 등 방대한 직종과 계약 조건의 직원들이 공존하고 있기 때문이다. 이는 통상적인 선진국 대 개도국 간 입장 대립과, 기득권 회원국과 후발국 간 입장 대립이 병존하는 구도 속에서 자국민을 한 명이라도 더 수월하게 진출시키기 위한 다양한 아이디어들이 협상을 통해 변형되어 인사 정책에 누적적으로 반영되어 온 데서 기인한다.

유엔 인사 정책 전반을 다루는 인적자원관리(human resources management) 의제는 사람 채용에서부터 교육, 성과평가 등 일반적인 인사 관리는 물론, 지리적 배분 직위, 적정 진출 범위, 정부파견 인사, 이동근무 등 유엔 특유의 인사 문제까지 방대한 내용들이 다루어진다.

회원국들의 일차적 관심은 자국민 진출에 유리한 환경을 만드는 데 있다. 이 바탕 위에 유엔의 오늘을 만드는 직원들과 내일을 꿈꾸는 지망생들이 세계 평화를 위해 힘쓰도록 이끄는 데 인적자원관리를 논의하는 가치가 있다.

1
유엔 직원은
어떻게 분류될까[182]

추상적인 정책을 쉽게 이해하기 위해서는 구체적인 사례나 현재의 모습을 먼저 보는 것이 좋다. 나는 인적자원관리 의제를 접하면서 유엔 직원들은 우리나라처럼 고시제도를 통해 선발되는지, 아니면 박사나 변호사 같은 자격으로 선발되는지, 그리고 유엔 근무 희망자들은 수만 개나 되는 직위 중 본인이 희망하는 것을 어떻게 선택하는지 궁금했다. 이 궁금증을 해소하는 첫 번째 방법은 유엔의 직원 분류를 들여다보는 것이었다. 유엔 근무를 하면서 인적자원관리 의제 관련 사무국 자료, 유엔 직원규정 등을 통해 정리한 유엔 직원 분류(United Nations Staff Categories)는 다음과 같다.

---

182   다음을 참고했다.
1. A/69/292 Composition of the Secretariat: staff demographics
2. 사무국 인사실 홈페이지
http://www.un.org/en/hq/dm/hr.shtml
http://www.un.org/staffdevelopment/viewpage.asp (유엔 역량모델 참고 가능)

① **전문직군[Professional and higher categories−Professionals and Directors(P and D)]**

구분	직급	근무 경력
고위급(Senior-level professionals)	D-2	15년 이상
	D-1	15년
중견급(Mid-level professionals)	P-5	10년
	P-4	7년
실무급(Entry-level professionals)	P-3	5년
	P-2	2년
	P-1	0년
기타	INT(통역)	·
	R(편집)	·
	T(번역)	·

우리 공무원제도의 5급 사무관 이상에 해당하며, 정세 분석, 정책 수립 등 유엔의 업무 실질을 담당하는 주력 인력이다. 보통 학사 학위 이상의 학력과 직무 경력이 요구되고, 국제채용 직원은 해당 직위에 국적 여부를 따지지 않으며, 세계 곳곳으로 근무지를 옮길 것이 기대된다. D급(Directors, D-1 및 D-2)은 P급 직원 중 간부직을 말한다. D-2 위에 장·차관 등 우리의 '정무직'에 해당하는 고위직이 다음과 같이 존재한다.

사무총장(Secretary-General, SG)	안보리 추천 후 총회 임명
부사무총장(Deputy Secretary-General, DSG)	회원국과 협의 후 사무총장이 임명

사무차장(Under-Secretary-General, USG)	사무총장 임명(Head of Department)[183]
사무차장보(Assistant Secretary-General, ASG)	사무총장 임명(Head of Office)

② 일반직군 등(General Service and related categories, GS)

행정, 서기, 기술적 업무(출력, 보안, 건물 관리 등)를 담당하며, 광범위한 지원 업무를 수행한다. 18세 이상이고, 고등학교 졸업자여야 하며, 일반 시험[184] 및 해당 직위 전문 시험을 통과하여야 채용된다.

③ 국내채용직(National Professional Officers, NO)

전문직(P급) 업무를 수행하는 국내채용 직원으로, 국제채용 직원과 유사 역량이 요구된다. 국제채용 직원과 차이는 국내채용 직원의 경우, 통상적으로 뉴욕이나 제네바 같은 본부가 아닌, PKO 파견 지역 같은 현장의 국적 국민을 대상으로 하며, 원칙적으로 근무지 간 이동 없이 채용된 지역에서만 근무하는 데 있다. 국제채용 직원에게 소요되는 인건비보다 적은 비용으로 인력 운용이 가능하고, 장래에 현장 국가의 행정 역량 강화에 기여한다는 데 그 운영의 취지가 있다. 통상 일반직군 등에 포함되는 것으로 분류하기도 한다.[185]

---

183 조직 간 동일한 비교는 불가능하다. 유엔사무국의 'Department'는 우리가 보통 정무국(Department of Political Affairs), 관리국(Department of Management) 등 '국(局)'으로 번역하는데, 담당하는 업무의 범위나 조직 규모가 정부 중앙부처의 '국(局)'을 초월하는 경우가 많다. 'Department'내 'Division'이 우리의 '국(局)' 또는 '과(科)'에 해당한다고도 볼 수 있다. 사무차장(USG)에 주유엔대사 등 한 국가에서 고위직을 역임한 사람이 임명되는 경우를 보면, 'Department'의 장(長)은 장관급 정도로 생각하거나, 'Department'를 외교부, 기획재정부 등의 '부(部)' 정도로 생각하는 것이 유용할 때가 많았다.

184 Global General Services Test(GGST): 3 sections(Verbal Reasoning, Numerical Reasoning and Situational Judgment)

185 유엔사무국 인사실(Office for Human Resources Manament, OHRM) 홈페이지에는 국내직군의 업무로 다

구분	근무 경력	구분	근무 경력
A	1-2년	B	2-3년
C	5년 이상	D	최소 7년
E	7년 이상		

④ 현장직군(Field Service, FS)

현장 임무단 근무를 위해 국제 채용된 직원을 말한다. 임무단 내 행정, 기술, 수송, 기타 지원 서비스 등을 담당하며, 최소 고등학교 졸업이 요구되고, 일부 직위는 자격증도 필요하다. 학사 학위 보유 시 FS-6는 5년, FS-7은 7년의 근무 경력을 요구하는 것으로 근무경력을 갈음한다.

중견급(Mid-level Field Services)		고위급(Senior level Field services)	
FS-4	6년 이상 근무 경력	FS-6	10년 이상 근무 경력
FS-5	8년 이상 근무 경력	FS-7	12년 이상 근무 경력

유엔 직원 분류

영문 명칭	우리말	사용 가능 기타 호칭
Professional and higher categories	전문직군(群)	• "P급 이상", "전문직" • P급과 D급 구분 필요 시: "Professional category"는 "P급", "Director category"는 "D급" 등
Field Service category	현장직군	"FS급"

음을 열거하고 있다. "human rights officers, political affairs officers, legal officers, medical officers, child protection officers, humanitarian affairs officers, interpreters and civil engineers"

		일반직군 등	"GS급", "G급"	
General Service and related categories	General Service(G)	일반직군	"G급"	• 통칭: "일반직군 등", "G급 상당", "G급등"
	National Professional Officer(NO)	국내 채용직군	"국내채용직" 또는 "국내직"	
	Trades and Crafts(TC)	기능직군	"기능직"	
	Security(S)	방호직군	"방호직"	
	Public Information Assistants(PIA)	공공정보 지원직군	"공공정보지원직" 또는 "관광안내직"	
	Language Teachers(LT)	언어강사 직군	"언어강사직"	

2
유엔 직원 채용은
제로섬 게임이다

앞의 분류를 토대로 한 유엔 직원 현황은 다음과 같다.

	2010년	2011년	2012년	2013년	2014년
유엔 시스템 전체 직원 (Staff of the Secretariat and related entities in the United Nations system)	74,816	75,442	75,171	73,812	74,960
사무국 직원(Staff of the Secretariat)	44,134	43,747	42,887	41,273	41,426
직원 분류(Category)					
전문직군(Professional/higher)	12,159	12,214	12,289	12,220	12,420
현장직군(Field Service)	4,438	4,541	4,378	4,103	4,151
일반직군 등(General Service/related)	27,537	26,992	26,220	24,950	24,855
임용 형태(Appointment type)					
영구·연속직(Permanent/continuing)	4,979	6,835	7,284	7,253	6,993
계약직(Fixed-term)	36,718	34,614	33,501	32,165	32,235
임시직(Temporary)	2,437	2,298	2,102	1,855	2,198
남녀 비율(Gender)					
여성(Female staff)	14,500	14,417	14,344	13,985	14,110
남성(Male staff)	29,634	29,330	28,543	27,288	27,316
여성 비율(% of female staff)	32.9%	33.0%	33.4%	33.9%	34.1%
연령(Age)					
평균 연령(Average age)	42.3	42.3	42.8	43.4	43.8
적정 범위 적용 직원 (Staff subject to the system of desirable ranges)	2,886	2,049	2,245	2,907	2,901

진출 현황별 회원국 수 (Member State representation)					
미진출(Unrepresented)	12	20	23	15	15
과소 진출(Underrepresented)	31	56	41	32	28
적정 진출(Within range)	132	109	120	125	120
과다 진출(Overrepresented)	17	7	9	21	20

　유엔 시스템, 즉 기금, 계획, 전문기구(funds, programs, specialized agencies)를 포함하는 모든 유엔 기구에 종사하는 정식 직원은 2014년 현재 약 7만 5,000명, 유엔사무국 직원은 약 4만 1,000명에 이른다. 직군으로 보면, 유엔의 실질적 업무를 수행하는 P급이 약 1만 2,000명, FS급이 4,000명이다. 표에 적힌 임용 형태 세 가지는 모두 정식 직원을 가리킨다.[186]

　또한 각 직급에 따른 인원을 부서, 지역위원회, 법원(재판소), 현장으로 구분해보면, 2014년 6월 현재 다음과 같다. 직급별 구조를 직관적으로 파악하는 데 유용하다.

구분/직급	국(局)/실(室)	지역 위원회	법원	현장	총계
전문직군(Professional and higher)					
USG	48	6	2	19	75
ASG	39		2	39	80
D-2	110	5		45	160
D-1	331	64	6	129	530
P-5	1,154	158	37	358	1,707
P-4	2,461	265	103	893	3,722
P-3	2,601	277	165	1,173	4,216
P-2	834	155	123	243	1,355
P-1	16	1		1	18

186　임용 형태 세부 내용은 부록의 직원규칙 4.11, 적정 범위는 본 장 4절 참조.

INT	314	79			393
R	12				12
T	148	4			152
소계	8,068	1 014	438	2,900	12,420
현장직군(Field Service)					
FS-7				31	31
FS-6	4		5	363	372
FS-5	27	1	54	1,387	1,469
FS-4	26	2	75	2,061	2,164
FS-3	4	1	17	91	113
FS-2			2		2
소계	61	4	153	3,933	4,151
일반직군(General Service and related)					
NO-D	6	9		10	25
NO-C	101	12		149	262
NO-B	241	6	1	678	926
NO-A	295	1		371	667
G-7	574	231	8	26	839
G-6	2,156	419	101	430	3,106
G-5	2,058	344	238	2,296	4,936
G-4	1,500	387	120	4,460	6,467
G-3	472	120	87	4,050	4,729
G-2	417	30	11	1,913	2,371
G-1	20	6	1	32	59
TC	99				99
S	314				314
LT	32				32
PIA	23				23
소계	8,308	1,565	567	14,415	24,855
총계	16,437	2,583	1,158	21,248	41,426

사무국 인사실(Office of Human Resources Management, OHRM)이 발간하는 직원 현황(Composition of the Secretariat)에는 이외에도 다양한 기준으로 정리한 직원 현황표가 가득하다. 전부 회원국들이 제출하라고 요구한 데 따른

것인데, 개도국 대 선진국 출신 간부 직원 수 비교는 물론 다음과 같이 적나라한 직원 국적 비교도 포함된다.

회원국	P+			FS			G+			총계			총계	전체 중 비율(%)
	PC	FT	TA	PC	FT	TA	PC	FT	TA	PC	FT	TA		
미국	353	702	173	12	137	4	525	631	74	890	1,470	251	2,611	6,30
영국	146	426	103	5	62	2	72	104	11	223	592	116	931	2,25
프랑스	200	421	134	1	39	4	290	363	32	491	823	170	1,484	3,58
중국	214	60	35		5		54	77	5	268	142	40	450	1,09
러시아	165	118	64		43		69	92	11	234	253	75	562	1,36
일본	102	94	7	1	2		14	33	2	117	129	9	255	0,62
독일	135	275	33	4	10	1	21	33	4	160	318	38	516	1,25
호주	42	170	21		32	1	5	16	4	47	218	26	291	0,70
인도	45	205	9	3	137		78	117	7	126	459	16	601	1,45
브라질	27	69	8		7		22	42	2	49	118	10	177	0,43
아프가니스탄	2	16	1		37		10	1,209		12	1,262	1	1,275	3,08
우간다	12	115	10	1	64	1	11	341	7	24	520	18	562	1,36
수단	13	30	9	1	13		11	3,012	4	25	3,055	13	3,093	7,47
북한	1									1			1	0,00
한국	41	62	8		2		4	25	2	45	89	10	144	0,35

※ PC(permanent/continuing appointment), FT(fixed-term appointment), TA(temporary appointment) 모두 정식 직원의 임용 형태다(직원규칙 4.11 임용 형태 참조).
※ 일부 회원국만 포함

역시 미국이 직원 비율 6.3%로 많은 국민을 진출시키고 있다. 여타 안보리 상임이사국들도 다수를 진출시키는 가운데, PKO 활동이 프랑스어권 아프리카 국가(말리, 콩고 등)에서 많이 이루어지는 관계로 프랑스 국민 수가 월등히 많다. 분담률 2위 및 3위인 일본과 독일은 영국과 프랑스보다 진출 인원이 적다. 영어권이자 다자 외교를 중시하는 호주가 0.7%의 진출률을 보이고 있다. 인도가 비동맹 맹주로서 직원 수가 적지 않고, 77 그룹 협상을 주도하는 브라질은 우리보다 인원이 많다. 뜻밖에 아프가니 스탄, 우간다, 수단 출신 직원들이 많다. 아프가니스탄의 특별정치임무단 UNAMA, 우간다 엔테베에 소재하면서 역내 물자 공급의 축으로 기능하는 지역서비스센터, 그리고 다푸르 및 수단·남수단 국경의 PKO 임무단 UNAMID 및 UNISFA에 대규모의 자국 국민이 고용되어 있기 때문이다. 5장에서 언급한 PKO 주둔 및 유엔 기구 유치가 가져오는 자국 직원 진출 효과가 엄청나다는 점, 그리고 이들 지역의 임무 축소, 직위 감축, 예산 삭 감에 아프리카 그룹 및 77그룹이 강하게 반대하는 이유를 알 수 있다. 국 제 사회와 단절된 삶을 살고 있는 북한은 단 1명만이 유엔사무국에서 일 하고 있다.

　유엔 직위는 한정된 자리를 놓고 전 세계 국가들이 더 많은 자국민을 진출시키는 제로섬 게임이다. 5위원회에서는 자국민 진출에 유리한 방법 을 도입하기 위한 협상이 벌어진다. 다음 절의 지리적 배분 직위 및 적정 범위가 회원국 진출 기준을 놓고 다투는 기본 쟁점이 된다.

3
국적을 고려하는
지리적 배분 직위[187]

전 세계를 무대로 평화, 개발, 인권 등 추상적 가치를 현실화시키는 중대한 과제를 수행하는 조직인 만큼, 유엔의 직원 채용 조건은 매우 까다롭다. 유엔 헌장 제101조 제3항은 유엔의 인재상을 "최고의 능률, 역량 및 도덕성"으로 명시하고 있다.[188] 이러한 인재상은 세계 최고 수준의 급여 및 대우와 높은 수준의 시험 및 경쟁률을 통해 뒷받침되고 있다. 능력 본위의 인재 선발, 이것이 유엔의 핵심 인사 원칙인 것이다.

앞서 살펴본 4만 2,000명 유엔 직원은 어떻게 채용하는가. 유엔의 기본 채용 방식은 고시와 같은 집단 채용이 아니라, 공석별 개별 채용이다. 특정 직위에 가장 적합한 사람을 뽑겠다는 서양 사회에 광범위하게 자리 잡고 있는 직위분류제(rank-in-post system)가 그대로 들어왔다. 우리의 고시제도가 고려 광종 시대 과거제도부터 따져 천 년 이상 시행되어오면서 상식

---

187 다음을 참고했다.
1. A/69/190/Add.4 Desirable ranges
2. JIU/REP/2012/4 Staff recruitment in United Nations system organizations: a comparative analysis and benchmarking framework(Overview)
3. JIU/NOTE/2012/2 Staff recruitment in United Nations system organizations: a comparative analysis and benchmarking framework(The recruitment process)
4. A/63/282 Human resources management reform

188 UN Charter Article 101
3. The paramount consideration in the employment of the staff and in the determination of the conditions of service shall be the necessity of securing the highest standards of efficiency, competence, and integrity. Due regard shall be paid to the importance of recruiting the staff on as wide a geographical basis as possible.

적이고 보편적인 능력에 대한 시험을 통해 누구든지 중앙 공무원이 되고, 일하면서 전문가가 되는 기회를 준다는 장점을 가지고 있다면, 직위분류제는 기본적으로 자리에 적합한 특정 역량을 이미 갖고 있는 사람을 뽑는다는 장점이 있다. 또한 우리의 공무원 제도가 연공서열에 따른 승진을 인정하는 반면, 직위분류제에는 승진이 없다. 기존 직원이라도 상위 직급에 새로 지원하여 외부 지원자와의 경쟁을 뚫고 채용되어야 한다.[189] 그리고 그 선발 권한은 인사과가 아니라 과장 또는 국장급의 개별 부서장이 갖고 있다.

그러나 유엔의 가장 큰 특징은 정통성에 있다. 인재 채용에서도 정통성 획득을 위해 지리적 균형(geographical representation)을 보조 요소로 고려한다. 사무국 진출의 형평성을 확보하기 위해 도입된 대표적인 방식이 지리적 배분 직위(geographical posts, positions subject to equitable geographical distribution and to the application of the system of desirable ranges)다. 채용에서 국적을 고려 요소로 삼는 직위로, 사무국 내 정규예산 직위 1만 개 중 임시직(GTA), 일반직(G급) 등을 제외한 P급 및 D급 약 3,500개가 이에 해당한다. 이들 직위에 진출해 있는 국민 수를 기준으로 회원국을 다음 4개 지위로 나누고, 3,500개 직위에 공석이 발생해 새로 직원을 채용하는 경우, 후보자 자질이 동등하다면, 미진출국 및 과소 진출국의 국민을 우대해준다.[190]

---

189 이러한 공석에 채용되는 사람은 60-70% 정도가 유엔 내부 직원이다(A/69/190/ADD.1). 해당 분야 근무경력을 따질 때, 유엔 근무가 유리하게 작용하고, 또 부서장이 자기가 데리고 일하는 직원이 지원했을 때 호의적으로 봐줄 가능성이 높기 때문으로 추측해볼 수 있다.

190 JIU/NOTE/2012/3
Para. 61. At the United Nations, heads of departments are required to certify at the time of selection that candidates

미진출국(unrepresented)	과소 진출국(under represented)
적정 진출국(within range)	과다 진출국(over represented)

적정 범위 제도하 회원국 진출 현황(2014년 6월 30일 기준)

	미진출국	과소 진출국	적정 진출국	과다 진출국
2010년	12	31	132	17
총회 결의 채택 이후[191]				
2011년	20	56	109	7
2012년	23	41	120	9
2013년	15	32	126	21
2014년	15	38	120	20

이와 같이 국적을 고려하는지 여부를 확인하기 위한 장치도 마련되어 있어, 현재 사무국은 국·실(局·室, departments ·offices)별로 매년 지리적 배분 직위 공석 중 20% 이상을 미진출국 및 과소 진출국 국민으로 채용할 것을 부서장(heads of departments/offices)과 인사 담당 사무차장보(ASG) 간 계약(compact) 내용의 하나로 포함시키고, 이를 보고하게 하고 있다.[192]

---

from unrepresented/underrepresented countries have been given "due consideration".

191 65차 총회(2011년)에서 지리적 배분 직위로 채용된 후 비(非)지리적 배분 직위로 이동한 직원에 대해서는 지리적 지위를 유지하지 않는 것으로 간주하기로 결정했다. 이에 따라 해당 회원국의 지리적 배분 지위 공석이 증가하는 결과, 즉 자국민이 추가로 들어올 수 있는 공석이 늘어나는 결과가 되었다. 다만 YPP를 통해 채용된 직원은 인사이동을 하더라도 지리적 배분 직위를 유지하는 것으로 본다.

192 A/64/352 Composition of the Secretariat(사무총장 보고서)

Para. 85. The human resources action plan is a compact between heads of departments and offices and the ASG for Human Resources Management to facilitate and monitor the performance of each department and office in regard to the human resources objectives of the Organization.

Para. 86. Each human resources action plans includes standard measurable targets and indicators for nine key human resources management areas: vacancy management; geographical distribution; gender representation; staff mobility; performance appraisal; staff development; staff–management relations; employment of consultants; and employment of retirees.

현재 이와 같은 내용은 점수표(human resources scorecard) 형태로 상부에 보고된다(A/RES/63/250).

11. Reiterates its request to the SG to ensure, through the Management Performance Board, the monitoring of the

그렇다면 회원국 입장에서는 미진출국 또는 과소 진출국으로 분류되는 것이 자국민 진출에 유리하다. 그러한 회원국의 바람은 적정 범위(desirable range) 산정 방식에 반영되어 있다. 적정 범위는 회원국(membership) 기본 40%, 인구 5%, 분담률 55%를 기준으로 정한다. 예를 들어, 지리적 배분 공식에 우리나라를 적용해보면, 적정 범위(desirable range)는 다음과 같이 40-54명이 도출된다.

	기준(factor)	계산법 및 산출방식
1	기본 수치 (base figure)	3,500[193](2014년 6월 30일 기준)
2	회원국 기본 (membership factor): 40%	40%(membership factor weight) × 기본 수치(base figure) ÷ 회원국 수 (40%×3,500) ÷ 193 = 7.25 post
3	인구 (population factor): 5%	5%(population factor)×기본 수치×회원국 인구 ÷ 세계 인구 (5%×3,500×49,512,000÷7,207,558,000[194]) = 1.20 post
4	분담금 (contribution factor): 55%	55% × 기본 수치 × 정규예산 분담률 55%×3,500×1,994%= 38.38 post
5	중간값 (Midpoint)	(2)+(3)+(4) 7.25 + 1.20 + 38.38 = 46.83
6	상하한 범위 (upper and lower limit): 15%	△중간값의 15%, 또는 △4.8* 중 큰 수 *4.8 = 회원국 기본값 – 2** (1988년 기준) ** 2 = 적정 범위 최소치(상수) 한국: 46.83-7.02= 39.63, 46.83+7.02= 54.03 → 40≤X≤54 ※ 2014년 6월 현재 한국인 직원 수 = 44명

---

implementation of human resources action plans, including the principle of equitable geographical distribution in the Secretariat at all levels, as set out in relevant GA resolutions, and the verification of the effective application of measures of transparency and accountability, including in the selection, recruitment and placement processes;

193 백 단위 미만은 버린다[A/RES/42/220A, sect. III, para. 1(f)].

194 사무국은 인구 기준으로 다음을 사용한다.
United Nations, Department of Economic and Social Affairs, Population Division(2014). World Urbanization Prospects: The 2014 Revision, CD-ROM Edition.
http://esa.un.org/unpd/wup/CD-ROM/WUP2014_XLS_CD_FILES/WUP2014-F01-Total_Urban_Rural.xls

유엔 정규예산 20대 기여국 지리적 배분 직위 진출 현황

분담금 순위	국가명	지리적 배분 직위 (2010년 7월 말 기준)		국가명	지리적 배분 직위 (2014년 6월 말 기준)		진출 상황
		적정 범위	실제 인원		적정 범위	실제 인원	
1	미국	352–476	341	미국	373–504	355	과소
2	일본	202–273	122	일본	186–252	83	과소
3	독일	131–178	165	독일	125–169	129	적정
4	영국	109–148	100	프랑스	99–134	141	과다
5	프랑스	102–138	138	영국	92–125	141	과다
6	이태리	84–114	120	중국	119–161	71	과소
7	캐나다	56–76	76	이태리	80–109	129	과다
8	중국	83–112	95	캐나다	56–75	89	과다
9	스페인	56–76	55	스페인	56–75	66	적정
10	멕시코	44–60	50	브라질	58–79	38	과소
11	한국	42–56	39	러시아	49–66	51	적정
12	호주	36–49	56	호주	41–55	52	적정
13	네덜란드	35–47	42	한국	40–54	44	적정
14	브라질	35–47	39	멕시코	39–53	54	과다
15	러시아	33–45	74	네덜란드	34–45	37	적정
16	스위스	23–32	31	터키	29–40	15	과소
17	벨기에	22–31	23	스위스	22–32	30	적정
18	스웨덴	22–31	30	벨기에	22–32	29	적정
19	노르웨이	18–28	17	스웨덴	21–31	28	적정
20	오스트리아	18–27	31	폴란드	21–31	11	과소

지리적 배분 직위 공식은 변천을 겪어왔다. 1948년 지리적 배분 직위를 채택할 때는 분담금 수치를 기준으로 적정 범위를 설정했다.[195] 1960년에

---

195   1948년 총회 결의 153(II)

는 지리적 배분 직위에 정규예산 편성 직위만 포함시키기로 했고,[196] 1962
년에는 회원국 수치와 인구 수치를 추가하기로 했다.[197] 이후에는 비중이
조금씩 바뀌다가 1988년 이후 지금의 공식이 유지되고 있다. 후발국의 진
출이 확대될 수 있는 방안에 기득권을 유지하려는 국가들은 언제나 반대
입장을 견지해왔다.

77그룹은 69차 총회 본회기에 또다시 지리적 배분 직위를 늘리기 위한
노력을 기울였다. 지리적 배분 직위를 확대하는 다양한 방안에 대해 사무
국의 답변을 요청했는데, 여기에는 상식적으로 생각해볼 수 있는 방법이
망라되어 있다.

방안	사무국 제안		직위 확대			분담률 축소(27.5%), PKO 병력수 추가(27.5%)			
	1안	2안	3안	4안	5안	6안	7안	8안	9안
	현행	최소치 상한 변경	+언어 직위	+언어 직위 PKO 직위	+언어 직위 PKO직위 XB직위	현행	+언어 직위	+언어 직위 PKO 직위	+언어 직위 PKO직위 XB직위
직위 수	3,500	3,500	4,400	7,900	9,900	3,500	4,400	7,900	9,900
적정 범위, 한국인	40-54, 46	40-54, 46	50-68, 46	90-122, 59	113-152, 66	28-39, 46	35-49, 46	62-90, 59	77-114, 66
지위	적정	적정	과소	과소	과소	과다	적정	과소	과소
미국	과소	과소	과소	과소	과소	과다	과다	과다	과다
영국	과다	과다	과다	과다	과다	과다	과다	과다	과다
독일	적정	적정	과소	과소	과소	과다	과다	적정	적정
러시아	적정	적정	과다	과다	과다	과다	과다	과다	과다

196 1960년 총회 결의 1559(XV)
197 1962년 총회 결의 1852(XVII)

중국	과소	과소	적정	과소	과소	과소	과다	적정	과소
일본	과소	과소	과소	과소	과소	과소	과소	과소	과소
파키스탄	적정	적정	적정	과다	과다	과소	과소	과소	과소
브라질	과소	과소	과소	과소	과소	과소	과소	과소	과소

쉽게 말해, 지리적 배분 직위 범위를 기존의 정규예산으로 충당하는 직위 외에, PKO 예산으로 충당하는 직위, 예산 외 기금(extra-budgetary, XB)으로 충당하는 직위까지 늘리는 것이 3-5안이고, 지리적 배분 공식에서 분담률 가중치를 축소하고 개도국에 유리하도록 PKO 병력 수를 추가하는 것이 6-9안이다. 77그룹은 위 답변을 바탕으로 69차 총회 본회기에 아래 2개안을 제안했다.

- 가중치 변경: 기본 40%, 인구 5%→20%, 분담률 55%→40%
- 대상 직위 확대: 정규예산 직위(3,500개)에 예산 외 기금 직위(2,000개) 추가

사무국 인력 진출의 제로섬적 성격과 새로운 공식 수립이 번번이 좌절된 역사를 감안할 때, 지리적 배분 직위 쟁점에서 진전을 만들어내기 위해서는 중대한 사정 변경 또는 대타협이 필수적이다. 하지만 선진국 및 러시아는 현상 변경 시도에 반대할 것으로 예상된다. 일본, 독일 등은 현상 변경이 자국민의 진출 기회 확대에 유리하므로 일정 정도 77그룹의 안에 동조할 수도 있겠지만, 우방국인 여타 선진국 입장과 어떻게 공조할 것인지 지켜볼 필요가 있다. 아울러 77그룹의 추진 의지 및 협상력에 대해서는 예의 주시할 필요가 있다. 특별한 이유가 없는 한, 기득권을 갖고 있는 선진국에 불리한 것만 있는 동 쟁점에서 쉽게 타협을 기대하기 곤란하다는

점을 이들도 잘 알기 때문이다.

우리에게는 지리적 배분 직위의 규모 확대가 우리 국민의 유엔 진출 추진에 유리한 것은 분명하다. 유엔사무국, 특히 PKO 업무 관련 직위에 진출해 있는 우리 국민이 매우 적기 때문이다. 따라서 단기적으로 PKO 임무 확대 추세를 반영한 PKO 직위에 대한 공식 적용 검토 필요성, 유엔의 정통성 강화 필요성 등 유엔 차원에서 원용 가능한 보편적 원칙을 발굴하고, 77그룹과 실현 가능한 방안을 협의하며, 기득권 회원국들의 긍정 검토를 촉구해볼 수 있다. 그러나 장기적으로는 단순히 지리적 배분 직위의 수효에 의존하기보다 90년대 이후 세계화의 파도를 적극적으로 활용해온 우리 국민들, 특히 젊은 세대들의 명백한 실력에 기대어 진출하는 것이 유리할 수도 있다. 우리 국민의 진출이 좀 더 늘어난다면, 지리적 균형은 오히려 그러한 노력에 마이너스 요소가 될 수 있다. 이 문제는 여타 사안과 연계되어 대타협이 이루어질 가능성에 대비하는 것이 필요하다.

4
전략적 인사 관리가
아쉬운 유엔[198]

직위마다 해당 부서에서 알아서 채용하는 유엔에 어떠한 인력 수급 계획이 있을까. 인력관리 계획(workforce and succession planning)은 조직의 비전 및 전략 목표에 따라 현재 보유 인력의 수준과 미래 요구 수준 간 차이를 비교해 조직의 인력을 적재·적소·적시에 확보·활용하기 위해 수립하는 전략적인 중장기 계획을 말한다.[199] 쉽게 말하면, 새로운 인재를 들이는 계획과 조직의 리더로 키울 잠재력 있는 내부 직원의 성장, 즉 후계자 양성 계획을 가리킨다. 유엔사무국이 운영하고 있는 명시적인 활동은 다음과 같다.

- 공채시험(Young Professionals Program)[200]에 대한 부서별 수요 확인
- 비(非)현장 직위에 대해 퇴직 인원 예상치 제공 및 12개월 전 예상 공석 확인 및 HR Insight(회원국에 제공하는 인사 데이터베이스)에 공고

---

198   다음을 참고했다.
1. A/69/190 HRM reforms
2. A/69/190/Add.3 YPP

199   인사혁신처 인력관리 계획 참고.
http://www.mpm.go.kr/mpm/info/infoBiz/BizHr/bizHr02/

200   Young Professionals Program(YPP)은 필기시험과 면접을 통해 일정 인원을 선발하는 공채시험으로, 외형으로는 우리나라의 고시 제도와 비슷하다. 그러나 고시 제도가 고위직으로 승진할 것을 염두에 두고 중앙공무원 다수를 채용하는 반면, YPP 제도는 유엔 진출 국민이 적은 일부 나라에게 주로 P-2 직위(우리의 5급 사무관과 유사)에 진출할 기회를 준다는 점에서, 우리나라에서 지방 출신 학생들을 적극적으로 우대해 선발하는 기업의 지역할당제와 더 유사하다. 고시제도와 YPP는 취지와 기능이 전혀 다른 제도다.

- 현장 직위 공석에 대한 신속한 파악 및 공고

이것이 인사 전략의 전부라고 해도 과언이 아니다. 인력수급 활동이 중장기적 인사 전략, 다시 말해 조직의 목표를 이루어나가기 위한 입체적이고 능동적인 방책이라는 느낌을 주어야 할 텐데, 위 세 가지는 개별 공석에 개별 채용하는 각개 격파식 인재 채용이 이루어진다는 점을 감안하여 후하게 봐줘도, 공석을 안내하는 역할에 불과하다. 좀 뜬금없어 보인다.

유엔의 인력수급 계획의 최대 문제점은 직위분류제 자체가 아니라, 이에 따른 각 부서의 인원 및 직급, 그 수급 계획을 조직 차원에서 조정하는 기제가 없다는 데 있다. 새로 뽑을 직원들은 경륜 있는 자와 젊은이들 중 어느 정도의 비율로 채워야 하는지, 조직 내 직급 배분은 어떻게 할 것인지 등에 대해 인사과 차원의 전략적 계획 수립이 원천적으로 부재하다. 중앙의 조정 역할이 부재한 가운데, 직원들은 정원(定員)과 직급을 눈여겨보다가 원하는 공석이 생기면 이동 또는 승진하려 하고, 공석이 없으면 한자리에 오래 눌러앉게 된다. 수많은 외부 지원자들 역시 다양한 공석에 꾸준하게 지원하고, 또 입부한다. 그나마 공채시험(YPP)으로 가장 낮은 전문직급인 P-1 및 P-2에 일부 인원을 체계적으로 받아들이지만, 이들도 머지않아 개별 생존의 길에 내몰리게 된다. 경력 관리도, 조직 수요에 맞는 인사도 부재한 상황 속에서 세계 평화를 위해 일하는 보람, 상대적으로 높은 보수 등의 조건을 통해 우수한 인재들이 계속 유입되면서 유엔을 지탱해나가고 있다.

인력의 수급이 이렇게 모래알 움직이듯 하니, 개별 부서들은 일할 줄 아는 직원을 받고, 자기 부서 직원을 위한 승진의 기회를 만들려 한다. 이는 필연적으로 직급의 고위직화 경향성을 낳는다. 인사실은 그저 새로운 직급의 직무기술서(job description)만 검토할 뿐이다. 그나마 5위원회가 결정하는 예산 수준이 현실적으로 절제 없는 직급 상향 조정을 비용으로 방지하는 장벽 역할을 하고, 사무총장실이나 예산실에서 내려오는 예산 편성 지침이 일종의 내적 압박을 가할 뿐이다.

능동적인 인사 관리가 부재한 사실에 대해서는 사무국도 인지하고 있고, 이를 개선하기 위해 상당한 노력을 기울이고 있다. 인사실에서 2014년 2월 현장지원국(DFS)과 합동으로 의료서비스과(Medical Services Division)에 대해 현재의 인력 규모 및 역량과, 미래의 인력 규모 및 역량에 관한 중장기 계획을 세우고, 관련 직원을 채용하려는 시범 사업을 진행하고 있다.

반갑게도, 선진국과 개도국은 유엔의 인력수급 시스템이 강화되어야 한다는 데 공통된 입장을 보이고 있다. 선진국은 고위직이 증가하여 역피라미드가 되어가는 인력 구조를 정상화시키기 위해, 개도국은 하위직의 규모를 늘림으로써 개도국 국민의 채용 기회를 확대하기 위해 중앙에서 인력수급 통제를 강화해야 한다는 생각을 갖고 있다. 69차 총회에서는 고위직은 늘어나고, 실무직은 줄어드는 부정적 추세에 효과적으로 대처할 수 있는 인력수급 계획 방안을 제출하라고 사무국에 요구하자는 데 잠정 합의가 이루어졌다. 향후 사무국이 예산 편성 과정에서 예산 또는 인사 담당 부서가 특정 부서의 직급을 조정하는 것과 같은 조직 차원의 관리가 이루어질 수 있는지 검토해나가야 할 것이다.

5

사무국에서 일하는
5가지 방법[201]

앞서 말한 대로, 유엔의 기본 채용 방식은 공석별 개별 채용이다. 이를 보조하는 여러 가지 방식에 대해 알아보자.

❶ 공채시험(Young Professionals Program, YPP)

공채시험은 유엔사무국의 지리적 배분 직위에서 과소 진출 또는 미진출 회원국에 대해 응모 기회를 부여하는 제도를 말한다. 우리나라의 공무원 공채시험이 신규로 필요한 직원을 선발하는 주된 경로라면, 유엔의 YPP 제도는 어디까지나 공석이 발생하는 경우 개별적으로 채용하는 방식을 보조하는 역할만 할 뿐이다. 2014년 YPP로 선발한 인원은 분야별로 행정 42명, 재정 25명, 법무 12명, 정보 12명, 통계 19명 등 총 110명이다. 전문직 1만 2,400개 직위의 1%에도 미치지 못한다. YPP로 합격한 자

---

201 다음을 참고했다.
1. A/69/190/Add.3 YPP
2. A/67/329/Add.1 Composition of the Secretariat: gratis personnel, retired staff and consultants and individual contractors
3. ST/AI/2013/4 Administrative instruction: Consultants and individual contractors
4. ST/AI/2014/1 Administrative instruction: United Nations internship programme

는 P-2(근무 경험 2년 이상일 경우) 또는 P-1으로 채용된다. YPP를 통한 선발 방식은 다음의 절차를 거친다.

- 1차 서류전형 → 2차 일반시험(general paper test) 및 전공시험(specialized paper test) → 3차 면접 → 합격자에 대해 관심 있는 개별 부서에서 채용 의사 전달 → 합격자가 동 제안 수락 시 입부

2차 일반시험 및 전공시험은 6개 유엔 공용어로 실시된다. 3차 면접은 선발 공고를 낸 지역(뉴욕, 제네바, 비엔나 등 본부 또는 PKO 임무단 같은 현장)에서 대면하여, 또는 전화로 실시한다.

공채시험은 엄밀히 말하면 정규 직원을 선발하는 통로로서는 자격에 미달한다. 시험에 합격한다고 100% 정규 직원이 되는 것이 아니고, 입부 후보자 명단(roster)에 2년간 올라 채용 권한이 있는 부서장이 공석을 제안할 때까지 기다리기 때문이다. 보통은 첫 번째로 들어오는 제안을 받지 않으면, 입부하기 어렵다. 시험 공고 당시 이미 부서별로 직원 1-2명을 충원하겠다고 한 마당에 고르고 자시고 할 공석이 충분치 않은 것이다.

1991년 유엔 가입 이후 국제기구에 진출한 우리 국민은 대폭 증가했으며, 2014년 6월 현재 유엔사무국에 진출해 있는 한국인의 수는 144명이다. 그중 지리적 배분 직위에 진출한 인원은 현재 44명이다.

	2006년 6월	2007년 6월	2008년 6월	2009년 6월	2010년 6월	2011년 6월	2012년 6월	2013년 6월	2014년 6월
적정 진출 인원(명)	30-41	37-50	38-51	40-55	42-56	42-56	42-56	39-52	40-54

실제 진출 인원(명)	29	31	32	35	46	39	39	43	44
지위	과소	과소	과소	과소	적정	과소	과소	적정	적정

우리는 수년간 과소 진출 지위여서 YPP를 통해 사무국에 진출할 수 있었다. 그러나 사무국 내 우리 국민이 늘어나면서 2013년부터 적정 진출 지위(within range) 회원국이 됨에 따라 더 이상 공채시험을 볼 수 없게 되었다.

5위원회에서 오랜 기간 논의되어온 쟁점은 YPP를 통한 채용 노력 배가 문제였다. 개도국은 YPP가 개도국의 젊은 인재들을 진출시킬 수 있는 주요한 통로이므로, 사무국이 채용 공고, 시험 설명 등 관련 내용을 널리 알리는 노력을 제도화시킬 것을 주문해왔다. 반면 선진국은 일본 같은 일부 과소진출 국가를 제외하고는 대체로 젊은 인재를 채용할 수 있는 YPP의 가치는 인정하지만, 인재 채용 방식의 일부에 지나지 않는 YPP에 대한 과도한 예산을 투입하는 것을 꺼려했다. 지난 인적자원관리 결의들을 보면, YPP 관련 문안은 대체로 사무국의 다양한 노력을 촉구하면서도, 확실한 제도적 장치로 구현된 것은 많지 않음을 알 수 있다.

2014년에는 세 가지 쟁점이 제기되었다. 첫째, 사무국은 YPP 시험에서 언어 능력 및 국제상식을 평가하는 일반 시험(general paper)을 폐지하고, 토플, 토익 등 공인어학 시험 성적으로 대체하겠다고 제안했다. 선진국은 시험의 간소화가 유엔의 예산을 줄일 수 있다고 환영했지만, 개도국은 토플, 토익 등 공인어학 시험을 제출하는 것이 시험 비용을 유엔으로부터 학생들에게 전가하는 것이라는 이유로 반대 입장을 나타냈다. 100불짜리 시험에 전 세계 5,000명의 학생들(이 중 상당수는 개도국 출신 국민)이 한 번씩 응시해도, 50만 불의 비용 부담이 생긴다는 것이다. 둘째, 컴퓨터 기반 시험을 확대하겠다는 사무국 계획에 대해, 선진국은 비용 절감 효과가 기대된다며 찬성 입장을 보인 반면, 개도국은 인터넷 접속이 잘 안 되는 경우 시험을 제대로 치르지 못하는 경우가 발생하여 해당 학생만 피해를 본다며 유보적 입장을 나타냈다. 셋째, 사무국은 YPP 전신인 국별경쟁시험(NCRE, National Competitive Recruitment Exam) 합격 대기자(legacy roster) 기한을 2018년으로 설정하겠고 제안했다. 현실적으로, 수년 전에 실시한 NCRE에 합격한 사람 중 다른 일자리를 찾지 않으면서 마냥 대기자 명단에만 눌러앉아 있는 사람은 거의 없을 것이다. 게다가 YPP의 경우, 이미 대기 기간을 2년으로 제한하고 있다. 선진국은 이러한 현실적 측면을 인정하자는 취지로 찬성 입장을 편 반면, 개도국은 1명이라도 합격이 가능하다면 기회를 주는 것이 맞다며 반대 의견을 폈다.

❷ 초급전문가 제도

우리가 더 적극적으로 참여해야 할 부분은 초급전문가(Junior Professional Officer, JPO) 제도다. 이 제도는 유엔이 회원국들에게서 받은 자발적 기여금으로 해당 회원국 출신 직원에게 보통 2년간 급여를 제공하면서 유엔에서 근무할 수 있도록 하는 제도다.[202] 주로 자발적 기여금을 낼 수 있는 선

---

202 ECOSOC Resolution 849 (XXXII) of 1961 (Use of volunteer workers in the operational programmes of the United Nations and related agencies designed to assist in the economic and social development of the less developed countries)

진국들이 많이 참여하고 있다. 77그룹은 JPO 제도로 인해 사무국 전반에 걸쳐 신규 채용할 실무직이 줄어든다고 보고, JPO가 인력 수급에 미치는 영향에 대해 전면 검토해야 한다는 문안을 제출했다. 선진국은 대체로 반대 입장을 표명했다.

우리는 후발 주자였지만, JPO 제도의 가치를 간파하고, 2000년대 초반 5명을 파견하기 시작했다. 파견 인원은 2011년 15명으로 늘었다가, 2015년부터 10명으로 줄었다.[203] 사실 우리나라의 공채시험 같은 제도가 미비하고, 공석이 생기면 그때그때 채용하는 유엔에서 인맥은 지원 및 선발에 중차대한 요소라 할 수 있다. 각 부서장이 면접관으로 참여하는 면접에서 2년간 해당 부서에서 이미 근무하여 관련 내용을 잘 파악하고 있다면, 면접자의 초점과 질문 내용에 대해 너무도 잘 알고 있을 것이다. 또한 업무상 협력을 하는 부서의 부서장 및 직원과 교류하는 과정에서 해당 부서의 공석, 직원의 역량 및 평판 등에 대해 서로 알게 된다.

이러한 유엔의 인재 채용 현실을 볼 때, JPO 제도란 2년간 근무하는 자국 국민에게 유엔의 업무를 익히고, 인맥을 쌓을 기회의 창을 열어줌으로써 향후 정규 직원으로 채용될 가능성을 한층 높이는 매우 유용한 지원 통로가 된다. 유엔으로서도 자기 예산을 사용하지 않고 인재를 받는다는 점에서 장점이 있다.

우리는 5위원회에서는 JPO 제도가 유지되도록 논의에 참여하고, 국내

OP 1. Approves, upon agreement of the recipient Government, the consideration of the use of volunteer technical personnel in the technical assistance activities of the UN, and those carried on by UN related agencies with the help of the UN Special Fund, the Expanded Programme of Technical Assistance and other voluntary funds for which the UN is responsible, on a limited and experimental basis, subject to review and elaboration by the GA;

203 유엔사무국은 경제사회국(Departmet of Economic and Social Affairs, DESA)에서 인원 관리를 총괄할 뿐이며, 실제 파견은 UNDO, UNICEF 등 여타 유엔 기구에 대해서도 이루어진다.

적으로는 정부 예산이 허용하는 범위에서 가능한 JPO 참여를 촉진시킬 필요가 있다. 다른 회원국들이 그러한 노력을 기울이는 상황에서 우리만 하지 않는 것은 상대적 불이익만 가중시킬 뿐이다.

❸ 인턴십

A라는 직위에 있던 사람이 어떤 이유로 다른 직위로 옮기면, A 공석이 생기는데, 이 공석의 공고 현실은 이렇다. 공석은 외부에 공개한다.[204] 그런데 업무상 필요하다면, 공석에 정규 직원을 채용하기에 앞서 외부에 공개되지 않는 임시 단기직(temporary job opening, temporary vacancy announcement) 공고를 내고, 내부 직원을 채용할 수 있다. 원래 유엔에서 일하던 직원이 새로운 자리에서 3개월이든 6개월이든, 임시로 근무를 하게 되는 것이다. 그러면 이 직원과 부서장 간에 네트워크가 구축되고, 그 후 해당 자리의 정식 직원 채용을 위한 외부 공석 공고가 이루어지면, 이 내부 직원이 채용에서 유리함을 안게 된다.

무엇보다 임시 단기직 공고 → 임시 채용 → 공석 공고 → 공식 채용의 단계의 첫 단계인 임시 단기직 공고는 네트워크를 통하지 않고는 미리 알기가 곤란하다. 정식 공고를 기다렸다가 지원하기에는 이미 그전 단계에서 사실상의 인사 내정이 이루어질 가능성을 배제할 수 없다. 불가측하고, 불

---

204 유엔사무국의 인재채용 홈페이지(아래)를 보면, 공석 공고를 볼 수 있다. 유엔아동기금 같은 여타 유엔 기구들의 공석은 해당 기구 홈페이지 등을 참고해야 한다. 공석을 추적하는 것도 노력이 필요한 일이다.
https://careers.un.org/lbw/home.aspx?viewtype=SJ&vacancy=All

규칙한 공석 공고 이전에 이미 물밑 작업이 이루어지고 있는 것이다. 물론 이러한 네트워크가 공석 채용을 보장하지 않으며, 유엔은 기본적으로 공석에 내부 직원과 외부 지원자를 차별 없이 채용한다는 원칙을 확고하게 유지하고 있다.

어쨌든 이러한 사정, 그리고 근무 경력이 없는 사람은 전문직군 중에서는 P1으로 채용되고, P1은 4만 1,400개 직위 중 18개에 불과한 현실을 감안해본다면, 대학교 고학년이나, 대학을 갓 졸업한 사람이 유엔에 정식 직원으로 들어간다는 것은 어지간히 독한 마음으로 달라붙지 않으면 쉽지 않은 일임을 알 수 있다. 따라서 유엔에서 정식 직원으로 근무를 한다는 목적지에 도착하는 데 도움이 되는 방법은 앞에서 말한 JPO 제도, 그리고 인턴십(internship)이다.

인턴십은 대학원생, 대학교 4학년 재학생, 대학교 졸업 후 1년 이내 근무 가능한 자가 지원할 수 있다. 2개월에서 6개월간 근무 가능하며, 보수는 없다. 물론 인턴십 역시 공석 공고가 나야 도전해볼 수 있으며, 인턴으로 근무하더라도 해당 부서에 곧바로 채용되는 것을 기대할 수도 없다. 그러나 2-6개월의 근무를 통해 사람들과 친분을 쌓고, 능력이 검증된다면, 인턴십 종료 후 다른 곳에서 일하다가 나중에 유엔에 지원할 때 유용한 정보의 통로가 될 수 있다. 또한 유엔을 선망의 직장으로만 생각하기보다 단기간의 견습 근무를 통해 실제 자신의 적성에 부합하는지 파악할 수 있다면, 그것 역시 적잖은 소득이라 할 수 있다.

❹ 컨설턴트 및 용역 계약업자

정규직원 외에 또 다른 인재 채용 방식은 컨설턴트 고용 및 용역 계약 체결이 있다. 컨설턴트는 특정 분야의 권위 있는 자 또는 전문가로 분석, 세미나 진행, 교육, 보고서 작성 등의 업무를 수행한다. 원칙적으로 6개월 일하며, 연장 가능하다. 용약 계약업자는 상근 또는 비상근으로 일정 비용하에 번역, 편집, 어학 훈련, 공공정보 지원, 행정 지원 등을 담당한다. 2012년 6월 현재 해당 인원은 다음과 같다.

	인원			횟수	근무일
	계	여자	남자		
컨설턴트					
퇴직 직원 출신	59	21	38	87	3939
기타	7 085	2 307	4 778	10 577	669 774
소계	7 142	2 328	4 816	10 664	673 713
개별 계약업자					
퇴직 직원 출신	97	54	43	209	6 749
기타	2 748	1 529	1 219	6 745	313 505
소계	2 845	1 583	1 262	6 954	320 254
총계	9 660	3 750	5 910	17 618	993 967

컨설턴트와 용역 계약업자라는 이름으로 보아서는 그 역할이 보조적인데 그쳐야 할 것 같지만, 수치로 본 실상은 그렇지 않다. 이들의 연근무일이 거의 100만 일(日)에 달하니, 1년 250일 근무를 기준으로 4,000명의 인원이 일했다는 단순 계산이 나온다. 즉, 컨설턴트와 용역 계약업자가 정규

직원 4,000명 분에 가까운 업무를 하고 있다고 말할 수 있는 것이다(모든 용역 계약업자가 전일 근무하는 것은 아님).

이들에게 지출된 비용도 볼 만하다.

(단위: 만 불)

회원국	컨설턴트	용역 계약업자	총계
브라질	209	47	256
프랑스	750	456	1,206
독일	486	96	584
인도	565	24	589
일본	144	22	166
케냐	576	154	730
네덜란드	429	34	463
한국	140	23	164
남아공	260	4	264
우간다	129	8	136
영국	1,768	208	1,976
미국	2,359	529	2,889
총 계	1억 6,732	4,142	2억 874

몇 개 나라들만 보아도 잘 드러나는 특징은 영어를 쓰는 나라(인도, 남아공, 영국)와 유엔 기구를 유치한 나라(케냐, 네덜란드, 우간다) 출신 인사의 비율이 높다는 것이다. 반면 일본과 한국의 컨설턴트는 각자의 예산 분담률 11%, 2%에 비하면 매우 낮은 수준임을 알 수 있다.

개도국들은 컨설턴트를 고용하는 바람에 정규 직원 자리가 줄어들고, 선진국이 유엔의 컨설턴트 시장에서 우위를 점하고 있다고 지적했다. 이들의 주장으로 5위원회는 67차 총회에서 컨설턴트 등의 인원이 과도함을

지적하고, 아울러 채용 인원도 지리적 균형을 고려하라는 결의를 채택했다.[205]

❺ 채용 의제(擬制) 계약(When-Actually-Employed contract)과 1불 계약(one-dollar-a-year contract)

유엔사무국에서 공석에 직원 한 명을 최종 채용하기까지 2011년, 2012년에 각각 170일, 171일이 걸렸다.[206] 이 수치는 공석 공고 기간 15-60일을 제외한 기간이다. 이렇게 시간이 오래 걸리기 때문에, 긴급하게 인재를 채용해야 할 경우에는 6개월 기간에 대해 채용 의제 계약을 체결할 수 있다. 가령 쓰나미 피해가 나 지진업계 전문가 급파가 요구될 때, PKO 임무 수행 과정에서 군사전문가(expert on mission)가 필요할 때 등이 이에 해당한다. 채용 의제 계약은 업무가 간헐적으로 있거나, 업무 기간이 불확실할 때에도 맺을 수 있다.[207]

205 A/RES/67/255
OP 67. Reiterates its concern over the increase in the use of consultants, especially in the core activities of the Organization, stresses that the use of consultants should be governed by the relevant resolutions of the GA, in particular section VIII of its resolution 53/221 of 7 April 1999, and that they should be drawn from the widest possible geographical basis, and requests the SG to make the greatest possible use of in-house capacity and to report to the GA at its sixty-ninth session on the measures taken to that effect;
OP 68. Reiterates that in areas where consultants are frequently hired or rehired for a period of more than one year, the SG should submit proposals, where necessary, for the establishment of posts and should report thereon to the GA at its sixty-ninth session;
OP 69. Requests the SG to identify the substantive areas, functions and activities, if any, for which consultants are hired or rehired for a period of more than one year and to report thereon to the GA at its sixty-ninth session, including on total costs incurred therein;

206 A/67/545(인적자원관리 ACABQ 보고서 para. 15)

207 ST/SGB/283(1996년)
2. A "when actually employed" (WAE) contract for special representatives, envoys and other special high-level positions is an agreement between the Organization and an individual, by which the Organization retains the services

또 한 가지 인재 확보 방법이 1불 계약이다. 이는 컨설턴트 고용의 특수한 형태인데, 주로 유엔이 하는 일에 대한 인식을 제고시키기 위해 사무총장이 국제적 유명 인사를 '평화 사절(Messengers for Peace)'로 임명하는 경우를 말한다. 할리우드 영화배우 레오나르도 디카프리오, 소설가 파울로 코엘류, 동물학자 제인 구달, 음악가 요요마 등이 활동하고 있다. 유엔은 무료로 봉사하는 이들에게 활동에 필요한 항공권, 숙박 등을 제공한다.

회원국의 관심을 끄는 것은 이러한 방식을 통한 고위직 임명 문제다. 2012년 6월 현재 사무차장(USG) 5명, 사무차장보(ASG) 1명, 그리고 국장(D-2) 3명 등 9명이 채용 의제 계약으로 일하고 있다. 또한 평화 사절로 임명된 저명인사는 2015년 현재 13명이다. 러시아 및 개도국은 이들 직위에 선진국 인사들이 주로 채용되어 지리적 형평성에 맞지 않고, 자의적인 인사 임명이 이루어지지 않도록 감독을 강화해야 한다고 지적했다. 이들의 주장이 반영되어 67차 총회에서는 1불 계약을 예외적으로만 허용하고, 그 세부 지침을 수립하라는 결의를 채택했다.[208] 사무국은 결의에 따라 일단 1불 계약으로 임명하는 저명인사를 개별 컨설턴트로 본다는 기본 방

---

of the individual when there is a need:
(a) For work of an intermittent or discontinuous nature;
(b) For assignments whose duration is uncertain, or whose timing is not clearly identifiable in advance;
(c) To ensure the availability at short notice of persons with special skills required by the Organization.

208 A/RES/67/255
OP 63. Stresses that one-dollar-a-year contracts should be granted only under exceptional circumstances and be limited to high-level appointments, and requests the SG to prepare guidelines regarding the use of these contracts, Human resources management along the same lines of those established for when-actually-employed appointments, and to report thereon, in the context of his next overview report, to the GA at the main part of its sixty-ninth session;
OP 64. Requests the SG to inform the Advisory Committee, on a regular basis, of the issuance of one-dollar-a-year contracts and of the establishment of all posts and positions that are at the D-1 level and above, that are funded under extrabudgetary temporary assistance or when-actually-employed contracts and for which the approval of an intergovernmental organ is not required, and to report thereon to the GA in the context of his report on the composition of the Secretariat;

침을 세웠으며(ST/AI/2013/4에 관련 조항 포함), 현재 임명 절차 등 세부 사항에 대한 지침을 검토 중이다.

이익의 배분을 위해 의견을 조율하는 행위는 결코 사라지지 않는다. 자기 사람 앉히기, 낙하산 인사, 인사 청탁 등 다양한 표현들이 가리키고 있는 특정한 사람 또는 집단에 대한 편애는 모든 인간의 자연스러운 감정이다. 중요한 것은 함께 살아가는 사회에서 이러한 감정을 규율하는 합당한 기준을 세울 수 있느냐 하는 점이며, 그러한 당위적 기준에 얼마나 많은 사람들이 동조하느냐 하는 점이다. 주권 국가들이 모여 국제 문제를 함께 해결하려는 기구인 유엔의 인사 원칙 또한 회원국들이 합의한 기준에 근거해야 그 정통성을 확고히 할 수 있다. 우리가 인재 채용 논의에 참여하는 이유는 바로 여기에 있다.

6
99:1의
성과평가[209]

어떠한 경로든 유엔의 정식 직원이 되면, 성과평가를 받는다. 성과평가 (performance appraisal)는 직원의 업무 성과를 측정하여 성과급을 지급하거나, 승진을 결정하는 데 참고하는 제도다. 많은 학자들이 공무원의 성과평가 가능하다고 말하고, 많은 공무원들이 공무원의 성과평가만큼 부정확한 것도 없다고 말한다. 내가 보기에 공무원의 성과평가는 필요악이다. 일 잘하는 공무원과 그렇지 않은 공무원을 엄연히 구분하는 '복도 통신'의 존재를 인정하는 한, 좀 더 객관적으로 평가하겠다는 성과평가 제도를 거부할 명분은 없다. 동시에 대민 봉사, 국익 창출 등 그 질적 성과를 계량적으로 측정하기 곤란한 사실은 수용해야 한다. 공무원에 대한 성과를 판단할 시스템이 아예 없는 것보다는 낫다는 생각, 궁극적인 정책 목표를 위한 중간적 과정은 평가 가능하다는 성과관리 전문가들의 의견 등을 배경으로, 공무원에 대한 성과관리는 전 세계 공공조직에 확산되어왔다.

유엔사무국도 예외 없이 성과평가 제도를 도입했는데, 인사 관리 업계의 주된 논점은 대충 한 번씩 검토해보았다고 해도 무방할 정도로 다음과

---

209 다음을 참고했다.
1. ST/AI/2010/5 Administrative instruction: Performance Management and Development System
2. A/69/190/Add.2 및 Corr.1 Overview of human resources management reform: performance management

같이 상당한 체계를 갖추고 있다.

기본 절차	평가 주기: 매년 4월 1일부터 익년 3월 31일까지	
	1단계 직원 개별 계획 수립	•1)담당 업무의 목표, 예상결과, 평가지표에 대한 설계 및 개인의 업무계획, 2)업무 관련 핵심역량 정의, 3)개인 역량 개발계획 등 포함 •직상위자(first reporting officer)는 직원들의 개별 계획 수립에 참여하고, 업무 전반에 지시와 자문을 제공하고, 차상위자(second reporting officer)는 평가의 공정성 및 일관성 감독
	2단계	•중간 성과를 점검하며, 직상위자와 직원 간 업무 진전 사항 및 목표 조정 등을 논의
	3단계	•실제 성과를 평가하는 단계로, 핵심가치 및 업무 유관 역량 각각에 대해 4개 등급으로,[210] 그리고 성과 전반에 대해 4개 등급으로[211] 평가 •상위 2개 등급은 임금 상승과 승진 점수에 반영되고, 하위 2개 등급에 대해서는 이의 신청이 가능
이의 제기	•평가조정위원회(rebuttal panels) 구성 – 직원대표/부서장이 각각 지명한 동수의 위원과, 양자 합의로 지명한 위원장(큰 부서의 경우 9명, 작은 부서의 경우 6명으로 구성, 2년 임기)	
	•이의 접수: 이의 제기 이유를 적은 서면신청서 제출	
	•조정 결정 – 부서장은 직원의 이의에 대해 서면 답변 제출 → 위원회는 관련 직상위·차상위자와 여타 직원들의 의견을 토대로 평과등급 적절성 검토 → 사무총장 재가 후 평가결과 수정 혹은 유지 결정	
저평가 개선	•1차: 담당 업무 변경, 교육 프로그램 이수, 성과개선을 위한 대화 및 감독 •2차: 차상위자에게 직원의 성과개선을 위한 서면계획서 보고 및 시행 •3차: 임금 동결, 고용계약 비갱신, 고용계약 해지(직원규정 9.3)	
성과평가 감독	•근무지별 성과관리위원회(Joint Monitoring Groups)는 성과평가의 적기 진행 및 완료 점검(부서장이 위원 임명) •글로벌 성과관리위원회(Global Joint Monitoring Group)*는 근무지별 성과관리위원회로부터 매년 경과를 보고받고, 사무총장에게 성과관리 이행 및 효과성 제고에 관한 권고를 포함한 연간보고서 제출 * 노사위원회(Staff-Management Coordination Committee)의 보조기관	

그러나 다른 공공조직과 마찬가지로, 유엔사무국의 성과평가 역시 변

210　Outstanding; Fully competent; Requires development; Unsatisfactory

211　Exceeds performance expectations; Successfully meets performance expectations; Partially meets performance expectations; Does not meet performance expectations

별력이 결여되어 있어 신뢰성이 떨어진다는 평을 듣고 있다. 성과평가의 종합 평가(overall ratings)에서 거의 모든 직원들이 상위 2개 등급을 받으며, 하위 2개 등급('Partially meets performance expectations' 및 'Does not meet performance expectations') 부여 직원은 다음 도표에서 보는 바와 같이 부서별로 1%도 안 되는 경우가 수두룩하다.

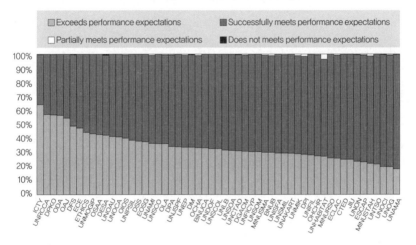

성과를 정확히 측정할 객관적 기준이 근원적으로 부재하다는 공공조직 성과평가의 한계 탓도 있지만, 성과평가 등급이 좋지 않을 경우, 직원이 이의를 제기하거나, 나아가 조직과 직원 간 쟁송 해소를 목적으로 하는 유엔분쟁법원(UN Dispute Tribunal)에 정식으로 제소할 수 있고, 그러면 간부는 이들 기구에 구두 또는 서면 설명을 제출하며, 실제 출석을 하게 되는

등 꽤나 피곤해지기 때문이다.[212] 또한 직원이 나중에 상위 직급으로 이동하고자 할 때, 종합 평가 하위 2개 등급은 마이너스로 작용하게 된다. 승진에 영향을 미친다는 점 때문에라도, 부서장은 자기 직원에게 낮은 평가를 주기를 더더욱 기피한다. 이런 이유로 대부분의 직원들이 고성과자로 분류될 수밖에 없는 구조에 놓여 있으며, 따라서 성과평가에 대한 신뢰가 미약하고, 저성과자, 특히 소위 '철밥통(deadwood)'들을 도려내기 위한 인사 도구로 성과평가를 활용하기가 곤란하다는 문제점이 따라온다.

이런 문제점을 개선하기 위해 회원국들은 성과관리를 개선할 것을 누차 주문해왔다. 이에 따라 65차 총회(2010년) 이후 아래와 같은 개선 작업이 이루어졌다.

- 'e-Performance' 도입 및 성과평가 절차 일부 간소화
- 글로벌 및 근무지별 성과관리위원회 신설
- 간부에 대한 성과관리 교육 필수화 및 직원들을 위한 온라인 과정 운영
- 저성과 관리 조치에 관한 설명 명확화

사무국은 69차 총회에서 또다시 성과관리 개혁안을 제출했다. 여러 가지 방안 중 핵심은 저성과자를 관리하는 방안이다. 사무국은 대화를 통해 저성과를 조기에 파악하고, 저성과 개선 절차에 대한 안내를 강화하

212　성과평가 결과를 기초로 한 근무계약 불연장 같은 인사 결정은 직원이 소청을 제기하는 원인으로 작용한다. 유엔분쟁법원(UNDT)의 결정 도출 시까지 상당한 시간이 소요되고, 결정 과정에서 간부 및 직원의 재판부 참석으로 업무 수행에 지장이 초래되며, 인사 결정이 번복되는 경우에는 해당 시점까지 급여를 환급해주는 등 조직 입장에서는 다양한 부담이 발생한다.

며, 이의 제기 절차를 간소화하겠다는 계획을 밝혔다. 선진국은 대체로 사무국의 개혁안이 다소 미흡하지만, 바람직한 방향으로 간다고 평가하고 있다. 덧붙여 미국은 성과관리를 강화하는 흐름을 확고히 하기 위해 저성과자에 대해 사무국이 취한 단계별 조치 내역을 보고해야 한다는 입장을 갖고 있다. 사무국이 저성과자에 대해 취한 조치 내역을 5위원회에 보고하게 되면, 결국 그간의 조치가 역부족임이 드러나고, 조치 강화 필요성이 반증될 것이다. 아울러 평가등급 분포(ratings distribution)를 계속 보고할 것도 미국은 주장하고 있다.

그러나 77그룹은 저성과자에 대한 엄격한 조치에 분명한 반대 입장을 보이고 있다. 성과평가가 개도국 출신 직원들에게 불이익을 주는 수단으로 악용될 수 있다고 우려하고 있다. 선진국 출신 직원들이 점유하고 있던 유엔에 후발주자로 들어온 개도국 출신 직원들이 경험적으로나 유엔 구조적으로나, 업무 성과에서 불리할 수밖에 없다고 보고 있는 것이다.

어느 조직이나 일을 잘하는 직원, 보통 직원, 못하는 직원의 비율인 2:6:2의 비율은 대체로 들어맞을 것이다. 여기에서 하위 20% 직원들을 어떻게 대하느냐는 인간의 조건에 관한 철학의 문제가 개재된다. 경쟁의 원리로 분발 또는 도태시킬 것이냐, 자기 개발의 내면적 덕성 함양을 우선할 것이냐는 두 가지 기본 접근법을 생각해볼 수 있다. 유엔은 그 두 가지 모두에서 낙제점을 받아왔다. 철저하게 도태시키는 것도, 철저하게 재교육시키는 것도 없이, 소위 '시한폭탄' 돌리기식으로 내가 같이 일하는 동안에만 문제가 발생하지 않기를 바라며 방치시켜왔다. 조직에도, 해당 개인에게도, 득이 될 것이 없다. 사무국 인력 관리의 효과성 제고를 위해서는 그간 사실상 방치되어온 저성과자에 대한 관리 강화가 절실하다. 그들도 치열한 경쟁을 거쳐 선발된 인재들이다.

위에서 말한 신뢰성 부재와 관련된 문제가 한 가지 더 있다. 현재 사무국의 성과평가는 업무 유관 역량에 대한 평가(ratings on core competencies) 및 종합 평가(rating on overall performance)로 구성되어 있는데, 문제는 이 종합 평가 등급이 업무 유관 역량 평가와 전혀 관계없이 부서장의 직관으로 이루어진다는 점이다. 역량 평가는 주관적 평가가 아닌, 직원 역량의 객관적 평가를 지향하는 노력의 과정이다. 종합 평가는 기본적으로 미리 정해 놓은 몇 가지 세부적인 평가의 합이 되거나, 최소한 평가를 뒷받침하는 근거가 있어야 좀 더 객관성이 제고된다.

이러한 점을 감안하여, 나는 69차 총회에 직원의 '개별 역량에 대한 평가 평균을 성과평가 시스템에 포함'시키자는 문안을 제출한 바 있다. 세부 역량을 토대로 종합 평가를 하라는 취지다. 사무국은 오히려 '개별 역량 평가'가 무용하고 성과평가 과정의 부담만 가중시키기 때문에 폐지하겠다는 입장이다. 사실 사무국의 이러한 답변과 계획은 개별 역량 평가 결과를 교육이나 승진에 활용하지 않고 있다는 말이나 다름없어, 운영 방식에 허점이 있음을 자인하는 것으로 느껴진다. 회원국의 경우, 일부는 신뢰성 제고에 도움이 된다며 찬성 입장을, 일부는 역량 평가의 세부 사항은 사무국에 맡겨두는 것이 더 낫지 않느냐는 유보적 입장을 보였다.

나는 '부서평가를 개인평가에 추가하는 방안에 대해 71차 총회에 제출'하라는, 부서평가 도입을 검토해보자는 문안도 제출했다. 개인이 조직에서 일하는 궁극적 목적이 조직 목표 달성에 있으므로, 업무 단위인 부서에 대한 평가가 필요하다는 성과관리 업계의 논점을 따온 것이다. 회의에서 사무국이 이미 부서평가에 대해 일차적 검토를 한 바 있는데, 이를 성과평가 개선안에 포함시키지 않은 이유를 물었다. 사무국은 개인 평가 중심의 성과평가 시스템을 대대적으로 손질(significant overhaul)해야 하므로 도입하기 곤란하다는 결론을 답변으로 냈다.

그런데 바로 그 개인주의가 만연해 있다는 사실 자체가 유엔에서 부서 평가가 유의미할 수 있는 이유를 제공해준다. 저성과자에 나몰라라식 방관을 일삼아 온 유엔에서 전체 성과 향상을 위해 저성과자에 대한 부서장 및 동료 직원들의 관심 및 관여를 강화시키는 효과가 생길 수 있기 때문이다. 부서 평가를 포함시키려는 것 역시, 종합적 평가를 구성하는 요소들을 다양화함으로써 좀 더 객관적인 평가를 구현하려는 노력의 일환이다. 유엔 내의 개인주의 기조는 그것대로 존중해야 하나, 이를 보완하는 것은 검토해볼 가치가 있을 것이다.

공공조직의 성과평가는 평가 측정의 정확성에 근원적 한계가 있다. 그럼에도 불구하고, 기왕에 성과평가를 도입하여 운용하고 있다면, 변별력과 신뢰성을 제고하기 위한 노력을 게을리할 수 없다. 유엔사무국의 성과평가를 개선하기 위한 노력은 계속되어야 한다.

인적자원관리 법체계

인적자원관리 분야를 규율하는 유엔의 법체계는 다음과 같다.

순위	명칭	제정권자
1	헌장(Charter)	회원국
2	결의(Resolution)	회원국(안보리, 총회, 경사리 등)
3	규정(Regulations)	사무총장 제안에 따른 회원국
4	규칙(Rules)	사무총장 또는 그 위임을 받은 사무차장
4-1	사무총장 지침(SG's Bulletin)	사무총장
4-2	행정 지침(Administrative Instruction)	사무총장의 위임을 받은 사무차장

각 법령별 특징, 그리고 헌장에 규정된 인사 관련 내용은 다음과 같은데, 특히 직원규정 및 직원규칙은 우리 현실에 비춰 수정을 추진해볼 만한 내용들이 더러 있다.

❶ 유엔 헌장

헌장에서 인사 관련 주요 조항은 다음의 다섯 가지를 꼽을 수 있다.

제8조(남녀 평등)[213]는 유엔의 주요 기구 및 산하 기관의 어떠한 직책에 대해 남녀 간 제한을 두지 않음을 천명하고 있다. 이미 헌장 제정 당시부터 남녀 평등은 유엔의 기본 원칙으로 자리 잡았다.

제9조(수석행정관으로서 사무총장)[214]는 사무총장이 수석행정관, 즉 조직의 수장임을 명시하고 있다. 조직의 대표로서 재량을 가지고 조직 운영에 필요한 일을 할 수 있음을 포괄적으로 규정하고 있다. 이 수석행정관으로서의 재량의 범위를 두고 재량 확대와 회원국의 미시적 개입(micro-management) 사이의 의견 대립은 계속되고 있다. 잠시 후 8절에서 이야기할 동성 결혼과 부양제 문제 역시 그 배경에는 사무총장의 재량 범위가 깔려 있다.

제100조(국제공무원으로서 성격)[215]는 사무총장과 직원의 불편부당의 의무와 회원국이 이들에게 부당한 영향력을 행사하지 말아야 할 의무에 대해 규정하고 있다.

제101조(최고 인재 원칙과 지리적 균형 고려)[216]는 총회 결의에 기반을 둔 사

---

213 Article 8 : The UN shall place no restrictions on the eligibility of men and women to participate in any capacity and under conditions of equality in its principal and subsidiary organs.

214 Article 97: The Secretariat shall comprise a SG and such staff as the Organization may require. The SG shall be appointed by the GA upon the recommendation of the Security Council. He shall be the chief administrative officer of the Organization.

215 Article 100
1. In the performance of their duties the SG and the staff shall not seek or receive instructions from any government or from any other authority external to the Organization. They shall refrain from any action which might reflect on their position as international officials responsible only to the Organization.
2. Each Member of the UN undertakes to respect the exclusively international character of the responsibilities of the SG and the staff and not to seek to influence them in the discharge of their responsibilities.

216 Article 101
1. The staff shall be appointed by the SG under regulations established by the GA.
2. Appropriate staffs shall be permanently assigned to the Economic and Social Council, the Trusteeship Council, and, as required, to other organs of the UN. These staffs shall form a part of the Secretariat.
3. The paramount consideration in the employment of the staff and in the determination of the conditions of service shall be the necessity of securing the highest standards of efficiency, competence, and integrity. Due regard shall

무총장의 인사권과, 인재 채용의 원칙으로서 최고 수준의 능률, 역량, 도덕성을 규정하고 있다. 더불어 지리적 균형에 기반을 둔 인재 채용의 중요성을 적절히 고려할 것을 함께 이야기하고 있다.

제105조(외교면제)[217]는 유엔 자산의 법적 절차로부터 면제, 유엔 직원 및 회원국 대표들의 공적 발언 및 행위의 법적 절차로부터 면제를 규정하고 있다.

위 조항들, 특히 제101조의 최고 인재 원칙과 지리적 균형 고려가 유엔 설립 70년이 지난 지금의 5위원회에서 결의 채택의 근거로 변함없이 원용되고 있는 것을 보면, 유엔 헌장이 설립 당시의 회원국 간 팽팽한 이익을 절묘한 균형 감각으로 담아내고 있으며, 오늘날에도 이러한 이익의 대립 구조는 기본적으로 변한 것이 없음을 느끼게 된다.

❷ 총회 결의

인사 정책에 관한 회원국들의 결정을 담고 있다. 유엔사무국은 이를 직접 이행하거나, 이행에 필요한 인사 관리의 세부 사항을 결정한다.

---

be paid to the importance of recruiting the staff on as wide a geographical basis as possible.

217　Article 105

1. The Organization shall enjoy in the territory of each of its Members such privileges and immunities as are necessary for the fulfilment of its purposes.

2. Representatives of the Members of the UN and officials of the Organization shall similarly enjoy such privileges and immunities as are necessary for the independent exercise of their functions in connexion with the Organization.

3. The GA may make recommendations with a view to determining the details of the application of paragraphs 1 and 2 of this Article or may propose conventions to the Members of the UN for this purpose.

❸ 직원규정(Staff Regulations, 부록 참조)

유엔사무국이 준수해야 할 인사, 복무, 보수 등에 관한 대강(大綱)을 담고 있다. 사무국이 결의 내용을 반영한 초안을 제출하여 5위원회 인적자원 관리 의제 결의를 통해 승인되고, 수정된다.

❹ 직원규칙(Staff Rules, 부록 참조)

사무총장이 인사 정책 수행에 필요하다고 판단하는 세부 사항을 사무총장 지침(SG Bulletin) 또는 위임을 받은 USG(주로 관리 담당 사무차장)의 행정지침(Administrative Instruction)을 통해 제정한다. 성과평가, 보수 및 수당, 휴가 등 세부적인 사항을 담고 있다.

❺ 행정지침(SG's Bulletin, Administrative Instruction)

직원규칙 수정, 조직 운영에 관한 방침 하달 등은 행정지침으로 이루어진다.

직원규정, 직원규칙, 행정지침은 유엔 운영의 세부 사항을 규율하는 기준이다. 이 중에서 총회의 승인을 공식적으로 받아야 하는 것은 직원규정뿐이지만, 직원규칙과 행정지침이 총회 결의에 위반되지 않는지를 감독하는 것은 총회의 권능이다. 법령 역시 우리가 더욱 관심을 가질 만한 분야다. 예를 들어, 직원규칙 3조 8항 (a)에 따르면, 유엔 직원은 세 번째 유엔 공용어 시험을 우수한 성적으로 통과함으로써 능통함을 보이는 경우, 언어수당의 절반을 추가로 지급받는다. 프랑스인이 영어를 구사하면 언어수당을 받고, 여기에 스페인어까지 구사하면 언어수당 절반을 더 받는 것이다. 반면 6개 공용어를 공용어로 택하지 않는 국가의 직원, 즉 한국어를 모국어로 하는 직원이 유엔 공용어 2개를 능통하게 구사하는 일은 얼마나 힘들겠는가. 채용 과정에서 외국어(대개 영어)로 모든 시험을 통과해야 하는 험난한 길을 걷는 데 더하여, 채용 이후에도 추가적 공용어 미사용에 따라 수령하는 수당도 적어지는 차이가 생기는 것이다. 가령 6개 공용어가 아니더라도, 근무지에서 필요한 언어(서울에서 근무하는 경우 한국어)를 구사하는 직원에게 언어수당을 가산 지급하는 방식이 좀 더 합리적이라고 생각되며, 이러한 방향으로 직원규칙 개정을 추진해볼 수 있다.

법령이 회원국 간 논의의 중심이 되었던 사례는 다음 절에서 살펴볼 동성 결혼과 부양제 문제다.

8
유엔에서 불거진
동성 결혼과 부양제 문제

우리나라 공무원 보수에 배우자 수당 및 자녀 수당이 있다. 5급 사무관의 경우, 배우자가 있으면 한 달에 6만 원, 자녀가 있으면 1명당 3만 원의 수당을 받는다. 유엔은 부양가족 유무를 기준으로 나눈 두 가지 급여 체계를 운영한다. 부양가족이 없는 독신인 경우 '독신제(single rate)', 부양가족이 있는 경우 '부양제(扶養制, dependency rate)'가 그것이다.

우리의 배우자 수당은 직급에 관계없이 월 6만 원으로 고정되어 있지만, 유엔의 부양제는 독신제의 순봉급(net salary)보다 직급별로 월 200불에서 1200불 정도까지 고위직일수록 많이 받는다.[218] 부양가족이 있는 경우, 생활비가 훨씬 더 많이 필요하다는 현실을 반영한 것으로 보인다. 유엔 차원에서 부양제에 관해 첫 번째 문제로 제기되는 점은 부양 가족 유무가 업무 능력과 직결되는 것이 아닌데, 과도한 봉급 차이가 생긴다는 점이다.[219] 두 번째 문제는 동성끼리 결혼한 직원에게도 '부양제'를 적용해야 하느냐의 문제다. 상당한 봉급 차이가 있는 '부양제'를 적용하는 조건에 관한 문제임은 물론, 관점에 따라서는 유엔이 동성 결혼에 대해 어떠한 입장을 취

---

218 http://www.un.org/Depts/OHRM/salaries_allowances/salary.htm 참조.
219 7장 1절 참조.

하느냐에 관한 문제이기도 하다.

2000년대 들어 동성애 및 동성 결혼에 대한 논의가 활발해졌다. 여성이나 어린이에 대한 권리 보호와 마찬가지 논리로 소수자로서 동성애자의 권리를 존중해주자는 주장이 동조를 얻게 되었다. 이러한 흐름 속에서 2004년 당시 코피 아난 사무총장이 직원에 대한 급여 문제에서 남녀 간의 결혼 유무를 말하는 통상적인 어휘인 '개인 지위(personal status)'라는 용어 대신, '동반자 관계(domestic partnerships)'라는 용어를 처음 도입했다. 다시 말해, 남자와 여자의 혼인이라는 전통적인 결혼의 의미를 확장하여 '동반자 관계'를 기혼 여부를 판단하는 기준으로 사용하기로 한 것이다.[220] 이에 대해 다수의 서아시아 국가, 러시아 등이 이는 결혼과 가족의 의미를 송두리째 바꾸는 것이라며 강력한 이의를 제기하여 회원국 간 합의되지 않은 용어의 사용을 금하는 결의를 5위원회에서 채택했다.[221] 이에 따라 사무총장은 기존의 유엔 관행에 따라 '국적국 법률(law of the nationality)'에 따라 개인 지위(personal status)'를 판단한다는 내용으로 자신의 지침을 원상 복구시켰다.[222]

---

220 ST/SGB/2004/4(Family status for purposes of UN entitlements)
4. A legally recognized domestic partnership contracted by a staff member under the law of the country of his or her nationality will also qualify that staff member to receive the entitlements provided for eligible family members. The Organization will request the Permanent Mission to the UN of the country of nationality of the staff member to confirm the existence and validity of the domestic partnership contracted by the staff member under the law of that country.

221 A/RES/58/285
OP 1. Notes the practice in the Organization of determining personal status for the purpose of entitlements as are set out in the Staff Regulations and Rules of the UN by reference to the law of nationality of the staff member concerned;
OP 2. Invites the SG to reissue SG's bulletin ST/SGB/2004/4 after reviewing its contents, taking into account the views and concerns expressed by Member States thereon;
OP 3. Notes the absence of the terms referred to in paragraph 4 of the bulletin in the context of the existing Staff Regulations and Rules, and decides that the inclusion of those terms shall require the consideration of and necessary action by the GA.

222 ST/SGB/2004/13

세월이 흘러 2010년 한 의미심장한 판결이 내려졌다.[223] 시리아 국적의 남성 직원이 어떤 여성과 프랑스법에 따라 혼인을 했고, 이후 이 부인과 예멘에서 샤리아 율법에 따라 이혼했다. 이 직원은 다시 한 여성과 예멘의 샤리아 율법에 따라 재혼해 살다가 나중에 나이가 들어 사망했다. 시리아 국적 직원의 사망 후 이 직원의 유엔 연금 수급 문제가 불거졌다. 후처가 자신이 사망한 시리아 국적 직원의 미망인으로서 남편 연금을 수급해야 한다며 유엔 내부 소송을 다루는 유엔분쟁법원(United Nations Dispute Tribunal)에 소를 제기한 것이다. 그러나 법원은 고(故) 시리아 국적 직원이 첫 번째 부인과 프랑스법에 따라 혼인했으므로, 이혼도 프랑스법에 따라 이루어졌어야 혼인 관계가 해소될 수 있었다면서, 예멘의 샤리아 율법에 따른 이혼을 인정하지 않았다. 따라서 두 번째 결혼은 성립되지 않으며, 후처는 미망인으로 볼 수 없어 연금 수급 자격이 없다고 판결을 내린 것이다. 다시 말해, 혼인 관계는 직원의 국적과 관계없이 혼인이 발생하고 해소되는 '관할지의 법률'에 따라야 한다는 판결을 내린 것이다.

유엔 사무국은 2010년 이루어진 이 판결을 심각하게 받아들였다. 이 판결로 2004년 제정한 사무총장 지침, 즉 기혼 여부 등 가족관계는 '국적국의 법률'에 따른다고 한 지침을 '관할지의 법률'에 따른다는 내용으로 바꾸어야 하는 상황에 처하게 됐기 때문이다. 사무국은 다년간의 내부 검토 끝에 2014년 6월 26일 드디어 기혼 여부 판단을 국적국 법률(law of the nationality)에서 관할지 법률(law of the competent authority)에 의한다는 내용

---

223 유엔상소법원 판결 NO. 2010-UNAT-007. El-Zaim (Appellant) v. UN Joint Staff Pension Board (Respondent)
http://www.un.org/en/oaj/unat/judgments/2010-unat-007.pdf

의 지침을 새로 발표했다.[224] 지난 10년간 동성 결혼을 합법화한 나라들이 늘어났고, 따라서 결혼이 이루어진 현지 법률에 따라 동성 결혼을 인정받는 경우, 유엔에서 기혼자로서 급여를 받을 수 있게 된 것이다. 가령 러시아 국적의 유엔 직원이 뉴욕에서 동성 결혼을 하면, 기존에는 동성 결혼을 인정하지 않는 러시아, 즉 '국적국'의 국내법에 따라 미혼자로 취급받았으나, 이제는 관할지 법률, 즉 동성 결혼을 인정하는 뉴욕법에 따라 기혼자로 인정받고, 따라서 유엔에서 기혼자 대우(부양제)를 받는 것이다.

2014년 10월 69차 총회 인적자원관리 의제에서 이 문제가 핵심 쟁점이 되었다. 러시아가 '관할지 법률'에 따라 기혼 여부를 판단하겠다는 사무총장의 지침이 2004년 총회에서 채택한 결의에 어긋난다고 주장했다. '동반자 관계'라는 용어를 사용한 것은 아니지만, 관할지 법률에 따른다고 함으로써 결국 동반자 관계를 인정한 것이나 마찬가지라는 것이다. 결혼이란 남자와 여자가 자식을 낳아 가정을 이루는 것을 뜻한다는 러시아정교의 가르침에 충실한 러시아로서는 2014년 사무총장 지침이 동성 결혼을 인정하는 것이라고 봤을 것이다.

2014년 12월 21일 일요일, 러시아는 투표로 가겠다며, L 문서를 제출했다. EU, 미국 등은 이 문제에 적극적으로 대응했다. 표면적으로는 기혼자에 대한 급여 제공 문제이지만, 실질적으로는 향후 동성 결혼에 대해 유엔이 취하는 입장, 즉 인권의 실질적 내용에 영향을 미칠 수 있다고 판단했을 것이다. 만일 투표가 실시된다면, 2000년대 초반과 마찬가지로, 중동

---

224 ST/SGB/2004/13/Rev.1(Personal Status for Purposes of United Nations Entitlements)
1. The personal status of staff members for the purpose of entitlements under the Staff Rules and Staff Regulations of the UN will be determined by reference to the law of the competent authority under which the personal status has been established.

을 비롯한 상당수의 국가들이 러시아 제안에 찬성 입장을 펴고, 사무총장 지침이 폐기될 가능성이 높다고 보는 것 같았다. 미국과 EU는 인적자원관리 의제의 다른 문제들에 대한 논의를 제쳐두고, 모든 회원국을 대상으로 전방위 설득 작전에 나섰다. 12월 23일 찬반 입장을 잠정 집계해보니, 차이가 근소하여 자칫하다간 러시아 안이 통과될 수 있을 것으로 보였다. 그러나 12월 24일 69차 총회 본회기를 연장하기로 결정하면서 러시아 제안도 일단 표결을 하지 않고, 추가 논의하기로 했다.[225] 12월 29일 다른 의제들에 대해 합의가 도출되면서 러시아 제안은 2015년 3월 1차 속개회의로 연기하기로 결정했다. 그리고 1차 속개회의에서 러시아 안은 찬성 43, 반대 80, 기권 37로 부결되었다. 관할지의 법률에 따라 개인 지위를 결정한다는 사무총장 지침이 존속하게 된 것이다.

이번 결정이 갖는 의미는 다음과 같다. 첫째, 이것이 유엔이 동성 결혼을 승인한다는 최종적 입장을 취한 것으로 단정할 수는 없어도, 최소한 유엔 내 급여 지급 기준으로서 동성 결혼을 인정하는 것으로 볼 수 있다. 러시아와 이슬람권 국가 등 일부 국가는 향후 유엔이 인권 문제에서 동성

---

225 12월 24일에는 협상이 지지부진하여 77그룹이 독자적으로 제출한 2016-2017년 예산안 개요와 함께, 사무총장의 기혼 여부 판단 기준을 철회하라는 내용의 러시아 안에 대한 표결이 열리게 되어 있었다. 오후 5시 공식 회의 개최를 앞두고 회원국들이 CR3 회의장으로 모여들었으나, 회의장 내에서 군데군데 회원국들이 삼삼오오 모여 이야기를 주고받거나, 몇 나라가 모였다 헤치기를 반복할 뿐, 회의가 개최되지 않았다. 막후에서 비공식적으로 협의를 하고 있는 게 분명했다. 회의를 주재해야 할 의장이 나타나지 않는 것 역시 주요국 사이에서 표결이 아닌, 논의를 계속해야 한다는 중재 역할을 수행하고 있을 것이라는 추측을 낳게 했다. 내가 만나본 77그룹의 실무자도 아직 투표가 결정된 것은 아니니 잠깐 기다려보라고 하며, 내게 윙크를 냈다. 결국 6시 10분경, 의장단이 마이크를 잡더니, 공식 회의를 하기에 앞서 잠시 몇몇 회원국들과 협의를 하겠다며, 77그룹 의장(볼리비아)을 회의장 밖으로 불러냈다. 10분 후 5위원회 의장을 대신해 공식 회의를 개의하고 주재한 총회 부의장(파키스탄)은 24일 끝나기로 되어 있는 회의를 31일까지 연장한다고 제안했고, 직후 미국이 비공식 협의를 통한 논의 진전을 위해 공식 회의의 중단을 요청하고, 이에 대한 이의가 없어 5위원회 회의가 31일까지 연장되고, 비공식 협의에 돌입하는 것으로 결정되었다. 표결을 강행하는 데 따른 부담을 어떠한 회원국도 피하고 싶었고, 모두가 협상을 통해 합의를 도출하려는 의지가 있다는 데서 어느 정도 예견된 수순이기는 했지만, 이러한 협박에 가까운 과정을 통해 상대방의 양보를 강하게 압박한다는 점에서 협상 분위기를 고조시키는 선수들 간의 기 싸움을 엿볼 수 있다. 러시아는 아마도 표결로 가면 승산이 없다고 생각했을 가능성이 높고, 협상이 재개된 분위기를 틈타 플레이를 좀 더 오래 끌고 싶어 했을 것이다.

결혼에 대해 취할 입장으로 받아들였을 것이다.

둘째, 기혼 여부 판단은 조직 관리에 관한 사무총장의 재량에 속한다고 볼 수 있다. 사무총장은 유엔의 수석행정관으로서[226] 효과적으로 조직을 운영할 권한이 있다. 동 관점에서 볼 때, 이미 직원들이 2010년 유엔상소법원(UNAT) 판결 내용(혼인 관계는 관할지 법률에 의함)을 인지하고 있는 상황에서 관할지 법률에 따라 혼인 여부를 결정한다는 지침이 없다면, 형평성 문제가 제기되고, 관련 소송이 발생할 가능성이 크다.[227] 조직 내 문제를 너무 빈번히 소송에 의지해 해결하려 한다는 비판을 받는 유엔으로서는 행정 비용이 낭비되는 소송 제기 문제도 효과적으로 다룰 필요가 있다.

셋째, 사무총장의 지침은 회원국의 주권 사항에 영향을 미친다는 문제 제기도 있었다. 사무총장이 유엔 내부에서 동성 결혼자를 인정함으로써 국적국이 자국 소속 국민에 대해 행하는 행정적 효력을 제한한다는 것이다. 그러나 유엔 내부에서 동성 결혼자로 인정받더라도, 국적국은 여전히 자국법에 따라 결혼 여부를 인정하지 않는다는 측면에서 주권 사항에 미치는 영향은 없다고 보는 것이 타당하다.

넷째, 일부 회원국들은 투명성 문제도 제기했다. 동성 결혼자를 유엔 내부에서 인정하느냐 하는 문제가 갖는 함의에도 불구하고, 유엔이 회원국들과 협의 없이 독자적인 결정을 내렸다는 것이다. 그러나 이미 법원이

---

226 UN Charter Article 97(수석행정관으로서 사무총장의 재량): The Secretariat shall comprise a SG and such staff as the Organization may require. The SG shall be appointed by the GA upon the recommendation of the Security Council. He shall be the chief administrative officer of the Organization.

227 현재 관할국 법률에 따라 새로 기혼 적용을 받고 있는 직원(동성 결혼 직원)이 이미 있는 것으로 알려져 있다.

2010년 판결을 내려 관련 내용이 공개되었기 때문에, 투명성 문제는 개재되지 않는다고 보아야 하고, 아울러 사무총장이 자신의 재량으로 지침을 정했다고 보는 것이 타당할 것이다.

결국 관할국 법률에 따라 개인 지위를 결정한다는 사무총장의 지침을 폐기하라는 러시아 안이 투표로 부결된 것은 유엔의 보수 지급 기준에 관한 사무총장의 재량권을 인정한 결과이고, 11년 전에 비해 유엔 내에서, 그리고 회원국 사이에서 동성 결혼에 대해 열린 입장으로 가고 있는 추세임을 반영한다고 해석할 수 있겠다.

9

인사 개혁의 국제정치
: 이동근무[228]

이동근무(managed mobility)는 반기문 사무총장이 추진한 중점 과제다. 우리로 치면 순환보직에 가까운 인사 관리 방법이다. 그러나 순환보직이 과거 우리나라에서 중앙공무원과 지역 인사들 간에 유착을 방지하기 위해 짧은 기간마다 옮기는 것을 목적으로 시작된 제도라면, 유엔의 이동근무는 한 곳에서만 일하는 직원들에게 역동성을 부여하는 데 주목적이 있는, 그 취지가 다른 제도다. 근무지뿐만 아니라, 소속 부서, 그리고 넓게는 책임지는 기능과 담당하는 업무가 질적으로 변하여도 이동근무라고 부른다. 주로는 부서장의 변동을 수반하는 근무지 및 소속 부서 변경을 지칭한다.[229]

---

228 다음을 참고했다.
1. A/69/190/Add.1 Overview of human resources management reform: mobility
2. A/69/572(ACABQ 보고서)
3. A/68/358 Towards a global, dynamic and adaptable workforce: Mobility
4. A/68/601(ACABQ 보고서)
5. A/67/324, Add.1 Overview of human resources management reform: towards a global, dynamic and adaptable workforce: Mobility
6. A/C.5/67/12 Letter dated 26 November 2012 from the SG addressed to the Chair of the Fifth Committee
7. A/67/545(ACABQ HRM 보고서)

229 ST/AI/2010/3 Staff Selection System
Section 1: Definitions
(q) Lateral move: movement of a staff member to a different position at the same level for the duration of at least one year. The new position may be in the same or a different department or office, in the same or a different duty station and in the same or a different occupational group. Inter-agency loans or other movements to and from other organizations of the United Nations common system are recognized as lateral moves. Within the same department or office, a lateral move will normally involve a change in functions with or without a change of supervisor. When the

이동근무 개혁안을 추진한 목적은 다양한 부서에서 경험을 쌓음으로써 조직 전체를 바라보는 눈을 가진 직원을 키워내기 위힘이었다. 현장 활동 증대 같은 변화하는 업무 환경에 대한 효율적 대응, 직원 능력 함양 및 경력 관리, 유엔 공석 직위의 효율적 충원 등이 사무국이 제시한 공식적인 이동근무 추진의 목적이다. 이에 대해 사람들은 이 정책이 성공한다면, 한 곳에 심지어 수십 년간 머무르면서 내부적으로는 '철밥통(deadwood)', 외부적으로는 '터줏대감'이 되어서 쉽게 말해 같이 일하기 어려운 직원들이 많아진 유엔을 근본적으로 변화시키는 중요한 계기가 될 것이라고 평했다.[230]

반기문 사무총장의 노력 이전에는 어떠한 형태의 이동근무가 있었는가. 이동근무 개혁안이 채택되는 데 왜 그렇게도 오랜 시간이 소요되었는가. 회원국들 및 사무국은 왜 그리도 이동근무 추진에 반대를 했는가. 어떤 이익을 노리고 있었는가. 장기간이 소요된 이동근무 협상 속으로 들어가보자.

---

supervisor remains the same, there will be a lateral move if the responsibilities are substantially different, for example, if there is a different area of responsibilities or a change in the departments/offices serviced by the staff member. A change in supervisor without a change in functions does not represent a lateral move. Temporary assignments of at least three months but less than one year, with or without special post allowance, shall also qualify as a lateral move when the cumulative duration of such assignments reaches one year;

230 유엔은 직위분류제를 택하고 있다. 이들에게는 원칙적으로 승진이 없고, 자신이 선택해 일하는 직위(post)만이 있을 뿐이다. 특정 기간 근무 후 승진을 하는 연공서열제와 정반대의 개념이다. 서기관급인 P-4에서 과장급인 P-5로 승진하는 것은 승진이 아니라, 직위의 변경으로 공개 경쟁을 통해 선발되어야 하며, 선발 과정에 결과적으로 직위의 상승이 곁들여져 있을 뿐이다. 같은 P-4라도 한 직위에서 다른 직위로 가는 것도 직위에 대한 지원 및 채용 과정을 거쳐야 한다. 유엔은 자기 직원이라고 쉽게 직무를 변경할 수 있는 중앙집권적 인사 시스템, 즉 인사과의 일반적인 권한이 작동하질 않고, 본인이 원하면 한 자리에 계속 근무할 수 있다.

❶ 예비: 이동근무 기본 사실

유엔사무국은 1994년 인사전략의 일환으로 국제채용 직원에 대해 자발적 이동근무를 적용하기 시작했다. 1996년 신규 직원에 대해 이동근무를 의무화(managed reassignment)했지만, 이는 어디까지나 신규 직원에게만 해당되었다. 2002년 또다시 자발적 지원에 기초한 이동근무 제도가 추진되었다. 2005년에는 유엔 기구 간 이동근무 확대(Inter-Agency Mobility Accord, CEB)가 추진되었고, 2008년 직군 간 자발적 이동근무를 확대한다는 지침(Voluntary Initiative for Network Exchange, VINE)이 다시 내려왔다. 그러나 이런 계속된 이동근무 장려책에도 불구하고, 유엔사무국의 직원들은 요지부동이었다. 2008년의 VINE의 경우, 겨우 401명만이 참여 의사를 나타냈고, 그중 33명만이 실제 이동했을 뿐이다.

자발적 이동근무가 제대로 시행될 수 없었던 제도적 장애는 직위분류제에 있었다. 중앙집권적 인사 시스템이 없고, 부서장이 그때그때 인재를 채용하는 유엔에서 1명의 직원이 다른 직위로 옮기려면, 그 다른 직위의 직원 역시 또 다른 곳으로 옮겨야 한다. 이런 꼬리물기식 매치가 쉽게 이루어지려면, 옮기려는 직원의 수와 새로 배치할 직위의 수가 일치해야 하는데, 자발적 제도하에서는 이것이 원천적으로 불가능했다. 게다가 이동하더라도 원래 근무지로 복귀할 수 있는 권리인 복귀권(lien)을 가지고 있었기 때문에, 이동했던 직원이 2년 이내에 원래 자리로 돌아온다고 하면, 험지에서 일하다가 이 자리에 운 좋게 들어온 직원은 도로 험지로 돌아가든지, 다른 곳으로 가든지 해야 했다.

이러한 제도적 측면 외에, 특히 뉴욕 같은 본부에 근무 중인 직원들의 참여 의지가 약했다. 두터운 경쟁을 뚫고 근무 및 생활 여건이 좋은 본부에서 근무하게 되었는데, 하루아침에 나우르와 아프가니스탄 등 험지로 간다는 것은 받아들이기 어려웠다. 또한 배우자 직업 유지 등 개인 사정, 의료·교육 등 생활환경 악화에 대해서도 우려가 컸다. 자발성에 기초한 이동근무는 20년 이상 부침만 거듭했다. 한 곳에서 오랫동안 일하는 데 따른 장점, 즉 정보 및 인적 네트워크 독점에 안주하면서 근무지 또는 부서 이동에 대한 거부감을 갖게 된 것, 그것이 이동근무가 자리 잡을 수 없는 근본 이유였다.

❷ 협상 1단계: 이동근무 개혁안

드디어 2012년 8월 반기문 사무총장은 조직 차원에서 원칙적으로 모든 직원을 대상으로 주기적으로 이동하도록 관리하는 의무적 이동근무안(managed mobility)을 5위원회에 제출했다. 본부에서 근무하는 직원들은 7년, 험지 근무 직원들은 3년, 기타 직원들은 4년 근무 연한에 달하면, 다른 근무지 또는 부서로 이동토록 하고, 이를 2014년 10월부터 약 5년간 단계적으로 확대하겠다고 했다. 현장에서 해야 할 일이 잔뜩 늘어난 유엔에 근무하면서 해외 근무를 일상적으로 하는 외교관과 다르다는 과거지향적 안일함에 매몰되어 있는 유엔 직원들의 인식을 근본적으로 바꾸겠다는 결단이 담겨 있었다.

이동근무 개혁안 주요 내용 및 회원국 반응

구 분	내 용	회원국 반응
인사 원칙	중앙집권적 인사위원회 설치 및 위원회에서 분기별로 이동근무 인사 발령	인사위원회 위원, 기능, 기준 등 미비
의무성	본부 7년, 험지 3년 등 일정 주기마다 의무적으로 이동 - P-5(과장급) 승진 시, 지리적 이동근무 1회 요건화	잦은 이동으로 과도한 비용 소모되며, 비용 증가치에 대한 데이터도, 설명도 부재
	복귀권(lien) 폐지	뉴욕 등 본부 근무 직원의 사기 저하 조치
인사발령 원칙	공석 발생 시, 우선 내부 직원에게 이동 발령을 내고, 이동근무 인사 종료 후 외부 인사에게 개방	직위분류제하에서 공석 채용 과정에서 외부 지원자를 내부 직원에 비해 차별
예외 검토	예외검토 위원회에서 의무적 이동근무의 예외에 대해 결정	예외 승인 조건 불분명

　그러나 2012년 하반기 5위원회 회원국들이 보인 반응은 비판 일색이었다. 러시아는 한 자리에서 잘하고 있는 직원들을 괜히 옮겨 전문성을 훼손시킨다면서 정책 타당성이 전무하다고 평가절하했다. 3위의 재정 분담국인 독일은 직원들을 의무적으로 자주 이동시키는 데 드는 비용에 대해 강한 우려를 표출했다. 사무국은 현 정보관리 시스템으로는 이동근무에 소요된 비용을 정확히 산출할 수 없어서 예상 비용도 정확히 알 수 없다고 답했다. 유엔 진출 국민이 적은 일본은 이동근무가 공석 발생 시 내부 직원을 우선시함으로써 외부 지원자가 들어올 기회를 원천봉쇄한다고 반발했다. 공석 발생 시 내부 직원을 우선 이동시킨다는 것은 공개 채용을 통한 직위분류제를 원칙으로 하는 유엔의 인사 정책과 상충되는 측면이 있었다. 미국은 이동근무를 시행하려면 평가의 기준으로 성과평가가 제대로 이루어져야 하는데, 유엔의 성과평가는 변별력과 신뢰성이 떨어지고, 이런 상황에서 이동근무 발령을 내면 평가의 객관성에 대한 문제제기로

법률 소송이 늘며, 현재의 비효율적인 사법제도로는 소송 제기 후 장시간이 소요되고 그동안 간부와 직원이 세내로 업무도 하시 못하는 사태가 벌어진다면서 이 삼중의 문제(three-legged chair)를 동시에 해결하지 않고, 이동근무만 먼저 추진하는 것은 재고의 여지가 있다고 주장했다. 77그룹도 조직 기억 연속성 훼손 가능성, 이동근무 예외의 조건, 이동근무 과정에서 남녀평등 보장 등에 대해 문제를 제기하기는 했지만, 선진국과 러시아가 알아서 이동근무를 반대해주자, 이들 나라 뒤에 숨어 논의에 별로 끼어들지 않았다. 동시다발적 비판이 쏟아지는 와중에, 이동근무를 적극 지지하는 것은 유엔의 기동력 강화에 긍정적인 우리나라, 영국, 캐나다, 호주 등뿐이었다.

결국, 12월 말 밤샘 협상을 통해 사무총장이 제안을 대폭적으로 수정하고, 여기에 그치지 않고, 대안(alternative approach), 즉 의무성이 제거된 방안을 새로 강구할 것을 주문하는 데로 의견이 모아졌다. 이 잠정 합의마저도 이동근무가 포함되어 있던 인적자원관리의 다른 쟁점들에 대한 이견이 좁혀지지 않으면서 결의 채택으로 이어지지 않았고, 결국 2013년 3월(67차 총회 1차 속개회의)에 가서야 결의가 채택되었다.

이 결의에는 회원국들이 요구한 이동근무에 대한 수정·보완 사항이 총망라되었다.[231] 도대체 수정·보완 요구 사항이 이렇게 많은 결의는 애당초

---

231 이때 채택된 인적자원관리 결의 중 해당 조항 원문은 다음과 같다(A/RES/67/255).
OP 57. Requests the SG to provide to the GA for its consideration, no later than at the main part of its sixty-eighth session, a comprehensive report, with the aim of further refining the proposed mobility policy, which should cover, inter alia, the following items:
  (a) Accurate and reliable historical data on staff mobility patterns;
  (b) A detailed analysis of the impact of the mobility and career development framework on the selection and recruitment system, including external recruitment, as well as options that could mitigate any possible negative effects in this regard;
  (c) The expected number and configuration of the job network boards and special constraints panels and their

보기가 어려웠다. 이는 사무총장의 이동근무 안이 수정·보완해야 할 사항이 이다지도 많으니, "사무총장님, 당신 생각은 포기하시구려"라고 말하는 것과 마찬가지였다.

그러나 이 무지막지한 결의가 채택된 데는 이동근무 개혁안이 구멍이 숭숭 뚫려 있는 문제점투성이라는 회원국들의 반대에 맞서, 숭숭 뚫린 구멍들을 메운 '누더기 옷'이라도 입는 것이 아예 벌거벗은 것보다는 낫다는, 우리나라를 비롯한 일부 회원국들의 치열한 노력이 숨어 있었다. 수정·보완 사항을 주문하는 조항 외에, 이동근무 제안의 가치를 인정하는 조항이 3개나 채택되었다. 사무총장의 이동근무에 대한 확고한 의지를 환영하고, 의무적 이동근무를 도입하려는 의도에 주목하며, 이동근무를 통해 기동력을 제고하겠다는 이동근무의 목적에 주목한다는 문구들이 그것이

---

precise roles, the functions and authority of the network staffing officers, the role of staff representatives and the terms of reference, rules of procedure and operating guidelines of the job network boards, taking into account the role of the SG as chief administrative officer of the Organization, and the maintenance and preservation of management"s final decision making authority in respect of placement recommendations and actions thereon, as well as clear mechanisms that ensure the accountability of job network boards and hiring managers, as well as of the SG, including in matters of equitable geographical distribution for fulfilling the human resources management recruitment parameter set by the Charter and the GA and for the delivery of mandates;

(d) The criteria to be used by the special constraints panel for granting exemptions from reassignment;

(e) An analysis of the implications of the mobility and career development framework for gender parity, particularly for women from developing countries, including a plan on achieving the gender balance target;

(f) A comprehensive list of the number and type of positions that will be non–rotational;

(g) A comprehensive analysis of the projected administrative and financial implications, including direct and indirect costs, of the mobility policy for all duty stations over the medium term, including training costs, taking into account current and immediate past patterns of mobility, the likely patterns of mobility based on the total number of staff who will be subject to the policy and workforce planning;

(h) A strategy for the maintenance of institutional knowledge retention, as well as an analysis of the possible effects on mandate delivery of increased turnover and potential outflow of staff, taking into account the effects of minimum and maximum post occupancy limits;

(i) Quantifiable key performance indicators and targets for the goals, as stated in the mobility and career development framework, including more equitable burden–sharing and the provision of equitable opportunities for international staff in hardship and headquarters duty stations;

(j) An analysis of the possible impact of the proposed mobility policy on the geographical distribution of staff;

(k) An assessment of the potential burden of mobility policy–related claims in the system of administration of justice of the Organization and proposals for limiting any such burden, bearing in mind obligations and liabilities arising from the existing contractual arrangements;

다.[232] 보통 이러한 문구들은 실체적 의미가 별로 없는 형식적 문안일 때가 많지만, 이번만큼은 이동근무 개혁안이 계속적 논의의 대상임을 확인시키는 현실적 의미가 있었다. 개혁안을 죽이면 다시는 되살리기 어렵다는 절박함에서 좀 더 보완하여 회원국 마음에 들면 승인해줄 수 있도록 살려놓자는 우리를 포함한 일부 회원국들의 희망이 담긴 표현이었다.

❸ 협상 2단계: 이동근무 개선안

반기문 사무총장은 사실상 퇴짜에 가까운 푸대접을 받았지만, 낙담하지 않았다. 유엔에서 개혁은 언제나 더디고, 회원국들의 합의가 우선임을 잘 아는 사무총장은 회원국 우려를 충실하게 받아들였다. 그리고 이동근무 개선안(refined proposal)과 대안을 2013년 중반 제출했다. 주요한 변화는 다음과 같았다.

---

232 A/RES/67/255

OP 51. Welcomes the commitment of the SG to develop a managed mobility policy to ensure that the Organization is more capable of delivering on the diverse and complex mandates entrusted to it by Member States;

OP 52. Notes the intention of the SG to introduce a managed mobility policy, beginning with a two-year preparation phase, followed by a period of staged implementation, starting from 1 January 2015, and acknowledges that this is subject to further decisions and approval by the GA;

OP 53. Also notes that the overall objective of the SG"s proposed staff mobility and career development framework is to develop a workforce that is global, dynamic and adaptable in order to deliver effectively on the mandates entrusted to the Organization by Member States and to foster the skills and capacities of staff;

쟁점	기존안	개선안	대안
이동근무 건수	과거 통계 부족	2007-2011년 연평균 1,635건	
비용	추계치 없음	현재 이동근무 비용 1년 1억 5,000만 불은 기술적으로 정확치 않으며, 직원 이동 수를 예상하기 어려우므로 비용 추계치 제시 곤란	
인사 위원회	고위 간부 및 직원 대표 참석	고위 간부만 참석	
외부 지원자 차별	•공석에 대해 우선 내부 직원 이동 발령 후 외부 인사에게 개방 •1년 4회 실시	•공석 발생 시 외부 지원자 및 내부 직원에게 동시 개방(현재와 동일) •동일 직급 간 수평이동(lateral reassignment)은 내부 직원에게만 개방	수평이동 없음
이동근무의 승진 요건화	P-5(과장급) 승진 시 지리적 이동 1회 요건	좌동	•P-5(과장급) 승진 시 지리적 이동 1회 •D-1 및 D-2(국장급) 승진 시 지리적 이동 2회
복귀권	폐지	폐지	유지

이 가운데 핵심은 비용과 외부지원자 차별 문제였다. 개선안은 유엔의 정보관리 시스템상 가능한 범위 내 계산을 거쳐 비용 추계치를 제시했다. 또한 작년 회원국들의 광범위한 반대에 직면했던 외부지원자 차별 문제에 대해서는 수평이동(lateral move), 즉 동일 직급 간 인사이동에 대해서만 이동근무를 실시하는 것으로 대폭적인 수정을 가했다. 더 높은 직급으로 이동하는 것은 지금과 마찬가지로 직원들이 자발적으로 직위분류제에 따라 신규 지원하는 것으로 보고, 이동근무 범주에서 제외시킨 것이다.

사무총장이 회원국의 우려를 반영하여 수정한 개선안에 대한 반응은 어땠을까. 먼저 ACABQ는 아닌 밤중에 홍두깨처럼 대안이 바람직하다는 결론을 냈다. ACABQ의 구체 의견은 다음과 같았다.

외부 지원자	개선안은 내부 직원 간 보직 변경하는 수평이동 과정에서 외부지원자의 지원이 불가능하므로 여전히 외부지원자를 차별하며, 이러한 과정이 없는 대안을 지지함
비용	최대근무연한 도입으로 지리적 이동근무가 급격히 늘어날 것으로 전망되고, 정확한 비용 추산이 어렵다면 다양한 시나리오에 따른 현실적 비용 예상치를 제시해야 했으나 사무국이 그러지 못한바, 지리적 이동 및 이에 따른 추가 비용의 급격한 증가를 초래하지 않을 대안을 지지함
이동 근무 건수	지리적 이동근무 건수 계산의 기준으로, 사무총장 보고서상 1,635건이 아니라, 2013년 직원현황 보고서에 담긴 전보(geographic transfer) 157건을 사용할 필요

ACABQ 보고서가 대안을 지지한다는 의견을 내다니, 어이가 없었다. 내용적으로도 말이 안 됐다. 우선 '수평이동 과정에서 외부지원자의 지원이 불가능하므로 여전히 외부지원자를 차별'한다는 의견은 의무적 수평이동이 이동근무 제도가 없으면 아예 발생하지 않는다는 점을 깡그리 무시한 단견이었다. 즉, 직위분류제하의 유엔에서 A직위 직원이 B직위로 가려면, B직위 공석이 생겨야 한다. 그래야 A직위 직원과 관심 있는 외부지원자가 함께 지원하고, A직위 직원이 합격하면, B직위로 이동하게 된다. 그런데 의무적 이동근무하에서는, 가령 A직위 직원과 B직위 직원이 근무상한 7년(뉴욕 기준)에 도달했다면, 다른 부서로 수평 이동해야 한다. 다시 말해, 이동근무 제도가 없어 근무상한이라는 개념도 없다면, 이 직원이 아예 이동을 하지 않게 되고, 따라서 공석이 발생하지 않게 되는 것이다. 즉, 현행 제도에서는 공석이 원천적으로 생겨나지 않으므로, 외부지원자를 차별할 기본 조건이 충족조차 되지 않는 것이다. 공정하게 평가하려면, 아래 표와 같이 동일한 조건을 상정하고 비교해야 하는데, ACABQ는 현 제도에서 원래 발생하지 않는 공석에 외부 지원자가 지원하지 못하므로 차별이라는 궤변을 늘어놓고 있는 것이다.

구분	현행 제도	의무적 이동근무
자발적 이동으로 공석 발생	공개 채용	공개 채용
근무상한 도달에 따른 수평이동으로 공석 발생	근무상한이 없으므로, 공석 자체가 미(未)발생(외부지원자에게 개방하는 공석에 해당되지 않음)	외부지원자에게 미(未)개방

비용에 대한 ACABQ 의견은 간단했다. 사무국이 정확한 추계치를 제시하지 않았기 때문에, 개선안을 지지할 수 없다는 것이었다. 비용은 현재 유엔의 정보관리 시스템상 기술적으로 산출이 불가능하다는 것은 누차 이야기된 상황이었다. 사무국은 시스템을 통해 확보 가능한 데이터와 그 외의 데이터를 합하는 수작업을 거쳐 현재 1년 1억 5,000만 불이 소요된다고 보고서에서 설명했다. 따라서 추가 소요액은 현재 인원보다 몇 명이 늘어나는지 몇 개 시나리오를 대입해보면 될 일이었다. 따라서 합리적인 ACABQ 의견이라면, 5위원회가 사무국에 이동근무 증가 시나리오를 토대로 비용 예상치를 받아보는 것이 좋다는 정도여야 했다. 물론 사무국으로서도 가령 0% 증가, 10% 증가, 20% 증가 등 여러 시나리오에 따른 산술적 계산을 보고서에 포함시켰다면, ACABQ가 부정적으로 평가할 빌미를 주지 않았겠지만, 공공기관이 타당한 근거 없이 경우의 수만 나열하는 것은 일반적으로 기대되는 바가 아니다.

지리적 이동근무 건수를 1,635건이 아닌, 157건으로 하라는 ACABQ 생각도 넌센스였다. 계약 종료 후 다른 직위에 새로운 직위로 입부하는 경우, 컴퓨터 시스템의 미비로 계산에 포함되지 않는 이동의 경우 등을 다 빼고, 12개월 기간의 동일 직급 간 전보(lateral transfer)만 계산하여 비교하라는 것이다. 비교의 대상이 동일하지가 못하다.

ACABQ의 권고 의견은 이동근무에 소극적인 회원국 출신 위원들이 사실관계를 명확히 밝히지 않음으로써 이동근무에 대한 승인을 미루려는 의도가 반영된 것으로 해석할 수밖에 없었다. 대표부에서는 ACABQ 보고서가 발간되기 전에 일부 위원들과 대화를 가져보았는데, ACABQ 내 이동근무 논의가 5위원회의 갈등을 그대로 가져온 듯 합의를 도출하기가 어렵다는 분위기임을 확인할 수 있었다. 결국 일부 강경한 위원들이 개선안에 대한 논의를 회피함에 따라 대안을 지지한다는, 삼천포로 빠지는 결론에 도달해버린 것이다.

다음은 사무국이었다. 10월 말 이동근무에 관심 있는 선진국 실무자 몇 명과 함께 사무국 간부를 만나 식사를 같이 했다. 회원국으로서는 비용, 외부지원자 차별 문제에 대해 사무국이 그간 준비를 많이 한 점을 알게 되었고, 사무국으로서는 ACABQ 보고서가 대변해주듯, 회원국들이 여전히 우려가 많고, 설명 방법에 적극성이 필요함을 이해하게 되었을 것이다. 회원국들은 이러한 우려를 해소할 수 있도록 함께 협의를 계속하자고 했다.

다른 간부에게 면담에서 사무국의 이동근무 추진 전략을 들어보았다. 간부는 EU 내 일부 국가가 강경하다는 분석을 하고, 비용 증가는 정확히 추산하기는 어려워도 사무국 분석으로는 얼마 되지 않을 것으로 본다면서 적절한 시점에 사무총장이나 고위 인사가 회원국에 사무국에서 자체 흡수할 수 있을 것이란 점을 이야기할 것이라고 매우 솔직하게 말해주었다. 회원국들은 사무국의 복안을 듣고 난 후 보고서로는 우려가 컸던 승인 추진 전략에 대해서도 좀 더 공세적인 대응이 가능하겠다는 생각을 하는 것 같았다.

이제 작년 이동근무 의제에서 회의적인 생각을 보였던 선진국들 차례였다. 백지아 차석대사와 유대종 공사참사관은 11월 8일 선진국 실무자들 및 14일 차석대사들과 협의를 갖기로 했다. 여기에 사무국 인사실의 고위 관계자를 불러, 난상토론으로 끌고 가보자고 했다. 나는 회원국들에게 나눠줄 기본 토의 자료를 만들고, 이를 발표하는 역할을 맡았다. 이 모임이야말로 우리 대표부가 서로 다른 입장의 선진국 간 연대를 성사시킬 절호의 기회였다. 이동근무에 관한 기본 사실관계를 사무국보다 더 이해하기 쉽게 전달하면 승산이 있다고 생각했다. 어깨는 무거웠지만, 호승심이 생겨났다. 그리고 평소 선진국 간 협의나 각종 유엔 회의에 가보면, 조그마해 잘 보이지도 않는 작은 글자로 된 워드 자료를 쓰거나, 핵심 주제만 너댓 개 있는 간단한 종이 한 장이 책상 위에 깔려 있고 마는데, 차라리 청중들의 시선을 집중시키는 파워포인트를 쓰는 게 낫겠다고 생각했다.

자료를 만들다보니, 비용 문제는 몇 가지 예상치를 사무국이 제시하면, 회원국이 그 소통 노력을 평가할 것이라는 메시지로 간단히 정리되었다. 문제는 외부지원자 차별 문제였다. 나는 이때까지도 사무총장의 개혁안이 어떻게 외부지원자를 차별하는지, 또는 차별하지 않는지 정확히 이해가 안 갔다. 그래서 사무국의 한 관계자를 만나 현재의 인사 절차, 이동근무 인사 절차, 두 상황에서 외부 지원자의 지원 가능성 또는 차별성 등에 대해 물어보았다. 이 집중 대화를 통해 대강의 가닥은 머릿속에 잡혔다. 문제는 이를 어떻게 표현하느냐였다. 새벽 1-2시까지 매일 머리를 쥐어짰다.

그런데 이런 작업을 하는 동안 예상치 못한 기이한 일들이 계속 벌어졌다. 평소 선진국 간 협의를 하면, 협의하는 날 이외에는 별로 양자 간 연락이 없었는데, 이번 11월 14일 선진국 협의를 앞두고는 참석하는 선진국 실무자들이 일일이 나에게 전화를 걸거나 이메일을 보내는 것이었다. 그러고는 이번 협의의 운영 방식에 대한 자신들의 생각을 피력했다. 이동근무만 이야기하기보다 인적자원관리 전체를 이야기하자, 이동근무에만 초점을 맞추자, 그리고 사무국 인사실에서 오는 사람이 별로 도움이 안 될 것이다, 사무국 인사실에서 오는 사람을 역이용하자 등등 상반된 생각들이 이번 협의의 핵심인 나에게 집중적으로 들어왔다. 나는 깨달았다. 평소 5위원회 회의에서 긴박한 순간에 펜을 쥐고 있는 사람, 즉 협상 주도국 실무자나, 의장, 간사, 사무국 고위직, 심지어 사무총장에게 자신들의 이익에 대한 제휴를 구하기 위해 이런 이야기들을 가감 없이 할 것이라는 점을. 이동근무에 대한 선진국들 생각이 여전히 다르다는 점도 확인되었다. 이번 협의가 더욱 막중해졌다.

11월 8일은 전초전이었다. 평소대로 바닥에 까는 자료만 사용했다. 드디어 11월 14일이 하루 남은 13일이 되었다. 아직까지도 이동근무 인사 과정에서 외부지원자 차별이 없음을 설명할 쌈박한 아이디어가 떠오르질 않았다. 사무실의 시계 초침 소리가 또렷하게 들렸다. 뜬눈으로 밤을 지새우고 나니, 사무실에 출근하는 동료들의 발자국 소리가 들려왔다. 컴퓨터를 열 몇 시간 들여다보았더니 목과 눈이 아팠다. '왜 컴퓨터 화면을 계속 들여다보면, 눈이 아플까' 하는 딴 생각이 슬그머니 들었다. 그런데 바로 그 순간, 아이디어가 떠올랐다. '애니메이션! 이동근무 인사 절차를 동적으로 보여주면 되겠구나!' 나는 마우스를 재빨리 놀려 마지막 한 장을 완성하고, 몇 번 시연을 해보았다.

12시가 가까워졌다. 인사실 고위 관계자가 분위기를 탐색하려는 듯 먼저 들어오고, 이어 각국의 차석대사들이 들어왔다. 모두 착석하고, 백지아 대사가 인사말을 한 후 내게 마이크를 넘겼다. 참석한 사람들이 시선이 화면에 꽂힌 것을 보았다. 설명을 시작하자마자, 유대종 공사참사관의 메모를 조성연 연구원이 나에게 건넸다. "천천히!" 나는 자신이 넘쳤는지, 설명할 말을 적어놓은 대본을 너무 빨리 읽었나보다. 다행히 아직 초반부였다. 속도를 조금 늦추었다. 그리고 외부지원자 차별이 없다는 설명을 할 차례에 애니메이션이 포함된 다음 슬라이드를 띄웠다.

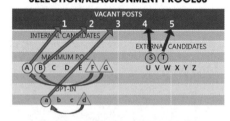

WHAT HAPPENS TO EXTERNAL CANDIDATES?

SELECTION/REASSIGNMENT PROCESS

VACANCY ADVERTISEMENT IN 6 MONTHS

CURRENT SYSTEM	MANAGED MOBILITY
A, B, a	F, G, d

현재 1-5의 5개 공석이 있다면, 6개월 후에 발생하는 공석은 이동근무 실시 여부와 관계없이 3개로 동일하다. 다만 그 공석이 현행 제도에서 A, B, a 3개라면, 이동근무하에서는 최대근무연한 도달 및 자발적 지원을 포함한 수평이동으로 A, B, a가 채워지고 난 후 공석이 되는 F, G, d 3개로 직위만 달라질 뿐이다. 이것이 메시지였다. 이 설명이 끝나자, 다음 슬라이드로 넘어갔을 때는 이미 회원국들 사이에 술렁임이 일었다. 앞줄에 앉은 차석대사들과 뒷줄이나 옆의 실무자가 저 설명이 맞는 거냐, 저 설명이 맞

다면 차별이 없는 거냐, 저 설명에서 빠진 건 없느냐고 하는 것 같았다. 어쨌든 술렁인다는 것은 본인들도 그간 이 문제에 확신이 없었고, 생각을 하게 되었음을 의미하는 것이었다.

내부 직원에 비해 외부 지원자를 차별한다는 것은 공석에 외부지원자가 지원할 수 없을 때 존재했다. 그러나 수평이동과 공석에 대한 인사가 함께 이루어지면, 인사가 돌고 돌아 반드시 처음 생기는 공석의 개수만큼 공석이 생겨난다. 이 공석에 외부지원자는 지금과 마찬가지로 지원할 수 있으므로, 차별은 있을 수가 없다. 이것이 회원국들의 첫 번째 의문에 대한 나의 답이었다. 두 번째 의문은 수평이동이라는 인사이동이 대폭 확대되어 공석의 개수가 과거에 비해 줄어들지도 모른다는 것이었다. 그러나 이것은 정책의 변화에 따른 결과일 뿐, 외부지원자 차별이 아니다. 이러한 변화는 회원국들이 결단을 내려 받아들여야 했다.

나는 파워포인트 하나로 그 고단수 회원국 대표들이 모두 생각을 바꾸었다고는 생각지 않는다. 그러나 적어도 외부지원자 차별이 없다는 점을 명쾌하게 주장함으로써 이동근무 개선안이 ACABQ 의견처럼 얼토당토 않은 것이 아니라, 오히려 회원국의 우려에 성의껏 대응한 것이라는 인상을 주는 데는 일정한 효과가 있었을 것이다. 사실관계가 명확히 드러난 이후 가부에 대한 판단은 전적으로 회원국들의 몫이었다. 또 다른 효과는, 이날 참석했던 사무국 직원들이 나중에 이동근무가 5위원회에 상정된 이후 회원국들에게 외부지원자 차별이 없음을 설명하기 위해 이날 사용한 파워포인트와 유사한 애니메이션을 만들었다는 데 있었다.

이날 협의를 통해 기득권 국가들의 이동근무에 대한 근원적인 우려를 이해하는 수확도 거두었다. 미국은 이동근무를 시행하면, 다수의 직위에 다수의 직원들을 적재적소에 배치하는 어려움이 따르는데, 이를 어떻게 해소할 것이냐고 물었다. 사무국 관계자는 답변의 첫 마디로 "그 질문의 배경이 무엇인지 잘 안다(I know where that question comes from.)"라고 말했다. '적재적소 배치' 질문은 현재의 인사 배치가 직원들이 자기 능력과 적성을 고려하여 지원해 이루어진 최적의 배치이며, 이는 현재 자국민 직원들이 요직에 많다는 점을 암시하고 있었다. 이동근무는 한 곳에 수 년 혹은 십 수년 근무하는 직원들을 이리저리 돌리게 되므로, 기득권 국가들이 기존, 특히 자국민 직원들과 가졌던 유대 관계를 통한 긴밀한 협의 기회, 이를 통한 정보 획득의 기회를 뒤섞는 효과가 있었다. 이것이 기득권 국가들이 이동근무에 소극적이고, 러시아가 강하게 반대하는 이유였다.

11월 말부터 본격적인 협상이 시작되었다. 우리나라는 작년부터 이동 근무 협상에 적극 참여하고 있는 호주의 제안으로 CANZ, 우리나라, 노르웨이, 스위스의 공동 결의 문안을 제출했다. 그러나 회원국들이 제출한 초안에는 총 조항 수가 70개가 넘었다. 러시아의 반대는 예견된 대로였다. 77그룹은 비용의 정확성 문제, 정보 부족 문제 등이 해소된 이후에 승인이 가능하다는 조건부 승인 이야기만 반복했다. 게다가 인적자원관리 의제에 이동근무 외에도 다른 쟁점들이 수두룩했다. 시간은 계속 흘러갔다. 그래도 실무자들은 모두 진지하게 논의에 임했다. '이동근무 승인'(선진국), '69차 총회에 승인 여부 결정'(77그룹) 쟁점은 어차피 세부 쟁점 논의가 우선이므로 나중에 논의하자는 데 의견이 같았다. 각자 자기 입장에 충실하기는 했지만, 절제되고 이치에 맞는 이야기들만 오고 갔다. 희망이 보였다.

77그룹은 브라질이 실질적인 협상 대표 역할을 했다. 나는 밖에서 만나 이동근무를 하면 험지에 있는 직원들을 본부로 불러오고, 그런 교류 속에서 정책 역동성도 높아져서 결국 정책의 시행 대상지인 개도국이 혜택을 보는 게 아니냐고 말했고, 브라질 실무자 역시 그러한 장점은 오히려 본인이 추구하는 바라고 말했다. 문제는 비용이었다. 브라질은 협상장에서 이야기했다. 77그룹은 이동근무로 비용이 증가하면, 이를 메우기 위해 개발 분야에 쓰일 자금을 줄일 것이 가장 우려스럽고, 이 우려가 해소되기 전까지 이동근무 승인은 어렵다는 것이었다. 이것이 77그룹이 풀어야 할 숙제였다. 브라질은 자기 협상 목표를 공개했지만, 우려를 잘 이해해달라는 솔직함도 드러냈다. 이제 양측의 입장은 명확해졌다. 선진국은 비용 증가와 외부지원자 차별, 77그룹은 비용 증가로 개발 예산이 축소될 가능성이 핵심 우려 사항이었다. 이 우려를 합쳐 새로운 균형점으로 이동하는 문안을 고안해낼 수 있느냐가 관건이었다.

12월에는 사무총장도 적극적으로 회원국들 설득에 나섰다. 제네바그룹, 77그룹 등 주요 그룹 대사들을 각각 사무국 건물로 불러 직접 설득을 했다. 선진국에게는 추가 비용이 별로 없을 것이지만, 있더라도 사무국이 자체 흡수할 것임을 강조했다. 아마 개도국에 대해서는 개발 재원에 미치는 영향이 없을 것이라고 설명했을 것이다.

12월 20일경 미국과 호주 주도로 문안 간소화가 이루어져 70여 문안이 20개 남짓으로 정리되었다. 당초 비용과 인사 돌리기(reshuffle)에 우려가 컸던 미국은 이번 협상에서는 적극적으로 이동근무 승인 노력을 기울였다. 대국답게 대세와 변화의 필요성을 인정했을 것이다. 다만 비용에 대한 우려는 해소하고자 했다. 2016년 1개 직군, 2017년 1개 직군, 2018년부터 2020년까지 2개 직군씩 이동근무를 실시하자는, 시행 속도를 늦추는 문안을 냈다. 이동근무로 비용이 증가하더라도 점진적으로 증가하도록 하여 재정 부담을 분산시키는 방안이었다. 또한 2014년 및 2015년 실시한 지리적 이동근무의 수를 넘지 않는 범위 내에서 2016년 및 2017년 지리적 이동근무를 실시하라는 문안을 제출했다. 비용을 잡아먹는 지리적 이동근무에 상한을 씌워 비용을 2년간 동결시키겠다는 뜻이었다. 동시에 전략적 인사이동을 위해 추가적 이동근무가 필요한 경우에는 관련 이유와 비용을 총회에 제출하라는 문안도 포함시켰다. 독일은 전면에 나서지 않았어도 이 비용 관련 문안을 좋아했을 것이고, 사전에 양측 간 협의가 있었을 것이다.

77그룹은 이동근무 시행으로 추가 비용이 발생하는 경우 재원을 어떻게 조달할 것인지 먼저 확인해야겠다는 문안을 냈다. 개발 분야에 대한 영향이 없음을 확인해야 승인이 가능하다는 의미였다. 또한 이동근무 인사 발령 과정에서 개도국 출신 직원들에 대한 차별이 없어야 한다고 주장했다. 지리적 균형에 대한 평소의 관심이 반영된 것이다.

진지한 논의는 계속되었다. 추가적인 자료 제출이 필요하다는 77그룹 주장은 어차피 이동근무가 2015년 말에나 시작하므로, 그때까지는 인사 위원회 구성, 이동근무 인사 기준 등 사무국이 준비하고, 5위원회가 확인해야 할 사항들이 적지 않았으므로, 수용할 수 있었다. 결의 문안이 깔끔하게 정리되어갔다. 동시에 77그룹의 개발 비용에 영향을 미친다는 주장에 대해서는 현재 비용 증가가 불분명하고, 또한 비용 증가를 억누르기 위한 문안을 논의하는 상황이므로, 개발 분야 영향에 대한 우려만 나열하기보다 이를 해소할 문안을 제시하라고 촉구했다.

중간중간 러시아가 특유의 유창한 언변으로 사무국이 이동근무의 장점을 전혀 입증하지 못하는 등 준비가 되어 있지 않음을 지적했다. 그러나 러시아의 계속적 반대는 호주, 영국, 한국이 틀어막았다. 직원의 이동으로 전문성이 훼손되는 단점이 크다고 하자, 호주 대표는 러시아가 단점으로 보는 바로 그 점을 본인은 장점으로 본다며, 이동에 따른 넓은 시야의 확보, 서로 다른 업무에 대한 이해 등 수많은 장점이 단점을 능가한다고 응수했다. 또 러시아가 한 직위에서 능력을 쌓고 있는 '전문가(specialist)'를 다른 곳으로 옮겨 별볼일 없는 '범용 인재(generalist)'로 만드는 이동근무의 취지 자체에 동의할 수 없다고 말하자, 영국의 알란 쇼(Alan Shaw) 서기관은 자기는 '융합형 인재(generalist)' 양성을 중시하는 영국 외무성 출신인데, 어느 연구 결과가 '특정 분야 전문가(specialist)'가 더 낫다고 이야기하는지 근거를 대보라고 받아쳤다. 이런 즉각적인 대응에 알란은 독보적이었다.[233]

12월 22일경 77그룹은 비용 증가 시 사무국에 자체 흡수를 요구하지 않고, 추가 예산을 배정하자는 수정안을 제시했다. 이번 회기에 사무국에 지침을 주겠다는 것이므로, 사무국이 추가 비용 재원 조달 방안을 가져오면 이를 보고 난 후 승인을 검토해보겠다는 기존 입장보다 진전된 방안이었다. 이번에 이동근무 승인에 대한 가능성을 내비치는 희소식이었다. 이를 반영한 이동근무 결의 초안이 12월 22일 일요일 밤 Rev. 3까지 나왔다.[234] 이때까지 논의 상황을 정리해보면, 다음과 같다.

---

233 알란 쇼 서기관은 내가 5위원회에서 성장하는 데 크나큰 도움을 주었다. 안타깝게도, 휴가 중 불의의 교통사고로 일찍 세상을 떴다.

234 회원국 간 수정안과 재수정안 등이 오고 가면서 개별 조항이 잠정 합의되면, 사무국에서는 합의된 문안을 반영하여 결의 초안을 다듬는다. 이를 보통 rev. 1(revised version 1), rev.2 등으로 부른다(1차 수정안, 2차 수정안 등).

핵심 쟁점	선진국	77그룹
승인 여부	즉시 승인	69차 총회에서 결정
이동근무 시행으로 발생하는 추가 비용	지리적 이동근무의 상한을 설정하고, 추가적 이동근무는 그 이유 및 비용에 대해 총회 보고	(1차안) 재원 조달 방안에 대한 사무국 구상 확인 필요 (2차안) 사무국 자체 흡수 없이 추가 예산 배정
외부지원자 차별 금지	공석에 대해 외부지원자와 내부 직원 간 동등한 대우	이동근무 과정에 지리적 균형을 달성할 사무국 구상 확인 필요
추가 자료 제출	이동근무 추이 등 통계, 비용, 2013년 및 2014년 외부 개방 직위 및 합격 외부지원자 수,[235] 이동근무 적용 면제 직위, 목록, 인사위원회 운영 지침, 인사위 인사와 미래 인력수급과 연계 분석 외, 다수	

그러나 여기까지 오는 데 시간이 너무 흘러갔다. 이견이 전혀 해소되지 않던 2014-2015년 예산안 논의를 위해 대사급 소인수 협상이 곧 개최된다는 이야기가 들렸다. 여기에서 2012-2013년 결산, 예산조정제도, 파트너십 부서 신설, 유엔 직원 보수 동결 등의 의제가 동시에 논의된다고 했다. 그러면 이동근무 실무 협상은 중단될 것이 뻔했다. 회의를 한다, 만다, 다시 모인다, 안 모인다, 간사와 나, 간사와 회원국 간 이메일과 문자메시지

---

235 최근 4년간 공석에 대한 외부지원자 채용률은 31-41%이었다[2015년 사무국의 이동근무 보고서(A/69/190/ADD.1)]. 회원국들은 이동근무 실시 후에도 외부 지원자 및 입주자 수가 유지되는지 알고 싶어 했다.

		2009년	2010년	2011년	2012년
D급	공석	150	145	151	115
	외부지원자 채용	35	39	39	33
P급	공석	1,345	1,777	1,650	1,443
	외부지원자 채용	682	665	675	513
FS급	공석	490	887	685	373
	외부지원자 채용	96	153	81	91
전체	공석	1,985	2,809	2,486	1,931
	외부지원자 채용	813	857	795	637
	채용률	41%	31%	32%	33%

가 부산하게 오고 가면서, 내용에 대한 집중력이 흐트러지기 시작했다. 비용, 외부지원자, 추가 자료 등 마지막 3대 쟁점에 관해 소중하게 움켜온 다양한 문안의 구슬들이 알알이 흩어지는 듯했다. 23일 잠시 재개된 협상은 흐지부지 끝나버렸고, 77그룹 내부 협의가 있으니 잠시 정회했다가 다시 모이자는 약속은 허언이 되고 말았다. 그리고 대사급 소인수 협상이 시작되었다.

아마 22일까지 실무진 간 협상에 대한 보고를 받은 77그룹 내 대사급 수뇌부에서는 이 상태에서 실무 협상을 접고, 대사급 협상에서 잘 이용해보자는 판단을 내렸을 것이다. 선진국 역시 급증할 것으로 보이는 2014-2015년 예산 규모를 최소화하기 위해서는 선진국이 지지하고 있는 이동근무를 과도하게 요구하면 안 된다고 판단했을 것이다. 이러한 판단으로 23일 실무 협상에서 진척이 없었을 가능성이 높다.

대사급 소인수 협상에는 미국, 일본, 영국 등이 참여한다고 했다. 2014년 PKO병력 경비상환율을 정리한 소인수 협상 때와 마찬가지로, 협상 주도국들이 사전 협의를 통해 소인수 협상 참가국을 정하고, 의장을 접촉하여 이를 확정했을 것이다. 어쨌든 미국은 협상 불가 사항(red lines)을 소인수 협상에 들어가지 못하는 우리에게 물어보았고, 우리는 이동근무의 승인이 필요하다는 의견을 건넸다. 12월 23일 밤부터 시작된 소인수 협상은 다음 날 아침 7시까지 계속되었다. 나는 협상장에서 밤을 지새우며 협상 진전에 촉각을 곤두세우고, 관련 상황을 파악해보려 했지만, 이동근무 논의는 나중에 하기로 했다는 것 외에는 소식이 들려오지 않았다. 그 많던 실무자들 역시 소인수 협상에 참여하는 회원국 실무자 일부를 빼놓고는 다 사라져버려 물어볼 사람들도 없어졌다.

24일 오전 몇몇 선진국을 통해 확인해보니, 이동근무는 23일 밤쯤 논의되었는데, 입장 차이가 있어 일단 나중에 다시 논의하기로 했고, 이어 예산 의제를 한참 논의한 뒤인 새벽 6시 15분경 논의 차례가 돌아왔다고 한다. 그러나 77그룹이 사무국에 이동근무 시행에 관련된 추가 정보가 필요한 것 등 핵심 쟁점에 입장 차이가 있으므로 합의를 보기는 어렵다고 주장했고, 이에 대해 선진국은 합의 도출을 추진해보려 했지만, 반응이 없어 결국 이월하기로 합의되었다고 한다.

그렇게 이동근무에 관한 운명은 결정이 나버렸다. 우리가 강력하게 지지했던 사무총장의 개혁안이 승인되어야 한다는 입장을 소인수 협상팀에 전달했지만, 합의 도출이라는 목적지로 배달되지 않았다. 이동근무에 집중하며 살아온 지난 3-4개월의 시간이 머릿속으로 고속 재생하듯 지나갔다. 비용 문제에 대한 타협안을 하루만 일찍 생각해냈더라면…. 낙심은 컸지만, 다음 전략을 이행해야 했다.

24일 오후 간사가 비공식 협의를 열고, 소인수 협상에서 논의한 바에 따라 이동근무 문안을 뺀 인적자원관리 문안을 5위원회 문서로 비공식 채택해도 되겠느냐고 물었다. 우리는 이동근무에 대한 합의가 도출되지 않은 상황에서 인적자원관리 전체에 대한 총의(consensus)에 참여하기 곤란하다고 밝혔다. 간사는 한국이 투표로 갈 작정이냐고 물었고, 우리는 현재로서는 확답을 줄 수 없지만, 투표는 유력한 우리의 대안이라고 답변했다. 간사는 어쩔 수 없다는 듯 인적자원관리 의제는 지금까지 잠정 합의가 이루어진 문안을 의장 제안으로 5위원회 공식 회의에 상정하겠다고 하고, 12월 모든 실무진 간 협상을 마무리했다. 의장 제안 문서를 5위원회 공식 회의에 상정한다는 것은 모든 회원국이 합의하지 않은 상태임을 의미하는 것이었고, 우리나라가 표결에 회부할 문서를 제출하면, 의장 제안과 우리나라 제안에 대해 공식 회의에서 표결로 채택 여부를 결정해야 했다.

마지막 비공식 협의가 종료된 후 다수 회원국 실무자들이 나에게 다가와 한국이 정말 표결을 강행할 것이냐고 불안과 우려 섞인 목소리로 물었다. 어떤 실무자는 표결을 한다면, 찬성표를 던지겠다고 성원을 보내주었지만, 다수는 소인수 협상에서 이월키로 했는데, 표결을 간다는 것은 무리가 아니냐, 표결을 통해 금번에 이동근무 개선안이 채택될 가능성도 있겠지만, 표결을 강행함으로써 5위원회와 한국에 부정적 여파가 미칠까 우려된다고 말했다. 표결로 가지 말라는 압박이었다. 나는 이들에게 이동근무에 대한 건설적 논의가 소인수 협상으로 갑자기 중단된 상황이므로, 추가 협상이 이루어지지 않으면 표결을 고려할 수밖에 없다고 답변했다. 그리고 합의가 안 된 문안에 대해 우리 생각을 넣은 문안을 만들기 시작했다. 한 회원국 실무자는 내 옆으로 와 결의 문안다운 표현으로 고쳐도 주고, 나의 생각을 옮긴 다른 영어 표현을 제안해주기도 하면서 짧은 시간에 한국 문안을 준비해야 하는 내게 많은 도움을 주었다. 그리고 이 문안을 24일 오후 선진국 실무자들에게 돌렸다. 협상 재개를 대비해 만든 한국 문안으로, 일단 선진국 참고용으로 돌린다고 말했다.

소인수 협상에서 최대 쟁점들에 대한 타결을 보았지만, 2014-2015년 예산의 경우, 전체 예산안에 대한 잠정 합의를 토대로 세부 항목 및 금액에 대한 실무 협의가 필요했다. 이는 협상이 계속된다는 의미였고, 아직 기회는 남아 있었다. 그러나 이동근무 협상을 재개하자는 데는 호응이 전무했다. 브라질 실무자를 회의장 근처에서 만났는데, 나중에 이동근무 합의를 하려면 무엇이 필요할지 이야기해보자고 하자, 그는 비용 문제 등 일부만 해결하면 되겠다고 일견 열린 마음으로 말했다. 그래서 내가 그런 내용으로 다시 협상해보면 어떻겠느냐고 하자, 정색을 하더니 자기는 협상 권한이 없어 더 논의하기 곤란하다고 말하고는 자리를 떴다. 다른 경로를 통한 접촉도 있는 듯했지만, 분위기는 기운 것 같았다. 나는 성탄절과 다음 날 협상 재개를 염두에 두고 문안을 계속 다듬는 한편, 이동근무가 이월될 경우를 대비해 공식 발언문을 준비했다. 그러는 사이 2014-2015년 예산 세부 사항에 대한 세부 협의가 완료되고, 27일 5위원회 공식 회의를 개최하는 것으로 결정되었다.

26일 저녁 나는 지시를 받고, 회원국들에 인적자원관리 의제에 대한 합의에 반대하지 않을 것이라는 이메일을 돌렸다. 27일 오전 공식 회의에서 백지아 차석대사는 이동근무에 관해 합의가 도출되지 않은 데 대해 회원국의 공동 책임을 물으며 유감을 표했다.[236]

회원국들은 이미 알았을 것이다. 한국이 실제 표결로 가지 않을 것이라는 점을. 2014-2015년 예산도 중요 의제였고, 더욱이 다수의 회원국들이 절차를 밟아 진행한 소인수 협상을 통해 나온 합의를 깨는 것도 이상적인 방법은 아니었다. 그렇지만 이동근무 합의가 불발된 데 대해 아무 일 아니라는 듯이 넘어갈 수는 없었다. 회원국도, 의장도, 사무국도 유엔 개혁이

---

236 원문은 다음과 같다.
"I would like to express my delegation's deep regret that an agreement could not be reached on the managed mobility proposal. We are about to defer consideration of mobility for the second time in two main sessions. Membership again could not give clear guidance to the Secretariat and the staff on the major human resources management policy issue. When the proposal is to be discussed in the first resumed session in March next year, my delegation sincerely hopes that we will be able to take a decision on mobility. I also hope that the Secretariat will do its best to thoroughly address the concerns of the member states so that there will be no further delay. With that understanding, my delegation will not stand in the way of consensus on the HRM resolution today. Last, but not least, I would like to express my delegation's profound appreciation to all the delegations and experts for the genuine engagement in the discussion on the HRM agenda item throughout the session."

라는 공통의 과제 앞에서 전진하지 못하는 무책임함을 공히 반성해야 했다. 그리고 우리의 목표는 더 이상 이동근무 개혁에 반대하기 어려운 분위기를 조성해 68차 총회 1차 속개회의에서 기어코 5위원회 승인을 받아내는 것이었다.

❹ 협상 3단계: 이동근무 개혁안 승인

2014년 1월 의장이 주요국 입장을 청취하기 위해 각 대표부를 방문했다. 제일 먼저 우리 대표부를 찾아왔다. 우리가 이동근무에 갖고 있는 애착을 잘 아는 의장은 이동근무를 최우선 과제로 삼아 3월 속개회의를 진행할 생각이라고 말했다. 우리는 77그룹을 포함한 회원국들과 의견을 조율해 나갈 것이며, 의장과 긴밀히 협의하겠다고 화답했다. 2015년 3월 속개회의에서 이동근무는 단독 의제로 다루어졌다. 인적자원관리가 다른 부분들이 이미 합의가 도출되어 종료된 점도 있지만, 이동근무에 초점을 집중시키려는 의장의 노력도 있었을 것이다.

3월 4일 협상이 재개되었다. 문안 간소화부터 시작되었다. 미국은 지난 12월 말 마지막으로 다루었던 문안(Rev. 3)을 간소화한 문안을 만들어보겠다고 제안했고, 77그룹도 동의했다. 미국은 선진국 협의를 주도한 후 3월 5일 다음의 5개 쟁점을 포함한 문안을 만들어 제출했다.

① 지리적 이동근무 상한 설정을 통한 2년간 비용 동결
② 2016-2017년은 연간 1,635건 초과 시 이동근무의 예상 소요액 및 초과 이동

근무 필요 이유 제출

③ 2013년 및 2014년의 지리적 이동근무의 횟수 및 비용과 공석률[237] 등 관련 자료의 제공

④ 공석에 대한 외부지원자 및 내부 직원 간 동등한 대우

⑤ 이동근무 승인

77그룹은 ① 상한 설정 및 ② 비용 발생 시 예산 필요 이유 문안에 대해 긍정적으로 본다고 하고, 다음 회의에서 수정안을 제시하겠다고 했다. ③ 및 ④는 동의한다는 것이나 다름없었다.

이들 두 그룹이 논의의 주류를 만들어갔다면, 러시아는 이동근무 채택을 막기 위한 마지막 안간힘을 썼다. 한 근무지 내 근무연한 계산을 2016년 1월 1일부터 시작한다는 문안을 냈다. 러시아안대로 시행하면, 2019년 1월 1일(험지), 2020년 1월 1일(기타 근무지), 2023년 1월 1일(본부)에서 동일하게 사람들이 움직이는 사태, 즉 '근무'의 이동이 아닌, '인구 전체'의 대이동 사태를 초래하게 되어 있었다. 게다가 뉴욕 등 본부 근무자는 2023년 1월 1일까지 움직이지 않아도 되므로, 이동근무의 개혁 취지를 심각하게 훼손시킬 뿐이었다. 대안(alternative approach)은 더 이상 현실적인 방안이 아니었으므로, 이동근무의 시행을 사실상 무력화시키기로 전략을 바꾼 듯했다.

---

237 공석률이 50%인 상황에서 이동근무가 100번 발생하면, 공석률 25%를 가정할 경우 150번 발생하는 것으로 예상할 수 있다. 이 경우, 비용은 1.5배가 들 것이다. 미국은 공석률을 실제 이동근무 횟수와 함께 검토함으로써 정확한 비용을 계산할 수 있으며, 이를 근거로 향후 이동근무 증가분과 비용 증가분에 대한 매우 정확한 비용 예상치를 뽑아내자고 생각했을 것이다. 비용에 대해 소수점 이하의 숫자까지도 계산하는 철저함이 잘 드러난다.

3월 10일 77그룹이 문안을 가져왔다. 이동근무로 개발 분야에 대한 재원 할당에 영향이 없게 하라는 요지였다. 선진국 실무자들은 이 문안에 대해 별도로 짧은 협의를 가졌다. 이동근무라는 정책 의제와 직접적 연관이 없는 '개발'만 강조하는 것을 허용하는 것은 이동근무 의제뿐만 아니라, 다른 의제에서도 계속 밀리게 된다는 점이 지적되었다. 다시 각자의 자리로 돌아온 선진국은 유엔의 모든 분야 업무가 중요하므로, '개발 재원' 문구를 '유엔 3대 분야의 실질적 업무 또는 임무 수행'으로 하자고 했다.

3월 11일 77그룹은 선진국 수정안에 대해 '3대 분야'를 명시하여 '평화, 개발, 인권'으로 바꾸자고 하고, 기왕이면 '개발'을 먼저 쓰면 더 좋겠다고 농을 던졌다. 회원국들 사이에 웃음이 터져 나왔는데, 이 웃음이야말로, 타협안 마련이 가장 어려웠던 추가 비용 부분에 대해 합의를 해도 되겠다는 신호였다. 잠정 합의(agreed ad ref)가 도출되었다.[238] 비용이라는 이동근무 최대 고비를 넘은 이때가 3월 11일 낮 1시 20분경이었다.

남은 것은 최대근무연한 기산 시점에 관한 러시아 문안이었다. 러시아 주장에는 역시 법적 검토가 배경이 되었다. 2016년 1월 1일부터 이동근무를 실시하면, 그렇게 움직이리라고 생각지 못했던 직원들의 기대이익을 침해하고, 이는 법률의 소급 적용 문제를 야기하며, 따라서 대량 소송 제기로 이어질 가능성이 크다는 것이다.[239] 소급효를 배제하기 위한 방안이

---

238 문안별 잠정 합의가 축적되어 모든 문안이 잠정 합의된 상태가 되면, 간사가 비공식 협의를 열어 문안의 합의 의사를 묻고, 5위원회 상정을 결정한다.

239 기존 제도에서는 같은 직류(job family) 내 재배치 인사(reassignment)가 원칙적으로 가능하나, 이는 본인이 희망하는 경우에만 가능하며, 직원이 원치 않는데도 불구하고 이동시키는 경우 내부 소청제도 소송 대상이 되어왔다. 사실상 조직 차원에서 재배치 인사(reassignment)를 강제하는 것은 불가능하다. 임용과 동시에 직류/직렬 내 어떠한 직위에도 배치 가능한 우리 공무원의 인사제도와 근본적으로 상이하다.

바로 2016년 1월 1일부터 최대근무연한을 계산한다는 것이라는 입장이었다. 여기에 뉴욕 등지의 노조가 이동근무 채택을 저지하기 위해 시위 등 모종의 움직임을 계획하고 있다는 정보도 들어왔다.

내 생각에는 소급효는 존재하지 않을 것으로 보였다. 임무를 결정하는 총회가 결의로 최대근무연한에 도달한 직원들을 사무총장이 인사이동 시킨다고 결정하면 그만이다. 2016년부터 직군별로 이동근무를 실시하겠다는 말은 이동근무 인사이동을 하겠다는 말이지, 최대근무연한 계산을 이때부터 시작하여 2023년에 인사이동을 하겠다는 말이 아니었다. 그럴 거면, 2023년에 직원들을 이동시킨다는 문안이 들어갔어야 했다. 다른 선진국들의 생각도 다르지 않았다. 적극적인 대응이 불필요하며, 찬성하지 않음으로써 자연스럽게 문안이 철회(drop, withdraw)될 것으로 생각되었다.

그런데 3월 13일 77그룹이 러시아 안에 대한 수정안을 냈다. 최대근무연한은 2016년 1월 1일부터 계산하되, 현 직위에서 이미 근무한 기간은 포함시킨다는 것이 첫 번째고, 두 번째는 이동근무 첫 시행 연도인 2016년에 이미 최대근무연한에 도달한 직원들은 원할 경우, 1년 간 유예를 받도록 한다는 것이었다. 좀 이상했다. 첫째 문안, 즉 현 직위에서 이미 근무한 기간이 최대근무연한에 포함한다는 것은 의미를 명확히 하는 것이라 좋긴 한데, 2016년 1월 1일부터 계산한다는 사족은 뺄 필요가 있었다. 둘째 문안, 즉 이 시점에 왜 갑자기 1년 유예 기간을 둔다는 문안을 제출했는지 언뜻 이해가 안 갔다. 이유는 모르겠지만, 이동근무의 시행을 늦추는 셈이었다. 셋째로, 수정안을 77그룹이 냈다는 것이 수상했다. 회원국 1국이 문안을 내면, 다른 한 나라만 반대에 나서기만 해도 채택이 이루어지지 않지만, 77그룹이 반대하면 이야기가 다르다. 러시아의 최대근무연한 계산 기점 제안, 77그룹의 최대근무연한 도달 직원에 대한 1년 유예기간 부여 등 최대근무연한을 둘러싸고 쟁점이 복잡해지는 느낌이 들었다. 소급효라는 불분명하지만, 법적인 의미가 있어 보이는 용어에 기대 대량 소송을 제기할 가능성, 1년 유예를 통해 정책을 실효적으로 거부할 가능성 등 이동근무 시행 자체가 어려워지는 것은 아닌가 하는 우려도 고개를 들었다. 회원국들은 최대근무연한에 대한 사무국의 상세한 설명을 요청했다.

3월 17일 회원국 요청으로 협상장에 들어온 사무국은 직원규정 1.2(c)의 사무총장의 인사권,[240] 총회가 채택할 이동근무 결의, 2012년 6월 아루샤(Arusha)에서 개최한 노사위원회에서 노조와 합의한 다음 4개 사항 등 세 가지가 법적 틀을 구성할 것으로 본다며, 법적 함의가 있는 금번 총회 결의를 가능한 명확하게 만들어줄 것을 회원국에 요청했다.

- 2년의 준비 기간 후 점진적으로 시행
- 직군별 인사위원회(Job Network Board) 설립 후 이동근무 실시
- 이동근무 시행 시점에서 최대근무연한에 도달한 직원에 대해서는 1년 추가 유예 기간 부여
- 퇴직 전 5년 이내 직원의 경우, 이동근무 면제

노조의 움직임에 관한 정보가 나돌더니, 아루샤 노사위원회 합의 내용

---

240 유엔 직원규정 1.2(c)는 직원이 사무총장이 유엔의 어떠한 활동이나 부서로의 배치하든 그 권한에 복종하여야 한다고 규정하고 있다. 그러나 이러한 인사권을 뒷받침하는 구체 결의가 없어 그간 제대로 행사되지 못했다.
Staff Regulations 1.2 (c) Staff members are subject to the authority of the SG and to assignment by him or her to any of the activities or offices of the UN. In exercising this authority the SG shall seek to ensure, having regard to the circumstances, that all necessary safety and security arrangements are made for staff carrying out the responsibilities entrusted to them;

에 대해 노조(협상 당시, 뉴욕 노조 위원장 국적이 브라질)가 브라질 및 러시아 대표에게 귀띔해준 듯했다. 아니, 노조의 입장을 잘 알고 있는 77그룹과 러시아가 1년 유예에 관한 노사 합의에 대해 진작부터 알고 있었을 것이다. 그러나 사무국의 브리핑은 매우 효과적이었다. 77그룹 문안의 배경에 대한 깔끔한 설명을 제공했을 뿐만 아니라, 사무총장의 인사권을 구체적으로 지원해주는 총회 결의의 필요성과, 노사 합의를 존중하는 것의 중요성을 동시에 전달함으로써 합의 종착점을 명료하게 보여주었다.

77그룹 문안을 둘러싼 세 가지 의문이 해소되었다. 첫째, 최대근무연한 계산은 현 직위에서 이미 근무한 기간을 포함한다는 것은 법적 합의를 가질 수 있는 최대근무연한을 둘러싼 의미를 명확히 한다는 것이었다. 둘째, 완충 장치로서 이동근무 시행 시점에 최대근무연한에 도달한 직원에게 1년 유예 기간을 주자는 것은 노조의 입장을 상대적으로 많이 존중해온 77그룹의 평소 입장이 반영된 것이었다. 그러고 보니, 회원국들이 그간 논의해온 결의안에 위 노사 합의 4개 사항 중 3개가 모두 들어가 있었다. 이제 협상 마지막 순간에 1년 유예라는 노사 합의 마지막 사항까지 포함시키게 된 것이다. 그리고 셋째 의문, 즉 77그룹이 이러한 제안을 한 것은 77그룹도 이동근무를 승인하겠다는 의미였다.

미국은 최대근무연한에 대한 사무국의 간결한 설명이 끝난 후 두 개 문안의 수정안을 회람했다. 첫째, 우선 사무총장의 인사권[직원 규정 1.2(c)]을 상기하고, 동시에 최대근무연한 기산 시점 관련, '2016년 1월 1일부터 개시한다'라는 표현을 삭제하여 '기존 직위 근무 기간을 포함'하는 것만 남겨 명확하게 하고, 둘째, 1년 유예를 인정하자는 것이다. 그리고 이 두 문안에 회원국들이 합의하여 이동근무 모든 문안을 합의하자고 제안했다.

첫째 문안은 결의가 채택될 날 이전의 근무 기간을 최대근무연한 계산에 산입함을 명시하고, 이동근무를 통해 직원을 재배치하는 것은 사무총장 권한에 따른 것임을 총회가 결의로써 명백하게 확인시켜주는 효과가 있었다. 둘째 문안은 노사 간 합의를 지키자는 것이다. 둘 다 만에 하나 있을 법적 소송 가능성을 차단하는 기능을 내포하며, 무엇보다 이동근무를 승인하되, 노조의 입장도 고려하겠다는 절충의 뜻이 담겨 있었다. 77그룹의 뜻과도 맞았다.

다수의 회원국들이 동의 표시를 해왔다. 나는 기본적 내용에 동의하는데, 아루샤 합의 내용을 확인한 후 다시 의사표시를 하겠다고 했다. 그러자 일부 선진국은 한국이 합의에 동참하지 않았던 작년 12월 상황을 떠올렸을 것이다. 내용적으로 문제가 없으니, 아루샤 합의 내용을 빨리 검토해달라는 독촉도 내게 들어왔다.

사실 1년 유예에 관한 사실관계를 확인하는 데 시간이 좀 걸렸다. 다른 일부 회원국들과 달리 2012년 6월의 아루샤 합의에 대해 사전에 아는 바가 없었고, 무엇보다 1년 유예가 사실상 이동근무 시행 시점을 2017년으로 늦추는 효과, 즉 사무총장 재임 중에 정책이 자리 잡지 않게 되어 나중에 번복될 가능성을 열어두는 것 아니냐는 우려가 있었다. 그러나 이는 개혁이라는 큰 과제를 추진하기 위해 받아들여야 할 모험이었다. 나는 마지막으로 이동근무의 강력한 지지자이자, 내게는 5위원회 활동에 관한 든든한 조언자였던 영국의 알란 쇼(Alan Shaw) 서기관을 만나보았다. 알란은 미국의 문안이면, 여러 가지 문제를 깔끔하게 해소할 것이며, 미국 문안에 대한 동의 의사표시를 신속하게 해줄 것을 권했다. 사무총장의 입장을 대변한다고 알려져 있는 한국이 동의함으로써 일부 미적거리는 회원국들을 압박하는 효과를 볼 수 있다는 것을 알란은 내게 가르쳐주고 있었다. 내부 협의를 거쳐 3월 19일 한국도 동의한다는 의사표시를 했다. 반대하는 회원국은 더 이상 없었다.

3월 21일 드디어 회의장에서 모든 문안에 잠정 합의가 이루어졌다. 이 결의안은 3월 24일 인적자원관리 마지막 비공식 협의에서 5위원회 공식 회의에 상정하기로 결정되었고, 3월 28일 5위원회 공식 회의에서 채택되었으며, 4월 9일 총회 본회의에서 최종 채택되었다. 총회 본회의에 참석한 반기문 사무총장은 회원국들이 미래지향적 결정(visionary decision)을 내렸다고 평가하며, 감사 인사를 전했다.

그렇게 채택된 의무적 이동근무 주요 내용은 다음과 같다.

- 적용 대상
  - 약 4만 2,000명의 유엔사무국 직원 중 국제채용 직원(P급 및 D급, 약 1만 4,000명)
  - 행정 업무를 담당하는 일반직(G급), 컨설턴트 등은 제외
  - P급 및 D급 중 5년 이내 퇴직 예정자(3,300명), 통역 등 이동근무가 불요한 일부 직위는 적용 면제
- 직군별 인사위원회(Job Network Board, JNB) 설립
  - 유엔 직원들을 분류한 8개 직군별로 인사위원회 설립(인사위원은 국장급)
  - 국장급 인사는 중앙인사위원회(Central Review Board)에서 실시(인사위원은 사무차장 및 사무차장보)
- 본부 7년, 험지 3년, 기타 4년 근무 후 수평이동(lateral reassignment, 동일 직급 간 이동)

이동근무 인사 흐름도(예시)

1월	2월	3월	4월	5월	7월
공석 공고	인사 대상자 (최대근무연한 도달자 및 자원자) 지원 접수	• 인사지원서 접수마감 • NST* 서류 심사	• CRB** 및 공석 부서장 검토 • 인사(안) 상신	인사위 심의 의결	인사 이동 실시

* NST(Network Staffing Teams): 인사위원회 업무 지원팀
** CRB(Central Review Board): 인사 정책 부합 여부 감독

- 승진 요건화: P-5(과장급) 승진에 1회 지리적 이동 필요
- 5년에 걸쳐 점진적으로 시행 확대
    - 2006 · 2017년 각 1개 직군, 2018~2020년 각 2개 직군씩 실시
    ※ 8개 직군(시행 순서대로): POLNET(정무직: 평화, 안보, 인권 등 업무 담당),
        MAGNET(관리직), ITECNET(기술직), SAFENET(보안직), ECONET(재경직),
        INFONET(정보직), LEGALNET(법무직), CONFERENCENET (회의진행직)[241]
- 지리적 이동 규모 상한
    - 비용 증가 방지 차원에서 2014-2015년 발생한 지리적 이동 규모를 상한으로

---

241 근무지별 적용 인원은 다음과 같다(H는 본부, E는 갈수록 험지를 의미).

직군	근무지 등급						총계
	H	A	B	C	D	E	
POLNET(1,996)	748	99	186	195	189	579	1,996
MAGNET(6,263)	1,909	277	920	853	626	1,678	6,263
ITECNET(1,015)	266	41	127	148	112	321	1,015
SAFENET(981)	56	11	120	136	125	533	981
INFONET(500)	244	21	57	46	37	95	500
ECONET(1,949)	989	332	446	37	49	96	1,949
LEGALNET(359)	196	7	76	22	24	34	359
CONFNET(899)	802	18	64	3	7	5	899
기타	123	10	26	14	11	45	229
총계	5,333	816	2,022	1,454	1,180	3,386	14,191

2016-2017년 중 이동근무 실시

이동근무 신(新)제도와 구(舊)제도 비교

	의무적 이동근무	자발성에 기초한 기존 제도
최대근무 연한	본부 등 양호 근무지 7년, 험지 3년, 여타 근무지 4년까지 근무 가능	해당 없음 - 자발적 지원으로 직위 이동 - 이동 불원 시, 동일 직위에서 계속 근무
인사 방식	직군별 인사위원회(Job Network Board)에서 일괄 인사 -공석 발생 시 조직의 니즈에 부합하는 전략적 인사 가능	공석 직위의 부서장이 개별적으로 채용 - 인재 채용에 조직 차원의 종합적 검토 곤란
승진 요건	과장급(P-5): 1회 지리적 이동	과장급(P5): 1회 부서 이동 국장급(D1·D-2): 2회 부서 이동 - 1회 지리적 이동 시, 2회 부서 이동한 것으로 간주
기타	복귀권(lien) 폐지	여타 근무지로 이동하더라도, 2년 이내 현 직위로 복귀 가능

- 입장 대립이 첨예했던 쟁점에 대한 결정 내용[242]

242 A/RES/68/265 Mobility framework
OP 5. Recalls regulation 1.2 (c) of the United Nations Staff Regulations, and in this regard underlines that the calculation of post occupancy for staff members under the managed mobility framework shall include time served in their current posts;
OP 6. Decides that staff members who have reached the maximum occupancy limit when managed mobility comes into effect for their job network will not be subject to reassignment in the first year of operationalization in that job network;
OP 7. Authorizes the SG to implement the refined mobility framework with a view to commencing mobility for one job network in 2016 and one in 2017, followed by two job networks each year thereafter;
OP 8. Decides that the number of geographic moves for the job networks in 2016 and 2017 shall be no greater than the average number of geographic moves in those networks in 2014 and 2015;
OP 9. Requests the SG to ensure that managed mobility shall not have a negative effect on mandate implementation under the peace and security, development and human rights pillars of the UN;
OP 10. Also requests the SG, when considering applicants for vacancies, to give equal treatment to internal and external candidates;

❺ 의미 및 평가

이동근무 정책에 따른 실제 인사이동은 2016년부터 시작되므로, 그 준비와 실제 결과를 계속 지켜보아야 한다. 그러한 전제하에 이동근무가 갖는 의미를 정리해보면 다음과 같다.

의무적 이동근무(managed mobility) 제도의 가장 큰 특징은 유엔사무국 최초로 정기적 근무지·부서 이동을 제도화했다는 데 있다. PKO 활동 증가, 현장 수요 증대 등 시대적 요구에 부응하고, 기동력 있는 조직으로 거듭나기 위한 조치다. 다양한 업무 기회 제공, 동일 직위 내 장기 근무로 초래되는 매너리즘 억제, 험지 직원들에게 여타 근무지 기회 제공으로 사기 제고 및 직원 간 업무 부담 분담, 본부와 험지 직원 교류를 통해 지식 및 경험 순환, 현장에 기반한 정책 수행 제고 등 다양한 효과가 기대된다.

이번 개혁으로 사무총장 등 유엔 인사권자들의 인사 관련 권한이 회복되었다. 직원이 원하지 않으면, 부서를 변경시킬 수 없었던 관행에서 탈피하여, 조직의 필요 및 직원의 역량을 고려한 인사 배치가 가능해졌다. 그간 직원이 사실상 직위를 소유해온 비정상적 관행을 수십 년 만에 정상화시켰다고 볼 수 있다.[243]

사무총장은 이 개혁안을 실시하기 위해 취임 초기부터 지칠 줄 모르는 투지와 인내심으로 사무국 직원들과 회원국들을 설득했다. 초기에는 자발성에 기초한 정책 확대를 도모했고, 이후에는 과감하게 의무성을 도입

---

243 반기문 사무총장의 이동근무 시행은 10가지 이상의 복잡했던 유엔 채용 계약을 단순화시킨 조치(2008년), 유엔 기구간 근로조건을 조화시킨 개혁(2010년)과 함께 사무총장의 3대 인사개혁 성과로 평가할 수 있다.

했다. 또한 행정 및 직원 부담을 줄이기 위해 점진적 시행 및 근무상한에 도달한 직원들을 배려한 1년 유예를 받아들였고, 외부지원자 차별에 대한 회원국 우려를 반영하여 공석이 아닌, 동일 직급 간 이동에 대해서만 이동근무를 시행하기로 했다. 재정 부담을 줄이기 위해 지리적 이동근무 상한, 추가 비용 자체 흡수, 개발 분야 부정적 영향 방지를 받아들였다. 사무총장은 이동근무에 대한 애착을 역이용하여 다른 분야에서 이득을 보려는 회원국들에 휘둘림 없이 이동근무 자체의 내용으로 승부를 걸었다. 그리고 정책이 승인되었을 때, 그 공을 회원국들에게 돌렸다.

회원국들은 저마다 우려가 있었지만, 유엔 인사 개혁이라는 과제 앞에 모두 동참했다. 요직에 있는 자국 출신 직원들을 옮기는 데 대해 기득권 회원국들은 어차피 인사이동을 해도 사무국과 긴밀하게 협의하는 데는 큰 문제가 되지 않을 것으로 생각했을지도 모른다. 미국은 비용 증가에 대한 우려를 상한 설정, 추가적 이동근무 시행 시 총회 보고, 정책의 점진적 시행 등을 통해 상쇄시키고자 했다. 협상 막판에 튀어나온, 이동근무 시행 시점에 최대근무연한에 이미 도달한 직원들에 대한 1년 유예 부여를 인정함으로써 소송을 방지하는 효과가 있다고 보았을 것이다. 독일은 본부 근무하던 직원들이 갑자기 험지로 가게 되는 상황에 대비하여 비자, 보험 등 본부 지원을 강화해야 한다는 점에도 관심을 가지고 있었고, 이는 관련 사무국 노력을 촉구하는 내용으로 결의에 반영되었다. 호주와 영국은 시의적절한 발언을 던져 논의의 초점을 유지했고, 다양한 타협안을 제시하며 승인 분위기를 다졌다. 자국 출신 직원이 적은 일본은 외부지원자 차별 금지라는 일반 원칙을 이동근무 결의에서 재확인했다. 77그룹은 개발 분야 예산 삭감을 우려했지만, 예산을 직접 거론하지 않고 유엔 임무 이행에 부정적 영향이 없어야 한다는 선에서 이동근무 승인을 받아들였다. 러시아는 기득권 국가로서 실이 크다고 생각하고, 다양한 반대 논리를 동원했지만, 결국 대세에 반대하지 않는 대국다운 자세를 보였다.

우리 대표부에게도 이동근무 승인은 의미 있는 일이었다. 이동근무가 역동적인 유엔사무국을 만드는 데 유용하다는 점에서 그 승인을 위해 협상 초반부터 선진국과 전략 협의와 문안 협의를 주도했다. 대사, 차석대사, 팀장, 실무자, 그리고 본부 출장자 등 직급별로 회원국들과 오만찬과 커피 모임을 가지며, 전방위 설득 노력을 기울였다. 선진국-사무국 협의를 주선하고, 적절한 설명을 제공함으로써 다양한 우려를 하는 선진국 간 연대를 강화하고자 했다. 2013년 말에는 향후 합의 분위기 형성을 위한 전략적 움직임도 감행했다. 우리가 특정 의제 논의 전 과정에서 유의미한 활약을 펼친 점은 자평할 만했다. 중요한 유엔 개혁 의제를 시작부터 적극적으로 지원해 결과물로 도출한 것은 우리가 5위원회에서 추구해야 할 가치가 무엇인지 확인하는 정체성 형성의 과정과도 같았다.

문안 협상을 주도하는 역량 강화, 신속한 정보 획득, 다양한 우군 확보 등 앞으로 헤쳐나가야 할 과제는 여전히 많았다. 특히 2013년 말 예산 의제와 엮였을 때, 소인수 협상에 들지 못함에 따라 우리의 입장을 실어 펴지 못한 점은 위험 관리의 필요성을 일깨워주었다.

마지막으로, 협상이 진행될 때는 몰랐는데, 미국이 초기에 이동근무에 떨떠름한 자세를 보인 이유에 대해 짚이는 것이 있다. 그것은 어떠한 유엔 개혁도 요란하게 추구해서는 달성하기가 쉽지 않다는 점이다. 유엔 개혁 의제는 일시적으로, 혹은 장기적으로 재정 부담을 수반한다. PKO 효과성 증대를 위한 전략 장비 확보, PKO 지원을 위한 글로벌현장지원전략, 정보

관리 시스템을 새로 짜는 통합자원관리 사업 등 운영 개혁 사안을 추진할 때마다 막대한 비용이 소요되었다. 미국은 실제 우려 사항이었던, 그러나 정당성이 인정되는 비용 문제를 전면에 내세움으로써 유엔 개혁을 이루어내려는 속마음을 드러내기를 최소화하고자 했을 것이다. 유엔 개혁을 드러내놓고 추구하는 순간, 이를 협상 카드로 삼아 다른 분야에서 이득을 챙기려는 77그룹에게 기회를 주기 때문이다. 최종 소인수 협상에서 77그룹이 이동근무는 아직 합의하기 이르다고 유보적 입장을 보였을 때, 미국 등 선진국이 반드시 합의해야 한다고 달라붙었다면, 분명히 다른 예산 분야에서 더 큰 양보를 해야 했을 것이다. 반기문 사무총장이 이동근무와 예산 의제가 엮이는 순간 협상 과정에 급하게 개입하지 않고, 강태공의 낚시줄을 드리운 것도 마찬가지 이유였을 것이다. 유엔 개혁 등 5위원회 전략 목표를 달성하기 위해서는 긴 호흡으로 뚜벅뚜벅 다가가야 한다는 것을 이동근무 협상은 웅변해주고 있다.

행정 의제

"협상 과정의 한 끝에는 공동의 이익을 위한 협력, 이전에 존재하지 않았던
새로운 가치를 창조하기 위한 협조적 노력이 놓여 있다. 다른 끝에는 길거리 싸움이
기다리고 있다. 협상가에게 딜레마는 어느 시점에 협력이 끝나고, 길거리
싸움이 시작되는지 결정하는 데서 발생한다."
– 로이 레위키 외[244] –

"순(舜) 임금은 두 극단을 포용하여 새로운 균형을 지향하는 중용의 리더십으로
백성들을 다스렸다. 이것이 그가 위대한 지도자가 된 이유였다."
– 《중용(中庸)》[245] –

---

244 Roy J. Lewicki, David M. Saunders, John W. Minton, Bruce Barry, *Negotiation: readings,
exercises, and cases*, 130쪽, McGraw–Hill Irwin 2003년.
"At one extreme, the process of negotiation can be called a cooperative pursuit of joint gains and a
collaborative effort to create value where none previously existed. At the other extreme, it can be
described as a street fight. The negotiator's dilemma lies in determining where the cooperation ends
and the street fight begins."
245 《중용(中庸)》 6장, "子曰, 舜其大知也與! 舜好問而好察爾言. 隱惡而揚善. 執其兩端, 用其中於民. 其斯以爲舜乎!"

예산과 인적자원관리 의제에서 누차 본 것처럼 유엔의 결정은 어느 한 극단으로 치우치는 경우가 드물다. 잔잔하게 시작한 5위원회 협상이 막바지에 가서는 냉정한 이익 다툼으로 번지는 경우가 많지만, 그렇다고 파국으로 치닫는 경우를 나는 아직 보지 못했다. 서로의 이익이 대체로 균형을 이뤄 반영되기 때문이다. 합의를 도출하지 못해 다음 회기로 논의가 이월되기도 하지만, 그것도 서로 다른 생각의 회원국들이 여러 번 고민하게 하고, 함께 만족할 만한 답을 찾도록 시간을 주는 등 나름대로 순기능이 있다. 이번 장에서 살펴볼 의제들을 통해서도 회원국들이 서로의 입장을 이렁저렁 조율하면서 느리지만 뚜벅뚜벅 합의를 향해 나아가는 모습을 엿볼 수 있을 것이다.

유엔공동제도란[246]

유엔공동제도(Common system)는 유엔사무국 등 다양한 유엔 기구들에 대해 급여, 인사, 복무 등 주요 정책을 공동 적용하는 제도를 말한다. 보통 급여에 관한 사항이 주로 논의되기 때문에, 유엔공동급여제도라고도 부른다. 우리도 공무원 모두에게 기본적으로 적용되는 급여 체계가 동일한 것처럼 유엔 역시 유엔사무국, 유엔개발계획, 유엔난민기구 등 서로 다른 기구 간 급여 제도를 통일적으로 운영하고 있다. 유엔 기구 간 급여 경쟁을 방지하고, 규모의 경제를 통해 급여와 관련된 업무를 줄이며, 회원국들이 인건비를 감독하는 데 편리함을 기하기 위함이다.

유엔은 '최고 대우의 원칙'을 견지한다. 이는 국제연맹(League of Nations) 시절 채택된 원칙으로, 급여가 최고 수준인 나라의 급여, 그 나라와 국제연맹 본부(제네바) 간 생계비 차이, 외국 생활 등 세 가지 요소를 고려해야 함을 말한다. 국제연맹 창설 직후인 1921년 이 원칙을 논의한 위원회의 의

246 다음을 참고했다.
1. A/70/30 Report of the International Civil Service Commission for the year 2015(ICSC 2015년 보고서)
2. A/69/30(ICSC 2014년 보고서)
3. A/68/30(ICSC 2013년 보고서)
4. ICSC 홈페이지 게재 설명 자료집
http://icsc.un.org/rootindex.asp
http://icsc.un.org/library/default.asp?list=booklets

장 이름을 따 '노블메어 원칙(Noblemaire principle)'이라고 부른다.[247] 이 원칙은 급여 수준이 높은 회원국으로부터도 직원을 유치해야 하고, 한 번 입부하면 직원 간 대우는 나라의 소득 수준과 관계없이 평등해야 한다는 데서 유엔에서도 그 정당성이 계속 인정되어왔다.[248] 동 원칙하에, 총회 결의를 통해 현재 미국의 연방공무원 급여를 유엔 공무원 급여 책정 기준으로 삼고, 이들보다 10-20% 높은 수준의 급여를 유엔 직원에게 제공하는데, 양자 간 급여 차액을 통상 'margin'으로 부른다.[249]

내 월급도 아닌 유엔 직원들의 급여에 관심을 갖는 이유는 인건비가 유엔 예산에서 약 70%를 차지하여 예산 증감에 상당한 영향을 미치기 때문이다. 유엔 직원들에 대한 급여는 다음과 같이 순보수와 수당으로 구성된다.

---

247 국제공무원노조연맹(FICSA) 57차 회기 WMO 의제 자료 FICSA/C/57/PSA/4

248 아래 1975년 ICSC의 설명 참고.
http://icsc.un.org/compendium/display.asp?type=22.12.1.10
In the ICSC review of the salary system the first aspect considered was the principle on which the level of remuneration of the P and higher categories should be based. Having reviewed the history of the Noblemaire principle since it was first formulated in the early days of the League of Nations, the way in which it had been applied in the UN and the deliberations of the Special Committee which led it to the conclusion "that there is no ready alternative" to the Noblemaire principle, ICSC came to the tentative opinion that, for the international civil service, only a global salary system could ensure both equity and the necessary mobility of staff. In line with the principle of "equal pay for equal work", no distinction could be admitted in the remuneration of internationally recruited staff on the grounds of their nationality or of salary levels in their own countries. Since the organizations must be able to recruit and retain staff from all Member States, the level of remuneration must be sufficient to attract those from the countries where salary levels are highest – with the inescapable consequence that the level would then be higher than would be needed to attract staff from countries with lower national salary levels and might appear excessive to the Governments and taxpayers of those countries. In order to determine the appropriate level of salaries for the UN the preliminary conclusion of ICSC, like that of its predecessors, was that no acceptable alternative could be found to the existing practice of comparison with the salaries of the national civil service of the Member State whose levels were found to be highest and which otherwise lent itself to a significant comparison [A/10030, para. 29].

249 1985년 총회 결의 A/RES/40/244
OP 2. Approves the range of 110 to 120, with a desirable mid-point of 115, for the margin between the net remuneration of officials in the Professional and higher categories of the UN in New York and that of officials in comparable positions in the United States federal civil service, on the understanding that the margin would be maintained at a level around the desirable mid-point of 115 over a period of time;

순보수 (net remuneration)	순기본급(net base/floor salary): 미국 연방공무원 직급별 기본급에 대응하여 설정 - 독신·부양 여부에 따라 차이

	지역조정급(post adjustment, PA): 세계 어디에서든 뉴욕에서와 동일한 구매력을
	유지해주기 위해 지급
	- 근무지(역내·외) 생활비, 집값, 연금 기여금, 건강보험에 기초하여
	  지역조정급지수(PA index, PAI) 계산(PAI는 매달 조정)
	- 지역조정급지수(PAI)를 토대로 물가(미 노동부 CPIs), 인플레이션, 환율, 소비
	  패턴 등을 반영하여 지역조정급계수(PA multiplier, PAM) 도출
	※ PAM는 1년(험지는 4개월)에 1회 조정
	- 기본급에 지역조정급계수(PAM)를 곱하여 지역조정급(PA) 도출

혜택 (benefits) 및 수당 (allowances)	여행경비, 이전비, 학비지원금, 특수지 수당, 이동근무 수당, 미(未)이전비 등[250]

2013년 3월, P-4(서기관급), STEP 1(1호봉) 순보수 예시

	순기본급 (a)	지역조정급(뉴욕 지수, 1996.1월=100)			순보수 (a+b)
		지수(PAI)	계수(PAM)	금액(PA)(b)	
뉴욕	$87,933	169.4	68.7	$60,410	$148,343
스위스	$87,933	194.6	95.3	$83,800	$171,733
튀니지	$87,933	126.4	28.3	$24,885	$112,818

나는 유엔의 급여 중 지역조정급 계산 방식은 자료를 읽을 때는 대강
이해가 되지만, 자료를 덮기만 하면 가물가물했다. 주변에 물어보니, 다른
회원국 대표들도 비슷한 경험을 갖고 있었다. 도대체 무슨 급여 방식이 이
다지도 복잡하냐는 것이다. 이를 단순하게 하는 것은 현재 5위원회에서
관심을 갖고 있는 사안 중 하나다. 다만 유엔 급여 산정 방식이 복잡한 것
은 유엔 공무원이 전 세계에 걸쳐 근무하고 있고, 근무지마다 처해 있는

---

250 각종 수당에 대해서는 부록의 유엔 직원규칙 3장 참조.

다른 상황을 감안해야 한다는 어쩔 수 없는 부분도 있다.[251]

이러한 복잡한 사항을 회원국이 매번 들여다볼 수는 없기 때문에, 관련 사항을 국제공무원위원회(International Civil Service Commission, ICSC)에 위임해두었다. ICSC는 급여 제도 운영을 위해 설립된 총회 산하 기관이다. 매년 지역조정급 변동 내역, 당해 연도 급여 차액 등에 대한 결정 사항을 5위원회에 권고 의견 형식으로 보고한다. 표현이야 권고 의견이지만, 실제로는 동 급여 설정 방식, 급여 차액 조정 절차가 매우 복잡하여 ICSC 권고 의견을 5위원회가 뒤집거나 조정하는 것은 대단히 어렵다. 따라서 총회 결의는 대체로 ICSC의 위상과 권한을 존중하는 내용으로 이루어지며, 상이한 의견이 있을 경우에는 포괄적으로 내용의 변경을 주문하는 결의를 채택하곤 한다.

자, 이렇게 ICSC가 사실상 전권을 갖고 있는 유엔의 공동급여 체계에는 어떠한 문제가 내재해 있는가. 첫 번째 문제로 급여 수준이 지나치게 높다는 점이 지적된다. 물론 각 회원국 공무원 급여보다 높은 수준을 부여하는 데는 이견이 없고, 현재 미국 연방공무원 급여보다 10-20% 추가 지급함을 원칙으로 하지만, 혜택·수당을 모두 합산하면, 유엔 직원이 20% 이상 수령하는 것이 아니냐는 지적도 있다.[252] 게다가 급여 계산 방식이 물

---

251 유엔 급여의 종류와 지역조정급 등 금액 결정 공식(methodology)이 복잡하여, 67차 총회에서 회원국들이 ICSC 사무국에 지역조정급 설정 방법에 관한 브리핑을 요청했다. 그러나 브리핑이 지역조정급 설정 방법에 대한 이해를 제고하기는커녕, 오히려 방법론을 이해하는 것이 어렵다는 점이 재확인되어 방법 개선 논의 동력이 약화된 사례가 있다. 이후 회원국들은 ICSC 브리핑 개최에 회의적이며, ICSC가 위임된 권한에 맞게 적절한 방안을 가져오는 것을 선호하고 있다.

252 미국 국내 기관인 GAO(Government Accountability Office)에서 유엔의 보수에 대해 종종 분석을 하곤 한다. *UN COMPENSATION : UN Should Clarify the Process and Assumptions Underlying Secretariat Professional Salaries*(2013년 5월), *UNITED NATIONS Key Compensation Elements Should Be Reviewed to Address Costs and Sustainability*(2014년 6월) 등.

가와 연동되어 있어, 예산 절감 노력과 무관하게 사실상 자동적으로 상승하는 측면이 있다. 대외 공개된 현지 수당 계산 요소들의 포함 이유, 계산 방식 등이 불투명하다는 점도 지적된다. 이러한 상황에서 중남미 등 일부 회원국들은 자국 외교관 급여를 유엔 급여에 연동해놓고 있어서, 자국의 급여 동결이나 축소에 영향을 미칠 수 있는 유엔 급여의 산정 방식 변경에 반대하기도 한다. 무엇보다 분담금 납부가 큰 회원국들의 경제가 어려워진 상황에서도 유엔 직원 급여의 조정은 이를 따라오지 못해 급여 수준에 관한 문제가 더욱 관심을 받게 되었다.

이러한 점을 개선하기 위해 5위원회는 급여 체계를 전면 검토 (comprehensive compensation package review)한다는 획기적인 결의를 67차 총회에서 통과시켰다. 1976년, 1989년 대대적인 급여 체계 개선이 있은 지 24년 만의 일이다. 선진국들은 유엔 예산의 약 70%를 차지하는 인건비를 감축해야 예산의 지속 가능성이 확보된다고 보았다. 반면 개도국 및 러시아는 급여 체계 전면 검토에 동의하면서도, 우수 인재를 유치할 만큼 경쟁력 있는지도 함께 검토해야 한다고 함으로써 급여 체계 검토가 반드시 급여 삭감으로 이어지지 않도록 할 가능성은 열어두었다.

동 결의에 따라 ICSC가 70차 총회(2015년)에 급여 체계 전면 검토 최종 보고서를 제출했다. 주요 내용은 다음과 같다.

구분	현행	제안
부양제 (dependency rate)	•독신 직원 급여 체계와 부양 가족 보유 직원 급여 체계 분리	•일원화하되, 배우자 수당 및 자녀 수당 신설(6% 수준)
호봉(step)	•직급별 호봉 단계 천차만별	•P급 내 13단계로 단일화 •D급은 13+a
호봉 주기	•1년 단위 원칙	•7호봉까지 1년 단위, 그 이상은 2년 단위

학비지원금	• 75% • 수업료 포함 대부분이 지원 대상 • 기숙사비 지원	• 학비 수준과 지원율은 반비례(low-cost option) • 교과서 대금, 교통비 등 제외 • 기숙사비는 험지의 경우만 지원
특수지 수당(hardship allowance)	• 독신제/부양제에 따라 수당 차등 지급	• 현행 부양제 수준 기준 지급(소규모 인상)

특수지 수당 추가
지급
	• 가족 동반 불가 근무지에 대해
	  직급별 차등 지급
		• 가족 무동반 근무 수당(non-family service
		  allowance) 신설: 인센티브 개념이므로 직급별
		  차등 철폐

이동근무 수당	• 2회 이상 이동 시 횟수별 차등
	  지급
		• 2회 이상이라도 본부 근무 시에는 미지급
		• 횟수 무관 정액 지급
		• 이동근무 인식 확산 가능성 감안, 5년 후
		  재검토

그 외에 이전비, 귀국휴가, 송환지원금, 지역조정급 계산 방식, 주거지원비 기준도 다소간의 조정을 제안하고 있다.

이 쟁점에서는 지속 가능하고 간소한 급여 체계로 개선이 이루어지는지 그 여부를 집중 검토해야 할 것이다. 선진국은 전체 급여 수준의 하향 조정에 우선적 관심을 갖고 있고, 개도국은 급여 수준의 무조건적 하향 조정에 반대 입장을 개진할 것으로 예상된다. 회원국 간 입장 차이, 급여 체계 조정이 미치는 장기적 여파 등을 감안해볼 때, 논의가 장기간이 소요될 가능성도 있다.

급여 관련 두 번째 쟁점은 급여 차액 하향조정(bring down the margin to the desirable midpoint of 15) 문제다. 앞서 설명했듯 미국 연방공무원 급여와 유엔 공무원 급여의 차액을 'margin'으로 부른다. 이 차액은 10에서 20의 범위(미국 급여를 합해 110에서 120으로 표현하기도 한다)로 유지하고, 차액의 5년 평균(5-year average margin)은 적정 중간치(desirable mid-point)인 15로 유지하라는 것이 총회가 ICSC에 부여한 권한이었다. 그러나 차액의 5년 평균을 적정 중간치인 15로 유지하라는 결의의 해석을 두고 신속한 조정을 주장하는 선진국과 권한을 위임받은 ICSC의 결정을 상대적으로 기다리는 개도국·러시아 간 의견 차이가 심하다. 이러한 의견 차이가 생긴 근원은 다음과 같이 최근 몇 년간 급여 차액이 20에 가까운 수준으로 올라간 데 있다.

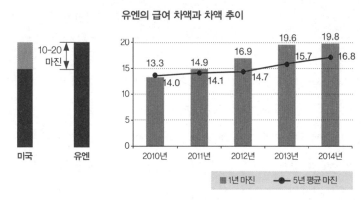

유엔의 급여 차액과 차액 추이

※ 2014년 차액은 2013년에 예상한 수치

미 연방공무원 급여는 2007년 이후 경제적 어려움으로 2011-2013년 동결된 데 비해, 뉴욕의 물가는 지속적으로 상승하여 유엔의 지역조정급이 계속 상승했고, 이에 따라 2014년 2월 급여 차액이 19.8으로 상승할 것으로 전망되었다. 아울러 차액의 5년 평균은 적정 중간치인 15를 넘어 2014년 2월 16.8, 2015년에는 18.2에 도달할 것으로 전망되었다.[253] 선진국은 68차 총회(2013년 12월)에서 5년 평균의 하향 조정 결정을 추진했다.

---

253 실제로는 2014년 2월 미 연방정부가 공무원 급여를 1% 인상하기로 결정함에 따라, 급여 차액은 17.4, 차액의 5년 평균(2010-2014년)은 16.4가 되었다.

77그룹 및 러시아는 반대했다. 5년 평균이 15 이하로 떨어졌을 때는 가만히 있다가, 15 이상으로 올라가니까 개입하는 것은 자의적이라는 것이다. 결국 급여 차액에 대해서는 ICSC가 69차 총회 본회기에 5년 평균 하향 조정 방안을 제출하는 선에서 합의하고, 대신 러시아의 타협안에 따라 유엔 급여를 1년간 동결하고, 혜택 및 수당도 당분간 동결하기로 했다. 이것만 해도 예산을 큰 폭으로 절감하는 성과였다.

그러나 선진국은 만족할 수 없었다. 마침 예산 사정이 악화되어온 국제해사기구(International Maritime Organization, IMO), 세계지식재산기구(World Intellectual Property Organization, WIPO) 등 7개 국제기구의 상황을 활용했다. 이들 기구의 각 이사회에서 인건비가 계속 상승하여 조직 운영에 부정적 영향을 미치고 있으므로, 총회와 ICSC에 숨통을 틔울 즉각적 조치를 취해줄 것을 요청하는 결의를 채택해왔기 때문이다. 선진국은 이를 근거로 2014년 상반기 사무총장에게 유엔 시스템의 수장으로서 ICSC가 급여 차액을 하향 조정하는 조치를 취하도록 힘써줄 것을 요청했다.

이러한 노력이 효과가 있었는지, ICSC는 2014년 7월 로마에서 열린 회의에서 급여 차액이 15%로 낮아질 때까지 지역조정급을 동결하기로 결정했다. 미국 등 선진국은 내심 ICSC가 이를 달성하기 위해 향후 몇 년간 취할 구체적인 계획을 가져올 것을 기대했지만, ICSC의 조치는 그렇게 구체적이지 않았다. 그래도 지역조정급을 동결한다는, 불확정적이지만 단순한 계획도 급여 차액을 하향 조정하는 방안임은 틀림없었다. 5위원회는 2014년 12월(68차 총회 본회기) ICSC의 결정을 환영하고, 향후 차액이 15% 수준으로 되도록 필요 조치를 지속적으로 실시하라고 주문했다. 물론 미국은 당초 1년 차액이 아닌, 5년 평균 차액의 15% 수준 복귀를 명시

하자고 주장했지만, 채택되지 않았다.[254]

위 두 쟁점은 모두 급여 수준의 조정과 관련이 있다. 어떻게 접근하는 것이 좋은가. 많은 이들이 급여가 많은 유엔 직원들을 부러워한다. 하지만 그들은 '나의 산천(山川)'에서 살지 못하는 운명에 처해 있음을 고려해야 한다. 사랑하는 부모와 형제, 친지와 친구들, 그리고 눈에 익은 땅을 떠나야 하고, 친숙하지 않은 문화 속에서 장기간 불편함을 감내해야 한다. 음악가 송창식의 〈병사의 향수〉의 한 소절인 '태극기 새겨 넣은 가슴 한쪽엔 언제나 동그랗게 어머님 얼굴'을 따라 부르면, 절로 눈물이 핑 도는 게 해외 생활이다. 푸른 유엔 깃발 아래 세계 평화를 만드는 보람찬 일에 봉직하지만, 이역만리에서 '떠돌이 까치'로 살 수밖에 없는 사람들, 그들이 바로 유엔 직원이다. 사정이 이러하므로, 이들에게 충분한 대우를 해주는 것은 합당한 일이라고 생각된다.

문제는 급여 수준 자체가 아니라, 회원국의 경제 상황에 아랑곳없이 급여 상승이 계속되는 비(非)탄력성이다. 미국은 공무원 급여를 2011-2013년 동결했고, 2014년 1% 인상에 묶어두었다. 우리는 2009년 공무원 급여를 동결하고, 일부 금액을 반납하게 했으며, 2015년에는 공무원 연금을 하향 조정했다. 이렇게 경제적 어려움으로 인한 고통을 분담하는 길에 이제야 유엔이 동참할 차례를 맞고 있는 것이다. 이러한 시차가 단축되도록

---

254 A/RES/68/253
OP 5. Recalls that the five-year average of the net remuneration margin should be maintained around the desirable midpoint of 115, and requests the Commission to submit to the GA, no later than at the main part of its sixty-ninth session, recommendations on the range of actions and time schedules that would bring the margin back to its desirable midpoint;
A/RES/69/251
OP 3. Recalls section II.B, paragraph 5, of its resolution 68/253, and requests the Commission to continue action to bring the calendar year margin to around the desirable midpoint, without prejudice to any future decision of the GA;

회원국의 경제 사정이 유엔 급여에 신속하게 반영되는 관점으로 접근할 필요가 있겠다.

세 번째 큰 쟁점은 65세로 정년을 연장(extension of mandatory age of separation)하는 문제다. 수명 연장이라는 인구 추세에 발맞춰 유엔도 직원 정년을 수차례에 걸쳐 연장해왔으며, 현재 신규 입부 직원의 정년은 65세이고, 2014년 이전에 입부한 기존 직원의 정년은 60세 또는 62세다. 정년이 연장되면, 단기적으로 신규 직원 유입 기회는 감소되며, 이는 자국 직원이 적다고 보는 77그룹의 우려 사항이다. 그러나 대세를 인정하고, 결국 69차 총회(2014년 하반기)에서 정년은 연장하되, 실제 정년 연장이 이루어지는 시점에 대해서는 ICSC가 71차 총회(2016년) 이전에 가능한 한 일찍 관련 방안을 제출토록 하는 선에서 합의가 도출되었다.

급여 체계 개선, 급여 차액의 15 수준으로 하향 조정, 정년 연장 문제 등 3대 쟁점은 현재진행형이다. 유엔 직원들의 기본적인 사기는 적절한 급여 수준을 통해 진작시켜주어야 한다. 동시에 시대적 흐름, 세계적 경제 여건, 유엔 내 조직 운영 방식 변화에 부합하도록 유엔 급여 체계는 재조정될 필요가 있다.

2
유엔행정예산자문위원회
개혁을 논의하는 이유[255]

유엔행정예산자문위원회(Advisory Committee for Administrative and Budgetary Questionnaire, ACABQ)는 사무국이 제출하는 예산안, 각종 행정 관련 보고서에 대한 권고 의견을 5위원회에 제출한다.[256] ACABQ는 의장 1명과 15명의 위원으로 구성되며, 이들은 선진국과 개도국을 고루 대표하기 때문에, 이들 사이에서 합의된 의견은 사실상 5위원회의 합의 전망치로 봐도 될 정도로 그 객관성과 권위가 인정되어왔다. 그러나 최근 보고서가 회기 시작 직전이나 직후에 발간되어 회원국이 충분히 검토할 시간을 앗아가는 일이 빈발하고, 보고서의 품질, 즉 권고 의견의 예리함이 예전만 못하다는 평이 많아졌다.

그러한 ACABQ가 2013년 말 위원들의 근무 조건을 개선시켜줄 것을 5위원회에 요청했다. 이를 기화로 ACABQ를 대대적으로 개혁해야 한다는

---

255 A/C.5/68/13(Letter dated 12 November 2013 from the President of the GA addressed to the Chair of the Fifth Committee transmitting the letter dated 11 November 2013 from the SG to the President of the GA)를 참고했다.

256 1946년 1차 총회 결의 14(I)에서 결정된 ACABQ의 기능은 다음과 같다.
– to examine and report on the budget submitted by the SG to the GA;
– to advise the GA concerning any administrative and budgetary matters referred to it;
– to examine on behalf of the GA the administrative budgets of the specialized agencies and proposals for financial arrangements with such agencies;
– to consider and report to the GA on the auditors' reports on the accounts of the UN and of the specialized agencies.

여론이 선진국을 중심으로 퍼지게 되었다.

 ACABQ가 제시한 근무 조건 개선 이유는 검토할 의제가 양적으로 팽창되고, 질적으로 고도화되었다는 점이다. 우선 PKO 임무단이 확대되었다. 2002-2003년 예산 24.8억 불, 병력 4만 4,743명, 민간 직원 1만 1,353명이던 PKO는 11년 후인 2013-2014년 예산 75.4억 불, 병력 10만 9,666명, 민간 직원 2만 2,448명으로 늘었다. PKO 임무도 평화유지뿐 아니라, 법치 정착, 민간인 보호 등 복합화되면서 그 지원 업무 또한 다양해졌다. 또한 유엔 건물의 개보수가 늘어남에 따라, CMP(Capital Master Plan, 유엔본부개보수사업), SHP(Strategic Heritage Plan, 제네바 사무소 건물 개보수 사업), LTA(Long-term Accommodation, 유엔 장기 사무 공간 마련 사업) 등 유엔 설립 이래 최초의 건물 설립 의제가 추가되었다. 여기에 글로벌현장지원전략, 임용 형태 간소화, 근무 조건 조화, 이동근무, Galaxy ·Inspira ·Umoja 시스템 등의 정보화사업 등 유엔 전체를 대상으로 하는 운영 개혁 사안이 증가되었다. ACABQ가 정리한 업무량의 양적 증가 사례는 다음과 같다.

	2000-2001년	2010-2011년	2012-2013년
사무국 보고서 검토	199	391	420
ACABQ 작성 보고서	142	177	172
ACABQ 회기	69주	78주	·

 ACABQ 위원들은 2013년 말 현재 유엔대표부에 3명이 소속되어 있고, 12명이 외국에서 출장을 온다. 이들은 정해진 회기만큼 만나 의견을 주고받는다. 이 논의 내용을 ACABQ 사무국, 즉 유엔 직원들이 정리하여 초안을 만들며, 이 초안에 대한 위원들의 재논의를 통해 ACABQ 권고 의견

을 조율한다. 출장 오는 위원의 경우, 39주, 즉 1년에 약 9개월을 뉴욕에서 체류하는 셈이므로, 여기에 상당한 비용이 소요된다. 유엔은 다음과 같이 의장 및 위원들에게 보수를 제공하고 있다.[257]

- 위원장 : 사무차장보(ASG) 수준의 급여(21만 5,000불), 특별활동비(1만 불), 외교면제
- 일반 위원 : 회기가 열리는 기간 동안 항공료 및 일일출장비(daily subsistence allowance, DSA) 제공(대표부 소속인 경우에는 미지급)

상당한 양의 업무를 수행하는 위원들에 대한 대가가 단기 출장에 준하는 정도라는 것은 최근 증가된 업무량에 비추어 타당하지 않다면서 위원들을 D-2 전임 직원으로 승격시켜줄 것을 요구했다. 근무 시간을 늘려 업무량 증가에 대처하고, 합당한 대우를 받겠다는 취지였다. 현행 대우와 ACABQ의 주장에 따른 대우를 비교하면 다음과 같다.

	현행	변경 후	추가액
1인당 인건비	$35만 2,400	$54만 8,800	$19만 6,400
해당 인원	12명	10명(가정*)	
총 급여	$422만 8,800	$548만 8,000	$125만 9,200

* ACABQ 위원 지위를 전임 직원으로 변경할 경우, 현재 유엔대표부에 소속된 위원이 계속 대표부에 소속되어 근무할 것으로 기대할 수는 없다. 모든 위원이 대표부에 더 이상 소속되지 않는 경우, 총 급여의 추가액은 매년 220만 불에 달하게 된다.

2013년 68차 총회에서 개도국, 러시아, 멕시코(의장 출신국)는 근무 조건

---

257 A/RES/35/221

변경을 찬성하고, 2014년부터 적용할 것을 주장했으며, 우리를 비롯한 선진국은 근무 조건 변경에 반대했다. 선진국은 업무량 증가 대처 방안으로 급여 수준을 제고하는 것은 추후에 검토할 일이며, 현행 ACABQ의 작업 방식, 업무량 대처에 적합한 방안을 우선 종합적으로 검토해봐야 한다고 본 것이다.

논의가 재개된 2014년 69차 총회에서 77그룹, 러시아, 멕시코는 전임 직원화, 외교 면제, 유엔 의료보험에 ACABQ 위원 가입 허용 등이 필요하다는 점을 명확히 했다. 반면 선진국은 근무 조건 논의 불가 입장을 고수하며, 사무국에 의한 ACABQ 개혁 방안 제출을 우선시했다. 가장 눈에 띄는 회원국은 스위스로, ACABQ 위원들의 성실성 확보를 위한 행동강령(Code of Conduct) 시안을 직접 작성하여 결의 초안으로 제시했다.

나는 12월 19일 사무총장이 ACABQ 개혁을 위한 보고서를 우선 제출하고, 근무 조건에 대해서는 70차 총회에서 검토하기로 결정한다는 방안을 회원국들에 비공식 회람했다. 이에 대해 77그룹, 멕시코는 건강보험 등 일부 근무 조건에 대해 긍정 검토할 경우 보고서 제출 방안을 검토해볼 수 있다는 의견을 표했고, EU, CANZ, 일본은 현행 근무 조건이 적합하지 않다는 평가 자체를 수용할 수 없으며, 이는 작업 방식 개선에 관한 보고서가 제출된 다음에야 검토 가능하다는 의견을 피력했다.

12월 21일 논의에서 77그룹은 ACABQ에 의한 보고서 제출이라면 받아들일 수 있으나, 사무총장에 의한 보고서는 ACABQ의 독립성을 해할 수 있고 사무국의 입장이 강하게 반영될 수 있어 수용 곤란하다고 했고, 선진국은 ACABQ에 의한 보고서 제출은 ACABQ 자체의 이익을 보호하려는 의도가 개입되어 객관적 개선안이 나오기 어렵다고 반박했다.

12월 23일 스위스는 77그룹의 사무총장 보고서 반대 입장 및 선진국의 근무 조건 논의 반대 입장을 감안하여, ACABQ가 자체적으로 효율성을 제고하고, 2015년 ACABQ 일정을 4주 연장(2012-2013년 총 78주 소요)하는 새로운 방안을 제출했다. 이에 대해 EU, 미국, 일본은 ACABQ의 자체 효율성 제고 방안을 사무총장과 협의를 통해 총회에 보고하고, ACABQ 일정은 금년에 한해 예외적으로 2주만 연장하자는 의견을 표명하였으나, 77그룹 및 멕시코는 ACABQ의 2016-2017년 예산안 논의 필요성을 감안하여 4주 연장 입장을 고수했다.

나는 77그룹에 ACABQ 일정을 2주 연장하되, '70차 총회에서 작업 방식과 근무 조건을 모두 검토'하는 문안에 구체 근무 조건을 예시적으로 포함시키는 방안에 대해 의견을 타진했다. 77그룹은 D-2 급여 및 건강보험, 외교면제 등을 포함시키면 수락 가능할 것으로 본다고 했으나, 동시에 이를 다른 선진국들은 받아들이지 않을 것으로 보인다고 했다. 24일 간사를 통해 ACABQ 일정 4주 연장 및 선진국 우려 수용(추가 비용 자체 흡수), 또는 ACABQ 일정 2주 연장 및 77그룹 우려 수용(근무 조건에 대해 70차 총회 시 논의) 등 2개안을 회원국에 회람했다.

그러나 중재안은 받아들여지지 않았다. 사무국 예산실이 회기를 4주 연장하는 경우 위원 출장비(daily subsistence allowance, 예산 Section 1 해당) 22만 불 및 통역 등 회의 진행 비용 50만 불[총회의사진행국(DGACM) 예산]이 추가 소요되며, 이는 자체 흡수가 곤란하다고 답한 것이다. 예산실의 언급은 당시 2016-2017년 예산안 개요가 논의되고 있는 상황에서 어느 일부 의제를 위해 자체 흡수, 감액, 증액을 즉각적으로 결정할 수 없었음을 말해주는 발언이었다. 예산실의 발언, ACABQ 일정은 연장되더라도 내년

여름에 연장되므로 내년 3월에 연장 여부를 논의할 시간이 남아 있는 점을 고려하여, 의제를 이월하기로 하였다.

ACABQ 개혁 의제는 한국과 스위스의 중재 노력에도 불구하고 양측의 입장 대립으로 2013년 말 제기된 이래 큰 진전을 보지 못했다. 그러나 상호 입장이 분명해지고, 여러 가지 아이디어가 교환되었다. 희소한 ACABQ 개혁 기회(마지막 조직 개혁 1977년)를 최대한 활용해 ACABQ가 유엔 운영 개혁을 가속화할 수 있는 권위 있는 의견을 내는 기구로서 새롭게 자리 잡도록 할 필요가 있다.

우선 ACABQ 위원들의 근태, 업무 능률 등에 대한 비판은 있으나, 객관적 평가가 부재한 현 상황에서는 ACABQ의 근무 현황과 이를 개선할 방안에 관한 혁신적인 아이디어에 대한 검토가 먼저 이루어져야 한다. 논의 효율성에 대한 자체 평가, 위원 업무 분장, 인원 확대 필요성 등 가급적 다양한 주제를 검토에 포함시켜야 한다. 또한 검토 주체는 사무국으로 하되, ACABQ 의견도 포함시키는 것이 좋고, 회원국 논의 과정에서 ACABQ가 검토 주체로 선정된다면, 자체 개혁 의지 부족을 방지하기 위해 위원들의 소수 의견 병기 방식을 검토해보는 것이 좋다. 열정 있는 위원들의 아이디어가 사장되어서는 안 되기 때문이다.

둘째, 구체 개선 방안 관련, ACABQ 위원 간 논의에 제공되는 동시통역 서비스는 폐지할 필요가 있다. 위원들이 전문가 자격으로 선출되어 해당 분야에 대한 토론을 하는 데 고비용의 동시통역을 사용한다는 것은 납득하기 곤란하다. 사무국 답변 내용으로는 통역 등 회의 진행에 4주에 50만 불이 소요된다고 하니, 통역 서비스 폐지만으로도 상당한 금액을 절약할 수 있을 것이다. 또한 사무국 보고서에 부속서(addendum)가 포함되는 경우

(가령, 인적자원관리 종합 보고서 부속서로 세부 주제인 이동근무, 성과관리 등 발간)
ACABQ 보고서를 부속서별로 따로 발간하는 방안도 검토해볼 수 있다.
현재는 여러 부속서 검토가 전부 끝난 후에야 한 권의 ACABQ 보고서가
발간되어 발간 및 회원국 검토가 지연된다. 위원 간 의견 차이가 좁혀지지
않아 2차, 3차 토론에 들어가는 경우도 빈번하므로, 소수설을 병기함으로
써 시간을 줄여보는 방법도 있다.

셋째, ACABQ의 일정 연장은 ACABQ 보고서의 조기 발간에 긍정적
영향은 미치겠지만, 작업 방식을 개선하는 근본적인 해결책은 아니다. 부
수적으로 비용도 증가한다.

ACABQ 개혁을 논의하는 계제를 활용, ACABQ 조직 확대도 검토해볼
필요도 있겠다.[258] 위원직을 일부 늘리고, 소위원회를 설치함으로써 늘어
난 업무량을 해소하고, 논의에 집중력을 높이는 방안에 대해 검토해볼 가
치가 있을 것이다.[259]

258　ACABQ 구성 인원 및 대우 확대 연혁은 다음과 같다.

1946년 (provisional rules of procedure)	1946년 [14(I)]	1961년 [1659(XVI)]	1971년 [2798(XXVI)]	1973년 [3188(XXVIII)]	1977년 (32/103)
7명	9명	12명	13명	의장 외교면제	16명

유엔 출범 당시 9개국 및 현재 ACABQ 구성(별표는 임기)은 다음과 같다.
– 1946년: China, France, UK, USA, USSR, India, Brazil, Mexico, Greece(Chair)
– 2014년 말 현재: Mexico*, Antigua and Barbuda***, Brazil**, Japan*, China*, India*, Iraq***, USA**, Russian Federation**, Croatia***, Germany**, UK*, France*, Gabon**, Senegal***, Eritrea***
*: 2014~2016년(6개국), **: 2012~2014년(5개국), ***: 2013~2015년(5개국)

259　만나본 몇몇 회원국 대표들은 ACABQ가 현재도 의견 통합이 잘 이루어지지 않는 상황에서 인원을 늘리는 것은 문제
를 더 복잡하게 만들 소지가 크다며, 조직 확대에 유보적이었다.

3
함께 일하는 유엔, 파트너십[260]

유엔은 기업, 학계, 시민사회, 박애 단체 등과 제휴, 다양한 사업에 대해 폭넓은 협력을 진행하고 있다. 민관협력 사업(public-private partnerships, PPP), 즉 유엔과 비(非)유엔 단체 간 협업을 진행하는 이유는 간단하다. 감염병 확산 방지, 빈곤 퇴치, 난민 관리, 인권 신장 등 압도적인 글로벌 도전에 유엔 혼자 대처할 수 없기 때문이다. 반기문 사무총장이 파트너십 부서 신설을 추진하게 된 이유를 이해하기 위해 먼저 대표적인 파트너십 활동을 살펴보자.

우선 유엔국제협력기금(UN Fund for International Partnerships, UNFIP)을 보자. 미국 언론사인 CNN 설립자 테드 터너(Ted Turner)가 1998년 유엔에 10억 불을 기부하면서 유엔재단(United Nations Foundation, 이름은 유엔재단이지만, 유엔 기구가 아닌, 미국의 비영리단체)을 설립했다. 이 유엔재단과의 협업을 1998년 3월 1일 설치된 유엔 부서인 유엔국제협력기금(UNFIP)이 담

260　다음을 참고했다.
1. A/69/218 UN Office for Partnerships
2. A/68/6 (Sect. 1)(chap.J) Proposed programme budget for the biennium 2014–2015: Section 1: Overall policymaking, direction and coordination(UN Partnerships Facility)
3. A/68/7(chap. II, part I, sect. 1, paras. I.56–I.95)(ACABQ 보고서)
4. UN Foundation 홈페이지
http://www.unfoundation.org

당한다.

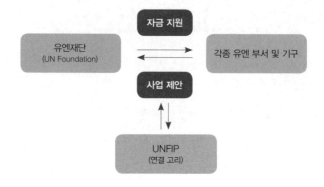

UNFIP이 관리하는 유명한 사업이 "Every Woman, Every Child"이다. 반기문 사무총장의 주도로 400억 불 이상의 기금 서약(pledge)을 바탕으로 2010년 출범했다. 이 사업의 목표는 2015년까지 1,600만 명 여성·유아 생명 구제, 3,300만 건의 비자발적 임신 예방, 8,800만 명의 발육부진 아동 구제, 1억 2,000만 명 아동 폐렴 예방 등 여성과 아동의 삶의 질을 향상하는 데 있다. 유엔에서는 세계보건기구(WHO), 세계식량계획(WFP) 등이 운영에 참여하고, 여기에 Johnson & Johnson, Ayzh, Inc., Masimo & Newborn Foundation, Pfizer, Bristol-Myers Squibb Foundation 등 유수의 기업과 재단들이 동참하고 있다. 2014년 5월 현재까지 342억 불에 달하는 사업이 진행되었다.

또 하나의 유명한 사업이 "Nothing But Nets"다. 말라리아에 대한 인식을 제고하고, 감염을 방지하기 위해 살균 처리된 모기장을 보급하는 사업이다. 모기장만 쳐도 말라리아균을 퍼뜨리는 모기에 안 물릴 수 있는데,

이를 살 수 없는 가난한 사람들을 도와주자는 취지다. 유엔에서는 세계보건기구(WHO), 유엔아동기금(UNICEF), 유엔난민기구(High Commissioners for Refugees)가 운영에 참여하고, Bill and Melinda Gates Foundation, NBA Cares Initiative of the National Basketball Association, people of the United Methodist Church, MLS WORKS initiative of Major League Soccer, Union for Reform Judaism and Junior Chamber International 등의 기업과 재단이 동참하고 있다. 2012년의 경우, 모기장 보급을 위해 UNFIP을 통해 227만 불이 지출되었다.

홍역·풍진 이니셔티브도 잘 알려진 사업이다. 홍역으로 인한 유아사망과 선천성풍진증후군 신생아를 예방하기 위해 질병 백신 보급, 발병 원인 조사 및 대응에 관한 경제적·기술적 원조 등을 수행한다. 2015년까지 전 세계 홍역 사망률을 95%까지 감소시키고, 2020년까지 WHO 6개 지역(아프리카, 동남아시아, 유럽, 서태평양, 동지중해, 아메리카) 중 5개 지역에서 홍역과 풍진을 퇴치하는 것을 목표로 한다. 미국 적십자 및 질병예방관리본부, 유엔아동기금(UNICEF), 세계보건기구(WHO) 등이 참여하고 있으며, 현재까지 6.7억 불이 누적 지출되었다.

이 밖에, 재생 가능 에너지 사용량을 2배로 늘리기 위한 구상인 "Sustainable Energy for All", 미국의 유통 업체 월그린(Walgreens)이 자신의 매장에서 판매되는 백신 금액만큼 활동에 기부하고 있는, 개도국 아동을 위한 백신 보급 캠페인인 "Shot@Life", 청소년기 여학생의 자기 권리에 대한 인식 개선을 목표로 하는 "Girl Up" 등 사람들의 시선을 잡아끄는 제목의 사업들이 UNFIP을 매개체로 여러 조직들이 참여하는 가운데 수행되고 있다. 2013년 말까지 UNFIP를 통해 누적 지출된 금액은 13억 불로,

4.5억 불은 테드 터너의 유엔재단 기금에서, 8.5억 불은 기타 파트너의 기부금으로 지출됐다.

두 번째로, 유엔민주주의기금(United Nations Democracy Fund)을 살펴보자. 유엔 기구 중 유일하게 명칭에 '민주주의(Democracy)'를 표기하고 있는 유엔민주주의기금은 2005년 세계 정상회의를 계기로 2006년 4월 출범했다. 주로 민주주의로 이행하거나, 민주주의를 확립하는 과정에 있는 국가 내의 지역 및 시민사회 단체를 지원하는 데 기금이 사용된다. 현재까지 100개 이상 국가의 500개 이상 프로젝트를 후원했으며, 2005-2013년 1.5억 불이 모금되어 1.35억 불이 지출되었다. 사업은 유엔사무국[정무국(DPA), 평화유지활동국(DPKO), 평화구축지원실(Peacebuilding Support Office)], 인권최고대표실(OHCHR), 유엔개발계획(UNDP), 유엔마약범죄기구(United Nations Office on Drugs and Crime), 유엔여성기구(UN-Women) 등이 수행한다.

이처럼 유엔은 전 세계에 걸쳐 수많은 파트너들로부터 자금을 확보해 다양한 프로그램을 수행하고 있다. 이러한 현상은 유엔사무국보다 여타 유엔 전문 기구에서 보편적이다. 예산의 대부분을 유엔사무국은 회원국의 분담금으로 확보하는 반면, 유엔개발계획, 유엔아동기금 등 전문 기구들은 예산 외 기금(extra-budget)으로 충당하기 때문이다. 전문 기구들에서는 자원 조달 능력(resource mobilizing capabilities)이 직원들의 중요 역량으로 간주되기까지 한다.

기업 입장에서는 정통성 있는 국제기구인 유엔의 사업에 동참함으로써 윤리경영 및 기업의 사회책임(social responsibilities)이 강조되는 시기에 기업 이미지를 개선할 수 있다는 점을 유인으로 생각한다. 일례로, 유엔이

2000년 기업들이 자발적으로 인권, 노동, 환경, 반부패 등 4개 분야의 10개 '원칙'[261]을 준수하자는 기업의 사회책임(corporate citizenship) 구상인 'UN Global Compact'를 출범시켰는데, 여기에 독일의 화학 및 제약 회사인 바이엘 등 다수의 기업이 원년 멤버로 참여했고, 이후 일본의 식품 기업인 기코만(Kikkoman, 2001년), 프랑스의 가스 및 석유 기업 토탈(Total, 2002년), 코카콜라(2006년) 등 현재까지 3000개가 넘는 기업들이 참여하고 있다. 우리나라도 한국전력공사(2005년)를 필두로, 수백 개의 기업 및 단체가 가입했다. 이들은 모두 동 서약을 받아들이고, 관련 내용을 대외적으로 홍보하며, 이를 실천으로 옮김으로써 소비자들로부터 유엔과 함께 일하는 기업, 윤리적 기업이라는 이미지를 얻을 수 있다고 판단했을 것이다.

기업만이 아니다. 호주의 멜버른 시가 지방자치단체도 가입해야 한다고 주장했고, 유엔이 이를 받아들여 2002년에는 'UN Global Compact – Cities Program'이라는 이름으로 도시의 삶을 개선시키는 프로그램이 출범했다. 2009년에는 국제로터리클럽(Rotary International)도 동 서약에 가입했고, 미국 펜실바니아대학교 경영대학원(Wharton School), 국제사면위원회(Amnesty International) 등도 서약에 가입했다. 이들 역시 긍정적인 사회 변화를 위한 노력에 동참하는 동시에, 유엔의 파트너라는 이미지를 얻을 수 있

261　당초 9개로 출발한 동 원칙은 2004년 1개가 추가되어 10개가 되었으며, 아래와 같다.
1: Support and respect protection of internationally proclaimed human rights
2: Make sure business is not complicit in human rights abuses
3: Uphold freedom of association and right to collective bargaining
4: Support elimination of all forms of forced and compulsory labor
5: Support effective abolition of child labor
6: Eliminate discrimination in employment and occupation
7: Support a precautionary approach to environmental challenges
8: Undertake initiatives to promote greater environmental responsibility
9: Encourage the development and diffusion of environmentally friendly technologies
10: Work against all forms of corruption, including extortion and bribery

을 것이다. 이처럼 유엔과 기업, 학계, 시민단체 등 다양한 주체들의 이익이 맞아떨어져 파트너십은 유엔의 떼려야 뗄 수 없는 사업 방식으로 자리매김했다.

이렇게 광범위한 파트너십 사업을 수행하는 데 내재된 문제는 무엇인가. 그것은 파트너십을 관리하는 중심 주체가 사무국에 부재하다는 데 있다. 상술한 UNFIP 및 UNDEF는 자신의 분야만을 담당하고 있고, 이 외에 UNOP(UN Office for Partnerships)가 곳곳에 흩어져 있는 유엔의 파트너십을 관리하는 일을 하기는 하지만, 그 업무는 관련 내용들을 취합하거나 파트너십 수행 절차를 대외 설명하는 데 그치고 있다.[262] 개별 부서들이 개별적으로 파트너를 찾아내야 하는 상황에서 결국 방대한 파트너십 사업을 실질적으로, 그리고 최종적으로 총괄할 사람은 유엔 조직의 명령 체계의 꼭대기에 있는 사무총장뿐이다. 사무총장이 소위 '쩍새'가 되어 혼자 이리 뛰고, 저리 뛰며 파트너십을 직접 성사시켜야 하는 구조인 것이다.

이런 문제점을 해결하기 위해 반기문 사무총장은 2012년 사무총장 2기 임기 개시와 함께 정책 이행을 위한 핵심 수단(key enablers)으로 이동근무와 함께 새로운 파트너십 부서(Partnerships Facility)를 제시했다. 그리고 2013년 68차 총회에 부서장을 사무차장(USG)으로 하는 부서 신설안을 제출했다. 정규예산으로 충당하는 직위 5개(USG·D-2·P-5·P-4·일반직 각 1개)와, 예산 외 기금(XB)에서 직위 18개를 신설해 총 23명으로 구성한다

---

262 UNOP가 2013년에 행한 3대 파트너 그룹에 대한 주요 행사는 다음과 같다.
1. 회원국: 대서양 노예무역과 노예제도 희생자 기념비 건립, 아프리카 영부인 보건정상회의, UAE 사르자 정부 관련 회의 주최 등
2. 유엔 시스템 및 국제기구: 지속 가능한 개발의 혁신적 방안을 위한 파트너십 행사(ECOSOC과 공동), 지속 가능한 도시와 교통수단을 위한 고위급 회담(DESA와 공동), MDG 달성을 위한 포럼 개최(사무총장 지원) 등
3. 민간부문과 시민사회: 국제여성의날 포럼, 아이티의 에탄올 요리용 레인지 상용화 및 연료 공급 지원, 2013 사회적 혁신 회담 개최, 포브스 400 자선 사업 회담 개최, 테드(TEDxUNPlaza) 등

는 내용이었다.[263]

개도국이 강하게 반발하고 나왔다. 표면적인 이유는 확대되는 예산 외 기금에 대한 통제장치(control and oversight)가 미비하다는 것이었다. 절차적으로 개발을 담당하는 2위원회와 사업조정위원회 등에서 유엔이 수행하려는 파트너십 사업에 대한 사전 검토가 필요하다고도 했다. 기존 파트너십 부서(UNOP)와의 차이가 불분명하다는 점도 지적했다.

그러나 실질적인 반대 이유는 개도국이 처해 있는 현실에 있었다. 유엔이 사업 수행을 명분으로 외부의 자금을 끌어온다고 하지만, 여기에 동참하는 대부분은 자금이 풍부한 선진국 기업들일 수밖에 없었다. 이들은 유엔을 등에 업고 세계 각지, 특히 개도국에 진출하여 자신들의 사업을 유리하게 진행하고 있다고 개도국은 본 것이다. 이러한 인식은 단순히 사무총장이 새로운 부서를 신설하겠다고 하여 생겨난 것이 아니라, 짧게는 유엔의 파트너십 사업의 역사에서, 길게는 남북 대립(North-South conflict)이라는 국제 정치경제적 구조에 기인했다. 사무총장의 제안은 이러한 구조적 현실에서 선진국의 편을 들어주는 것이라고 본 것이다. 특히 미국 국적의 인사가 신설 부서의 부서장이 될 것이라는 확인되지 않은 소문마저 돌면서 개도국은 더욱 이를 악물고 반대했다. 68차 총회 본회기, 1차 속개회의에서 문안 협의를 했지만, 합의는 도출되지 않았다. 내가 실무 협상에 참여하고, 대사급 야간 협상에 배석한 69차 총회 본회기에서도 상당한 의견

---

263 2014-2015년 정규예산안 예산 과목(section) 1에 제시되었으며, 정규예산에서 150만 불(기존 비서실 인력 감축 등 감안 시 순증은 30만 불), 예산 외 기금에서 1,300만 불로 제시되었다. 사무총장의 파트너십 부서 신설 제안에 대해, ACABQ는 정규예산 5개 직위 신설과 관련해 필요한 30만 불을 기존 예산에서 흡수할 것을 전제로 직위 신설에 찬성하고, 파트너십 업무의 사업조정위원회(CPC) 검토 및 기존 파트너십 기구와의 보다 분명한 역할 분담을 위한 수정안(refining) 마련을 권고했다.

접근은 있었지만, 역시 합의는 도출되지 않았다. 69차 총회 논의 과정은 다음과 같다.

사무총장이 2014년 12월 첫째 주 각 지역그룹에 대해 파트너십 부서 신설에 대한 협조를 직접 당부하고, 77그룹 내에서 중동, 아프리카 등 온건 회원국들이 결정을 계속 미룰 수 없다는 의사를 표명하면서 68차 총회 1차 속개회의보다 진전된 수정안이 교환 및 논의되었다. 우선 선진국이 12월 10일 부서 기능으로 파트너십 사업의 투명성·책임성·윤리성 확보를 명시하고, 개도국의 우려를 받아들여 회계감사단(Board of Auditors, BOA) 및 내부감찰실(Office of Internal Oversight Services, OIOS)에 신설 부서 감독 기능을 부여하며, 총회와 경사리에 매년 보고하고, 부서가 비정부 주체와의 파트너십 사업의 기준(guidelines and standards)을 수립한다는 내용의 수정안을 제시했다. 부서 기능의 통제 및 감독을 강화하는 방안이었다.

이에 대해 77그룹은 12월 18일 파트너십 논의 이후 처음으로 직위 신설을 승인한다는 전향적 수정안을 제시하였는데, 고작 과장급(P-5) 1명이었다. 파트너십 사업 기준, 감독 기능, 보고 의무 등이 포함된 종합 보고서 작성 외에는 파트너십 관련 업무 수행을 용인하는 수준의 부서 기능은 수용 곤란하다는 입장을 표명했다. 운영 방식 및 파트너십 선정 절차에 관해 사무국이 종합적인 대책을 먼저 수립하고, 이를 회원국이 점검을 한 이후에야 승인해줄 수 있다는 것이었다. 선진국은 겨우 준비 보고서 작성이 주임무인 부서를 신설하는 것은 조직 운영의 정도가 아니라고 반박하고, 신설 부서가 파트너십을 성사시키는 핵심 업무를 수행할 수 있어야 관련 감독 및 기준 수립이 의미가 있다고 주장했다. 77그룹은 부서의 역할을 단기적으로 향후 업무 수행 및 감독 방식에 대한 준비에 국한시키는 것이 나중에 개도국들이 승인할 수 있는 기반이 된다고 받아쳤다. 12월 24일 대사급 협상 및 26일 실무급 협상이 이어졌지만, 결국 12월 29일 이월시키기로 결정되었다.

세부 사항에 관한 양측의 입장을 정리하면 다음과 같다.

쟁점	선진국 입장	77그룹 입장
직위	USG 및 적정 수 직원	P-5 1개(ASG는 논의 여하에 따라 검토 가능)
기능	파트너십 사업 수행	종합보고서 선(先) 제출(파트너십 사업 기준, 감독 기능, 보고 의무 등 포함)
신설 시기	지금	보고서 제출 후 검토

선진국은 파트너십을 통한 재원 마련의 의미를 감안하여 고위직 1개는 양보할 수 없는 사항으로 인식하고 있으며, 77그룹은 파트너십에 대한 감독 기능 강화를 양보할 수 없다고 생각하고 있다. 이러한 입장 대립을 통해 추측해볼 수 있는 건 개도국도 파트너십 사업이 돌이킬 수 없는 길이라는 점은 인정하고 있으며, 선진국 기업의 독점적 참여를 억제할 수 있도록 사업별 감독 기능을 강화하는 적절한 방안이 있다면, 부서 신설을 받아들일 것이라는 점이다. 양측의 핵심 사항을 잘 배합시키고, 시간 변수에 유연하게 대응하는 노력이 필요한 상황이다.

마지막으로, 파트너십에 대한 감독 기능을 강화하자는 77그룹의 주장은 관점을 달리해서 볼 필요가 있다. 파트너십은 사업 수행 방식을 기존의 유엔이라는 단일 주체에서 다양한 주체가 서로 연결된 네트워크로 다원화시킨 능동적 대처의 결과물이다. 유엔으로서는 사업 수행 방식과 재원을 확대하는 의미를 갖지만, 기업, 학계, NGO 등 유엔이 아닌 주체 입장에서는 공공 정책을 수행하는 데 동참하는 의미를 갖는다. 다시 말해, 비(非)유엔 주체가 유엔 정체성을 획득하거나, 최소한 공유하는 과정에 진입하는 중이라고 볼 수 있는 것이다. 그렇다면 파트너십에 대한 감독 장치는 단순히 파트너십에 참여하는 기업들을 유엔이 간섭한다는 통제의 개념이 아니라, 유엔과 비(非)유엔 간 네트워크를 조율하는 소통의 관점에서 바라볼 필요가 있다. 파트너십 부서 신설을 둘러싼 5위원회 내의 입장 대립은 공공성의 확대와 관련해 무언가 새로운 구조를 주조할 가능성을 시사하는 것으로 보인다.

4
공휴일은
살아 있다[264]

회의 운영(Pattern of Conferences) 의제는 유엔 입법 기구의 1년 일정, 각종 회의 운영의 효율성 증진, 유엔사무국의 근무일 등 전반적인 회의 운영 방식을 다룬다. 69차 총회 본회기에서 모든 회원국들이 관심을 가질 만한 문제인 유엔 공휴일 문제가 제기되었다.

현재 유엔은 사무총장이 정상적인 근무 주(周)와 각 근무지별 공휴일을 지정하게 되어 있다.[265] 다만 현장에 따라서는 해당 국가의 관습을 고려하여 일부 변경할 수 있도록 하고 있다. 2015년 유엔의 10개 공휴일은 다음과 같은데, 이 문제가 그리 간단치 않다.

1월 1일	New Year's Day	7월 17일	Eid al-Fitr
2월 16일	Presidents' Day	9월 7일	Labour Day
4월 3일	Good Friday	9월 23일	Eid al-Adha
5월 25일	Memorial Day	11월 26일	Thanksgiving Day
7월 3일	Independence Day	12월 25일	Christmas Day

---

264 다음을 참고했다.
1. A/69/120and Corr.1 Report of the SG on the pattern of conferences
2. Wikipedia(율리우스력, 그레고리력, 태음태양력, 문화권별 휴일 등)

265 Staff Regulations 1,3(b): The SG shall establish a normal working week and shall establish official holidays for each duty station.

달력은 태양의 뜨고 짐과 달의 차고 기욺이라는 자연적 현상에 내재한 법칙을 정확히 반영하여 인간 생활의 편리함을 기하려는 수천 년의 축적된 노력의 산물이다. 지금 인류는 대체로 양력(陽曆)으로 부르는 그레고리력(Gregorian calendar)을 따르고 있다. 물론 달의 움직임을 감안해 12월도 포함시키고 있으므로, 정확히는 양력과 음력을 혼합한 태음태양력(太陰太陽曆)이다. 그레고리력 이전 유럽에서는 율리우스력을 사용했다. 기원후 46년 로마의 율리우스 카이사르 황제가 정한 율리우스력은 현재 천문학에서 계산하는 1년인 365.2422일을 365.25일로 생각하고, 365일을 기준으로 삼은 뒤, 1년 0.25일씩 축적되어 생기는 오차는 4년마다 2월 29일을 추가하는 윤년 계산법으로 해결했다. 그러나 윤년 계산을 해도, 율리우스력은 365.25일이라는 정확하지 않은 시간을 기준으로 했으므로, 128년에 1일씩 오차가 발생한다. 이러한 문제가 있는 상태에서 325년 니케아 공의회에서는 기독교인에게 중요한 날인 부활절을 '춘분 후에 오는 보름 이후 첫 일요일'로 정했다. 이때는 부활절을 정하는 것에 문제가 없었으나, 율리우스력에 내재한 오차로 인해 1,200년이 지난 1582년에는 10일이나 차이가 생기는 문제가 발생했다. 당시 교황 그레고리 13세는 부활절 기준 설정 문제를 해결하기 위해 끝자리가 00으로 끝나는 해는 평년으로 하되, 400으로 나누어 떨어지는 해는 윤년으로 하며, 1582년 10월 4일 목요일을 10월 15일 금요일로 변경하는 결정을 내렸다. 이렇게 결정된 그레고리력은 그 종교적 당위성과 날짜 계산의 정확성으로 처음 유럽 내에, 이후 세계 곳곳에 퍼져 나감으로써 글로벌 달력으로 자리매김하게 되었다.

우리나라는 음력(陰曆)을 사용해왔다. 물론 통상 음력이라고 부르지만, 태양의 일주도 감안하여 입춘(立春), 우수(雨水), 경칩(驚蟄), 춘분(春分) 등

24절기를 반영하고 있으므로, 정확히는 그레고리력과 마찬가지로 태음태양력이다. 어쨌든 조상들은 음력을 사용하면서 시간 단위인 연(年), 월(月), 일(日), 시(時)에 갑(甲), 을(乙), 병(丙), 정(丁) 등 10간(十干)과, 자(子), 축(丑), 인(寅), 묘(卯) 등 12지(十二支)의 간지(干支)를 붙여 불렀다. 사람들은 연월일시(年月日時)의 네 기둥(四柱)인 사주팔자(四柱八字)가 삶의 운명에 영향을 미친다고 생각했고, 60세를 맞이한 노인은 자기가 태어난 갑자(甲子)가 돌아왔다고 회갑(回甲) 잔치를 벌였다. 또한 1년 중 첫 보름달이 뜨는 정월대보름, 추수철 보름날인 추석(秋夕)을 중요한 명절로 치고, 각각 오곡밥과 부럼을 먹으며 무병장수를 빌며, 햅쌀과 햇과일을 가족 및 이웃과 나누면서 감사를 나눴다. '일진이 좋다', '팔자가 드세다', '한가위(추석)만 같아라' 등의 표현은 현대 한국어에서도 여전히 명맥을 이어가고 있다. 그러한 음력 중심의 삶을 이어오던 조상들이 지구 전체의 시간의 동시성을 추구한 서양과 만나면서 1895년 갑오경장의 일환으로 그레고리력을 받아들여 오늘날에 이르고 있다.

그레고리력에 대해 위와 같이 길게 설명한 것은 그 탄생과 확산이 서양 문화에 바탕을 두고 있다는 점을 상기하기 위함이다. 유엔이 전 세계 국가를 회원국으로 하고 있지만, 그 탄생의 주역인 영국, 미국 등은 역시 서구 전통을 잇는 국가들이었다. 유엔이 사용하게 된 역법이 그레고리력인 것은 이러한 흐름 속에서 당연한 것이었고, 공휴일 역시 마찬가지였다. New Year's Day(그레고리력의 첫 번째 날), Good Friday(부활절), Christmas Day(성탄절)를 휴일로 두는 것은 그레고리력과 그 이면에 놓인 서양 문화적 전통으로 볼 때, 자연스러운 결과였다. 그리고 나중에 채택된 이슬람권의 2개 공휴일을 제외한 나머지 5개의 공휴일은 미국 뉴욕과 일상생활의 순환을 일치시키기 위해 채용되었다. 보기에 따라서는 공휴일 8개가 서양 문화에 배경을 두고 있다고 말할 수 있는 것이다.

이렇게 서양 문화에 치중되어 있는 공휴일에 대한 아랍권의 문제 제기로 1998년에 추가된 것이 바로 Eid al-Fitr 및 Eid al-Adha다.[266] 2015년의 경우 7월 17일인 Eid al-Fitr는 이슬람교의 금식월(라마단) 종료일이며, 9월 23일인 Eid al-Adha는 아브라함이 아들 이스마엘을 신에게 제물로 바치려다 알라가 그 뜻을 거두었다고 하여 염소로 대체한 데서 비롯된 축제일이다. 이슬람력에 따른 두 공휴일을 그레고리력으로 환산하여 지정한다.

결국 현재의 10개의 유엔 공휴일은 근무지(뉴욕)와 생활 리듬을 같이하는 5개, 기독교 및 서양 문화에 바탕을 둔 3개, 그리고 이슬람 문화에 바탕을 둔 2개로 구성되어 있는 것이다. 문화의 다양성이 화두가 된 21세기, 여러 회원국들은 정통성 있는 국제기구인 유엔이 공휴일 지정에 문화 다양성을 반영해야 한다면서 소속 문화권의 주요 명절을 유엔에 포함시킬 것을 주장했고, 69차 총회 본회기 회의 운영 의제에서 다음과 같이 7개의 공휴일을 추가하자는 안을 제출했다.

① Day of Yom Kippur(유대교 속죄일, 제안국: 이스라엘, 캐나다, 미국, 에티오피아, 말라위, 멕시코, 파나마, 르완다, 토고, 우루과이 등 10개국)

② Day of Vesak(불교 석가탄신일, 제안국: 방글라데시, 부탄, 캄보디아, 쿠바, 라오스, 미얀마, 네팔, 니카라과, 파나마, 르완다, 스리랑카, 타이, 우루과이, 베네수

---

266 ST/IC/2014/30. 이 중 7월 17일의 Eid al-Fitr와 9월 23일의 Eid al-Adha는 1997년 총회 결정(Decision 52/468)으로 추가되었다.

엘라 등 14개국)

③ Diwali(힌두교 빛의 축제, 제안국: 인도)

④ Holiday of Gurpurab[시크교 나나크(Nanak) 탄신일, 제안국: 인도]

⑤ Day of Orthodox Christmas(러시아정교 성탄절, 제안국: 러시아)

⑥ International Women's Day(국제 여성의 날, 제안국: 러시아)

⑦ Day of Spring and Labor(춘절 · 노동절, 제안국: 러시아)

69차 총회에서는 향후 유엔 회의 일정을 구성할 때, 위 ⑤번까지 5개 휴일에는 가능한 한 회의를 열지 말라고 권고(invite)하는 정도로 일단락되었다.[267] 여기에 어떻게 대응해야 할까.

공휴일은 직원들에게 근무를 쉴 수 있게 휴식을 주고, 동시에 특정한 문화적 전통을 기리는 두 가지 의미를 갖는다. 회원국이 제출하는 모든 제안을 다 받아들이면 휴일이 과도하게 많아진다.[268] 그렇다고 저마다 특색 있는 휴일을 모두 거부하면, 가뜩이나 특정 문화가 과도하게 대표되어 있는 유엔의 편향성은 복구될 수 없다. 위에 제안된 공휴일, 우리의 추석 등 한 국가 또는 문화권의 대표적인 명절이 그 보편성이 인정되는 한에서는 세계인들이 함께 향유할 특별한 날이 되지 못할 이유가 없다.

공휴일 총수는 10개로 유지하되, 다양한 문화권의 명절(10개 이상)을 윤

267　가령 석가탄신일의 경우에는 다음과 같이 규정되었다(A/RES/69/250).
OP 6. Acknowledges the significance of the Day of Vesak, which is observed in many Member States, invites UN bodies at Headquarters and other duty stations where observed to avoid holding meetings on the Day of Vesak, and in this regard encourages this arrangement be taken into account when drafting future calendars of conferences and meetings;

268　이는 초과근무 수당의 증가로도 이어진다. 사무국에 따르면, 2014년 본회기 중 휴일이 1일 증가할 때마다, 방호직의 초과근무로 1만 3,000불의 예산이 증가된다. 이 외에 늘어난 공휴일에 처리해야 할 일반적인 업무도 생겨나 일반직 직원들의 휴일 근무도 늘어날 것이다.

번제로 운영하는 방안이 있다. 다만 이는 휴일이 자주 교체되는 번잡함을 야기한다. 또한 공휴일의 추가 지정 없이, 특정 휴일에 대해 의장이나 간사가 회의 개회 벽두에 해당일이 특정 문화권의 휴일임을 짧게 언급하고 넘어갈 수도 있다. 명절의 의미를 회의장에 참석한 사람들이 한 번씩 되새겨 보는 장점이 있다.

향후 논의의 귀추가 주목된다.

5
유엔 직원들이 타는
비행기 좌석은[269]

미국의 한 유명한 스탠드업 코미디언은 사람들이 비행기가 조금만 지연되어도 무슨 난리라도 난 양 불평을 내뱉지만, 비행기 덕분에 하늘을 날고 싶어 한 인류의 꿈을 실현하고, 그것도 의자에 편히 앉아서 날지 않느냐며 첨단 기술을 당연시하는 태도를 풍자한 바 있다.[270] 편안함을 추구하는 건 누구도 예외가 아니라는 점을 생각해보면, 검소, 근면, 절약 등의 가치는 합리적 기준을 근거로 서로 독려해줄 때 이루어내기 쉬운 가치라는 생각도 든다. 유엔의 항공 좌석 기준 문제도 그러한 영역의 문제다.

유엔이 소재하는 사무실과 파견되는 지역은 5대양 6대주를 뒤덮는다. 매년 지출되는 항공 출장비도 상당하다. 정보관리 시스템 미비로 연간 출장비가 정확하게 파악되지는 않으나, 사무국은 PKO 임무단을 제외한 본

269　다음을 참고했다.
1. A67/356 Standard of accommodation for air travel
2. A/67/636 ACABQ 보고서
3. A/69/643 and Corr.1 Standard of accommodation for air travel
4. A/69/787 ACABQ 보고서

270　루이 씨 케이(Louis C. K)는 2009년 미국의 유명한 토크쇼인 코난 오브라이언 쇼(Conan O'Brien Show)에 출연하여 다음과 같이 말했다.
"People come back from flights and tell you a story like it's a horror story. They act like their flight was like a cattle car in the 1940s in Germany. That's how bad they make it sound. They're like, 'It was the worst day of my life. First of all, we didn't board for 20 minutes and they made us sit there on the runway for 40 minutes.' Oh really? What happened next? Did you fly in the air, incredibly, like a bird? Did you partake in the miracle of human flight, you non−contributing zero? You got to fly! It's amazing! Everybody on every plane should just constantly be going 'Oh my God! Wow!' You're flying! You're sitting in a chair, in the sky!"
http://www.criticalcommons.org/Members/fsustavros/clips/louis−ck−technology

부발 항공 출장비는 7,500만 불에 달하고, 본부 및 본부 외 사무소[271] 출장비는 다음과 같이 정규 및 PKO예산을 합해 1억 2000만 불이 소요되는 것으로 보고 있는 반면, 내부감찰실(OIOS)은 사무국 전체에서 4억 불 가까이 쓰인다고 추정하고 있다.[272]

(단위 : 1불)

	항공권 비용	기타 비용	총 여행 비용
2008-2009년			
정규예산	101 229 136	75 722 626	176 951 762
PKO예산	49 452 998	18 221 388	67 674 386
소계	150 682 134	93 944 014	244 626 148
2010-2011년			
정규예산	107 466 997	74 712 006	182 179 003
PKO예산	41 512 997	11 290 515	52 803 512
소계	148 979 994	86 002 521	234 982 515

항공권 지급 기준으로 수십 년간 유엔이 유지해온 항공출장의 좌석 등급 기준과 예외, 즉 승급 기준은 다음과 같았다.

---

271 '본부 외 사무소(offices away from headquarters)'는 다음을 가리킨다.
Economic Commission for Africa, Economic Commission for Latin America and the Caribbean, Economic and Social Commission for Western Asia, Economic and Social Commission for Asia and the Pacific, UN Office at Geneva, UN Office at Nairobi, and UN Office at Vienna.

272 정확한 비용 계산이 시스템 미비로 어려워 내부감찰실(OIOS)이 예산 부서와 함께 2010-2011년(2년) 지출된 출장비를 수기로 계산해본 결과, 본부 및 본부 외 사무소의 경우 5억 3,500만 불, 특별정치임무단 4,000만 불, PKO 1억 9,400만 불로 2년간 총 7억 6,900만 불이 소요된 것으로 추정했다(A/69/787). 이 출장비는 항공권 비용, 할인 정액, 일일 출장비, 터미널 경비 및 운송비를 포함한다.

항공출장 좌석 등급 기준

	유엔	회원국
일등석	• 사무총장 및 부사무총장 • 이들을 수행하는 경호원 1명	• 총회에 참석하는 최빈국 대표단장 • 총회의장
비즈니스석[273]	• 사무차장(USG) • 사무차장보(ASG) • 일반 직원(9시간 이상 이동 시. 단, 경유시간은 4시간까지 허용)	유엔 기준 준용
이등석	• 일반 직원(9시간 미만 이동 시) • 기타 직원(교육 또는 휴가 목적) • 컨설턴트 및 계약 업체 직원	유엔 기준 준용

항공출장 좌석 등급 예외(좌석 승급 기준)

의료	이송 환자에게 편안함 제공이 필요하다는 의료서비스국장의 승인이 있는 경우
항공권 부재	• 업무상 이동해야 하는 날짜에 이등석이 없을 때 • 특정 날짜에 돌아오는 항공편에 이등석이 없어 출장 기간을 연장하게 되면, 숙박비 및 이등석 항공권 비용이 특정 날짜의 비즈니스석 비용을 초과하는 경우
명망가(eminent person)	전직 국가 수반, 정치·인도주의·문화 분야의 국제적 인물 등
저명인사(prominent person)	유엔에 무료 또는 자비 부담으로 봉사하는 인사
근무 후 야간 이동	근무일에 근무를 수행한 후 익일 업무를 위해 야간 이동을 하는 경우

선진국은 두 가지, 즉 좌석 기준에서 일반 직원의 9시간 기준이 너무 후하며, 사무국이 부여하는 좌석 등급 예외가 과도하게 많다는 점을 지적했고, 이것이 67차 총회 1차 속개회의(2013년 3월)에서 본격적으로 논의되었다. 이미 총회 본회기에서 기본 의견 교환을 하고 이월된 이제였기에 1차 속개회의에서는 바로 비공식-비공식 협의로 진행되었다. 유엔 건물 개보

---

273 정확히는 '일등석의 직하위 좌석(가능한 경우 비즈니스석)[the class immediately below first class(business class cabin, where applicable)]'을 말한다. 일등석과 이등석만 존재하는 경우 등 항공편에 따른 특성을 감안한 표현이다.

수로 임시로 지은 북측 잔디밭 건물(North Lawn Building, NLB)의 5위원회 회의장 바깥의 의자(couch)에 서로들 붙어 앉아 협상을 시작했다.

❶ 비즈니스석 지급 기준

선진국은 9시간 기준을 상향 조정해야 한다는 이유를 둘로 설명했다. 첫째, 9시간 기준이 너무 후하다고 했다. 이 주장을 펴는 데는 세계에서 가장 각박한 우리 정부의 항공권 지급 기준도 한몫했다. 미국 대표가 나와 사전에 협의하는 과정에서 알게 된 우리나라 사례, 즉 일반 직원이 출장 가는 경우 10시간이든 20시간이든 무조건 2등석이라는 점을 유엔과 비교 대상으로 삼았기 때문이다. 둘째, 미국 및 EU 대표는 출발지에서 도착지까지 직항로가 아닌 경유 노선에 대해 비즈니스석을 지급하는 경우, 인정해주는 환승 시간 4시간은 너무 길다고 주장했다. 다시 말해, 2시간이 채 안 걸리는 제네바에서 런던으로 가는 출장의 경우, 가령 프랑크푸르트를 거쳐 가는 노선을 택하고, 그 총 이동시간(운항 시간 및 환승 시간)이 9시간 이상이면 비즈니스석을 타게 되는데, 이는 환승 시간 기준을 악용하는 사례라는 것이다.

일견 타당해 보이는 위 주장에 대해 77그룹의 생각은 전혀 달랐다. 첫째, 9시간은 이미 상당수 정부가 채택하고 있는 기준이고, 그 이상을 채택하는 정부가 오히려 직원 복지를 안 챙긴다고 봐야 한다는 것이다. 77그룹의 협상 대표였던 이란 대표가 웃음을 살짝 머금고 던진 이 발언이 끝나는 순간 의자에 빙 둘러앉아 있던 회원국 대표들의 시선이 나에게 꽂혔다. 대한민국 정부의 항공 출장 기준 밑에서 일하는 나에 대한 안쓰러움이 묻어 있었다. 이란 대표는 계속해서 선진국의 두 번째 주장을 반박했다. 환승 시간을 쉬는 시간으로 보는 것은 부당하고, 짐을 끌고 이동하며, 이민국을 통과하고, 시계를 보며 출발 시간을 재기 때문에 기내에 앉아 있는 것 못지않게 피곤하다는 현실 또한 선진국 대표들이 인정해야 한다는 것이다.

합의를 이끌어내려면, 일정한 양보는 해야 했다. 선진국은 유엔의 항공 출장 특성을 사전에 분석하고, 비용이 많이 소모되는 주요 구간을 조사했을 것이다. 그리고 현재 주요 구간에서 지급하는 비즈니스석을 2등석으로 낮추기 위한 조건을 강구했을 것이다. 가령 직항이 없는 제네바–나이로비 구간의 경우, 취리히 경유 시 이동 1시간, 환승 2시간, 이동 8시간으로 총 11시간이 소요된다. 따라서 현행 제도로 9시간이 초과되어 비즈니스석이 제공되는데, 9시간 자체, 또는 환승 시간에 대한 조건을 강화한다면, 2등석이 제공되어 출장 예산을 절감할 수 있다.

수차례에 걸친 'couch meeting' 끝에 현행 비즈니스석 지급 9시간 기준은 유지하기로 했다. 대신 경유 노선을 이용할 때는 이를 11시간으로 상향 조정하고, 이 경우 인정되는 환승 시간은 현행 4시간에서 2시간으로 축소하기로 했다. 이렇게 되면, 위와 같은 제네바–나이로비 구간은 비즈니스석에서 2등석으로 변경된다. 다른 합의 사항은 경유 노선이 직항로보다 저렴할 경우, 4시간 이상 더 소요되지 않는 한에서는 이를 이용할 수 있도록 한 것이다. 즉, 최단거리·최저비용(most direct and economical) 조건을 최저비용(most economical) 조건으로 바꾼 것이다. 가령, 뉴욕에서 제네바로 이동해야 하는 직원의 경우, 8시간이 소요되는 동 직항 노선보다 10시간이 소요되는 뉴욕–런던–제네바 경유 노선이 더 저렴하다면, 이 경유 노선으로

이동하게 되는 것이다.[274]

이번 협상에서 변경하기로 합의가 이루어진 또 하나의 쟁점은 항공료 할인 정액(lump-sum)이었다. 할인 정액 방식은 출장 비용을 줄이기 위해 표값의 일부를 직원에게 통으로 주고 알아서 이동하라고 하는 방식을 말한다. 조직 입장에서는 평소 지급해야 할 항공비의 일부만 지급함으로써 예산과, 규정과 복잡한 기준에 따라 항공권을 구입하는 업무를 줄이고, 직원 입장에서는 지급받은 현금 범위에서 직장을 통해 구입할 수 있는 것보다 저렴한 항공권을 구입하거나, 그동안 축적한 항공 마일리지를 사용하는 등 평소보다 낮은 비용만 지출하여 금전상 이득을 보는 장점이 있다. 유엔에서는 귀국 휴가 및 가족 방문 휴가를 가는 경우, 2등석 정상 요금(full fare economy)의 75%를 지급받는 할인 정액을 선택할 수 있다.

그러나 실제로는 '할인되지 않은' 정상 요금(full fare economy), 즉 제일 비싼 2등석 가격이 기준이 되다보니, 할인 정액으로 지급하는 액수가 실비보다 많은 경우가 발생했다. 실제 시장에서 항공사들은 같은 좌석 등급이라도 예약 등급(booking class)을 다양하게 설정해 판매한다. 가장 고가의 일반적인 2등석을 항공권에 'Y'로 표시한다면, 할인된 요금의 2등석은 국제항공운송협회(International Air Transport Association, IATA)의 권고에 따르면, W, S, Y, B, H, K, L, M, N, Q, T, V, X 등으로 표시된다. 항공사마다 수익을 극대화하기 위해 가격이 천차만별인 항공권을 발행하는 것이다. 따라서 평소 구입하는 항공권은 정상 요금이 아닌, 할인된 2등석이 대부분인

---

274 항공 출장 기준에 대한 회원국들의 대립된 입장을 절충하다보니, 시간이 더 오래 걸리는 비행기를 타야 하는 다소 이상한 결과도 도출됐다. 상대방이 있는 협상의 게임은 혼자 결정하고 운영하는 것과 대비되는 측면이 있다.

데, 할인 정액은 정상 요금을 기준으로 하다보니, 오히려 할인된 2등석을 구입하는 것보다 더 많은 비용이 소요되는 경우가 발생했던 것이다.

이번 협상을 통해 현행 정상 요금(full fare economy)의 75%를 현장 요금(least restrictive economy)의 70%로 변경했다. 가령 마일리지 적립이 안 된다든가, 부칠 수 있는 짐의 개수나 무게가 줄어든다든가, 날짜를 바꾸면 추가 비용을 낸다든가 하는 등의 사용 제한이 있는 항공권 중 제한 내용이 가장 가벼운 것을 할인 정액의 기준으로 삼은 것이다. 지급 규모도 5% 포인트 낮추었다.

다만 유엔의 산하기관 및 각종 위원회는 이번 합의에 따른 항공 출장 비용 절감 방안을 적용하지 않기로 했다. 동 산하 기관 및 각종 위원회는 회원국 인사들로 구성된 경우가 많은데, 개도국 출신 인사들이 출장 오는 경우 제공하는 대우 수준을 낮출 수 없다는 개도국 입장을 선진국이 수용했기 때문이다. 사무국 자료에 의하면, 동 산하 기관 등의 항공 출장 건수는 유엔 전체의 4% 수준이어서 그 비용이 상대적으로 미미하다는 점을 선진국은 고려했다.[275]

---

275 위 주요 합의 사항 원문은 다음과 같다.
A/RES/67/254 VI(Standards of accommodation for air travel)
OP 13. Decides that, for official travellers below the level of ASG, the standard of accommodation for air travel will be business class if a single−leg journey is 9 hours or more and will be business class for a multi−leg journey if the combined travel time of the journey is 11 hours or more, including a maximum of 2 hours of connection time, provided that the journey to the next destination resumes within 12 hours;
OP 14. Requests the SG to modify his administrative instructions on standards of accommodation for air travel so that the duration of a journey shall be determined based on the most economical route available, provided that the total additional time of the whole journey does not exceed the most direct route by four hours;
OP 15. Decides that the SG shall, as an interim measure pending the outcome of the review to be concluded in 2015, revise the provision for determining the travel−related lump−sum payment to 70 per cent of the least restrictive economy class fare, and requests the SG to include, in his report on the standards of accommodation of air travel to be submitted to the GA at its sixty−ninth session, an analysis of the impact of the implementation of this provision and to make further proposals on modifying the lump−sum scheme;
OP 20. Decides that the changes set out in the present resolution shall not affect the current standards of accommodation for air travel and daily subsistence allowance of members of organs and/or subsidiary organs, committees, councils and commissions of the UN.

선진국은 비즈니스석 제공 기준인 9시간의 기본 골격은 77그룹에 양보하면서도, 구체 노선에 대한 철저한 사전 분석을 통해 세부 기준을 미세하게 조정하는 데 성공했다. 77그룹으로서는 항공출장비의 효율적 운영이라는 대의에 동참하면서도, 9시간 기준을 고수함으로써 일반적 복지 수준은 변동 없이 유지하는 체면을 차렸다. 협상장에서 오가는 언어 이면의 손익 계산에서 양측은 대체적인 이익의 균형을 확보했다.

시종일관 팽팽하게 진행된 항공 출장비 협상은 핵 문제로 대립하고 있는 미국과 이란이 각각 선진국과 77그룹의 협상 대표로 나서면서 더욱 흥미진진했다. 미국의 14시간 기준, 한국의 무한대 기준이라는 구체적인 사례로 유엔 기준의 과도함을 주장한 미국 대표에게 이란 대표는 선진국의 복지나 먼저 돌아보라고 훈수 두듯 반박했다. 미국 대표도 지지 않고, 일부러 힘이 드는 긴 환승을 택하도록 내버려두는 것이 복지냐며 환승 기준을 바꾸지 않으면, 9시간 기준을 양보할 수 없다고 으름장을 놓았다. 노련한 40대 후반의 이란 대표와 미국을 대표하므로 질 수 없다는 패기로 다져진 30대 중반의 미국 대표 간 자존심 싸움도 개재되어 있었을 것이다. 동시에 이들은 핵심 이익을 지키면서 양보할 것은 양보하는 탁월한 협상가의 전형을 보여주었다.

❷ 좌석 승급 기준

서두에 항공 출장비의 두 쟁점으로 좌석 등급 기준과 그 예외(승급 기준)를 들었는데, 승급 기준에 대해서는 이번 협상에서 이를 축소하는 방안을 총회에 보고할 것을 요구하는 정도만 결의에 반영되었다. 이에 따라 사무국은 69차 총회에서 관련 보고서를 제출했는데, 좌석 승급 현황을 살펴보면, 그 건수가 급증하고 있음을 알 수 있다.

기간 (7-6월)	승급 건수	증(감)		추가 비용	증(감)	
		수	%	$	$	%
1992-1994	239	(43)	(15)	249	(58726)	(19)
1994-1996	203	(36)	(15)	203,273	(45)	(18)
1996-1998	103	(100)	(49)	136,140	(67)	(33)
1998-2000	160	57	55	256,947	120 807	89
2000-2002	161	1	1	320,791	63 844	25
2002-2004	236	75	47	442,472	121 681	38
2004-2006	217	(19)	(8)	451,930	9 458	2
2006-2008	243	26	12	537,654	85 724	19
2008-2010	334	91	37	841,920	304 266	57
2010-2012	529	195	58	1 268,934	427 014	51

2012-2014년에도 좌석 승급은 478건 152만 불(사무국) 및 269건 78만 불(기타 유엔기구)로 총 747건 230만 불 수준으로 증가했다. 승급 조치를 분야별로 나누어보면 다음과 같다.

연도	1996 -1998	1998 -2000	2000 -2002	2002 -2004	2004 -2006	2006 -2008	2008 -2010	2010 -2012	2012 -2014
의료	12	23	36	53	62	45	98	136	113
항공권 부재	19	29	21	43	16	14	21	56	28
명망가	23	31	43	60	16	35	57	72	30
저명인사	19	14	16	48	22	27	58	153	459
근무 후 이동	3	11	8	8	0	1	4	3	20

경호	24	28	24	26	35	56	73	94	93

눈에 띄는 것은 저명인사(prominent traveller)의 출장이다. 사무국은 가령, 저명인사[276]로 분류되는 한 위원회 위원장을 대리하여 출장을 간 직원에게 위원장에게 부여하는 좌석 승급을 부여했다고 설명했다. 저명인사의 출장 기준의 구체 내용이 전반적으로 불분명하다. 근무 후 야간 이동에 대한 승급이 늘어난 것은 기존에 비즈니스석 조건에 간신히 부합하는 구간을 이용하는 직원들이 2013년 비즈니스석 지급 기준을 강화한 이후 2등석 이동에 따른 부담을 상쇄하기 위해 택했기 때문인 것으로 추측된다. 향후 승급 조치의 기준을 엄밀하게 따져봐야 할 것으로 보인다. [277]

---

276 홍보대사(a messanger for peace) 역할을 수년간 수행했던 미국 영화배우 조지 클루니(George Clooney), 중남미 아이티 특별사절(UN Special Envoy for Haiti)을 수행한 클린턴 전 미국 대통령 등도 무료로 봉사하는 저명인사였다.(6장 5절 쟁점 참조).

277 ACABQ 권고의견(A/69/787 para 18) : "The Advisory Committee is of the opinion that the criteria for determining prominent traveller status should be clarified and that definitions should be tightened and consistently applied in order to allow for a more streamlined, systematic and efficient process for responding to requests for exceptions to the standards of accommodation for air travel."

6
유엔도
감사를 받는다

일반적으로 감사(監査)라고 하면, 좀 딱딱한 것으로 생각되지만, 유엔은 다르다. 사무국이 5위원회에 제출하는 무미건조하기 그지없는 보고서 가운데, 감사 보고서가 그나마 유일하게 뭔가 파헤치는 면이 있어 구미가 당기기 때문이다. 성 문제 및 비위에 대한 조사는 물론, 부서별 운영 문제점에 대해 분석하여 보고서를 발간한다. 예산을 풍족하게 사용하는 데 제약이 최소화되는 것을 바라는 일부 개도국들은 감사 기구의 과도한 활동 확대를 제한하려 하고, 선진국은 감사 기능의 확대를 환영한다. 여러 감사 기구 중 회계감사단과 내부감찰실에 대해 살펴보자.

❶ 회계감사단(Board of Auditors)

회계감사단은 6년 임기의 3개 회원국 감사원으로 구성된다. 형식상으로는 해당 회원국 감사원장이 회계감사단의 감사위원으로 임명되며, 실질적으로는 감사원 내 담당팀이 감사를 수행한다. 공인회계사와 유사한 역할을 수행하는 기구로, 사무국 및 유엔 산하 기관들의 회계 내역(financial statement)을 감사한다. 격월로 회의를 가지며, 현재는 영국, 탄자니아, 인도

^{278}가 위원직을 수임하고 있다.

회계감사단은 정규예산 및 PKO예산, 그리고 일부의 특수 분야에 대해 회계 감사를 수행하고, 관련 보고서를 내놓는다. 5위원회에서 보고서 내용의 정확성을 둘러싼 선진국과 개도국 간 의견 대립이 있지만, 중요한 것은 BOA 보고서가 의제별 쟁점 및 문제점을 파악하는 데 매우 중요한 원천이라는 점이다. 예를 들어, PKO예산 중 건축 분야에서 장기 계획이 미흡하다든가, 연료 사용에 부정확한 회계 보고가 이루어지고 있다든가 하는 BOA의 분석은 그 자체로 해당 분야에 대한 감독을 강화해야 하는 이유를 제공해준다.

❷ 내부감찰실(Office of Internal Oversight Services, OIOS)^{279}

OIOS는 유엔 내 활동 전반을 감사하는 독립적 기구로, 내부감사, 실사 및 평가, 조사 등 3가지 임무를 수행한다. 약 320명으로 구성된 OIOS는 자체 판단에 따라 조사를 개시하고, 사무총장을 거치지 않고 총회에 직접 보고서를 제출한다는 측면에서 운영의 독립성이 보장된다. 최근에는 투명

278　모두 영어권이다. 동아시아에서 19세기까지 한문 실력이 차지하던 위상을 20세기 이후 영어 실력이 대체했다는 것은 삶의 곳곳에서 느껴진다.

279　다음을 참고했다.
1. A/68/337 (Part I) Report on the activities of the OIOS
2. A/67/297 (Part II) Report on the activities of the OIOS
3. A/RES/48/218A, A/RES/48/218B (OIOS 설립 결의)
4. A/48/428 Review of the efficiency of the administrative and financial functioning of the UN-Restructuring and efficiency of the Secretaria
5. A/68/273(IAAC 보고서)
6. OIOS Information Booklet
http://www.un.org/Depts/oios/documents/oios_information_booklet.pdf

성 차원에서 OIOS의 모든 보고서를 웹사이트에 게재하고 있다.

OIOS의 첫 번째 기능은 내부 감사(Internal Audit)다. 감사 대상 조직을 정한 후 현장 조사 및 워크샵 등을 통해 대상 조직의 위험 요소들을 분석하고, 고위험군 분야(high-risk area)를 정한 뒤, 감사 계획을 수립 및 시행한다. 전략, 관리, 규정 준수, 재정, 운영, 인적자원, 정보 등 7개 위험 분야에 대해 부서별 취약점을 지적하고,[280] 개선을 위한 권고 의견을 부서장에게 제공한다.[281] 권고 의견은 긴급/중요 둘로 나누며, 긴급 권고안은 분기별로, 중요 권고안은 매년 이행 현황을 체크하고, 감사 종료 후 감사관은 감사 등급(audit ratings)을 부여한다. OIOS는 2013년 6월 1일부터 웹사이트를 통해 권고안별 이행 목표 날짜 및 이행률을 게시하고 있다.

이러한 내부 감사의 실례로는 수단 아비에이(Abyei) 지역의 PKO 임무단 UNISFA의 연료 관리를 들 수 있다. OIOS는 관리 체계, 위험 관리, 통제 절차가 미비하다는 점을 지적하고, 긴급 2개 및 중요 5개의 권고안을 제시했다. 긴급 권고안으로는 "연료 운영의 모든 요소를 포괄하는 종합적인 운영 방법을 개발하고, 준수 여부 감시 절차를 도입"할 것을 제시하며, 중요

---

280 ① 전략(Strategy): 부적당한 계획 책정, 잘못 시행된 결정, 외부 환경 변화에 대한 대응 미숙 등(예: 사업 수행에 적합한 직원 채용 방법 구축)
② 관리(Governance): 조직 활동 관리 감독 프로세스 정립 미흡, 고위 관리직의 리더십 부족, 윤리적 문화 결여 등
③ 규정준수(Compliance): 법규·명령·행정 규칙 등 위반
④ 재정(Finance): 재정 부족, 부적절한 자금 사용, 재무 성과관리 미숙, 허위 재무 보고 및 은폐 등
⑤ 운영(Operations): 경제적·효율적·효과적 조직 내부 운영 미흡 등(예: MOU 체결 시행 계획 마무리 필요)
⑥ 인적자원(Human resources): 인력 관리 정책·절차·실무적 문제 등(예: 높은 공석률, 고위직 장기 공석 관리)
⑦ 정보(Information): 정보통신 기술 및 인프라 구축 및 유지 미흡
68차 총회 제출 보고서(A/68/337)에는 ⑤운영 리스크 부문에서 187건으로 가장 많은 권고안이 제시되었다.

281 권고안은 다음과 같이 분류된다.

분류	의미
Critical(긴급)	상당하고(significant) 만연한 결함 존재
Important(중요)	보고 가치가 있는 약점 존재
Satisfactory(양호)	권고안은 아니지만, 발전 가능성 제안

권고안으로는 "(계약) 송장 수령 후 30일 이내에 대금 지불을 완료할 수 있는 절차를 도입"해야 한다고 했다. 감사 등급으로 '개선 요망(Unsatisfactory)'을 부여했다.[282]

두 번째 기능은 실사 및 평가(inspection and evaluation)다. 사업 업무 수행의 적절성 여부를 평가하는데, 사업의 목표와 결과가 부합하는지, 업무 과정과 결과의 정합성이 존재하는지 등을 들여다본다. 가령 AIDS 프로젝트에 대해 내부 감사를 실시한다면, 비용은 얼마나 썼는가, 약을 얼마만큼 나눠줬는가, 약 수송 과정은 어떠했나 등에 초점을 둘 것이고, 진단 및 평가를 실시하면, 예방 차원의 프로젝트였는지, 홍보 차원의 프로젝트였는지, 결과가 긍정적이었는지, 다른 나라에서 진행된 같은 프로젝트와 유사한 결과가 나왔는지 등의 맥락에서 작업을 수행할 것이다.

세 번째 기능은 조사(investigations)다. 연료 횡령, 성 문제 혐의 등 사건·사고 발생의 경위, 문제점 등을 파악한다. 전문 조사 인력으로 구성되며, 자체 조사(proactive investigations)도 가능하다. OIOS에 제보된 사항들은 조사위원회(Intake Committee)의 사전 평가 후 조사 여부를 결정한다.

이렇게 OIOS가 알찬 활동을 전개하다보니, 다양한 부서에 분산되어 있는 조사 권한을 객관성과 전문성이 검증된 OIOS로 집중시키자는 이야기가 나오고 있다.[283] 또 위험평가 기반 작업 방식(risk-based workplan)을 계속해서 다듬어나가자고도 한다. PKO 임무단 내 조달 분야와 같은 고위험

---

282 OIOS 보고서, *Audit of fuel management in the UN Interim Force in Abyei(UNISFA)*(2013/085).

283 다만 OIOS는 사무국 및 지역 사무소의 내부 운영 및 재정 전반(finance)에 대해 감사를 수행하나, 회계 내역(financial statement)은 감사하지 않는다는 점에서 회계감사단(BOA)과 다르다. 합동감사단(JIU, Joint Inspection Unit)은 유엔 시스템에 공통적으로 영향을 미치는 쟁점 위주로 조사 및 점검을 수행하며, 개선이 필요하다고 생각되는 과제에 대한 중기 연구 보고서를 발간한다.

군 분야(high-risk area)에 대한 좀 더 철저한 조사가 필요하기 때문이다. 반기문 사무총장은 인기가 있는 감사팀은 업무를 제대로 수행하는 것이 아니라면서, 외부 평가에 흔들림 없이 솔선수범을 통해 유엔의 모범이 되어줄 것을 OIOS에 당부하고 있다.[284]

반면 고강도의 감찰 작업을 벌여온 때문인지, 최근 몇 년간 조사국(ID) 공석률이 20%대에 달하고 있다. OIOS 전체 공석률 14%보다 높은 수치로, 특히 PKO 임무단이 위치해있는 현장에서 유능한 조사관을 채용하는데 어려움이 따르고 있다. 게다가 개도국 출신 조사관이 확대되어야 한다는 문제도 제기된다. 조사국(ID) 내 D급 직원 4명 중 개도국 출신은 전무하다. 개도국은 OIOS의 조사 결과가 개도국 직원들에게 불공정하다거나, 심지어 개도국 직원들을 표적으로 삼는 것이 아니냐는 주장을 5위원회 회의에서 종종 펴곤 한다.[285] 사무국, 특히 고위직 진출에 대한 개도국의 관심을 OIOS에서도 확인할 수 있다.

이러한 개선 요구 사항들을 차근차근 수용해간다면, OIOS의 기능은 더욱 강화되어갈 것이다. 아울러 권고안을 온전히 이행하고, 소요 시간이 단축되도록 하기 위한 조직 차원의 시스템 개선에 대해서는 5위원회가 가이드를 제공해주는 것이 바람직하다. OIOS의 기능 강화는 유엔을 더욱 투명한 조직으로 개선하는 데 효과적이다.

---

284 2013년 4월 유엔평가그룹(UN Evaluation Group) 연례 주간에서 언급.

285 현 사무차장직에 원래 아프리카 출신을 임명할 차례였는데, 후보 출마 실패로 캐나다 출신 인사가 임명되어 이미 77그룹의 불만이 있었다고도 전해진다.

소송을
줄여라[286]

지금까지 행정부에 해당하는 다양한 조직 운영 쟁점을 다루었다면, 이번 절은 사법부에 버금가는 제도인 사법 제도(administration of justice, 내부 소청 제도)에 대해 다루고자 한다.

앞서 살펴본 대로, 직위분류제, 공휴일 제도 등 서양 사회의 문화적·제도적 특성들이 유엔 설립과 함께 조직에 상당 부분 녹아들었다. 직원이 유엔의 행정 처분(간부의 결정)에 대한 소청(訴請)을 해결하는 사법 제도 역시 그러하다. 우리 공무원들도 소청위원회를 통해 문제를 해결하기도 한다. 그러나 상사가 자신의 성과를 제대로 평가해주지 못했거나, 기다리던 승진이 이루어지지 못했다고 매번 소송을 거는 경우는 드물다. 이와 달리, 유엔에서는 소송까지 가야겠나 싶은 문제도 쟁송의 대상이 되는 경우가 허다하다. 서로 다른 문화권에서 자라난 사람들이 유엔이라는 국제기구에 들어와 일하며 생기는 분쟁을 법이라는 객관적 수단으로 해결하는 것이 당연시되기까지 한다.

---

286   다음을 참고했다.
1. A/69/227 Report of the SG on the administration of justice at the UN
2. A/69/205 Report of the Internal Justice Council on the administration of justice at the UN(내부사법위원회 자문보고서)
3. A/69/126 Activities of the Office of the UN Ombudsman and Mediation Services(옴부즈만 및 중재 활동 보고서)
4. A/69/519(ACABQ 보고서)

1950년부터 2009년까지 운영되어온 기존 제도(UN Administrative Tribunal, 유엔행정법원)는 대대적 개혁을 통해 2009년 7월부터 현재의 유엔 분쟁법원(UN Dispute Tribunal, UNDT) 및 유엔상소법원(UN Appeal Tribunal, UNAT) 형태로 바뀌었다. 이 법원은 그 명칭이 국가 간의 분쟁을 다루는 것으로 보이기는 하나, 실제는 유엔 직원과 조직 간 분쟁, 즉 직원이 제기하는 소청을 다룬다. 유엔의 행정 결정에 대한 직원들의 소청 해결 경로에 대해 유엔사무국은 다음 그림으로 정리하고 있다.

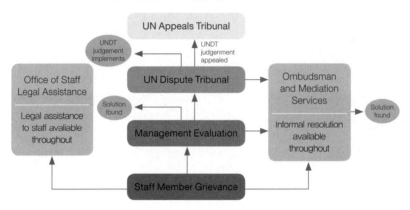

Administration of Justice Process

우선 실제 소송에 앞서 비공식 절차를 거치도록 하고 있다. 직원법률 지원실(Office of Staff Legal Assistance, OSLA)이 소송에 앞서 문제가 되는 사안의 법적 관계를 정확히 파악하도록 도와줌으로써 불필요한 법적 분쟁으로 이어지지 않게 해준다. 또한 옴부즈맨을 통해 조언이나 중재(UN Ombudsman and Mediation Services)를 제공한다. 옴부즈맨은 대체로 심리 상담사 출신을 임명하는데, 뉴욕 소재 유엔 기구 및 유엔난민기구(UNHCR) 직원에게 업무 관계 개선에 유용한 조언을 제공하고, 필요한 경우 양자 간 해결을 중재한다. 2013년 옴부즈맨에게 접수된 총 2,079개 사건을 주제별로 분류해보면 다음과 같다.

경력	상하 관계	급여 및 혜택	규정 준수	동료 관계	기타
28%	23%	13%	7%	9%	20%

경력과 상하 관계가 주종을 이루고 있음을 쉽게 알 수 있다. 그러나 이러한 비공식 절차를 통해서도 분쟁이 해소되지 않으면, 공식 절차에 따른 해결을 추구하게 된다.

첫째, 행정 결정에 대한 소청심사과(Management Evaluation Unit, MEU)의 재검을 요청할 수 있다. 징계를 제외한 사안에서는 유엔분쟁법원에 소를 제기하기 전에 반드시 거쳐야 하는 절차로, 소청심사과는 제기된 간부 결정의 타당성을 검토하여 필요한 경우 간부에게 자가 수정을 권고한다.

둘째, 직원은 사법적 판단을 구하는 소를 공식적으로 제기할 수 있다. 내부 소청의 사법적 해결을 위해 유엔분쟁법원(UN Dispute Tribunal, UNDT)[287]과 최종심인 유엔상소법원(UN Appeals Tribunal, UNAT)[288]으로 구성된 2심제를 운영한다.[289]

---

287 재판관이 8명인 재판부는 뉴욕, 제네바, 나이로비에서 재판을 담당하며, 2014년 말 현재 전임 판사 3명(모리셔스, 보츠와나, 독일), 반임 판사 2명(영국, 뉴질랜드), 사안별 판사 3명(프랑스, 나이지리아, 루마니아)으로 구성되어 있다.

288 7명이 재판관인 재판부는 뉴욕, 제네바, 나이로비에서 심리를 담당하며, 2014년 말 현재 전임 판사 7명(우루과이, 아일랜드, 가나, 아르헨티나, 프랑스, 사모아, 미국)으로 구성되어 있다.

289 아직까지 유엔분쟁법원(UNDT)과 상소법원(UNAT), 그리고 관련 자문기구인 내부사법위원회(Internal Justice

이렇게 탄탄하게 구성된 사법제도는 과다한 소송 제기로 행정 비용이 낭비되고, 업무에 집중할 시간을 잡아먹는 점이 문제점으로 계속 지적되고 있다. 2014년 초에 만나본 유엔의 한 부서장은 자기 직원이 20명 남짓인데, 전임자 및 자신에게 문제를 제기하여 현재 진행 중인 소송이 6건이라며, 일주일에 한두 번은 법원에 출두하거나 서면 답변을 제출해야 한다고 언급한 바가 있다. 업무를 해야 할 금쪽같은 시간을 빼내 소송 관련 일에 쓰고 있는 것이다. 직원 역시 자신의 이익이 걸려 있는 문제인 만큼, 업무에 집중하기 어려울 것임은 자명하다. 2013년 소청심사과(MEU)의 소청 접수 결과를 보자.

소청 접수 건수	간부 결정 확정	간부 결정 번복	소청 해소	공식 해결	소청 취하	소청 각하	잘못 접수된 소청	전년도 이월 소청
933	323	0	183	11	33	257	11	115

소청심사과가 본격적인 사법적 해결 이전에 행정적으로 재검토해보는 것임을 감안하더라도, 간부의 결정이 번복된 것이 0건이라는 결과를 볼 때, 제기되는 소청 상당수의 근거가 희박하다는 점을 드러내준다. 각하된 소청도 4분의 1이 넘기 때문에, 소를 제기하는 행정 절차에 흠결이 있거나, 소송이 남발한다는 것을 알 수 있다. 이번에는 2013년 실제 소송이 제

Council, IJC)에 진출한 우리 재판관·자문관은 전무한 것으로 보인다. 국제사법재판소(ICJ), 국제형사재판소(ICC) 등은 국가 간 또는 세계 차원의 분쟁을 다룬다는 점에서 우리에게 상당히 알려져 있지만, 유엔 내부의 문제를 다루는, 일종의 노동 관련 사법 기구인 소청 기구는 잘 알려져 있지 않기 때문인 것으로 생각된다. 소청 관련 기구를 포함해 우리가 관심을 가져볼 만한 유엔 기구는 아직도 많다.

기되어 유엔분쟁법원(UNDT)에서 처리한 사건 결과를 보자.

전체 종료 사건	UN 승소	직원 승소	직원 부분 승소	중재를 통한 해결	기타
325 (100%)	173 (53%)	62 (19%)	21 (6%)	55 (17%)	14 (4%)

직원이 승소한 경우는 부분 승소를 포함해 25%에 불과하다. 또한 2013년 유엔분쟁법원(UNDT)에 접수된 289건 중 소청심사과에서 한 번 검토된 통상적인 소송에서 직원이 승소한 경우는 127건 중 3건으로 4%가 채되지 않는다.

전체	간부 결정 확정 (Upheld)	부분 확정 (Partially upheld)	간부 결정 번복 (Overturned)	심리 중
127	82	2	3	40

따라서 5위원회에서 선진국이 지속적으로 주장하는 것은 소를 제기할 직원들의 기본적인 권리는 인정하더라도, 불필요한 소송을 억제할 적절한 장치가 마련되어야 한다는 것이다. 특히 소청심사과나 법원에 가기 전에, 간부와 직원 간 대화를 통해 문제를 해결하거나 예방하고, 이러한 과정에 필요하다면 옴부즈맨과 사전 협의하거나 중재를 받는 것이 바람직하다는 것이다. 실제로 옴부즈맨에게 접수되는 사안은 상당히 증가되어왔다.

2008년	2009년	2010년	2011년	2012년	2013년
1,325	1,287	1,764	2,277	2,039	2,079

소송 남발을 방지해야 한다는 지속적인 문제 제기의 결과, 69차 총회에서는 2009년 이후 운영되어온 사법제도에 대해 중간 평가(interim independent assessment)를 실시하기로 결정했다. 외부 전문가 5인을 지명하여 객관적 관점에서 소청 제도의 효율적 운영이라는 당초 제도 개혁 취지가 제대로 구현되고 있는지 분석해보기로 한 것이다. 물론 유엔에서 새로운 조직과 직위를 만드는 것은 그 자리에 누구를 앉힐 것이냐에 관한 회원국들의 변함없는 관심을 불러일으키며, 위의 중간 평가 위원의 자격 요건을 논의하는 과정에서도 한바탕 논쟁이 벌어졌다. 첫째는 전문성이라고 당초 애매하게 표현되었던 자격 요건에 대해 개도국들이 비교법적 지식을 추가하자고 한 것이고, 둘째는 위원들의 지리적 균형을 강화해야 한다는 것이었다. 지리적 균형 문제에 관해 사무국은 직원들의 추천으로 50인의 후보군을 모집했고, 이에 대한 간부들의 검토로 25인으로 추려놓았으며, 추가 선발 절차를 거친 후 최종 5인은 사무총장이 임명하게 된다고 설명했다. 러시아의 질의로 25인 그룹, 50인 그룹에 동구권 출신이 없음이 확인되자, 러시아와 지리적 균형 문제에 민감한 개도국이 5인의 평가 위원은 각 지역권에서 1명씩 균형을 이뤄 선발되어야 한다고 주장했다. 비교법적 지식을 추가하자고 한 것도 선진국 법체계에 익숙한 사람만이 들어오기 수월한 체제는 받아들일 수 없다는 말이었다. 수 주에 걸친 협상과 EU와 개도국 개별 접촉을 거쳐 개도국의 입장을 반영하여 비교법적 지식을 전문가 요건으로 추가하고, 평가 위원 후보군에는 각 지역권이 모두 반영되도록 하였다. 동시에 선진국 입장을 반영하여 최종 5인 선발은 사무총장에게 맡겨두는, 즉 출신 지역을 고려하지 않는 선에서 타협을 본 것이다.

사법제도 의제에서 논의하는 다른 문제들도 직간접적으로 불필요한 소송을 어떻게 줄이느냐와 관련되어 있다. 직원 입장에서는 사적 문제도 아닌, 공적 업무 추진 과정에서 생겨난 인사 문제, 보수 문제 등에 관해 공식 루트를 통해 법률 자문을 구하는 것은 당연한 일이다. 그러나 소청 관련 지원 서비스를 제공하는 직원법률지원실이 다음과 같이 다양한 법률서비스를 무료로 제공함에 따라 직원들이 소송을 쉽게 제기하는 원인이 된다는 비판도 제기되어왔다.

	법률 자문	간부 협의	UNDT 변호	UNAT 변호	징계 사안	기타	합 계
2009	169	62	128	10	155	74	598
2010	308	90	76	39	70	13	596
2011	358	119	115	21	55	10	678
2012	631	196	96	31	46	29	1,029
2013	488	114	71	33	37	19	762

비용이 만만치 않게 들어가는 것에 대해 유엔 분담금을 많이 내는 선진국이 문제를 제기했고, 이에 따라 2013년 68차 총회에서 OSLA의 운영비 보조 차원에서 2015년까지 시범적으로 직원당 기본급의 0.05% 이내에서 자발적으로 성금을 내도록 결정했다.[290] 2014년 7월 현재 참가율은 약 60%로 2014년 총 72만 불(법률서비스 제공 비용의 80% 수준)이 충당 가능할 것으로 전망되었다.

직원들이 비용 문제로 법률서비스를 받기 어려워진다면, 소송을 제기할

---

290 유엔 노조는 자발적이라도 운영비를 직원들이 지불하는 것은 향후 건강보험 같은 회원국이 부담해야 하는 여타 비용을 직원들이 보조하는 전례가 될 수 있다면서 직원들에게 불참을 권유하고 있다.

기본 권리가 침해된다고 볼 소지가 있다. 동시에 불필요한 소청으로 인한 행정적·재정적 낭비를 막아내기 위한 노력의 연장선상에서 동 문제는 그 비용의 대소와 관계없이 적절한 방안이 필요하다. 자발적 지원금 갹출 추이를 점검하여 2016년 이후 운영비 충당 방안을 검토하여야 할 것이다.

다음과 같이 57%에 달하는 직원들의 자기변호(self-representation)로 초래되는 비효율을 어떻게 제거하느냐 역시 문제로 지적되고 있다.

전체 사건	자기변호	OSLA에 의한 변호	변호사 등 외부인에 의한 변호	현직/전직 유엔 직원에 의한 무료 변호
289	166(57%)	62(21%)	46(16%)	15(6%)

이제는 정리가 이루어진 쟁점 하나가 있다. 판결의 법원(法源) 문제인데, 일부 판사들이 ILO 같은 유엔사무국 외부의 법령을 토대로 판결을 내린 사례가 있었다. 회원국들은 재판부가 총회 결의의 내용에 어긋나는 법리에 기초한 판단을 내릴 수 없다고 못 박음으로써 자의적인 판결을 내리지 못하게 했다.[291] 삼권분립의 원칙에서 보면 법을 해석하는 사법부의 영역에 입법부가 관여하는 것으로 보이지만, 이는 유엔이 회원국들이 주인인 국제기구고, 유엔 내부에서 작동하는 사법 영역도 회원국과 무관하게 이루어져서는 안 된다는 점, 즉 유엔은 입법부가 우위에 있음을 재확인시켜 준 사례라 할 수 있다.

---

291 A/RES/68/254
OP 25. Reaffirms that, in accordance with paragraph 5 of resolution 67/241 and paragraph 28 of resolution 63/253, the Dispute Tribunal and the Appeals Tribunal shall not have any powers beyond those conferred under their respective statutes;
OP 26. Also reaffirms that recourse to general principles of law and the Charter by the Tribunals is to take place within the context of and consistent with their statutes and the relevant GA resolutions, regulations, rules and administrative issuances;

사법제도는 유엔 내부의 사법 영역이지만, 이에 관한 5위원회 논의는 역시나 정치적이다. 법적 지식이 필요한 경우도 없지는 않지만, 그러한 논의의 종국은 협상이며, 협상에서는 통설, 다수설, 소수설보다 이익의 균형이 우선시된다.

마지막으로, 내부사법위원회(Internal Justice Council, IJC)에 대해 설명을 덧붙인다. 2009년 현행 사법제도의 재탄생과 더불어 신설된 자문기구 격인 내부사법위원회의 두 가지 주요 임무는 사법제도에 관한 검토 의견을 제시하고, 재판부 판사 후보를 추천하는 것이다. 검토 의견에는 위원회 자체의 의견 외에, 분쟁법원(UNDT) 및 상소법원(UNAT)의 의견도 포함된다. [292] 입법부 우위의 구조라는 유엔의 특성에도 불구하고, 사법제도 개선 방식에 관해 IJC 위원 및 재판부의 의견을 제시토록 함으로써 사법부의 자율성을 존중하는 데 내부사법위원회 설립 및 운영의 소이연이 있는 것이다.

---

292 A/RES/66/237
OP 45. Stresses that the Internal Justice Council can help to ensure independence, professionalism and accountability in the system of administration of justice, and requests the SG to entrust the Council with including the views of both the Dispute Tribunal and the Appeals Tribunal in its annual reports;

유엔을
경영하라

"유엔의 진정한 성공 잣대는 얼마나 많은 약속을 했느냐가 아니라,
유엔의 손길을 구하는 사람들을 위해 얼마나
많은 성과를 거두었느냐 하는 것입니다."

– 반기문 유엔 사무총장[293] –

---

293 반기문 사무총장 취임 수락 연설, 2006년 10월 13일.
"The true measure of success for the UN is not how much we promise, but how much we deliver for those who need us most."

5위원회는 모든 유엔사무국 사업의 예산 및 인력을 결정함으로써 정책 수행의 추진력을 조절한다. 앞으로도 유엔의 역량을 리드하는 데 크나큰 영향을 미칠 것이다. 그런 차원에서 5위원회를 통해 내일의 유엔을 어떻게 만들어나갈지 고민해보는 것은 오늘의 우리 역할을 생각하는 데 좋은 화두가 된다.

내일의 유엔 조직을 고민하자

❶ 무슨 임무를 수행해야 하는가

인천상륙작전의 맥아더 장군은 1951년 미국 의회에서 가진 고별 연설에서 노병은 죽지 않고, 다만 사라질 뿐이라고 말했지만, 한 번 생겨난 유엔의 임무야말로 죽지 않고 사라져, 어디에선가 유엔 예산을 잡아먹고 있다. 따라서 효용이 확인되지 않는 오래된 임무는 폐지하고, 새로운 임무는 신중하게 결정하는 것이 필요하다.

유엔이 수행하는 임무는 안보리, 경사리, 총회 등이 분담하여 결정하며, 5위원회가 임무의 존폐 자체를 결정할 수는 없다. 그러나 사업 대비 적정한 예산이 배정되었는지, 사업 성과가 충분한지 검토함으로써 임무 존폐에 관한 시사점을 찾아낼 수 있다. 평화, 개발, 인권 업무 수행에 필요한 적절한 재원이 배분되고 있는가. 평화유지활동을 유지하고 종료하는 예산 투입 대비 성과는 무엇인가. 유엔이 앞으로 수행해야 하는 사업의 적합성에 대한 고민이 필요하다.

❷ 누가 어디에서 임무를 수행하는가

유엔의 업무는 1940년대 출범 당시 본부를 중심으로 이루어졌지만, 오늘날에는 사업이 이루어지는 현장으로 업무 초점이 옮겨가고 있다. 그러나 유엔 직원들은 반기문 사무총장이 이동근무를 의무화시켜야 할 정도로 본부 근무에 익숙해져 있다. 과연 앞으로 유엔은 어느 정도로 현장 중심의 조직으로 탈바꿈해야 하는가. 정책 사항이라도 뉴욕에서 해야 하는가, 아니면 나이로비나 엔테베 등 운영비가 저렴한 곳에서 하도록 이동해야 하는가. 현재의 정규직(연속직, 계약직, 임시직) 중심의 인사 체계로 역동성을 확보할 수 있는가. 5위원회가 유엔 직원 수 및 직급을 일일이 결정하는 현행 제도는 효과적인가. 유엔이 직접 수행해야 할 일과, 유엔 외부의 파트너들이 수행해야 할 일들은 어떻게 나눌 수 있고, 그 기준은 앞으로 어떻게 변해갈 것인가. 임무가 다양해지고, 현장으로 업무 중심이 이동하는 오늘날 유엔 직원들이 맡은 일에 사명감을 갖고, 성실하고, 진취적인 자세로 일하는 조직문화를 만들어가는 것이 매우 중대한 과제가 되었다.

❸ 현재의 예산 편성 방식은 효과적인가

유엔사무국 예산은 2년 단위 정규예산, 1년 단위 PKO예산, 그리고 예산 외 기금(extra-budgetary resources)으로 삼분되어 있다. 과연 이러한 형태의 예산 구조는 적절한가. 1년 또는 2년 단위의 서로 다른 예산 주기는 적절한가. PKO 설립을 결정하는 안보리 등 임무를 결정하는 입법 기구들에 재정적 함의를 검토해보도록 할 수는 없는가. 유엔 기구별로 이루어지는 유엔 조달 또는 서비스를 지구적 차원으로 통합 운영할 수 있는가. 유엔 기구별 우수 사례를 효과적으로 공유할 수 있는 방법은 무엇인가. 지구적 차원의 효과성을 높이기 위해 유엔의 본부 및 현장의 건물 등 자산의 1인 당 점유 또는 보유 비율은 무엇인가.

❹ 5위원회는 어떻게 개선해야 하는가

지난 2-3년 5위원회에서는 사무국 보고서도, 이에 관한 권고의견을 제시하는 ACABQ 보고서도 발간이 늦어졌다. 연이은 보고서 발간 지연으로 회원국들이 관련 내용을 이해하고, 검토하는 데 어려움을 겪는 것은 물론, 5위원회 회의가 시간 압박 속에서 진행되는 원인이 되기도 한다. 또한 회원국들의 '남북 갈등'이 심해져 먼저 양보하면 진다는 '겁쟁이 게임(chicken game)'식 협상 양태가 갈수록 고착화되고 있다. 과연 어떠한 방식의 회의 운영이 필요한가. 모든 의제를 해를 거르지 않고 반복적으로 논의해야 하는가. 합의를 도출하겠다는 의지를 강화하는 방법은 무엇인가.

21세기 글로벌 과제를 풀어가야 할 중심 기구로서 유엔 운영을 개선하기 위한 숙제는 무궁무진하다. 우리는 유엔 주요 재정 기여국의 위상에 걸맞은 책임감을 가지고, 유엔 예산 및 인사·행정 문제를 미래지향적으로 풀어갈 시점에 와 있다.

2
대한민국은
어떻게 할 것인가

❶ 5위원회 내 우리의 국익

우리가 추구할 가치가 있는 국익(목표)은 다음과 같이 정리할 수 있다.

건실한 유엔사무국으로 견인

역사적·지정학적 여건, 통상국가로서 안정적 국제질서의 중요성을 감안해 볼 때, 다자 외교를 통한 국제질서의 공고화는 우리 국익에 절대적으로 부합한다. 유엔사무국은 평화 활동, 개발, 인권 증진 등 분야에서 회원국들이 결정한 결의 및 결정을 집행함으로써 국제질서 유지에 실질적 역할을 수행한다. 이러한 역할을 한정된 자원하에서도 성실히 수행하도록 하기 위해 효율적 예산 사용, 효과적 조직 관리, 인적자원의 잠재력 현실화 등 조직 운영의 기강이 바로 서도록 견인할 필요가 있다. 유엔에 대한 국제사회의 신뢰가 떨어지는 경우, 다자 외교 축은 허약해질 수밖에 없다.

반기문 유엔 사무총장 과제 지원 및 성과 계승

사무총장은 국적이 한국일 뿐, 불편부당한 위치에서 세계 문제를 다루고 있다. 그러나 한국적 토양에서 한국의 위상을 등에 업고 활약한 사무총장의 업적은 세계 외교사에서 한국의 업적 및 이미지로 연결될 수밖에 없다. 재임 기간 중 효과적·효율적 조직 운영이 달성되도록 이동근무, 파트너십 확대, 예산 과정 개혁, 솔선수범(lead by example)의 조직문화 확산 등 주요 개혁 의제를 지원하고, 괄목할 만한 개혁 성과가 퇴임 이후에도 이어지도록 지속적으로 관여할 필요가 있다.

분담금의 효율적 사용

12위 재정 기여국으로서 우리가 지불하는 분담금이 유엔의 정책 목표 달성에 낭비 없이 편성·사용되도록 관리·감독하는 것은 우리의 권리다. 어려운 경제 사정을 감안하여 'do more with less' 달성을 통해 우리의 분담금 비용도 절감할 수 있다.

대한민국 존재감 확보

상임이사국이 정해져 있는 안보리와 달리, 5위원회는 발휘하는 역량에 따라 참여 정도가 결정된다. 유엔 조직 운영에 실질적으로 도움을 주도록 논의에 참여함으로써 작게는 인사 및 예산 편성이 부지불식간에 우리 이익에 불리하게 이루어지지 않도록 감독하고, 크게는 사실상 5위원회 '이사국'으로서 위상을 확보해갈 수 있을 것이다. 역으로 이러한 평판을 확보할 때, 유엔 운영에 대한 우리의 목소리를 효과적으로 반영시킬 수 있다.

❷ 회원국들의 이익

우리가 추구하는 이익을 확보하기 위해서는 다른 회원국들의 이익과 비교해보고, 그 역학 관계 속에서 달성 방법을 고민해야 한다. 주요 회원국들의 표면적 관심사는 5위원회 공식 발언문을 보면 알 수 있지만, 실제 협상을 통해 드러나는 속마음은 다음과 같다.

	선진국	77그룹
협상 우선 순위	•효율성(efficiency gains) → '분담금을 줄여줘' •재정 기율(fiscal discipline) → '돈을 헤프게 쓰지 마'	•임무 수행(mandate implementation) → '개발 분야 예산을 늘려줘' •입법 기구의 권한 존중 → '안보리는 P5가 독점하지만, 5위원회는 개도국이 주도하겠어.'
기피 사항 (약점)	•투표 → '나도 돈 낸 만큼 권한을 갖고 싶다고'	•분담금 미납 → '선진국들이여, 분담금 좀 완납해줘. 그래야 개발 분야에 돈을 쓰지'
	•(공통) 조직 와해 → '글로벌 과제는 혼자 풀기엔 부담스러워'	•(공통) 조직 와해 → '글로벌 과제 상당 부분은 개도국이 겪는 일이야.'
협상 결렬 대안 (BATNA)	•분담금 납부 거부	•표결 추진

유엔을 사람에 비유하자면, 5위원회에서 선진국이 추구하는 유엔은 하나의 성공을 일구어내기 위해 사전에 10번, 100번 생각해보고, 사무실에서는 에어컨 스위치를 끄고, 퇴근길에 소등을 재확인하며, 나중에 사업의 성패를 10가지, 100가지 지표로 분석하는 꼼꼼하고, 능률을 우선시하는 사람으로 볼 수 있다. 반면 개도국이 바라는 유엔은 사업 성공을 위해서는 몇 번 실패를 하더라도 괜찮다고 여기고, 가난한 사람들에게 두둑하게 베풀 줄 알고, 심지어 친구들과의 회식 값도 가능한 한 본인이 내려고 하

는 사람이다.

선진국이 바라는 유엔은 구두쇠로 보일 수도 있고, 양복 한 벌을 수십 년 입었던 정주영 고(故) 현대 회장을 떠올릴 수도 있다. 개도국이 바라는 유엔은 배포 큰 사업가, 독지가로 보일 수도 있고, 퍼주다가 내 살림 바닥나는 줄 모르는 철부지로 보일 수도 있다. 이것이 선진국과 개도국이 유엔에 갖는 기대의 차이다.

이러한 차이가 생기는 근본 이유는 무얼까. 5위원회 논의에 계속 참여하다보니, 예산 관점에서 보면 유엔은 유럽과 미국 등 선진국이 세계인들의 돈을 모아 아프리카와 중남미 등 개도국을 도와주는 기관으로 표현해도 대과가 없어 보인다. 아프리카는 유럽으로부터 당한 수탈의 역사에서 보상을 받고 싶을 것이다. 중남미는 북미에서 억압적 구조를 부과했다고 보고, 탈피하고 싶을 것이다. 신생 독립국의 국가 및 정권 이익을 위해서도 선진국의 돈을 끌어와야 한다. 그 정통한 통로가 유엔이다. 반면 선진국은 역사적 책임에서 후발국들의 개발을 도와주려 하지만, 세계 질서를 유지하는 주도국으로서의 위상은 그대로 유지하고 싶어 한다. 역시 그 정통한 기제가 유엔이다. 수백 년간, 아니 그 이상 지속된 서양과 비(非)서양의 만남, 특히 유럽 대 아프리카, 미국 대 중남미의 구도가 지금의 5위원회에서 그 원형이 그대로 보존되어 있음을 시시때때로 느끼게 된다.

유엔의 이상 실현이라는 공통된 삶의 길을 지향하면서도, 살아온 역사와 현재의 처지가 다른 데서 5위원회의 정치적 갈등이 초래된다.

❸ 정치적 레버리지 확대

이러한 역학 관계가 존재하는 5위원회에서 우리 국익을 수호하기 위해서는 내용에 대한 이해와 함께, 전략에 대한 매우 디테일한 노력이 요구된다. 핵심은 회원국들 및 사무국과의 네트워크 구축을 통한 정치적 협상력 제고에 있다.

우리는 유엔의 고아(孤兒)다. 77그룹, EU, 동남아 국가들의 연합인 ASEAN(Association of South Eastern Nations), 이슬람 국가들의 모임인 OIC(Organization of Islamic Cooperation), 중남미 국가들의 모임인 CELAC(Community of Latin American and Caribbean States) 및 ALBA(Bolivarian Alliance for the Peoples of Our America), 아프리카 그룹 등 어느 그룹에도 속해 있지 않다. 선진국 모임(Like-minded Countries)이라는 느슨한 연합체를 통해 협의에 참여할 뿐이다.

이러한 한계를 극복하기 위해 우리는 미국, EU, 일본 등 선진국과 수시 접촉을 통해 돌아가는 정세를 파악하고, 우리 입장 반영을 모색해왔다. 또한 CANZ, 스위스, 멕시코와 협력하고, MIKTA 공동 대응을 늘려가고 있다. 유엔사무국 관계자와도 수시로 협의하고 있다. 이에 더해 5위 공식 회의 시작 전 사무총장 보고서에 대한 사무국 관계자 초청 브리핑 및 질의응답 실시, 주요 의제에 대한 외부인 초청 세미나[294] 등도 검토해볼 수 있다. 예산의 자체 흡수가 가능한 영역과 금액을 확인할 수도 있고, 사무국

---

294 스위스, 호주 등 9개국이 2014년 10월 초 예산편성 과정 개혁에 관한 공동보고서(Because Process Matters)를 발간해, 논의 모멘텀 형성을 도모한 사례가 있다.

스스로 직급의 상향 조정과 같이 자기 필요에 의해 회원국의 지지를 필요로 하는 경우도 발생하므로, 이들과의 네트워크를 통해 유엔 운영 개선 아이디어를 구체화할 수 있다.

미국, 영국, 일본 등 선진국의 경우, 구체 목표 달성을 위한 협상 상대방의 입장 파악, 유연성 발휘 범위, 주고받기를 대비한 구체 전술 마련을 위해 단계별 입장 전개 방안 수립 및 광범위한 대외 접촉 활동에 상당한 시간을 할애하는 것을 볼 수 있었다. 인력 구조가 빈약하다는 한계에도 불구하고, 우리의 주된 관심을 가능한 시행 전략에 둘 필요가 있다. 유엔 예산·인사에 대한 영향력을 발휘하는 데 필요할 경우, 정상의 유엔 총회 기조연설 활용도 검토할 수 있다. 1961년 함마르셸드 유엔 사무총장 사망 이후 사무총장을 3인으로 확대하자는 논의가 있었는데, 미국은 케네디 대통령의 기조연설을 통해 사무총장 3인 체제의 무용성을 지적한 바 있다.

❹ '밀실 협상'을 이용하라

일상에서 '밀실 협상'이라는 말은 투명하지 못하게 소수의 사람들끼리 쑥덕쑥덕 판을 짜는 일을 비판할 때 주로 쓰인다. 그러나 '신사의 나라, 영국'과 마찬가지로, '밀실 협상'이라는 표현 속의 부정적 뉘앙스가 현실의 일면만을 보여주는 점에는 아쉬움이 있다. 그 누구도 나의 이득과 너의 이득을 교환하는 협상을 만인 앞에서 하기는 꺼린다. 어떠한 기업도 원가 계산 방식을 공개하지 않고, 어떠한 운동선수도 공개된 자리에서 연봉을 정하려 하지 않는다. 공개되지 않은 은밀한 데에서 협상이 이루어져야 합의 도출이 수월해지고, 각종 비난으로부터 자유로워진다는 것은 누구에게나 적용된다.

'밀실 협상'의 부정적 뉘앙스는 일제가 조선의 국권을 박탈한 기초가 된 가쓰라-태프트 밀약과 같이 과거 우리나라 같은 약소국의 운명이 일부 강대국들의 밀약으로 결정된 역사에 대한 비판에서 비롯되었다고 볼 수 있다. 이러한 비밀 조약의 관행은 그 이후 반성의 대상이 되어 유엔 창립 이후 조약을 유엔에 기탁하는 시스템을 갖추는 원인이 되었다.

그러나 밀실 협상은 아무리 정교한 제도로도 완벽하게 통제할 수 없으며, 또한 밀실 협상 자체가 사라지지도 않는다. 밀실 협상에 대한 기초적이자 최종적인 접근법은 줄기차게 참여를 위한 노력을 기울이는 것뿐이다. 이동근무 협상도, 2014-2015년 예산안 협상도, PKO 군·경 병력에 대한 경비상환율 협상도 밀실 협상 참여 여부에 따라 우리의 관심사 반영 여부 및 정도가 결정됐다. 밀실에서 논의될 내용에 대해 사전에 속속들이 알고 있고, 실제 협상력을 증명해 보임으로써 선진국 내 우리의 존재감의 가치를 확인시킬 수 있다면, 분명히 협상의 핵심 무대에 참여할 수 있다.

이러한 노력에 병행하여 소인수 협상에 참여하는 소수 국가들이 여타 국가들에게 협의 전후에 협상 목표와 협상 진전 사항을 가능한 한 소상하게 알려주도록 분위기를 형성하는 것도 'plan B'로 필요하다. 주요 선진국들에게 관련 내용을 공유해줄 것을 사전에 요청하고, 내용 공유가 원만하지 않다면, 그에 대해 따져야 한다. 유엔에서 회원국들의 중지를 모아 지구적 과제를 해결한다는 이상에 기반을 둬 밀실에서 논의되는 중요 사항이 국제사회 구성원들의 일상에 침투하고, 담론을 구성하도록 내용의 투명성을 강조해야 한다. 이것이 20세기 비밀 외교를 없애자고 한 노력의 본질일 것이다.

밀실 협상은 어느 정치적 행위를 막론하고 진행되어왔고, 앞으로도 진행될, 부정할 수 없는 역사의 진실이다. 그 부정적·관찰자적 뉘앙스는 '역사는 밤에 이루어진다'는 진취적·참여적 뉘앙스로 바뀌어야 한다.

❺ ACABQ 진출

ACABQ는 예산·인사 결정의 기준이 되는 권고 의견을 제공하고, 5위원회 논점을 선점한다는 점에서 매우 중요함은 이미 언급한 바 있다. 그렇기 때문에 유엔 창설의 주역인 미국, 소련, 영국 등은 1946년 이후 단 한 번도 위원직을 놓치지 않고 유지해왔다. 원년 멤버인 멕시코, 그리스도 위원을 배출했고, 1960년대에 독립한 카메룬, 나이지리아 등 아프리카 국가들도 진출에 성공했다. 효율적 예산 운영, 효과적 인력 관리 등 우리가 지향하는 가치를 유엔 운영에 수월하게 투영하기 위해서는 ACABQ 진출이 유리하다.

ACABQ 16석은 5위원회에서 매년 일정 인원씩 선출되며, 아시아에는 4석이 배분되어 있다. 중국은 개도국의 대표적 국가이자, P5의 일원으로, 분담률이 지속 상승(현재 5.148%)하여 유엔 예산에 대한 관심이 증대되고 있는 상황이며, 1946년 원년 위원(중화민국)이었고, 1974년부터 연속 진출해오고 있다. 인도는 2위의 PKO 병력제공국(2015년 초 기준 8,139명)이고, 5위원회 활동이 두드러지며, 비동맹 노선 활동을 토대로 1960년대 파키스탄이 진출했던 일부 시기를 제외하고는 ACABQ 진출을 계속하고 있는 상황이다. 일본도 2위 재정 기여국(10.833%)으로, 유엔 예산에 대해 지대한 관심을 보유하고 있으며, 70년대 이후 위원직을 계속 보유하고 있다. 나머지 1석은 이라크, 요르단, 네팔, 필리핀, 시리아 등 진출국이 바뀌어왔다.

ACABQ의 위상, 회원국들의 다대한 관심 등을 감안해볼 때, 위원직을 두고 아태그룹 내 경합은 불가피할 것으로 보인다. 이론적인 진출 방법은 첫째, 중국, 인도, 일본이 장기 수임해오고 있는 여타 3석에 비해 여러 나라가 돌아가며 수임해온 1석이 더 유동적임을 활용하는 것이다. 둘째, 유동적인 1석에 관심 있는 회원국들의 지지를 확보하는 조건으로 장기 수임 3석 중 하나에 경합을 벌여보는 것이다. 어느 방안이 되었든, ACABQ 위상과 회원국들의 관심을 감안해볼 때, 적극적인 선거 전략은 불가피하다.

2015년 2월 현재 ACABQ 진출 및 입후보 현황

현 위원 국적	현재 임기	차기 입후보		차차기 입후보	
중국, 인도, 일본	2014-2016년	2017-2019년	없음	2020-2022년	없음
이라크	2013-2015년	2016-2018년	이라크, 요르단	2019-2021년	없음

❻ 유엔사무국 진출 강화

우리나라는 초급전문가(JPO) 제도, 과거의 국별경쟁시험(National Competitive Recruitment Examination, NCRE) 및 현재의 YPP(Young Professionals Program) 등 공채시험, 외교부 본부와 유엔대표부가 주최하는 국제기구 진출 설명회 등을 통해 국제기구 진출을 지원해왔다. 세계화의 흐름과 정부의 측면 지원으로 유엔에 진출한 우리 국민도 많이 늘어나, 2014년 6월 기준 사무국 내 우리 국민은 144명에 달한다. 그러나 4만 2,000명 직원 수에 비하면, 그 비율이 우리 분담금 비율인 2%의 절반도 못 된다. 뿐만 아니라, 유엔에는 정식 직원이 아닌, 컨설턴트로 관여하는 사람들이 많은데, 우리 국적의 컨설턴트는 극히 일부에 지나지 않는다.

또한 내가 만나본 유엔사무국, UNICEF, UNDP, UNFPA(유엔인구기금) 등 다수의 유엔 인사 관계자들을 통해 확인되는 유엔 일자리 수요는 상당수가 이공 계통(보건, 의료, IT, 전력, 수자원 등)이므로, 다양한 전공의 대학생이 유엔 근무에 관심을 가져볼 만하다. 공무원 시험을 통해 젊은 나이에 공무원이 되는 대한민국의 현실과 달리, 유엔은 공석 진출이 주류를 이루고 있으므로, 국내 학회, 협회 등 전문가 그룹이 유엔의 P-3 이상(우리의 사무관 이상 직급) 직위에 관심을 갖고 진출을 추진하는 것도 효과적일 수 있다.

무엇보다 중앙부처 장관에 버금가는 유엔 사무차장(USG) 직위에 한국인이 진출할 필요가 있다. 현재 한국인 사무차장은 한 명도 없으며, 2016년 말이면 반기문 사무총장도 퇴임한다. 고위직에 진출하려는 자가 기본적으로 우수한 능력을 갖추고 있어야 하지만, 동시에 어느 일국의 적극적 지원 활동이 부재할 경우, 정치적 영향력을 발휘하는 다른 일국이 특정 직위를 덥석 움켜쥔다. 제로섬 성격을 감안한 접근이 요구된다.

❼ 사업 분담금 증대

우리의 유엔 의무 분담률은 1.994%로 정규예산 13위, PKO예산 12위이다. 외교부 소관 국제기구에 내는 분담금은 유엔 3,000억 원 이상, OECD를 포함한 모든 국제기구 5,000억 원 내외에 달한다. 다만 사업 분담금[295]은 다음 표와 같이 1%에 못 미쳐 20위권 바깥으로 파악된다. [296]

(단위: 1,000불)

	비지정 기여금	지정 기여금	한국 기여금(지정)
United Nations		1 439 693	14 887
UN PKO		30 274	
FAO		743 558	1 265
IAEA		227 310	5 138
ICAO		132 035	466
IFAD	379 142	97 477	
ILO		281 184	2 158
IMO		7 691	950
IOM	7 462	1 066 005	
ITC	17 442	26 164	
ITU		19 498	447
PAHO		953 874	
UN-Habitat	8 560	173 124	300
UNAIDS	234 555	45 786	
UNDP	932 902	3 897 010	77 007

---

295 사업 분담금은 자발적 기여금(voluntary contributions)의 다른 우리말 표현으로, 해당 기구와 기여금 서약(양해각서)을 맺고, 일정 기간 동안 매년 일정액의 기여가 의무적인 상황이 다수여서 의무성이 적지 않다.

296 유엔고위조정위원회 자료(A/69/305)에 근거해 정리했다.

UNEP		440 309	3 317
UNESCO		369 513	4 031
UNFPA	460 000	504 300	4 800
UNHCR	716 453	2 389 066	20 913
UNICEF	1 106 378	3 588 431	23 277
UNIDO		157 190	195
UNITAR	348	19 942	
UNODC	33 792	281 791	719
UNOPS		5 966	
UNRWA	573 378	548 357	
UNU		46 037	90
UN-Women	156 958	118 465	4 032
UNWTO	812	2 951	65
UPU		21 494	
WFP	285 710	4 095 143	26 366
WHO	132 390	1 928 575	9 874
WIPO		10 474	1 518
WMO		33 058	1 090
WTO		23 666	354
총 계	5 046 282	23 759 968	203 259

※ 지정 기여금(earmarked, specified)은 특정 사업에 쓰도록 지정한 기여금을, 비지정 기여금(non-specified)은 해당 기구가 알아서 쓰는 것을 허용하는 기여금을 말한다.

사업 분담금은 특히, 세계식량계획, 유엔아동기금 등 계획, 기금, 전문기구의 예산으로 많이 사용된다. 이를 내는 것은 국제사회에서 차지하는 위상에 걸맞은 행동이기도 하지만, 해당 기여금을 통해 국제기구의 정책 수립 및 수행에 일정한 영향력을 미칠 수 있다는 점에서는 기여국이 스스로 원하는 바이기도 하다. 물론 유엔은 사업 분담금과 이들의 유엔에 대한 영향력 간의 상관관계를 공식적으로 인정하지 않는다. 하지만 현실은 그렇지 못하다는 평가가 많다. UNDP의 경우, 개도국 개발 계획 수립 및 시행 과정에서 자발적 기여가 큰 북유럽 국가들의 의견을 상당 부분 존중하는 것으로 알려져 있다. 이들 국적 출신 인사들이 상대적으로 널리 포진되어 있는 것도 이러한 기여를 인정해준 결과라는 의견도 있다.

우리나라의 높아진 위상과 국익에 맞게 국제사회 및 국제기구에 대한 기여를 확대해나갈 필요가 있다. Post-2015 개발 의제, 통계, 주민등록, 전자정부, 법치, 시민사회 등 개도국 거버넌스 역량 강화 등에 대한 자발적 기여를 확대하는 것은 개발원조 수원국에서 공여국으로 전환한 우리의 발전 경험을 토대로 개도국 역량 강화를 지원하고, 우리 공공·민간 업체의 사업 참여도 확대할 수 있는 장점이 있다. '모두를 위한 지속 가능 에너지(sustainable energy for all, SE4All)' 구상은 반기문 사무총장의 개발 협력 4대 구상[297] 중 하나이고, 에너지 분야의 국제 협력 사업을 통해 우리 기업의 사업 참여에 도움이 된다는 의미도 있다. 인권 분야도 자발적 기여의 확대를 검토할 분야다. 예를 들어, 장애인의 권리 증진, 개도국의 장애인 관련 정책 및 행정 역량 강화, 유엔여성기구(UN Women)의 여성 장애인 지원 기금 등이 대표적인 분야다. 또한 우리가 다음 안보리 이사국 후보로서 역량을 갖추도록 유엔사무국의 정무 분야에 대한 기여를 검토해볼 수 있다. 세계 정세를 분석하고, 분쟁 예방 활동을 펴는 정무국에 기여금을 제공하는 경우, 기금 운용에 대한 모니터링 과정에서 정보를 공유하고, 의견을 교

---

297 모두를 위한 지속 가능 에너지(Sustainable Energy for All), 기아 퇴치(Zero Hunger Challenge), 교육 우선(Education First), 모든 여성, 모든 아동(Every Woman, Every Child).

환해갈 수 있기 때문이다. 가용한 국가 예산 범위에서 최적의 자발적 기여금을 책정하고, 이를 기부함으로써 우리의 영향력을 확보하는 노력을 계속해나갈 필요가 있다.

❽ 반기문 사무총장과 유엔대표부

앞서 다룬 것처럼 반기문 사무총장은 이동근무 제도화 같은 상당한 운영 개혁 성과를 일구어냈다. 이 과정에서 우리 유엔대표부는 적극적으로 5위원회 논의에 참여하여 유엔 개혁을 옹호함으로써 일정한 역할을 수행했다. 이동근무가 총회에서 승인되도록 당초 유보적이었던 선진국들의 의견을 규합하는 데 기여하고, 사무국이 5위원회에서 제기된 문제점에 대해 알기 쉽게 설명할 수 있도록 일종의 마케팅 아이디어를 사무국에 제공했다. 파트너십 부서 신설을 지원하기 위해 회원국 간 협의에 적극 참여하기도 했다.

　이러한 과정을 거치면서 확인된 것은 현 유엔 사무총장이 한국인이어서 우리가 원하든 원하지 않든 대표부가 총장실 입장을 대변한다고 회원국들이 인식하고 있다는 점이다. 이러한 인식은 들어맞는 면도 있고, 간과하는 측면도 있다. 대한민국의 외교관 출신인 반기문 사무총장이 유엔 사무총장으로 선출될 수 있도록 우리나라는 선거 과정에서 강력한 지지 운동을 폈다. 반기문 사무총장은 당선 이후 세계평화를 위해 애써왔고, 여기에 대한 대한민국의 전폭적인 지지는 변함이 없었다. 따라서 사무총장의 조직 운영 방식에 대해 우리는 강한 관심을 가질 수밖에 없고, 이것이 회원국이 우리를 사무총장과 동일시하는 이유로 작용한다. 아마 한국만이 아니라, 그 이전의 가나, 이집트 등 여타 사무총장 배출 국가들도 비슷한 일을 겪었을 것이다.

그러나 우리가 반기문 사무총장의 개혁 의제를 지지한 근원적인 이유는 그 개혁 의제가 합리적이고, 유엔에 필요하며, 우리 국익에 부합하기 때문이었다. 우리를 포함한 선진국들이 사무총장에게 유엔이 일은 더 많이 해야 하고, 예산은 더 많이 절감해야 한다고 지겹도록 이야기하자, 반기문 사무총장이 "선진국들이 임무는 계속 늘리면서(more, more, more) 예산은 계속 삭감(less, less, less)한다"라고 넋두리를 늘어놓은 적이 있다. 사무국 직원들이 선진국에게 예산을 올려달라고 설득하는 과정에서 한국 대표부에는 "다른 나라도 아닌 한국마저 사무총장을 압박하면, 무슨 힘이 나서 일하겠느냐"라고 볼멘소리를 한 적이 있다. 대한민국은 반기문 사무총장이 하는 일을 신뢰의 마음으로 지원하지만, 유엔 조직 개혁이라는 원칙 앞에서는 회원국으로서 유엔 예산의 효율적 사용, 불필요한 예산 편성 불가, 자체 흡수 노력 배가 등 쓴소리도 마다하지 않았다.

앞으로 신임 사무총장이 들어서더라도, 유엔 개혁을 추진하는 한에서는 이를 강력히 지지하고, 개선 노력이 부족하면 개선을 촉구하리라 보며, 그것이 회원국으로서 주어진 권리를 행사하는 일일 것이다.

❾ 협상 진전을 위한 기술적 방안

5위원회 논의를 보면, 자주 반복되는 회원국 주장 및 합의 유형이 있다. 협

상에서 합의를 도출하는 데 요긴한 기술적 진전 방안 몇 가지는 다음과
같다.

평가 정도 완화

특정 쟁점에 대해 회원국의 '감사', '환영' 등 긍정적 평가와, '우려', '후회'
등 부정적 평가가 엇갈리는 경우가 발생한다. 이 경우, '인정(recognize, 약한
긍정)', '기록(note, 중립)' 등의 표현을 통해 평가 정도를 완화할 수 있다.

강한 긍정	Welcome; Endorse; Note with appreciation
약한 긍정	Welcome the intention; recognize; acknowledge
중립	note
약한 비판	Note with concern; Expresses its concern; Regret
강한 비판	Note with serious concern; Expresses its deep concern

2개 입장 병기

현상을 변경하는 문안의 경우, 새로운 내용을 우선 서술하되, 반대 입장
회원국이 추구하는 기본 원칙을 뒷부분에 병기하는 방식이 종종 사용된
다. 새로운 변화를 추구하더라도, 기존의 제도를 일정 부분 존중한다는
타협안이다. 기존 원칙을 병기하는 부분에 ", bearing in mind that …", ",
while …", "with the understanding that…" 등을 삽입해볼 수 있다.

- OP 39: Also <u>decides to amend</u> article 11, paragraph 3, of the statute of the Dispute Tribunal by inserting the words "and orders" after the word "judgements"and by adding, at the end of the paragraph, a sentence reading "Case management orders or directives shall be executable immediately", as well as to amend article 7, paragraph 5, of the statute of the Appeals Tribunal by inserting the words "or order"after the word "judgement"; (선진국 입장 반영하여, 조항 수정)

- OP 40 Emphasizes that the amendments of article 11, paragraph 3, of the statute of the Dispute Tribunal <u>shall not affect the provisions of</u> articles 2.2 and 10.2 of the statute of the Dispute Tribunal; (개도국 입장 반영하여 기존 조항 재확인)

과거 결의 활용

새로운 요구를 과거 결의를 상기하는 방법을 통해 다소 억누르는 방법도 있다.

인적자원관리(HRM) 개도국 진출 확대 요구(A/RES/67/255)

- OP 49 : ① <u>Recalls</u> paragraph 65 of its resolution 65/247 and paragraph 17 of its resolution 66/265 of 21 June 2012, ② <u>in which it requested</u> the SG to intensify his efforts to ensure proper representation of troop-contributing countries in the Department of PeacekeepingOperations and the Department of Field Support of the Secretariat, taking into account their contribution to UN peacekeeping, and to report thereon in the context of his proposed budget for the support account for peacekeeping operations for the period from 1 July 2013 to 30 June 2014;

① 77그룹은 당초 병력제공국 출신 인사의 PKO 정책 부서 진출을 위해 사무총장이 추가적 노력을 경주해야 한다는 입장이었으나, 선진국은 강력 반대하면서 이미 사무총장의 노력을 요구한 65차 및 66차 결의를 상기하는 수준에서 합의 요청
② 77그룹은 당초 "requesting"을 주장했으나, 선진국은 "-ing"를 통해 현재 및 미래에 대해 갖는 구속력을 약화시키기 위해 "in which it requested"라는 과거형 표현을 수정 제안하여 '이미 요구했고, 사무총장이 이미 이행했다'는 뉘앙스로 변경

시행을 늦춘 결정

새로운 정책을 승인하되, 그 시행은 미루는 방법이 뜨거운 쟁점에서 합의

가 도출되는 대표적인 방식이다.

Common System 정년 연장 결정(A/RES/69/251) 사례

- I. Conditions of service, C. Mandatory age of separation, OP 2 : Decides to raise the mandatory age of separation to 65 years for staff recruited before 1 January 2014, taking into account the acquired rights of staff, and requests the Commission to revert to the GA with an implementation date at its earliest opportunity, but no later than its seventy-first session, after consultations with all the organizations of the common system

5위원회 근무 소회

유엔의 이상의 궁극적 종착점은 이 장엄한 우주에서 지구라는 아름다운 행성에 발붙이고 살아가는 감사함을 서로 공유하는 데 있지 않을까. 국경을 그어놓고 살고는 있지만, 힘을 합쳐 함께 잘 살 수 있도록 싹을 틔우고 가꾸는 일, 그것이 유엔의 역사이자 사명이지 싶다.

그것을 실현하는 전제는 회원국이라는 정체성을 잊지 않은 채 참여하는 데 있다. 지금 여기의 회원국 현실이 유엔의 이상을 실현하는 출발점이다. 한국인으로서 내가 절감한 현실 두 가지는 해야 할 업무가 많다는 점과 유엔의 이상이 실현되어야 할 공간이 바로 한반도라는 점이었다.

대한민국의 일원으로 5위원회 업무를 하면서 업무량에 따른 절대적, 그리고 여타 회원국에 비교한 상대적 인력 부족에 시달렸다. 그런 생각을 할 때마다, 한반도가 남과 북으로 갈려 각자의 외교관들이 다른 쪽을 비판하거나 자기를 방어하는 데 에너지를 쓰고 있는 게 눈물이 날 정도로 통탄스러웠다. 우리가 통일이 되어 있다면, 그 인재들 중 1-2명이라도 5위원회팀에 추가 배치될 수 있고, 그러면 우리는 지금보다 훨씬 더 깊이 있고, 폭넓게 활약할 수 있을 텐데 하는 아쉬움을 가슴 한 켠에 안고 살았다.

아마 북한의 유엔대표부도 일손이 딸리기는 마찬가지일 것이다. 나는 5위원회 근무 내내 북측 외교관을 만나보고 싶었다. 5위원회가 승인하는 예산의 일부는 유엔 회원국인 북한으로도 흘러들어가므로, 회의장에 들어올 법도 했다. 그러나 안보리 대응이 주된 업무일 수밖에 없는 북한 대표부는 5위원회 논의에 참여하지 않았다.

그런데 딱 한 번 5위원회 회의장에서 북측 외교관을 만난 적이 있다. 2014년 12월 러시아가 인적자원관리 의제에서 동성 결혼자에 대한 부양제(扶養制) 보수 적용을 폐지하기 위한 표결을 요청했을 때, 북한대표부가 러시아의 요청을 받고 투표를 위해 참여한 것이다. 실제 투표는 러시아 제안이 아닌, 5위원회 회의 진행 방식에 관해 이루어졌지만, 어쨌든 회의장 내 스크린에서 'DEM PR OF KOREA'를 발견하는 순간, 북한 대표부 직원을 만날 수 있겠구나 하는 생각이 들었다.

공식 회의가 종료된 후 'D'로 시작하는 곳의 북한 좌석으로 가 거기 앉아 있는 사람을 만났다. 통성명을 하니, 김송 참사관이라 한다. 나는 평소 5위원회 회의장에서 만나보지 못해 아쉬웠는데, 이렇게 만나서 반갑다고 하고, 오늘 회의장에 나온 이유를 물었다. 김송 참사관은 러시아 안에 대해 표결이 있다고 하여 나오게 되었다고 말했다. 나는 5위원회에서 자주 보고, 논의에 같이 참여했으면 좋겠다고 했다. 김송 참사관은 그럴 수 있으면 좋겠는데, 지금 남과 북의 상황이 좋지 않아 보기가 쉽지 않다고 했다. 나는 이럴 때일수록 서로 대화로 상황을 풀어가는 게 필요하지 않겠느냐고 했다. 그러자 김송 참사관은 당시 개봉한 영화 〈더 인터뷰(The Interview)〉를 거론하며, 최고 존엄을 모독하는 것은 받아들일 수 없으며, 이 같은 상황은 문제를 복잡하게 만든다

2014년 12월 24일 북한이 5위원회 표결에 참석했다. 회의장 내 스크린에 비친 표결 결과에서 왼쪽에서 두 번째 열 중간에 'DEM PR OF KOREA'가 보인다(유엔 WebTV 캡쳐 화면).

는 북측의 평소 주장을 폈다. 이야기가 겉돌겠구나 싶었다. 김송 참사관의 유창하지만, 다소 긴 언급이 끝난 후 좋은 말로 어루만져주고 만남을 끝냈다. 나의 뉴욕 생활 첫 번째이자 마지막 북녘 동포와의 만남은 그렇게 짧게 끝이 났다. 서로가 가까워질 수 있는 말을 할 수 없는 분단의 구조 속에서 남과 북은 서로 생채기만 계속 낼 뿐이다. 분단의 구조를 통합의 구조로 바꿀 수 있는 사고와 행동의 변화, 이것은 남과 북의 통일이라는 담론인 동시에, 대표부 인력 부족의 구조적 문제점을 해소하여 업무의 질을 향상시키기 위한 현실적 필요였다.

다시 업무 현실로 돌아와보면, 우리의 5위원회 역량을 배가하기 위해서는 관련 자료와 연구의 축적이 계속되어야 한다. 앞서 이야기한 분석 역량 배양, 이것은 협상에 참여하기 위한 기본 조건이다. 선진국과의 협의에 참여해보면, 이들은 회기가 시작되기 한참 전에 이미 관련 내용에 대한 상당한 분석을 끝내고 왔구나 하는 인상을 지울 수 없다. 한 회원국 실무자에게 어떻게 회의 준비를 하느냐고 물은 적이 있는데, 대표부에 '연구원'이 있지만, 막상 일을 시켜보면, 자기가 원하는 자료가 잘 나오지 않고, 본부에서도 지원을 해주기는 하지만, 실제 협상장에서는 즉석에서 대응하는 일이 생기기도 한다고 말한 적이 있다. 현장에서 얻는 감각이 유용할 때가 많다는 이야기인데, 역으로 연구원을 통해 얻는 자료, 본부를 통해 얻는 자료, 그리고 본인이 직접 준비하는 자료 등 삼중의 준비 작업이 이루어지는 점도 알 수 있다. 또한 본부 출장자들이 많이 오는 사업조정위원회(CPC) 회의에서는 자연스레 수도와 뉴욕 간의 업무 분장 이야기가 나온 적이 있는데, 대체로 회원국들은 뉴욕에서 대부분 대응하여 처리하고, 본부는 큰 방향이나 최종 단계의 결정에 참여하는 정도라고 말했다. 현장 감각을 바탕으로 대응하는 대표부, 중장기 정책을 수립 및 시행하는 본부, 관련 연구를 축적하는 학계 등 일선, 이선, 삼선의 공동 노력이 필요하다는 점이 확인된다.

정부의 자료 축적이 계속되어가고 있고, 학계에서도 사이버 공간, 물, 에너지, 우주, 극지 등 구체적인 지구적 과제에 대한 연구도 점차 활발해지고 있다. 우리나라 외교 전략 차원에서 유엔 개혁 및 운영에 대해서도 연구가 강화되어 거시적인 연구와 미시적인 현장 대응, 이를 포괄하는 정책의 삼박자가 잘 맞아떨어지는 게 중요하다.

비전 없는 노력은 맹목이지만, 디테일 없는 비전은 공상일 뿐이다. 5위원회에 근무하며 언제나 필요했던 것은 디테일, 디테일, 디테일이었다. 모든 사람이 돈의 중요성과 사람의 가치에 대해 알지만, 협상을 이끌어나가는 소수는 늘 디테일에 대해 끝까지 파헤치는 분석력, 협상 추진 전략, 그리고 실천력을 가지고 있는 나라들이었다. 의제별, 쟁점별 선진국 및 개도국 입장을 대변하는 기초 자료(발언문, 사무국에 대한 서면 질의, 결의안 초안 등)를 축적하고, 연구하는 작업이 앞으로 계속되어 21세기, 22세기 우리의 국가 전략의 일환으로 유엔 조직을 효과적으로 활용하는 데 유용하게 쓰일 수 있기를 기대한다.

부록

우리말로 번역한 유엔 직원규정 및 유엔 직원규칙을 수록한다. 동 규정 및 규칙은 2015년 1월 1일 현재 유엔사무국에서 실제 시행되고 있는 인사 정책 및 행정 세부 사항을 담고 있다. 이를 정독하는 것만으로도 유엔 내부 작동 방식에 대한 이해를 제고하고, 유엔 운영 개혁에 대한 아이디어를 얻는 데 도움이 될 것이다. 유엔 재정규정 및 유엔 재정규칙(Financial Regulations and Rules of the UN)은 번역하지 못했다. 타(他)의 사고 체계를 아(我)의 사고 체계 속에서 이해시키는 작업인, 외국어의 우리 말 번역이 유엔 맥락에서 갖는 의미는 후발국으로서 회원국 사이에서 합의된 운영 방식의 역사를 이해하고, 새로운 미래를 만드는 기초로 삼는 데 있다.

1
유엔 직원규정
Staff Regulations of the United Nations

| 범위 및 목적 |

직원규정은 유엔사무국의 중요 근무 조건 및 기본 권리, 책임 및 의무를 규정한다. 직원규정은 사무국의 인사 운영 및 행정에 대한 인사 정책의 대강(大綱)을 나타낸다. 동 규정의 목적상 "유엔사무국" 또는 "직원"은 헌장 101조 1항에 따라 총회가 공표한 규정을 전제로, 임용장에 정의된 고용 및 계약을 맺은, 유엔 헌장 97조의 의미에 따른 사무국의 모든 직원을 가리킨다. 사무총장은 수석행정관으로서 필요하다고 판단하는 경우, 이 규정과 합치하는 직원규칙을 제정하고 집행할 수 있다.

| 제1조 책무, 의무, 특권 |

규정 1.1

a 직원은 국제공무원이다. 직원으로서 책임은 국내적이지 않고, 전적으로 국제적이다.

b 직원은 사무총장 또는 그가 위임한 대표 앞에서 다음의 서면 선서를 하여야 한다.

"나는 유엔의 국제공무원으로서 나에게 부여된 역할을 충성, 신중, 양심에 따라 수행하고, 유엔의 이익만을 고려하여 이러한 역할을 수행하고 나의 행동을 규율하며, 어떠한 다른 정부나 조직 외부로부터 나의 책무 수행과 관련한 일체의 지침을 구하거나 받지 않을 것임을 엄숙히 선서합니다."

"또한 나는 직원규정 및 직원규칙에 따라 나에게 부여된 의무를 존중할 것임을 엄숙히 선서합니다."

c 사무총장은 헌장, 직원규정 및 직원규칙, 유관 총회 결의 및 결정에 규정된 직원의 권리와 의무가 존중받도록 보장하여야 한다.

d 사무총장은 근무 조건을 결정함에 있어 최고 수준의 능률, 역량, 도덕성을 갖춘 직원을 확보하는 것이 가장 중요하게 고려되도록 노력하여야 한다.

e 현 직원규정[298]은 별도 재원으로 운영되는 기관을 포함하여 직원규칙에 따라 임명된 모든 직급의 모든 직원에게 적용된다.

f 헌장 105조에 따라 유엔이 향유하는 특권 및 면제는 조직의 이익을 위해 부여된다. 이러한 특권 및 면제는 근무하는 국가의 법과 경찰 규정을 준수하지 못한 데 대한 변명 사유로 원용할 수 없으며, 개인적 의무 불이행에 대한 변명 사유로도 원용할 수 없다. 이러한 특권 및 면제의 적용과 관련하여 문제가 제기되는 어떠한 경우에도, 해당 직원은 해당 사안을 사무총장에게 즉시 보고해야 하며, 사무총장은 관련 절차에 따라 그러한 특권 및 면제가 존재하는지와 적용을 면제할지에 대해 결정할 수 있다.

---

298 "present or these Regulations"은 조문과 별표로 구성된 전체를 말하고, "현 직원규정"으로 번역하며, "present or this Regulation"은 해당 1개조의 조항을 말하고, "이 규정"으로 번역한다.

규정 1.2 직원의 기본 권리 및 의무

핵심 가치

a 직원은 기본적 인권, 인간으로서의 존엄과 가치, 남녀의 동등한 권리에 대한 신념을 포함하여, 헌장에 규정된 원칙을 준수하고 존중해야 한다. 이에 따라, 직원은 모든 문화에 대한 존중을 표하여야 하며, 다른 직원들을 차별하거나 부여된 권능과 권한을 달리 남용해서는 안 된다.

b 직원은 최고 수준의 능률, 역량, 도덕성을 견지해야 한다. 도덕성의 개념은 근무와 지위에 영향을 미치는 모든 사안에 있어 청렴, 불편부당, 공정, 정직, 충직 등을 포함한다.

일반 권리 및 의무

c 직원은 사무총장의 권한과 유엔의 어떠한 활동이나 부서로의 사무총장의 배치 결과를 따라야 한다. 사무총장은 이러한 권한을 행사함에 있어 주변 여건을 고려하여, 부여받은 책임을 수행하는 직원들을 위한 모든 필요한 안전 조치가 취해지도록 노력하여야 한다.

d 임무 수행에 있어 직원은 어떠한 다른 정부나 조직 외부로부터 일체의 지침을 구하거나 받지 않아야 한다.

e 임용을 수락함으로써 직원은 유엔의 이익만을 고려하여 맡은 바 역할을 수행하고 행실을 규율할 것을 서약한다. 헌장에 규정된 유엔의 목표, 원칙, 목적에 대한 충성이 국제공무원 지위로서 모든 직원들의 기본적인 의무다.

f 직원의 정치적 및 종교적 신념을 포함하여 개인적 견해 및 신념은 불가침이나, 그러한 견해 및 신념이 공무 수행이나 유엔의 이익에 부정적인 영향을 미치지 않도록 하여야 한다. 직원은 항상 유엔 직원으로서 지위에 부합하도록 행동하여야 하며, 유엔 관련 책무의 성실한 수행에 부합하지 않는 어떠한 행동에도 관여하지 않아야 한다. 직원은 그들의 지위나 지위상 요구되는 도덕성, 독립성, 불편부당에 부정적 반향을 야기할 어떠한 행동, 특히 어떠한 종류의 공공 발언도 회피하여야 한다.

g 지위나 공식 업무 수행 중 지득한 정보를 재정적 또는 기타 성격의 개인적 이득, 또는 가족, 친구, 자신이 좋아하는 자 등 제3자의 이득을 위해 사용해서는 안 된다. 직원은 반감을 갖고 있는 다른 사람들의 직위를 해하기 위한 개인적 사유로 자신의 직위를 이용해서도 안 된다.

h 직원은 투표할 권리를 행사할 수 있으나, 어떠한 정치적 행위에 참여하더라도 국제공무원으로서 그들의 지위에 요구되는 독립성 및 불편부당의 원칙과 부합하고, 이에 부정적 반향이 야기되지 않도록 하여야 한다.

i 직원은 모든 공무에 있어 고도의 신중을 기하여야 한다. 직원은 책무 수행의 정상적인 과정에 필요하거나 사무총장의 승인에 따른 경우를 제외하고는, 자신의 공식 직위에서 공개되지 않았음을 알거나 알았어야 할 어떠한 정보도 어떠한 정부, 단체, 사람 또는 다른 단체에게 전달해서는 안 된다. 이 의무는 퇴직으로 면제되지 않는다.

영예, 증여, 보수

j 직원은 어떠한 정부로부터도 영예, 훈장, 호의, 증여, 또는 보수를 받아서는 안 된다.

k 기대하지 않은 영예, 훈장, 호의, 또는 증여를 거절함으로써 조직에 곤란함이 발생할 경우, 해당 직원은 조직을 대표하여 이를 수령한 후 사무총장에게 보고 및 기탁하고, 사무총장은 조직 차원에서 보유하거나 조직의 혜택을 위해 또는 자선 목적으로 처분할 수 있다.

l 직원은 사무총장의 승인을 먼저 얻지 않고는 어떠한 비정부 단체로부터도 영예, 훈장, 호의, 증여, 또는 보수를 받을 수 없다.

이익의 충돌

m 이익의 충돌은 작위 또는 부작위에 의해 직원의 개인적 이익이 공무 및 책임 수행 또는 국제공무원으로서 요구되는 도덕성, 독립성 및 불편부당에 차질이 생기는 경우, 발생한다. 이익의 충돌이나 그러한 가능성이 발생하는 경우, 직원은 이를 부서장에게 신고하고, 조직은 이를 완화시키며, 조직의 이익에 도움이 되는 방향으로 해결하여야 한다.

n D-1 직급 이상의 모든 직원들은 임용과 동시에, 그리고 사무총장이 정하는 간격을 두고, 본인, 배우자, 부양 자녀의 재산공개신고서를 제출하고, 사무총장이 요청할 경우, 제출한 정보의 정확성을 증명하여야 한다. 재산공개신고서 제출 시, 직원, 배우자, 부양 자녀의 자산과 경제활동이 공무 및 유엔의 이익과 충돌을 야기하지 않음을 증빙하는 서류를 첨부하여야 한다. 재산공개신고서는 비밀로 취급하며, 사무총장이 정하는 바에 따른 직원규정 1.2(m)에 해당하는 결정을 내리는 경우에만 사용된다. 사무총장은 조직의 이익에 필요하다고 판단하는 경우, 다른 직원들에게 재산공개신고서 제출을 요구할 수 있다.

외부 고용 및 활동

o 직원은 보수 지급 여부와 관계없이, 사무총장의 승인 없이 외부 직무를 겸할 수 없다.

p 사무총장은 다음의 조건을 모두 충족하는 경우, 직원의 겸직을 승인할수 있다.
   I 외부 직무가 직원의 공무나 국제공무원으로서 지위와 충돌하지 않는다.
   II 외부 직무가 유엔의 이익에 반하지 않는다.
   III 해당 외부 직무가 근무지나 직무 발생지의 현지법에 의해 허용된다.

재산 및 자산 사용

q 직원은 유엔 조직의 재산 및 자산을 공적 목적으로만 사용하여야 하며, 그러한 재산 및 자산을 사용함에 있어 합리적 주의를 기울여야 한다.

r 직원은 재원의 오용, 낭비, 또는 남용 가능성을 조사할 권한이 있는 직원등의 정보 요구에 전적으로 응하여야 한다.

규정1.3

근무성적

a 직원은 맡은 바 역할을 완수하는 데 사무총장에게 책임을 진다. 직원은 맡은 바 역할을 수행하는 데 최고 수준의 능률, 역량, 도덕성을 견지하여야 한다. 직원은 요구되는 성과 기준이 충족되도록 근무성적에 대해 주기적으로 평정받는다.

b 공무 수행에 있어 직원의 근무시간은 사무총장이 결정한다. 사무총장은 정상 근무일을 정하여야 하며, 근무지별 공휴일을 정하여야 한다. 다만 업무상 필요 시 예외를 둘 수 있으며, 직원에게 정상 근무시간을 초과하여 근무할 것을 명할 수 있다.

| 제2조 직위 및 직원 분류 |

규정 2.1

사무총장은 총회가 수립한 원칙에 따라, 요구되는 책무와 책임의 성격에 따라 직위 및 직원 분류를 위한 적절한 규정을 만들어야 한다.

| 제3조 봉급 및 수당 |

규정 3.1

직원의 봉급은 사무총장이 현 직원규정 별표 1의 규정에 따라 고정된다.

규정 3.2

a 사무총장은 인정된 본국 외에서 거주 및 근무하고 있고, 사무총장의 의견으로 부양 자녀가 해당 직원의 인정된 본국에 동화되는 것을 수월하게 할 학교, 대학교 또는 유사 교육기관에 전일 과정으로 재학 중인 직원에게 학비지원금을 지급할 수 있는 조건을 수립하여야 한다. 학비지원금은 해당 자녀의 고등교육 4년 차까지 지급하여야 한다. 자녀당 학년별 학비지

원금 지급액은 실제 발생한 인정 가능한 교육 비용의 75%로 하되, 총회가 승인한 최대 금액을 넘지 못한다. 자녀의 여비는 교육기관과 근무지 간 왕복 여행 운임에 대해, 직원이 원하는 언어 또는 문화적 전통으로 교육을 제공하는 학교가 부재한 근무지에서 근무하는 경우에 귀국휴가가 제공되지 않는 해에 2회 지급할 수 있는 것을 제외하고는, 학년당 1회 지급할 수 있다. 그러한 여행은 사무총장이 승인한 항로를 이용하되, 본국과 근무지 간 여정에 대한 운임을 초과할 수 없다.

b 사무총장은 또한 지정 근무지에서 초등 및 중등학교에 재학하는 자녀의 경우, 사무총장이 승인한 최대 금액을 넘지 않는 선에서 추가적으로 기숙사 비용의 100%를 지급할 수 있는 조건을 정하여야 한다.

c 또한 사무총장은 자신이 사용하는 언어와 다른 언어를 사용하는 국가에서 근무하고, 자신이 사용하는 언어와 다른 언어로 수업이 이루어지는 지역의 학교에 재학 중인 부양 자녀를 위한 모국어 교습 수업료를 지불해야 하는 직원에게 학비지원금을 지급할 수 있는 조건을 정하여야 한다.

d 또한 사무총장은 신체적 또는 정신적 장애의 사유로 통상적인 교육기관에 재학할 수 없고, 따라서 사회에 완전히 통합되기 위해 특수 교습 또는 훈련이 필요하거나, 또는 통상적인 교육기관에 재학하면서 장애 극복을 돕기 위해 특수 교습 또는 훈련이 필요한 자녀가 있는 직원에게 학비지원금을 지급할 수 있는 조건을 정하여야 한다. 이러한 지원금은 각 장애 자녀에 대해 매년 총회가 승인하는 최대 금액 내에서 실제 발생한 교육 비용의 100%를 지급한다.

e 사무총장은 입양한 자녀 또는 의붓자녀에게 학비지원금을 제공할지를 사안별로 결정할 수 있다.

a 봉급과 봉급에 기초하여 계산한, 지역조정급[299]을 제외한 기타 수당에 대해 아래 명시한 비율 및 조건에 따라 산정(이하 '공제액[300]')이 이루어진다. 다만 사무총장은 합당하다고 판단하는 경우, 현지 봉급표를 적용받는 직원의 봉급 및 수당에 대해서는 그러한 공제액 산정을 면제할 수 있다.

b ㅣ상기 공제액은 현 직원규정 별표 1 및 3에 규정된 봉급표를 적용받는 직원에 대해 다음의 비율로 산정한다.

공제액

총 공제액 대상 금액 (Total assessable payments) (미불)	연금기준보수 및 연금 목적상 공제율 (Staff assessment rates for purposes of ensionable remuneration and pensions (%))
22,000/년	11
20,001/년에서 40,000/년	18
40,001/년에서 60,000/년	25
60,001/년 이상	30

---

299 "post adjustment"는 통상 지역수당, 현지수당, 지역조정급, 지역조정수당 등으로 부르는데, 뉴욕과 여타 근무지 간 구매력을 동일하게 하기 위해 급여를 "조정"한다는 의미가 크고, 유엔 급여 분류상 "allowances(수당)"에 포함되지 않으므로, "지역조정급"으로 번역한다.

300 직원의 보수 중 "공제액(assessment)"은 미국 정부가 자국민의 유엔 소득에 대해 소득세를 과세함에 따라, 유엔 직원 간 소득의 균형을 위해 고안되었다. 직원의 보수 실수령액은 보수에서 공제액을 제한 금액이 된다. 미 국적 직원은 실수령액에 대한 소득세를 미국 정부에 납부하며, 유엔은 이렇게 납부한 금액만큼 세금평형기금에서 해당 미 국적 직원에게 환급해준다. 다른 국적의 직원은 소득세를 내지 않으므로, 유엔은 그 직원에게서 걷은 공제액을 해당 국적 정부에 분담금 적립금 형태로 환급해준다. 일반적으로 공제액, 소득세, 환급액의 규모는 제도 취지상 동일하다(아래 참조. 소득세를 부과하는 국가의 국민인 경우 적용 동일).

총기본급과 연계하여 산정된 공제율(2012.1.1부터 적용)

A. 부양 가족이 있는 직원에 대한 공제액

공제액 대상 금액 (Assessable payments) (미불)	부양 배우자 또는 자녀가 있는 경우 공제율 (Staff assessment rates for those with a dependent spouse or dependent child) (percentage)
첫 5만/년	15
다음 5만/년	21
다음 5만/년	27
잔여 금액	30

B. 부양 가족이 없는 직원에 대한 공제액

부양 배우자 및 자녀가 모두 없는 직원에 대한 공제액은 직급별 및 호봉별 총
봉급과 이에 상응하는 독신제 순봉급 간 차액에 상당하다.

Ⅱ 상기 공제액은 현 직원규정 별표 1의 6항의 봉급표를 적용받는 직원에 대해 다
음의 비율로 산정한다.

총 공제액 대상 금액 (미불)	공제액 (%)
22,000/년	19
20,001/년에서 40,000/년	23
40,001/년에서 60,000/년	26
60,001/년 이상	31

Ⅲ 사무총장은 현 직원규정 별표 1의 5항에 규정된 봉급표를 적용받는 각 직원에
대해 위 Ⅰ호 및 Ⅱ호 중 어떤 공제율을 적용할지 정하여야 한다.

Ⅵ 직원의 봉급 단위가 미화가 아닌 화폐의 경우, 공제액이 적용되는 금액은 해당
직원의 봉급표가 승인되는 시점의 미화 표시 금액에 상당하는 현지화 표시 금
액으로 고정된다.

C 유엔에 채용된 기간이 해당연도 1년 전체 기간을 채우지 않는 경우, 또는
직원에게 지급한 급여에 변동이 발생한 경우, 공제율은 급여액별로 각각
적용한다.

d 이 규정 이전 조항들에 따라 산정한 공제액은 유엔이 지급하는 보수로부터 공제함으로써 징수한다. 징수한 공제액은 해당 연도 중에 고용이 중단되더라도 일절 환급되지 않는다.

e 특정한 총회 결의에 따라 달리 처분되지 않은, 공제액으로 인한 수입은 총회 결의 973A(X)에 따라 설립한 세금평형기금(Tax Equalization Fund)에 적립된다.

f 유엔이 지급한 봉급 및 수당에 대해 공제액이 징수된 직원이 또한 국내 소득세 과세의 대상인 경우, 사무총장은 다음의 조건하에 해당 직원에게 공제액을 환급할 권한이 승인된다.

  Ⅰ 환급액은 어떠한 경우에도 유엔 소득에 대해 지불했거나 지불할 소득세액을 초과할 수 없다. 그러한 환급액은 유엔 소득에 대해 지불했거나 지불할 소득세액에 적용된 세액공제를 포함하지 않는다.

  Ⅱ 그러한 소득세액이 공제액을 초과하는 경우, 사무총장은 또한 해당 직원에게 초과분을 지급할 수 있다.

  Ⅲ 이 규정 조항들에 따라 이루어진 지급액은 세금평형기금에서 부과된다.

  Ⅳ 공제액 대상은 아니나, 국내 소득세 과세 대상이 될 수 있는, 부양가족 혜택 및 지역조정급에 대해서도 이전 3개 호에서 기술한 조건에 따른 지급이 승인된다.

규정 3.4

a 현 직원규정 별표 1의 1항 및 3항에 규정된 봉급표를 적용받는 직원은 부양 자녀, 장애 자녀, 그리고 2차 부양자에 대해 총회가 승인한 비율에 따라 다음과 같이 부양수당을 지급받는다.

  Ⅰ 직원은 각 부양 자녀에 대해 수당을 수령한다. 다만 이 수당은 부양 배우자가 없는 경우에는 첫 부양 자녀에 대해 지급되지 않으며, 이 경우 직원규정 3.3의 (b)

항 Ⅰ호에 따른 공제액 산정 시, 부양제(扶養制) 보수를 적용받는다.

Ⅱ 직원은 각 장애 자녀에 대해 특별수당을 수령한다. 그러나 부양 배우자가 없어 장애 자녀에 대해 직원규정 3.3의 (b)항 Ⅰ호에 따른 공제액 산정 시 부양제 보수를 적용받는 경우에는 특별수당은 이전 Ⅰ호의 부양 자녀에 대한 수당과 동일하다.

Ⅲ 부양 배우자가 없는 때에는 부양 부모 또는 부양 형제 등 1명에 대해 1회에 한해 연례수당이 지급되어야 한다.

b 부부가 직원인 경우, 달리 규정되지 않는 한, 한 명은 위 (a)항 Ⅰ호에 따른 부양 자녀에 대한 수당을 신청하고, 다른 한 명은 위 (a)항 Ⅲ호에 따른 수당만 신청할 수 있다.

c 혜택의 중복을 방지하고, 적용 가능한 법령에 따라 정부 지원금 형태로 부양 혜택을 받는 직원과 그러한 부양 혜택을 받지 못하는 직원 간 평등을 달성하기 위해, 사무총장은 위 (a)항 Ⅰ호에 명시된 자녀에 대한 부양수당이 적용 가능한 법령에 따라 향유하는 부양 혜택이 그러한 부양수당보다 적은 수준이 되도록 조건을 정하여야 한다.

d 현 직원규정 별표 1의 5항 또는 6항에 따라 사무총장이 규정한 봉급표를 적용받는 직원은 사무총장이 사무소가 위치한 지역의 주변 여건에 대해 적절히 고려하여 정하는 비율 및 조건에 따라 부양수당을 수령할 수 있다.

e 부양수당을 지급받으려는 직원은 타당한 증빙 서류와 함께 사무총장에게 서면으로 신청하여야 한다. 부양수당은 매년 신청하여야 한다.

| 제4조 임용 및 승진 |

규정 4.1

헌장 101조에 규정한 바와 같이, 직원의 임용권자는 사무총장이다. 정부에서 파견된 직원을 포함하여 직원들은 임용과 동시에 현 직원규정 별표 2 조항에 따라 사무총장이 또는 담당 직원에 의해 사무총장의 이름으로 서명한 임용장을 받는다.

규정 4.2

직원의 임용, 전보, 또는 승진에 있어 가장 중요한 고려사항은 최고 수준의 능률, 능력 및 성실성을 확보할 필요성이다. 가능한 한 광범위한 지리적 기초에 근거하여 직원을 채용하는 중요성에 관하여 적절히 고려한다.

규정 4.3

헌장의 원칙에 따라, 직원의 선발은 인종, 성별 또는 종교에 따른 차별 없이 이루어져야 한다. 선발 과정은 가능한 한 경쟁에 기초하여 이루어져야 한다.

규정 4.4

헌장 101조 3항의 규정에 따르고, 모든 직급에 있어 신규 인력 채용을 저해하지 않는 범위 내에서, 공석을 채울 때는 유엔에서 근무 중인 자들의 자격 요건과 경험을 최대한 고려하여야 한다. 이러한 고려사항은 유엔 전문기구에 대해서도 상호적으로 적용된다. 사무총장은 공석에 지원하는 내부 지원자의 자격 요건을 사무총장이 정하는 바에 따라 제한할 수 있다. 이 경우, 내부

지원자가 해당 직위의 요건과 헌장 101조 3항의 요건을 충족시키지 못할 때에는 사무총장이 정하는 조건에 따라 외부 지원자들의 지원이 허용되어야 한다.

규정 4.5

a 사무차장 및 사무차장보 임용은 일반적으로 5년까지이며, 연장이나 갱신이 가능하다. 기타 직원들은 사무총장이 현 직원규정에 합치하도록 정하는 조건에 따라 임시직, 계약직, 또는 연속직[301]으로 임용된다.

b 임시직은 계약 갱신에 대한 법적 또는 기타 어떠한 기대도 수반하지 않는다. 임시직은 다른 어떠한 종류의 계약으로도 전환될 수 없다.

c 계약직은 근무 기간에 상관없이 계약 갱신이나 전환에 대한 법적 또는 기타 어떠한 기대도 수반하지 않는다.

d 사무총장은 연속직에 지원 가능한 직원에 대해 규정하여야 한다.

규정 4.6

사무총장은 임용 전에 직원들이 충족하여야 할 적절한 의료기준을 수립하여야 한다.

---

301 우리 공무원 제도에는 "temporary appointment", "fixed-term appointment", "continuing appointment"와 정확히 대응되는 계약 방식 또는 공무원 종류가 부재하다. 계약 기간상, 첫 번째 방식은 단기간의 계약직, 두 번째 방식은 계약직, 세 번째 방식은 별정직에 가까우나, 이 경우 "별정직"은 "continuing appointment"가 실제 유엔 업무의 주간을 담당한다는 차원에서 우리의 경력직 공무원과 유사하다는 점을 담아내지 못하며, "단기간의 계약직" 또는 "단기계약직"은 표현의 간결성 및 일관성이 훼손된다. 아울러 "appointment"는 우리의 공무원 제도상 "임용"에 대응되므로 직원규정 및 직원규칙상 단독으로 사용 시 "임용"으로 번역하나, 계약 방식에 한해서는 우리 공무원 제도상 "일반직", "특정직" 등 공무원 구분에 사용하는 "직(職)"의 사용이 더 적합하므로, 유엔 직원 분류에 이를 사용한다.

| 제5조 연가 및 특별휴가 |

규정 5.1

직원에게는 적절한 연가가 주어져야 한다.

규정 5.2

특별휴가는 사무총장이 예외적인 경우에 승인할 수 있다.

규정 5.3

복리 대상 직원[302]은 24개월마다 1회 귀국휴가를 사용할 수 있다. 다만 생활 및 근무 여건이 매우 어려운 지정 근무지의 경우, 복리 대상 직원들은 12개월 마다 1회 귀국휴가를 사용할 수 있다. 본국이 본인의 공식 근무지이거나 유엔 근무 중 거주지인 직원은 귀국휴가 대상이 되지 않는다.

---

302 유엔은 직원들에게 △정기적으로 지급되는 보수(remuneration), 즉 봉급(salary) 및 수당(allowances)과, △여행 경비와 같이 비정기적으로 제공되는 혜택(benefits)을 제공하며, 양자 중 일부 또는 모두를 받을 수 있는 권리 또는 자격을 "entitlements" 또는 "eligibility"로 부른다. "entitle" 또는 "entitled to"는 직원 입장에서 권리 또는 자격을 보유하는 것으로, 유엔은 해당 권리 또는 자격을 보유하는 것과, 그 실제 행사를 통해 혜택을 향유하는 것을 시간적으로, 조건적으로 선후를 구분하며, 권리 또는 자격을 보유한 후 일정 기간 동안 관련 조건이 충족되어야 권리 행사가 가능한 것으로 본다. 대체로, 우리 공무원 법제에는 국가가 공무원에게 보수 및 혜택을 제공하는 방향으로 규정되어 있는 반면, 유엔 직원규정 및 직원규칙에는 직원이 보수 및 혜택에 관해 보유한 권리를 행사하는 방향으로 규정하고 있다. 이러한 방향성이 내포된 "entitle" 또는 "entitlements"는 우리 공무원 법제 내 용어 또는 표현에 명확히 대응되는 것으로 보이지 않으며, 여기서는 대체로 국가가 공무원에게 혜택을 제공하는 방향으로 규정되어 있는 우리 공무원 법제에 기초하여, 그리고 비정기적 혜택 (benefits)과 차별하기 위해, "entitled", "eligible", "eligibility" 등은 주로 "복리(福利) 대상", "지급 대상", 또는 "대상"으로 번역한다. "복리"는 맥락에 따라 해당 조항이 기술하는 구체 복리를 말한다.

| 제6조 사회 보장 |

규정6.1

직원이 유엔통합직원연금기금의 규정에 따라 동 기금에 참여할 수 있는 규정이 수립되어야 한다.

규정6.2

사무총장은 건강 보호, 병가, 여성과 남성의 출산휴가, 그리고 유엔을 대표하여 공무 수행 중 발생한 질병, 사고, 또는 사망 시 합리적인 보상 등 직원을 위한 사회보장제도를 마련하여야 한다.

| 제7조 여비 |

규정7.1

유엔은 사무총장이 정한 조건에 따라, 적절한 경우에 직원, 배우자 및 부양자녀에게 여행 경비를 지급하여야 한다.

규정7.2

유엔은 사무총장이 정한 조건과 정의에 따라, 적절한 경우에 직원에게 이전경비를 지급하여야 한다.

| 제8조 직원 관계 |

규정8.1

a 사무총장은 근무 여건, 일반적인 생활 여건, 기타 인사 정책 등 직원 복지와 관련된 사항들을 확인하고, 점검하며, 해결하는 데 직원의 효과적인 참여를 보장하기 위해 직원과 지속적으로 접촉 및 의사소통을 하여야 한다.

b 직원대표기구가 설립되어야 하며, 이들은 위 (a)항에 규정된 목적에 따라 사무총장에게 제안서를 제시할 수 있다. 직원대표기구들은 각 직원대표기구가 수립하고, 사무총장이 동의한 선거규정에 따라, 최소 2년에 한 번 실시되는 선거에 의하여 모든 직원이 균등하게 대표되는 방법으로 조직되어야 한다.

규정8.2

사무총장은 규정 8.1에 규정된 인사 정책과 직원 복지 관련 일반적인 문제들에 대해 자문할 지역 차원 및 사무국 전반 차원의 통합노사기구를 설치하여야 한다.

| 제9조 해직(解職) |

규정9.1

직원들은 사무총장에게 임용 조건에서 요구하는 바에 따라 통보한 후 사임

할 수 있다.

직원들은 60세, 1990년 1월 1일에서 2013년 12월 31일 사이에 임용된 경우에는 62세, 2014년 1월 1일 및 이후에 임용된 경우에는 65세를 초과하는 경우, 근무를 계속할 수 없다. 사무총장은 조직의 이익을 위해 예외적인 경우에 이 연령 제한을 연장할 수 있다.

a 사무총장은 합당한 사유를 제시하면서 개인의 임용 조건에 따라, 또는 다음 각 호의 어느 하나에 해당하는 경우, 임시직, 계약직 또는 연속직 직원을 면직시킬 수 있다.

  I 폐직(廢職) 또는 과원(過圓)이 될 때

  II 직원의 근무성적이 불량한 것이 인정될 때

  III 직원이 건강상의 사유로 더 이상 근무하는 것이 불가능할 때

  IV 직원의 행실이 헌장 101조 3항에 따라 요구되는 최고 수준의 도덕성을 충족하지 못할 때

  V 직원의 채용에 앞서 발생한 직무 적합성과 관련된 것으로서, 만약 채용 시점에 알았더라면 헌장에 수립된 기준에 따라 채용을 배제할 사실관계가 드러났을 때

  VI 조직의 원활한 운영을 위해 헌장의 기준에 의하되, 직원이 해당 면직에 대해 이의 제기가 없을 때

b 아울러 연속직의 경우, 사무총장은 사무총장의 관점에서 볼 때 조직의 원활한 운영에 도움이 되고, 원칙적으로 유엔 임무의 변경이나 종료로 해석되며, 헌장의 기준에 합치하는 경우, 직원의 동의 없이 면직시킬 수 있다.

c 사무총장이 면직시키는 경우, 해당 직원에게는 그에 대한 통보와 직원규정 및 직원규칙에 따라 적용 가능한 보상금을 주어야 한다. 사무총장은 현 직원규정 별표 3에 명시된 액수와 조건에 따라 면직보상금을 지급하여야 한다.

d 직원이 이의를 제기하지 않았을 경우에는 사무총장은 상황이 허락하고, 해당 직원이 합당하다고 여기는 경우, 직원규정에 따라 지급했을 수준의 50%까지 더 많은 면직보상금을 지급할 수 있다.

규정 9.4

사무총장은 현 직원규정의 별표 4에 명시한 최대 금액과 조건에 따른 송환지원금을 지급하기 위한 제도를 마련하여야 한다.

| 제10조 징계조치 |

규정 10.1

a 사무총장은 위반행위[303]가 있는 직원에게 징계조치를 부과할 수 있다.

b 성적(性的) 착취나 학대는 중대한 위반행위에 해당한다.

---

303 "misconduct"는 영미법에서 주로 잘못되었거나, 부적절하거나, 위법한 행위를 말하고, 업무 또는 성적(性的) 측면과 관련되며, 우리 법령 또는 공무원 법제의 용어와는 정확히 대응되지 않는다. 통상적으로 우리의 공무원 징계는 법령·규칙·명령의 '위반'에 대해 신분을 변경하거나 상실하게 하는 것을 뜻하고, 유엔 직원규정이 법령 내용상 행정법과 유사하여 민법 또는 형법상의 '위법' 또는 '불법' 행위로 번역하는 데 어려움도 있으며, 실제로 징계조치 부과 사유는 직원규정, 직원규칙 등 내부 법령 및 명령 위반과, 현지법에 반하는 위법·불법행위를 포괄하므로, 여기서는 "위반행위"로 번역한다.

| 제11조 상소(上訴) |

규정 11.1

내부 소청 해결을 위해 이심제도를 둔다.

a 유엔분쟁법원[304]는 법원 규정과 규칙에서 정한 조건에 따라, 임용장 또는 모든 해당 규정과 규칙들을 포함하여 임용 조건이나 고용 계약의 미(未) 준수에 관해 소(訴)를 제기하는 직원으로부터 청취하고, 판결하여야 한다.

b 유엔상소법원은 해당 규정과 규칙에서 정한 조건에 따라 유엔분쟁법원의 판결에 대해 어느 일방이 제기한 상소에 대한 재판권을 행사한다.

| 제12조 총칙 |

규정 12.1

현 직원규정은 직원의 획득된 권리를 침해하지 않는 선에서 총회에 의해 보충 또는 수정될 수 있다.

---

304 통상적으로 "Court"는 "법원"으로(Supreme Court, High Court, District Court), "Tribunal"은 "재판소"로 (International Court of Justice, International Tribunal for the Law of the Sea) 번역되나, "International Criminal Court"는 "국제형사재판소" 번역이 통용된다. "UNDT" 및 "UNAT"를 각각 "유엔분쟁법원" 및 "유엔항소(심)법원"으로도 번역하기도 하고, "Tribunal"을 "법원"으로 번역하기도 한다. 다만 2심제의 특성상 "항소"는 "상소"로 번역함이 타당하다고 보고, 여기서 "유엔상소법원"으로 번역했다.

규정 12.2

사무총장이 현 직원규정 조항을 시행하기 위해 제정하는 직원규칙 및 수정 조항은 아래 규정 12.3 및 12.4의 요구사항이 충족될 때까지는 잠정적이다.

규정 12.3

잠정적인 직원규칙 및 수정조항은 그 전문(全文)이 매년 총회에 보고되어야 한다. 총회는 잠정적인 규칙이나 수정조항이 직원규정의 의도 및 목적에 부합하지 않는다고 판단하는 경우, 해당 규칙이나 수정조항이 반려 또는 수정되도록 지시할 수 있다.

규정 12.4

사무총장이 보고한 잠정적인 규칙 및 수정조항은 총회가 지시하는 추가 수정 및/또는 삭제를 감안하여 총회에 보고된 다음 해 1월 1일부터 완전한 효력이 발생한다.

규정 12.5

직원규칙은 그 효력이 잠정적인 동안에는 규정 12.1의 의미에 따른 획득된 권리를 발생시키지 않는다.

봉급표 및 관련 조항(Salary scales and related provisions)

1 사무총장은 유엔개발계획 총재 및 D급 이상 유엔 직원에 있어 총회가 정한 금액에 따라, 직원규정 3.3에 규정한 공제액 및 지역조정급 대상이 되는 봉급을 정하여야 한다. 이들에게는 다른 조항을 통해 그 대상이 되는 경우, 일반적으로 지급 가능한 수당을 지급하여야 한다.

2 사무총장은 정당한 사유 및/또는 보고에 기초하여 D급 이상 직원들에게 사무총장이 부여한 직무 수행 중 조직의 이익을 위해 합리적으로 발생하는 특별 비용을 보상하기 위해 추가액을 지급할 권한이 승인된다. 본부 외 사무소장들에 대해서도 이를 준용한다. 이러한 지급액의 최대 금액은 총회가 사업 예산안에서 결정한다.

3 현 별표의 5항에서 규정된 이외에는 전문직군 직원들에 대한 봉급표 및 지역조정급표는 현 별표에 표시한 바와 같다.

4 근무성적이 양호하다는 전제하에, 승급은 현 별표의 3항에 제시된 수준 내에서 매년 이루어진다. 다만 Associate Officer 등급의 11호봉, Second Officer 등급의 13호봉, First Officer 등급의 12호봉, Senior Officer 등급의 10호봉, Principal Officer 등급의 4호봉을 초과하는 경우에는 2년마다 승급된다. 사무총장은 지리적 배분에 따라 채용된 직원이 두 번째 유엔 공용어에 대한 상당하고 공인된 수준을 보유한 경우, 승급 간격을 상기 각각에 대해 10개월 및 12개월로 하향 조정할 수 있는 권한이 승인된다.

5 사무총장은 단기 임무, 회의, 기타 단기 근무에 관여된 인사, 컨설턴트, 현

장직군 인사, 기술 전문가에게 지급할 봉급표를 정하여야 한다.

6 사무총장은 해당 유엔사무소 현지에서 가장 우수한 채용 조건에 기초하여 일반직군등 직원의 봉급표를 정하여야 한다. 다만 사무총장은 적절하다고 판단하는 경우, 해당 지역 이외에서 채용된 직원에게 비(非)거주자수당을 지급하기 위한 규칙 및 봉급 최대 금액을 정할 수 있다. 일반직군등 직원의 총 연금기준보수는 유엔통합직원연금기금 규정 54조 (a)에서 명시한 방법론에 따라 정하여야 하며, 봉급표에 표시되어 있다.

7 사무총장은 2개 이상의 공용어 사용에 있어 적절한 시험을 통과하고 지속적인 능통함을 보이는 일반직군 등 직원에게 언어수당을 지급할 수 있는 규칙을 수립하여야 한다.

8 사무소 간 동등한 생활 수준을 유지하기 위해 사무총장은 뉴욕과 비교한 해당 사무소의 생계비, 생활 수준 및 유관 요소에 기초하여 지역조정급을 지급함으로써 이 별표의 1항 및 3항에 규정된 기본급을 조정할 수 있다. 지역조정급은 공제액의 대상이 되지 않는다.

9 본인의 통제 가능 범위를 벗어난 사유, 또는 정식으로 인정된 의료 사유가 아닌 경우에는 결근하는 기간에 대해서 봉급을 지급하지 않는다.

※ 봉급표 생략

임용장(Letters of Appointment)

a 임용장에는 다음의 내용을 기술하여야 한다.

　Ⅰ 임용은 해당 임용에 적용 가능한 직원규정 및 직원규칙, 향후 정식으로 이루어
　　지는 수정 규정 및 규칙에 따른다는 점

　Ⅱ 임용의 성격

　Ⅲ 직원의 근무 개시일

　Ⅳ 임용 기간, 면직에 필요한 통보, 그리고 해당 시 견습 기간

　Ⅴ 직군, 직급, 봉급 수준 및 승급 가능 시 승급 기준, 그리고 봉급 최대 금액

　Ⅵ 적용 가능한 특별 조건

　Ⅶ 시직은 계약 갱신에 대한 법적 또는 기타 어떠한 기대도 수반하지 않는다는 점
　　과 다른 어떤 종류의 지위로도 전환되어서는 안 된다는 점

　Ⅷ 계약직은 근무 기간에 상관없이 계약 갱신이나 전환에 대한 법적 또는 기타 어
　　떠한 기대도 수반하지 않는다는 점

b 직원규정 및 직원규칙 1부가 임용장과 함께 직원에게 전달되어야 한다. 임
　용을 수락함에 있어 직원은 직원규정 및 직원규칙에 규정한 조건들을 숙
　지하고 수락하였음을 진술하여야 한다.

c 정부로부터 파견된 직원의 경우, 해당 직원 및 사무총장이 또는 사무총
　장을 대표하여 서명한 임용장과, 파견 회원국 및 직원이 동의한 파견 조건
　에 관한 문서는 임용장에 기술한 기간 동안 정부로부터 유엔 조직에 파견
　된 사실의 존재 및 유효성에 대한 증거가 된다.

면직보상금(Termination Indemnity)

면직된 직원에게는 다음의 규정에 따라 보상금을 지급하여야 한다.

a 아래 (b), (c), (d) 그리고 (e)항과 직원규정 9.3에 규정된 것을 제외하고, 면직보상금은 다음의 기준표에 따라 지급한다.

근무 연수	공제액을 제외한 순봉급 주(周) 수(數)		
	6개월을 초과하는 임시직	계약직	연속직
1년 미만	잔여 임기 각 월당 1주 (최소 6주 최대 3월 치)	잔여 임기 각 월당 1주 (최소 6주 최대 3월 치)	해당 없음
1	해당 없음		헤당 없음
2			3
3			3
4			4
5			5
6		3	6
7		5	7
8		7	8
9		9	9
10		9,5	9,5
11		10	10
12		10,5	10,5
13		11	11
14		11,5	11,5
15년 이상		12	12

b 건강상의 사유로 면직된 직원은 현 별표의 (a)항에 규정된 동일한 액수에서 보상금 산정 기간만큼 유엔통합직원연금기금의 규정에 따라 받을 수 있는 장애 혜택 금액을 제외한 만큼 받아야 한다.

c 해임으로 인한 면직이 아닌, 불량한 근무성적이나 위반행위로 인한 징계 사유로 면직된 직원은 사무총장의 재량에 따라 현 별표의 (a)항에 규정된 금액의 절반을 넘지 않는 보상금을 받을 수 있다.

d 다음의 각 호의 경우에는 보상금을 지급하지 않는다.
  Ⅰ 면직이 통보되고, 면직일이 합의된 경우를 제외한, 사임하는 직원
  Ⅱ 근로 계약서에 명시된 만료일에 해직된 임시직 또는 계약직 직원
  Ⅲ 해임된 직원
  Ⅳ 자신의 직위를 방기한 직원
  Ⅴ 유엔통합직원연금기금의 규정에 따라 퇴직한 직원

e 컨설턴트 또는 전문가로 특정 회의 및 기타 단기 근무에 관여한 인사, 또는 본부 외 사무소 소재지에서 국내채용된 직원의 경우에는 임용장에 관련 내용을 규정한 경우, 그에 따른 보상금을 지급받을 수 있다.

송환지원금(Repatriation Grant)

송환지원금은 원칙적으로 유엔 조직이 송환을 지원할 의무가 있고, 해직 시점에 유엔 근무 사유로 국적국 외에서 거주 중인 직원에게 지급되어야 한다. 그러나 송환지원금은 해임된 직원에게는 지급하지 않는다. 복리 대상 직원은 근무지 국가 외로 이동하는 경우에만 송환지원금을 수령한다. 송환지원금 수령 및 이동 증빙자료와 관련된 상세한 조건과 정의는 사무총장이 정한다.

본국 이외 지역에서 연속적으로 근무한 연수	퇴직 시점에 배우자 또는 부양 자녀가 있는 직원	퇴직 시점에 배우자와 부양 자녀가 모두 없는 직원	
		전문직군	일반직군 등
	세액공제를 제외한 순봉급 주(周) 수(數)		
1	4	3	2
2	8	5	4
3	10	6	5
4	12	7	6
5	14	8	7
6	16	9	8
7	18	10	9
8	20	11	10
9	22	13	11
10	24	14	12
11	26	15	13
12년 이상	28	16	14

2

유엔 직원규칙

Staff Rules of the United Nations

| 1장 책무, 의무, 특권 |

규칙 1.1 직원 지위

a 직원규정 1.1(b)에 따라 임용 후 실시한 직원 선서는 공식 인사정보철에 보관한다. 3개월을 초과하는 근무 중단 후 새로운 선서를 하여야 한다.

b 직원규정 1.1(b)에 따라 임용 후 실시한 직원 선서는 정부와 유엔 간의 합의에 따라 그 정부와 긴밀하게 협조하는 것을 금지하지 않는다.

규칙 1.2 직원의 기본 권리 및 의무

일반

a 직원은 사무총장과 상관의 지휘 및 지시에 복종하여야 한다.

b 직원은 현지법을 준수하고, 관할법원의 명령을 기꺼이 따를 의무를 포함한 개인의 법적 의무를 기꺼이 따라야 한다.

c 직원은 조직의 규정 및 규칙 위반에 대해 적절한 조치를 취할 책임이 있는 직원에게 보고하고, 적법하게 승인된 감사 및 조사에 협조할 의무가 있다. 이러한 의무를 준수한 직원에 대한 보복은 금지된다.

d 직원이 유엔 헌장, 직원규정 및 직원규칙, 재정규정 및 재정규칙과 행정발표에 규정된 의무와 행동 기준을 준수하지 못하는 경우, 직원규정 10조 및 직원규칙 10장에 규정된 징계 절차가 개시될 수 있다.

금지 행위의 특수 사례

e 성적 착취 및 학대는 금지된다. 아동(18세 이하인 자)과의 성행위는 국적국에서 성년 연령 또는 부모의 합의가 있는 결혼 가능 연령이 지난 18세 이하인 자와 법적으로 결혼한 경우를 제외하고는, 현지의 성년 연령 또는 부모의 합의가 있는 결혼 가능 연령과 관계없이 금지된다. 유엔직원은 성적 착취 및 학대를 방지할 환경을 만들고 유지할 의무가 있다.

f 직장에서의, 또는 업무를 핑계로 한, 어떠한 형태의 차별이나 성희롱 및 어떠한 형태의 학대도 금지된다.

g 직원은 조직의 어떠한 모임이나, 사법제도와 연관된 행위를 포함한 조직의 어떠한 기타 공적 행위도 방해하거나 간섭해서는 안 되며, 다른 직원을 협박하거나, 위협하거나, 또는 맡은 바 책임을 수행하는 능력을 직접적 또는 간접적으로 방해하려는 행위에 가담해서도 안 된다. 직원은 그러한 개인이나 현 직원규칙에 따른 권리 및 의무를 행사 및 이행하는 직원을 협박하거나, 위협하거나, 보복을 시도해서도 아니 된다.

h 직원은 회원국, 또는 유엔 외부의 어떠한 단체나 사람에게도 자신의 역할,

공식 직함, 또는 책무의 성격을 고의적으로 왜곡하여 전달하여서는 아니 된다.

i   직원은 조직의 기록으로 보존하려는, 공무상 다루게 된 공식 문서, 기록 물, 또는 파일을 고의적으로 교체, 파기, 왜곡하거나, 잘못 두거나, 사용하지 못하게 만들어서는 아니 된다.

j   직원은 사무국 사업이나 부서에 대한 재정과 관련 있는 결정을 포함하여 사무총장의 입장이나 결정을 변경하기 위해, 또는 자신의 개인적 사정이나 다른 지원들의 개인적 사정을 개선하거나 자신의 지위나 동료의 지위에 불리한 결정을 막거나 되돌리는 데 지지를 확보하기 위해, 회원국, 유엔의 주요 또는 소속 기관, 또는 전문가 그룹에 영향을 미치려고 해서는 아니 된다.

k   직원은 공식 행동을 수행하거나, 수행하지 못하게 하거나, 수행하는 것을 지연시키기 위한 목적에서 다른 직원이나 제3자에게 호의, 증여, 보수, 또는 기타 어떠한 개인적 혜택을 제안하거나 약속해서는 아니 된다. 마찬가지로, 직원은 공식 행동을 수행하거나, 수행하지 못하게 하거나, 수행하는 것을 지연해주는 대가로 다른 직원이나 제3자에게 호의, 증여, 보수, 또는 기타 어떠한 개인적 혜택을 구하거나 받아서는 아니 된다.

영예, 증여, 보수

l   직원은 어떠한 정부로부터도 영예, 훈장, 호의, 증여, 또는 보수를 일절 받아서는 아니 된다. 그러나 예상하지 못한 영예, 훈장, 호의, 또는 증여를 거절함으로써 조직에 곤란함이 발생할 경우, 해당 직원은 사무총장에게 보고 및 기탁하는 것을 전제로 조직을 대표하여 이를 수령할 수 있다.

448

m 비정부 단체로부터 영예, 훈장, 호의, 증여, 또는 보수를 받기 위해서는 사무총장의 사전 승인이 필요하다. 그러한 승인은 예외적인 경우에 조직의 이익 및 국제공무원으로서 직원의 지위와 양립 불가능하지 않은 경우에 한해 부여되어야 한다. 여건상 사전 승인을 얻기 곤란하거나, 예상하지 못한 영예, 훈장, 호의, 또는 본질적으로 가치가 크지 않은 작은 증여를 포함한 증여를 거절함으로써 조직에 곤란함이 발생할 경우, 해당 직원은 소정의 절차에 따라 사무총장에게 보고 및 기탁하는 것을 전제로 조직을 대표하여 이를 수령할 수 있다.

n 사무총장은 직원이 비정부 단체나 대학교, 관련 기관으로부터 학술상, 우수상, 그리고 두루마리, 증서, 트로피, 기타 금전적 가치가 미미한 물품 따위의 기념 또는 명예 징표를 수령하는 것을 승인할 수 있다.

o 직원은 공무의 일부로 면담, 회의, 식사 및 외교 리셉션 등 정부 또는 기타 행사에 참여할 것이 기대된다. 이러한 참여는 직원규정 및 직원규칙의 의미상 호의, 증여 또는 보수의 수령으로 간주되지 않는다.

p 직원은 조직과의 계약관계를 구하는 어떠한 단체로부터도 증여, 보수 또는 호의를 일절 받아서는 아니 된다.

이익의 충돌

q 직원은 자신의 개인적 이익이 공무 및 책임 수행 또는 국제공무원으로서 요구되는 도덕성, 독립성 및 불편부당에 차질을 야기하는 경우, 그러한 실제 또는 가능한 이익을 부서장에게 신고하고, 달리 사무총장이 승인한 경우를 제외하고는 이익의 충돌을 야기할 수 있는 해당 사안에 대한 일체의 관여를 공식적으로 배격하여야 한다.

r 직원규정 1.2 (n)에 따라, 사무총장은 재산공개신고서의 제출 및 활용에 관한 절차를 마련하여야 한다.

외부 직무 및 활동

s 직원은 보수 지급 여부와 관계없이, 사무총장의 승인 없이 외부 직무를 겸할 수 없다.

t 직원은 정상적인 공무 수행 과정이나 사무총장의 사전 승인을 얻은 경우를 제외하고, 유엔의 목적, 활동 또는 이익에 관계되는 어떠한 외부 활동에서 관여하여서는 아니 된다. 외부 활동의 예는 다음과 같다.

Ⅰ 언론, 라디오 또는 공공정보를 다루는 기타 기관에 성명 발표

Ⅱ 연설 기회의 수락

Ⅲ 영화, 극장, 라디오 또는 텔레비전 제작에 참여

Ⅳ 글, 서적 등의 제출 또는 전자적 배포

상기에 관한 승인은 직원규정 1.2 (p)에 따라 부여될 수 있다.

u 정당 가입은 그러한 가입으로 직원규정 1.2(h)에 반하는 행동, 또는 행동을 취할 의무가 수반되지 않는 한, 허용된다. 정당에 대한 정상적인 재정적 기여는 직원규정 1.2(h)에 명시한 원칙에 배치되는 활동으로 해석되지 않는다.

Ⅴ 사무총장은 직원이 참여하려는 외부 활동이 국제공무원으로서 지위와 충돌할지 여부에 관해 확인을 구할 수 있는 절차를 마련하여야 한다.

외부 활동을 위한 여행 및 일일 경비

w 사무총장이 정부, 정부 간 조직, 비정부 조직, 또는 기타 민간 단체가 주관

하는 유엔조직 업무와 관련된 활동에 참여할 수 있도록 승인한 경우, 직원은 유엔이 지급하는 것과 유사한 수준에서 해당 주관 단체로부터 숙박, 여행 및 기타 경비를 수령할 수 있다. 이 경우, 유엔이 지급하는 일일 출장비는 직원규칙 7.10 (a)에서 예견되는 바와 같이 감액한다.

규칙 1.3 직원의 근무성적

a 직원은 책임성을 확보하기 위해 직원규정 및 직원규칙에 명시한 기준과의 합치 여부에 대해 평가하는 성과평가 기제를 통해 능률, 역량, 도덕성에 대해 평정받아야 한다.

b 사무총장은 직원이 적절한 교육 및 개발 과정을 수강할 수 있도록 노력하여야 한다.

c 사무총장이 공표한 절차에 따라 사무총장보 이상의 직원을 포함한 모든 직원의 성과보고서가 정기적으로 마련되어야 한다.

규칙 1.4 근무시간 및 공휴일

a 사무총장은 근무지별 주당 근무시간을 정하여야 한다. 사무총장은 근무 필요성에 따라 예외를 둘 수 있다. 직원에게는 정상 근무시간을 초과하여 근무할 것을 명할 수 있다.

b 근무지별 공휴일은 총회가 지정하고 모든 근무지에서 준수하는 공휴일을 포함하여, 매년 10일로 한다. 공휴일이 휴무일과 겹치는 때에는 해당 공휴일에 가장 근접한 이전 또는 이후 근무일을 공휴일로 한다.

c 총회가 지정하지 않은 공휴일은 본부에서는 사무총장이, 기타 근무지에

서는 부서장 또는 임무단장이, 직원과 협의를 거쳐 정한다.

규칙 1.5 직원에 의한 통보 및 정보 제공 의무

a 직원은 직위 지원 과정이나 그에 따른 채용 과정에서 직원규정 및 직원규칙에 따른 지위를 결정하기 위해, 그리고 채용 관련 행정 사항을 완료하기 위해 요구받은 관련 정보를 사무총장에게 제공할 책임이 있다. 직원에게는 제공하는 정보의 정확성 및 완결성 책임이 있다.

b 직원은 또한 직원규정 및 직원규칙에 따른 지위에 영향을 미치는 변경 내용을 사무총장에게 서면으로 신속하게 통보할 책임이 있다.

c 국적국이 아닌 다른 국가에서 영주권을 획득하려거나, 국적을 변경하려는 직원은 그러한 거주 지위의 변화가 확정되기 전에 그러한 의도를 사무총장에게 통보하여야 한다.

d 체포되거나, 경미한 교통법규 위반이 아닌 혐의로 형사 입건되거나, 형사 소송에서 피고로 법원에 소환되었거나, 경미한 교통법규 위반이 아닌 범죄로 유죄, 벌금, 또는 금고 이상의 형을 받은 직원은 이 사실을 사무총장에게 즉시 보고하여야 한다.

e 직원은 사무총장으로부터 언제든지 임용에 앞서서 발생하였고, 직무 적합성과 관련된 사실에 관한 정보, 또는 직원으로서 도덕성, 품행 및 근무와 관련된 사실에 관한 정보를 제공할 것을 요구받을 수 있다.

규칙 1.6 직원의 수익자

a 임용 시점에 각 직원은 사무총장이 정하는 양식에 서면으로 1명 이상의 수익자를 지정하여야 한다.

b 직원이 사망하는 경우, 그 직원이 수령해야 하는 모든 금액은 직원규칙 및 유엔통합직원연금기금 규정에 따라, 지정한 1명 이상의 수익자에게 지급된다.

c 지정한 수익자가 생존해 있지 않거나, 수익자 지정이 이루어지지 않았거나 취소된 경우에는 그 직원이 수령해야 하는 금액은 사망과 동시에 직원의 유산에 합쳐진다.

규칙 1.7 재정 책임

직원은 조직의 재정적 이익, 물적 및 인적 자원, 재산 및 자산에 영향을 미치는 사안에 있어 합리적 주의를 기울여야 한다.

규칙 1.8 책임보험

총회 결의 22E(I)(1946.2.13)에 따라, 자동차를 소유 또는 운전하는 직원은 자동차로 인한 타인의 상해 또는 사망, 또는 재산상 손해로 인한 보상 요청에 대해 충분한 보험금을 지급할 수 있는 책임 및 재산손해 보험에 가입하여야 한다.

규칙 1.9 재산에 대한 권리

공무의 일부로 행한 업무상의 모든 소유권, 지식재산 및 특허권은 유엔에 귀속된다.

| 2장 직위 및 직원 분류 |

규정 2.1
직위 분류

a 사무차장 및 사무차장보를 제외한 직위는 관할 유엔 부서에서 사무총장이 공표하고, 책무의 성격, 책임의 수준, 요구되는 자격요건과 관련되는 기준에 따라 직군과 직급으로 분류한다.

b 각 직위는 다음의 직군 내 적합한 직급에 할당되어야 한다 : 전문직군, 현장직군, 그리고 국내전문직군, 기능직군, 방호직군 등을 포함한 일반직군

| 3장 봉급 및 관련 수당 |

규칙 3.1 봉급표

a 사무총장은 전문직군 및 현장직군에 임용된 직원들에 대한 봉급표, 연금기준보수, 승급 조건을 공표하여야 한다.

b 사무총장은 국내전문직군, 기능직군, 방호직군, 언어강사직군 및 임무단

주변 지역 내에서 특수 고용된 임무단 관련 용역업체 직원을 포함한 일반 직군 등에 임용된 직원들에 대한 각 근무지별 봉급표, 연금 대상 보수, 승급 조건을 공표하여야 한다.

c 사무총장은 특수한 임시 임무를 위해 임용된 전문직군 언어 직원에게 적용 가능한 특별 고용 조건을 정할 수 있다.

규칙 3.2 공제액

a 직원규정 3.3상의 공제액을 적용함에 있어,

Ⅰ 전문직군 및 현장직군 직원 봉급은 이 규정 (b) Ⅰ에 명시한 공제율 대상이 된다.

Ⅱ 일반직군 등 직원 봉급은 이 규정 (b) Ⅱ에 명시한 공제율 대상이 된다.

b 직원규정 3.3 (b) Ⅰ상의 부양제 공제율은 다음의 경우에 적용된다.

Ⅰ 직원의 배우자가 직원규칙 3.6에 따라 인정된 부양 배우자인 경우, 또는

Ⅱ 직원이 자녀 1명 또는 그 이상에게 주된 부양을 지속적으로 제공하는 경우

c 부부 모두가 직원규정 3.3 (b) Ⅰ에 명시된 공제율 대상 봉급 수령 직원인 경우, 직원규칙 4.7 (d)도 고려하여, 각자에게 독신제 공제율을 적용한다. 부양 자녀가 있는 경우에는 봉급 수준이 높은 배우자에게는 부양제 비율을, 다른 배우자에게는 독신제 비율을 적용한다.

규칙 3.3 승급

a 승급의 맥락에서 양호한 근무성적이란, 사무총장이 다른 특정 사례에서 달리 결정하지 않는 한, 상관의 평가 결과로서 맡은 바 임무에서 보인 양

호한 근무 성과 및 품행을 말한다.

b 승급 및 임금 인상의 효력은 유급 기간이 축소되어도 직원규칙 3.4 (b)를 충족하고, 직원이 무급 휴가 기간으로부터 유급 지위로 복귀한 유급 기간의 첫 번째 날 이전에는 그러한 인상이 효력이 없다는 전제하에, 근무 요구사항을 완수하는 유급 기간의 첫 번째 날부터 유효하다. 인상분은 해당 승급이 예정되어 있던 달에 근무가 중단되는 직원에게는 지급하지 않는다.

c 근무성적이 양호한 직원이 봉급이 낮은 직급으로 되는 경우, 직전 승급 시점부터의 재직 기간은 해당 낮은 직급에서 다음 승급 기간에 산입한다. 근무성적이 양호하지 않은 직원이 봉급이 낮은 직급으로 되는 경우, 해당 낮은 직급에서의 양호한 근무성적에 기초하여 해당 직급 내 승급 대상이 된다.

규칙 3.4 호봉 획정

a 사무총장이 달리 결정하지 않는 한, 초임 호봉은 통상적으로 해당 직위 직급의 1호봉으로 한다.

b 계약직 또는 연속직 직원의 승진 시 호봉은 승진 전 직급에서 2호봉 승급에 해당하는 금액과 최소한 동등한 순기본급 인상이 이루어지는, 가장 낮은 호봉으로 한다.

규칙 3.5 연금기준보수

a 연금기준보수의 정의는 유엔통합직원연금기금 규정 54조에 명시되어 있

다.

b 현장직군 직원의 연금기준보수는 전문직군 직원과 동일한 방법으로 정한다.

c 일반직군 등 직원이 전문직군으로 승진하면서 최종 평균 보수를 계산하기 위한 연금기준보수가 감소하는 때에는 승진 이전에 도달한 연금기준보수 수준이 해당 직원의 전문직군 내 직급 및 호봉에 따른 연금기준보수가 이를 초과할 때까지 그대로 유지된다. 유엔통합직원연금기금 규정 25조에 따른 기여금은 다음 각 호 중 더 큰 것에 기초한다.

Ⅰ 승진 시 기여금 산정에 사용된 연금기준보수, 또는

Ⅱ 직원의 전문직군 직급 및 호봉에 해당하는 연금기준보수

규칙3.6 부양수당

정의

a 이 직원규정 및 직원규칙에서 사용하는 용어의 뜻은 다음과 같다.

Ⅰ "부양 배우자"란 직업상 소득이 배우자의 직장이 있는 국가의 근무지에서 해당 연도의 1월 1일 현재 유효한 유엔 일반직군 등 최저 직급의 총봉급을 초과하지 않는 배우자를 말한다. 전문직군 및 현장직군 직원의 경우, 언급된 최저 소득액은 어떠한 근무지에서도 봉급 체계의 최저 직급 봉급(뉴욕의 G-2 1호봉)보다 작아서는 아니 된다.

Ⅱ "자녀"란 직원이 주된 부양을 지속적으로 제공하는 다음 각 목의 아동을 말한다.

a. 직원에게서 태어난 자녀 또는 법적 입양아

b. 동거하는 의붓자녀

c. 법적으로 입양할 수 없으나, 직원이 법적 책임을 지며, 동거하는 아동

Ⅲ "부양자녀"란 직원이 주된 지속적 부양을 제공하고, 다음 각 목 중 하나를 충족하는 아동을 말한다.

a. 18세 이하

b. 18세에서 21세 사이로 대학교 또는 상당 기관에 전일 과정으로 재학(이 경우, 동거 조건은 적용되지 않는다)

c. 연령과 관계없이 장애가 영속적이거나, 상당한 소득의 고용이 불가능할 정도로 장기간 동안 지속되는 경우

Ⅳ 자녀를 부양 자녀로 신청하는 직원은 주된 부양을 지속적으로 제공하고 있음을 증명하여야 한다. 자녀가 다음 각 목에 해당하는 경우에는 사무총장에게 충분한 서면 증거를 제시하여야 한다.

a. 직원과 동거하지 않는 경우

b. 결혼한 경우

c. 위 (a) Ⅲ c.의 부양자녀로 인정받은 경우

Ⅴ 직원이 부모나 형제, 자매가 사용하는 재정적 자원의 절반 이상을 제공하고, 이것이 부양수당의 2배를 초과하는 경우, 그러한 자는 2차 부양 가족으로 간주한다. 형제나 자매의 연령, 재학 여부, 장애와 관련된 조건은 위 Ⅲ에서 자녀에 대해 적용하는 조건과 동일하다.

수당 지급액

b 사무총장은 직군별로 적용 가능한 부양제 기준표를 공표하여야 한다. 부양수당은 사무총장이 달리 규정하지 않는 한, 통상적으로 동 기준표에 따라 지급되어야 한다.

c 직원규정 3.4 (a)를 전제로, 이 규정 및 직원규칙에 따라 부양 자녀 1명에 대해 부양수당 전액을 지급한다. 다만 직원이나 배우자가 정부가 직접 제

공하는 부양 지원금을 수령하는 경우에는 그러하지 아니하다. 정부 지원 금이 제공되는 경우에는 이 규칙에 따라 지급 가능한 부양수당은 직원규 정 및 직원규칙에 명시한 부양수당과 정부 지원금의 차액 수준을 지급한 다. 정부 지원금이 직원규정 및 직원규칙에 명시한 부양수당과 같거나 초 과하는 경우에는 부양수당은 지급하지 않는다.

d 부양수당을 지급받으려는 직원은 사무총장에게 서면으로 요청하여야 하며, 사무총장은 충분한 서면 증거 제출을 명할 수 있다. 직원은 부양수 당 지급액에 영향을 미칠 수 있는 부양 가족 변경 사항에 대해 사무총장 에게 보고할 책임이 있다.

e 2차 부양수당은 2차 부양자 1명에 대해서만 지급하며, 부양 배우자에 대 해 수당이 지급되는 경우에는 지급하지 않는다. 일반직군 등 직원은 현지 조건 및/또는 비교군 고용주의 관행상 그러한 수당 제도를 둘 필요성이 있는 경우, 사무총장이 정하는 조건에 따라 2차 부양수당을 지급받는다.

규칙3.7 지역조정급 및 거주지원비

a 지역조정급은 근무지 간 구매력의 형평을 기하기 위하여 직원규정 별표 1 의 8항에 따라 전문직군 및 현장직군 직원들에게 지급하는 금액이다.

b 부양제 적용 대상 직원은 부양 가족의 거주 위치와 관계없이 부양제 봉급 에 기초하여 산정한 지역조정급을 지급한다.

c 봉급에는 통상적으로 1년 이상의 임무에 대해 근무지의 지역조정급이 추 가되나, 사무총장은 다음 여건하에서 대체 조치를 취할 수 있다.
ⅰ 지역조정급 분류 등급이 전임지(前任地)보다 낮은 등급의 신임지(新任地)로

배치되는 때에는 최소한 직계가족(배우자 및 자녀) 1명이 그 근무지에 남아 있는 경우, 전임지(前任地) 적용 지역조정급을 6개월까지 계속 수령할 수 있다.

Ⅱ 근무지에 1년 미만으로 배치되는 때에는 사무총장은 그 근무지 적용 지역조정급을 적용할지 여부와, 적절한 경우, 직원규칙 7.14에 따른 부임지원금, 직원규칙 3.13, 3.14 및 7.16 (h)에 따른 이동근무 및 특수지 수당 중 특수지 및 미(未)이전에 해당하는 부분을 지급할 것인지 여부, 또는 위 양자를 대신하여 적절한 일일출장비를 승인할 것인지 여부를 결정하여야 한다.

Ⅲ 유엔 현장 임무단에 3개월 이내로 배치되는 때에는 사무총장은 그 근무지 지역조정급을 적용알지 여부와, 적절한 경우, 직원규칙 7.14에 따른 부임지원금, 직원규칙 3.13, 3.14 및 7.16(h)에 따른 이동근무 특수지 수당 중 특수지 및 보관에 해당하는 부분을 지급할 것인지 여부, 또는 위 양자를 대신하여 적절한 일일출장비를 승인할 것인지 여부를 결정하여야 한다.

d 지역조정급지수(PAI) 산출에 사용된 근무지의 평균 임대비가 유엔이나 정부 또는 유관 기관이 제공한 거주비용에 기초하는 근무지에서는 거소를 상당히 높은 상업적 가격에 임대해야 하는 복리 대상 직원에게 지역조정급에 사무총장이 정한 조건에 따른 임대보조비 형태의 충당금을 지급하여야 한다.

규칙 3.8 언어수당

a 계약직 또는 연속직인 일반직군, 방호직군, 기능직군 또는 FS-5급까지 현장직군 직원은 다음과 같이 2개 유엔 공용어에 능통함을 보이는 경우, 사무총장이 정하는 금액 및 조건에 따라 연금기준수당인 언어수당을 수령할 수 있다.

Ⅰ 직원의 모국어가 유엔 공용어로서, 임용 목적상 능통함이 필요한 다른 유엔 공용어 시험을 우수한 성적으로 통과하는 경우

Ⅱ 직원의 모국어가 비(非)유엔 공용어로서 임용 목적상 능통함이 필요한 유엔 공용어 이외의 다른 유엔 공용어 시험을 우수한 성적으로 통과하는 경우

b 직원규칙 3.8 (a)에 따라 언어수당을 수령 중인 직원은 세 번째 유엔 공용어 시험을 우수한 성적으로 통과함으로써 능통함을 보이는 경우, 언어수당의 절반을 지급받는다.

c 언어수당은 유엔통합직원연금기금, 의료 및 단체 보험 기여금, 초과근무 및 야근 수당, 해직 시 보상금 등 산정에 고려하여야 한다.

규칙 3.9 학비지원금

정의

a 이 조항에 있어
Ⅰ "자녀"는 직원규칙 3.6 (a) Ⅱ에 정의한 바와 같이 주된 부양을 지속적으로 제공하는 부양자녀를 말한다.
Ⅱ "장애 자녀"란 신체적 또는 정신적 장애의 사유로 통상적인 교육기관에 재학할 수 없고, 따라서 사회에 완전히 통합되기 위해 특수 교습 또는 훈련이 필요하거나, 또는 통상적인 교육기관에 재학하면서 장애 극복을 돕기 위해 특수 교습 또는 훈련이 필요한 자녀를 말한다.
Ⅲ "본국"이란 직원규칙 5.2에 따른 귀국휴가 대상 국가를 말한다. 부모 모두가 귀국휴가 대상 직원인 경우, "본국"은 부모 중 어느 한쪽의 귀국휴가 대상 국가를 말한다.
Ⅳ "근무지"란 근무 중인 국가, 또는 국경에도 불구하고 통근거리에 있는 지역을 말한다.

지원 대상

b 사무총장이 정한 조건 하에, 계약직 또는 연속직 직원은 다음의 조건이 모두 충족되는 경우, 학비지원금 대상이 된다.

   Ⅰ 직원규칙 4.5에 따른 국제채용직원으로, 본국 외의 근무지에서 거주 및 근무 중일 것

   Ⅱ 자녀가 학교, 대학, 또는 유사 교육기관에 전일 과정으로 재학 중일 것

c (b)에 따른 복리 대상 직원이 학기연도 중 본국 근무지로 재배치되는 경우, 잔여 학기연도에 대한 학비지원금을 수령할 수 있다.

기간

d Ⅰ 학비지원금은 고등교육 4년을 완료하는 학기연도 종료 시까지 지급한다.

   Ⅱ 학비지원금은 통상적으로 자녀가 25세에 도달하는 학기연도를 지나서는 지급하지 않는다. 자녀의 교육이 국가의무, 질병, 또는 합당한 사유로 최소 1개 학기연도 동안 중지되는 경우, 학비지원금 지급은 중지 기간만큼 연장된다.

학비지원금 지급액

e 직원이 수령할 수 있는 학비지원금 지급액은 현 직원규칙 첨부 B와 같다.

f 직원의 근무나 자녀의 재학 기간이 해당 학기연도에 미달하는 경우, 학비지원금 지급액은 사무총장이 정하는 조건에 따라 일할 계산한다. 학비지원금을 수령 중인 직원이 학기연도 초에 사망하는 경우, 해당 학기연도에 대한 모든 학비지원금 복리가 인정된다.

여행

g 현 직원규정 첨부 B의 Ⅰ, Ⅱ 또는 Ⅳ에 따라 학비지원금을 수령할 수 있는 직원은 사무총장이 정하는 조건에 따라 각 학기연도별로 교육기관과 근무지 간 왕복 여정 1회에 대한 운임을 지급받는다. 자녀가 근무지로 여행하는 것이 불가능할 경우, 직원 또는 배우자가 사무총장이 정하는 조건에 따라 대신 왕복 여행할 수 있다.

h 지정한 근무지에 대해서는 사무총장이 정하는 조건에 따라 왕복 여정 2회에 대한 운임을 지급할 수 있다.

모국어 수업료

직원규정 3.2 (c)에 따른 모국어 교습 수업료는 사무총장이 정하는 조건에 따라 환급할 수 있다.

장애 자녀에 대한 특별 학비지원금

j 장애 자녀에 대한 특별 학비지원금은 모든 직군의 계약직 또는 연속직 직원에게 본국 근무 여부와 관계없이 지급 가능하다. 특별 학비지원금 지급액은 현 직원규칙 첨부 B에 명시되어 있으며, 사무총장이 정한 조건에 따라 수령 가능하다.

신청

k 학비지원금 신청은 사무총장이 정하는 조건에 따라 이루어져야 한다.

규칙 3.10 특별 직위수당

a 직원은 일상적인 업무의 정상적 일부로 추가 보상 없이 상위 직급 직위의 책무 및 책임을 한시적으로 담당할 것으로 기대하여야 한다.

b 책임 확대 및 능력 시현을 인정하는 통상적 수단은 직원규칙 4.15에 따른 승진이라는 원칙을 저해함이 없이, 명확히 인지할 수 있는 상위 직급의 모든 책무 및 책임을 3개월을 초과하는 기간 동안 한시적으로 담당하게 되는 계약직 또는 연속직 직원에게는 예외적인 경우에 한해 그 상위 직급 근무 4개월째부터 연금기준수당이 아닌 특별 직위수당을 지급할 수 있다.

c 계약직 또는 연속직 직원이 임무단에 배치되는 경우, 또는 일반직군 직원이 전문직군 내 상위 직급 직위에서 근무해야 하는 경우, 또는 직군과 관계없이 계약직 또는 연속직 직원이 자신보다 상위 직급에서 근무해야 하는 경우, 특별 직위수당은 해당 상위 책무 및 책임을 담당하는 즉시 지급할 수 있다.

d 특별직위수당 지급액은 직상위 직급으로 승진 시 받았을(지역조정급과 부양수당을 포함한) 봉급 인상분과 동등하다.

규칙 3.11 초과근무 및 보상 휴무

a 일반직군, 방호직군, 기능직군, FS-5급까지의 현장직군 직원은 규정된 주당 근무시간을 초과하여 근무하여야 하는 경우, 사무총장이 정하는 조건에 따라 보상적으로 휴무하게 하거나, 또는 시간 외 근무 수당을 지급할 수 있다.

b 근무의 긴급성이 인정되고, 사무총장의 사전 승인을 얻는 경우, 상당한 또는 반복적 기간 동안 초과근무를 한 전문직군 직원에 대해서는 보상적 휴무를 부여할 수 있다.

규칙 3.12 야간근무수당

a 정기적으로 야간근무에 배치되는 일반직군, 방호직군, 기능직군, FS-5급까지의 현장직군 직원은 사무총장이 정하는 금액 및 조건에 따라 야간근무 수당을 수령한다.

b 사무총장이 달리 구체적으로 기술하지 않는 한, 야간근무수당은 시간 외 근무 수당이나 보상적 휴무가 지급된 동일한 업무, 또는 직원이 휴가나 여행 중인 시간에 대해서는 지급하지 않는다.

규칙 3.13 이동근무수당

a 다음 각 호의 조건이 모두 충족되는 경우, 전문직군, 현장직군 및 국제채용 일반직군 직원에게 사무총장이 정하는 조건에 따라 연금기준수당이 아닌 이동근무수당을 지급할 수 있다.

Ⅰ 계약직 또는 연속직

Ⅱ 1년 이상 임무 부여 중이고, 그 신임지(新任地)에 배속

Ⅲ 유엔공동급여제도상 5년 정근

이동근무수당은 동일 근무지에서 5년 연속 수령한 직후 중단된다. 직원이 조직의 명시적 요청에 따라, 또는 합당한 인도적 사유로, 동일 근무지에 잔류하는 경우, 이동근무수당은 1년 연장된다.

b 사무총장은 직원의 유엔공동급여제도상 연속 재직 기간, 1년 이상 근무

한 전임지(前任地) 수, 직원이 새로 배치되는 근무지의 특수지 분류 등급을 고려하여 이동근무수당 지급액 및 조건을 정하여야 한다.

규칙 3.14 특수지수당

a 신임지(新任地)로 임용 또는 재배치된 전문직군 및 현장직군 직원, 직원규칙 4.5(c)에 따라 국제채용직원으로 보는 일반직군 직원에게는 연금기준수당이 아닌 특수지수당을 지급할 수 있다.

b 사무총장은 국제공무원위원회가 분류한 근무지 분류표에 따라 생활 및 업무의 곤란함의 정도를 고려하여 특수지수당 지급액 및 조건을 정하여야 한다.

규칙 3.15 비(非)가족 근무지에 대한 특수지수당 추가 지급

a 근무지가 非가족 근무지로 지정되면, 부양가족은 사무총장이 예외적으로 승인하는 경우를 제외하고는, 체재할 수 없다.

b 신임지(新任地)로 임용 또는 재배치된 전문직군 이상 및 현장직군 직원, 직원규칙 4.5(c)에 따라 국제채용직원으로 보는 일반직군 직원에게는 사무총장이 직원규칙 3.15 (a)에 따라 부양가족의 체재를 예외적으로 승인한 경우를 제외하고는, 연금기준수당이 아닌 추가적인 비(非)가족 특수지수당을 지급할 수 있다.

규칙 3.16 봉급 선급

a 봉급은 다음 여건 및 조건에서 선급될 수 있다.

Ⅰ 월말 보수지급일을 포함한 17일 이상의 공석을 수반하는 장기출장 출발이나 승인된 휴가 시, 예상되는 직원 공석 기간에 대한 지급액

Ⅱ 직원이 정기 보수를 받지 못한 경우, 해당 지급액

Ⅲ 해직 시, 급여 계좌의 최종 정산액이 이직 시점에 지급될 수 없을 때, 예상 최종 순지급액의 80%를 초과하지 않는 범위 내 금액

Ⅳ 가계 사정이 충분하지 않은 신규 직원의 경우, 사무총장이 적절하다고 보는 금액

Ⅴ 공식 근무지 변경 시, 사무총장이 적절하다고 보는 금액

b 사무총장은 예외적이고 합당한 경우에, 직원이 상세한 서면 증빙 자료를 제출하는 경우, 위 열거한 조건 이외의 사유에 따른 봉급 선급을 승인할 수 있다.

c 위 (a) Ⅰ, Ⅱ, Ⅲ 이외의 봉급 선급은 선급이 이루어진 다음 달부터 선급 당시 정한 일정한 금액에 따라 연속적인 보수 지급 기간에 걸쳐 청산되어야 한다.

규칙 3.17 소급 지급

수령하여야 할 수당, 지원금, 기타 지급액을 수령하지 못한 직원은 다음과 같이 서면 신청을 하지 않는 한, 해당 지급액을 소급 수령하지 못한다.

ⅰ 지급 대상을 규율하는 직원규칙이 취소 또는 변경된 경우, 그 취소 또는 변경일부터 3개월 이내

Ⅱ 기타의 경우, 첫 지급의 대상이 된 날부터 1년 이내

규칙 3.18 공제 및 기여금

a 공제액은 매 보수지급 기간에 대해, 지급하여야 할 총 지급액으로부터, 직

원규정 3.3 및 직원규칙 3.2에 규정한 비율 및 조건에 따라 공제한다.

b 유엔통합직원연금기금에 참여하는 직원의 기여금은 매 보수지급 기간에 대해, 총 지급액으로부터 공제된다.

c 또한 다음 각 호에 대해서 공제가 이루어질 수 있다.

    I 현 직원규칙에 따라 이루어지는 유엔통합직원연금기금 이외의 기여금

    II 유엔에 대한 부채

    III 사무총장이 그 공제를 승인한 경우, 제3자에 대한 부채

    IV 유엔, 정부, 또는 관련 기관이 제공한 숙박

    V 각 직원이 사무총장에게 통보함으로써 동의를 철회하거나, 그러한 공제를 중단할 기회가 있다는 전제하에, 직원규정 8.1에 따라 설립된 직원대표기구에 대한 기여금

규칙 3.19 송환지원금

목적

a 직원규정 9.4에 따라 제공하는 송환지원금은 직원규정 별표 4 및 이 조항의 조건을 충족한다는 전제하에, 마지막 근무지와 다른 국가로 직원의 이동을 지원하는 것을 목적으로 한다.

정의

b 직원규정 별표 4 및 이 조항의 조건 충족 여부를 확인하는 데 다음의 정의를 활용한다.

    I "국적국"이란 사무총장이 인정한 국적국을 말한다.

Ⅱ "부양자녀"란 해직 시점에 직원규칙 3.6 (a) Ⅱ호에 따라 인정되는 자녀를 말한다.

Ⅲ "본국"이란 직원규칙 5.2에 따른 귀국휴가 대상 국가, 또는 사무총장이 정하는 다른 국가를 말한다.

Ⅳ "송환 의무"란 직원 및 배우자와 부양자녀를 해직 시 유엔의 비용으로 마지막 근무지 국가 외의 장소로 돌려보내는 의무를 말한다.

Ⅴ "해당근무"란 본국 및 국적국 외에서, 또는 영주권을 얻는 국가 외에서 1년 이상 연속 근무 및 거주하는 것을 말한다.

지원 대상

c 직원규칙 4.5에 따라 국제채용직원으로 간주되는 직원에게는 다음 조건을 충족하는 경우, 직원규정 별표 4에 따른 송환지원금을 지급한다.

Ⅰ 조직이 1년 이상의 해당 근무 후 해직 시, 송환시킬 의무가 있다.

Ⅱ 마지막 근무지 근무 시, 인정된 국적국 외에서 거주했다.

Ⅲ 해임되거나, 직위 방기의 사유로 해직되지 않았다.

Ⅳ 직원규칙 4.4에 따라 현지에서 채용되지 않았다.

Ⅴ 해직 시점에 근무지 국가의 영주권을 보유하고 있지 않다.

d 위 (c)에 따라 송환지원금 대상인 임시직 직원에게는 직원규정 별표 4에 명시된 바와 같이 배우자 및 부양자녀가 모두 없는 직원에 지급하는 비율에 따라 본인 1명에 대해 지급한다.

이동 증거

e 해직 후 송환지원금을 지급하기 위해서는 마지막 근무지 국가에서 다른 국가로 이동하였다는 충분한 서면 증거를 사무총장에게 제출하여야 한

다.

송환지원금 지급액 및 산정

f 송환지원금 지급액은 직원규정 별표 4에 기초하여 송환지원금 목적상 해당 근무를 결정하기 위해 사무총장이 정하는 조건에 따라 계산한다.

g 해직 후 12개월 이내에 유엔공동급여제도상 신규 임용되는 때에는 기지급한 송환지원금 지급액은 신규 임용 이후의 해직 시점에 지급할 봉급의 월, 주, 또는 일 수가 이전 근무 기간 중의 월, 주, 또는 일 수와 합하더라도, 근무가 연속적이었을 경우 봉급을 지급했을 월, 주, 또는 일 수를 초과하지 않도록 조정한다.

h 부부가 모두 직원이고, 해직 시 송환지원금 대상인 경우, 지급액은 사무총장이 정하는 조건에 따라 계산된다.

복리 대상 직원의 사망 시 지급액

i 복리 대상 직원이 사망하는 경우, 유엔이 송환 의무를 지는, 생존하는 배우자나 1명 이상의 부양자녀가 있지 않는 한, 지급하지 않는다. 그러한 생존자에 대해서는 사무총장이 정하는 조건에 따라 지급한다.

신청 시한

j 해직일로부터 2년 이내에, 또는 사무총장이 정하는 조건에 따라 신청하지 않는 경우, 송환지원금 복리는 상실된다. 그러나 부부가 모두 직원이고 먼저 해직하는 배우자가 송환지원금 대상인 경우, 그 배우자의 송환지원

금 신청은 다른 배우자의 해직일로부터 2년 이내에 하더라도 접수한 것으로 간주한다.

| 4장 임용 및 승진 |

규칙 4.1 임용장

모든 직원에게 발부되는 임용장에는 명시적으로 또는 간접적으로 고용의 모든 조건을 수록한다. 계약으로 생기는 직원의 모든 복리는 임용장에 명시적으로 또는 간접적으로 수록된 사항에 한정된다.

규칙 4.2 임용일자

직원의 임용은 책무를 담당하기 위한 공식 여행에 착수하는 날부터, 또는 그러한 공무 여행이 불요할 경우에는 부임 신고를 하는 날부터 유효하다.

규칙 4.3 국적

a 직원규정 및 직원규칙을 적용함에 있어 유엔은 각 직원에 대해 1개의 국적만 인정한다.

b 1개 이상의 국적을 취득한 경우, 직원규정 및 직원규칙상 직원의 국적은 사무총장의 의견으로 가장 친밀한 관계에 있는 국가의 국적으로 본다.

규칙 4.4 현지 채용 직위 직원

a 일반직군 등 직원은 아래 직원규칙 4.5(c)에 규정한 외에는, 국적에 관계없이, 그리고 각 사무소 소재 국가에 체류한 시간에 관계없이, 사무소 소재 국가에서, 또는 통근거리 이내에서 채용한다. 일반직군등 직원에게 지급 가능한 수당 및 혜택은 근무지별로 사무총장이 공표한다.

b 국내전문직은 해당 사무소가 위치한 국가의 국적인을 채용한다.

c 이 조항에 따라 현지 채용되는 직원에게는 직원규칙 4.5(a)에 따른 수당 또는 혜택의 대상이 되지 않는다.

규칙 4.5 국제채용 직위 직원

a 직원규칙 4.4에 따라 현지 채용된 것으로 간주하는 직원 이외의 직원은 국제채용된 것으로 본다. 임용 종류에 따라, 국제채용 직원에게 지급 가능한 수당 및 혜택으로는 첫 임용 시 및 해직 시 본인 및 배우자와 부양자녀에 대한 여행 경비 지급액, 가정 소유물 이전비, 귀국휴가, 학비지원금, 송환지원금 등이 포함될 수 있다.

b 어느 근무지의 전문직군 직위에 근무지 현지에서 채용된 직원은 국제채용직원으로 보나, 일반적으로 위 (a)에 언급한 수당 및 혜택 모두 또는 일부에 대해 사무총장이 정하는 바에 따라 지급 대상이 되지 않는다.

c 사무총장이 정하는 특수 여건 및 조건하에서, 일반직군 등 직위에 채용된 직원은 국제채용된 것으로 볼 수 있다.

d 직원이 사무총장의 의견으로 국적국이 아닌 국가의 영주자로 볼 수 있도

록 거주 지위를 변경한 경우, 복리 대상자로 남는 것이 해당 수당 또는 혜택의 취지에 어긋난다고 사무총장이 간주하는 경우, 귀국휴가 장소를 기초로 귀국휴가, 학비지원금, 송환지원금, 해직 시 본인과 배우자 및 부양자녀에 대한 여행 경비 지급액 및 이전비용 복리 대상에서 제외된다. 사무총장은 거주 지위 측면에서 국제채용직원에게 부여하는 혜택 대상을 규율하는 근무지별 조건을 정하여야 한다.

규칙4.6 지리적 배분

직원규정 4.2의 요구사항에 따른 가장 광범위한 지리적 기초에 따른 채용 원칙은 일반직군 등 직위에는 적용하지 않는다.

규칙4.7 가족관계

a 직원의 부모, 자녀, 또는 형제자매인 자는 임용하지 않는다.

b 직원의 배우자는 지원 직위의 자격 요건을 충족하고, 그 직원과의 관계로 인한 어떠한 호의적 고려도 하지 않는 전제하에, 임용할 수 있다.

c 다른 직원과 위 (a) 및 (b)에 적시한 가족관계에 있는 직원은,
  Ⅰ 명령계통상 상사–부하 관계의 직위에 배치하지 않는다.
  Ⅱ 직원의 지위나 복리 대상에 영향을 미치는 처분을 내리거나 검토하는 절차에 있어 가족관계에 있는 직원은 제척하여야 한다.

d 직원 간 결혼은 배우자 일방의 계약 지위에 영향을 미치지 않으나, 복리 및 기타 혜택은 유관 직원규정 및 직원규칙에 따라 변경된다. 배우자가 유엔공동급여제도상 다른 기구의 직원인 경우에도 동일하게 변경된다. 부

부가 모두 직원이고 서로 다른 근무지 배치로 별도의 가정을 유지하는 경우, 사무총장은 직원규정이나 총회 결정에 배치되지 않는 한, 직원으로서 복리 및 혜택을 유지할 수 있다.

규칙4.8 공식 근무지 변경

a 6개월 초과하는 기간에 대해 한 근무지에서 다른 근무지로 배치되는 경우, 또는 무기한 전보되는 경우, 공식 근무지의 변경이 발생한다.

b 3개월 초과하는 기간에 대해 한 근무지에서 유엔 현장 임무단으로 배치되는 경우, 공식 근무지의 변경이 발생한다.

c 공식 근무지에서 회의에 배치되는 것은 직원규칙상 공식 근무지의 변경을 발생시키지 않는다.

규칙4.9 유엔 기구 간 이동

a 유엔 기구 간 이동은 유엔공동급여제도상 기구 간 협정에 따라 정의하고, 규율한다.

b 사무총장은 전문 기구나 다른 정부 간 기구 근무가 직원의 유엔 임용장상의 권리나 복리를 해하지 않는 한, 이를 허용할 수 있다.

규칙4.10 내부 지원자 및 내부 공석

직원규정 4.4 목적상, "내부 지원자"라는 표현은 직원규칙 4.15 및 4.16에 따라 채용된 직원을 말한다. 지원 자격이 그러한 내부 지원자에게 한정되는 공석은 "내부 공석"으로 부른다. 사무총장은 내부 지원자 이외의 사람이 공석에 지원할 조건을 정하여야 한다.

규칙 4.11 임용 형태

임용 형태로 아래 직원규칙 4.12, 4.13 및 4.14에 따라 임시직, 계약직, 연속직을 둘 수 있다.

규칙 4.12 임시직

a 임시직은 계절적 또는 고조된 업무량 및 특정한 단기 요구사항에 대처하기 위해 임용장에 종료일을 명시하여 임용한다.

b 위 (a)에 기술한 최대 기간 동안 근무한 직원의 임용은 현장 활동과 관련된 인력 소요 급증 및 활동 수요, 그리고 한정된 목적의 특별 사업으로 필요 시, 사무총장이 정하는 여건 및 조건에 따라, 1년까지 갱신할 수 있다.

c 임시직은 계약 갱신에 대한 법적 또는 기타 어떠한 기대도 수반하지 않는다. 임시직은 다른 어떠한 종류의 계약으로도 전환될 수 없다.

규칙 4.13 계약직

a 계약직은 정부 또는 기관에서 유엔 근무를 위해 임시로 파견한 사람을 포함하여 지정한 기간 동안 근무할 사람에게 임용장에 종료일을 명시하여, 한 번에 1년 이상 5년까지 임용할 수 있다.

b 계약직은 한 번에 5년까지 갱신될 수 있다.

c 계약직은 직원규칙 4.14 (b)에 규정한 이외에는, 근무 기간에 관계없이 계약 갱신이나 전환에 대한 법적 또는 기타 어떠한 기대도 수반하지 않는다.

규칙 4.14 **연속직**

a 연속직은 기한 없이 임용한다.

b 직원규칙 4.16에 따라 경쟁시험에 합격한 직원은 양호한 근무성적을 전제로, 계약직 2년 근무 후 연속직으로 임용한다.

c 사무총장은 연속직 지원 자격을 결정하는 기준을 기술하여야 한다.

규칙 4.15 고위심사단 및 중앙심사기구

고위심사단

a 사무총장은 D-2 직급의 직원 선발을 위한 권고를 심사하고 자문을 제공하는 고위심사단을 두어야 한다. 사무총장은 고위심사단의 구성원을 결정하고, 의사규칙을 공표하여야 한다.

중앙심사기구(다수)

b 사무총장은 다음과 같이 인사 선발을 위한 권고를 심사하고 자문을 제공하는 중앙심사기구를 두어야 한다.
   Ⅰ P-5 및 D-1 직급 직원 선발을 위한 중앙심사단
   Ⅱ P-4 직급까지 전문직군 직원 선발을 위한 중앙심사위원회. 다만 경쟁시험에 합격한 채용후보자의 임용에 대한 자문은 직원규칙 4.16에 따라 시험위원단

이 제공한다.

Ⅲ 일반직군등 직원 선발을 위한 중앙심사단

c 각 중앙심사기구는 임용, 선발, 또는 승진 심사 대상 직원보다 낮지 않은 직급의 계약직 또는 연속직 직원으로 다음과 같이 구성한다.

Ⅰ 사무총장이 선발하는 구성원

Ⅱ 적절한 직원대표기구가 선발하는 구성원

Ⅲ 투표권이 없는 당연직으로 인적자원관리 담당 사무차장보, 또는 승인받은 대표

d 구성원 임기는 2년으로 하며, 연속으로 최대 4년간 활동할 수 있다.

e 각 중앙심사기구는 의장을 선출하여야 한다.

f 사무총장은 중앙심사기구의 의사규칙을 정하고, 공표하여야 한다.

g 사무총장이 임용, 선발 및 승진 권한을 위임한, 별도로 운영되는 유엔 산하기구, 전문기구 및 소속기관의 장은 해당 기구 및 기관에 근무할 직원 채용에 관해 자문하는 자문기구를 둘 수 있다. 그러한 자문기구의 구성 및 기능은 사무총장이 두는 중앙심사기구와 일반적으로 유사하게 한다.

중앙심사기구 기능

h 중앙심사기구는 다음의 경우를 제외하고, 1년 이상의 모든 임용에 대해 사무총장에게 자문한다.

Ⅰ 직원규칙 4.16에 따라 경쟁시험에 합격한 후보자 임용

Ⅱ 사무총장이 정하는 조건에 따라, 임용 검사 또는 시험에 합격한 후보자의 일반

직군등 내에서 최저 직급 임용 또는 승진

i 중앙심사기구는 임용 과정상 평가 기준 준수를 심사하고, 후보자 채용 권고에 대해 자문을 제공한다. 그러한 자문이 유관 간부의 의견과 일치하지 않을 경우, 사무총장이 중앙심사기구의 자문을 적절히 고려하여 결정하여야 한다.

규칙 4.16 경쟁시험

a 사무총장이 설치하는 시험위원단은 사무총장이 정하는 조건에 따라 정기적으로 시험을 개최하여야 한다.

b 시험위원단은 다음에 대해 사무총장에게 권고를 하여야 한다.
- Ⅰ 임용: 유엔사무국 내 적정 범위 대상 P-1 및 P-2 직위 및 특수 언어 역량이 필요한 직위는 전적으로 경쟁시험을 통해 임용한다. 유엔사무국 내 P-3 직위는 통상적으로 경쟁시험을 통해 임용한다.
- Ⅱ 유엔사무국 내 일반직군등 직원의 전문직군으로 채용: 일반직군등 직원이 적절한 경쟁시험에 합격하여 이루어지는 유엔사무국 내 전문직군으로의 채용은 총회가 정한 범위 내에서 이루어져야 한다. 그러한 채용은 전적으로 경쟁시험을 통해 이루어져야 한다.

c 경쟁시험을 통해 전문직군에 임용된 직원은 사무총장이 정하는 조건에 따라 의무적 재배치 대상이 된다.

규칙 4.17 재고용

a 사무총장이 정하는 조건에 따라 재고용되는 전직 직원은 직원규칙 4.18

에 따라 복직하지 않는 한, 새로 임용된다.

b 이전 재직 기간과 관계없이 신규 임용 조건이 전적으로 적용된다. 이 규칙에 따라 재고용되는 때에는 이전 임용과 신규 임용은 연속된다고 간주하지 않는다.

c 직원이 해직 후 12개월 이내에 유엔공동급여제도상 신규 임용되는 경우에는 면직보상금, 송환지원금 또는 축적한 연가 산정에 따른 지급액은 신규 임용 후 해직 시점에 지급할 봉급의 월, 주, 또는 일 수가 이전 재직 기간의 월, 주, 또는 일 수와 합하더라도, 근무가 연속적이었을 경우 지급했을 봉급의 월, 주, 또는 일수를 초과하지 않도록 조정한다.

규칙 4.18 복직

a 계약직 또는 연속직이었고, 해직 후 12개월 이내에 계약직 또는 연속직으로 재고용되는 직원은 사무총장이 조직의 이익에 필요하다고 간주하는 경우, 복직될 수 있다.

b 복직되는 경우, 직원의 복무는 연속적이었던 것으로 보며, 직원은 직원규칙 9.8에 따른 면직보상금, 직원규칙 3.19에 따른 송환지원금, 직원규칙 9.9에 따른 축적한 연가에 대한 지급액을 포함하여 해직에 따라 수령한 지급액을 반환하여야 한다. 해직과 복직 간격은 가능한 범위 내 연가로 처리하고, 잔여 기간은 무급 특별휴가로 처리한다. 직원규칙 6.2에 따른 해직 시 적립되어 있던 병가는 환원된다. 유엔통합직원연금기금 참여는 기금 규정을 통해 규율한다.

c 전직 직원이 복직하는 경우, 해당 내용을 임용장에 기록하여야 한다.

`규칙 4.19` 의료 검진

a 직원에게는 때에 따라 다른 사람들의 건강이나 안전을 해할 수 있는 질환이 없음을 유엔의료국장 또는 의료국장이 지정하는 의료담당관에게 증명할 것을 명할 수 있다.

b 직원에게는 또한 임무단 근무 전후에 유엔의료국장 또는 의료국장이 지정하는 의료담당관이 요구하는 의료 검진 및 예방 접종을 받도록 명할 수 있다.

| 5장 연가 및 특별휴가 |

`규칙 5.1` 연가

a 임시직 직원의 연가는 사무총장이 달리 규정하지 않는 한, 직원규칙 5.3 (e)를 전제로, 보수 전액을 받는 지위에 있을 때 매월 1.5일의 비율로 누적된다. 직원이 직원규칙 6.4에 따른 봉급 및 수당에 상당한 보상을 받고 있을 때는 연가는 누적되지 않는다.

b 임시직 직원은 직원규칙 4.12 (b)를 전제로, 매년 4월 1일, 또는 사무총장이 근무지별로 정하는 다른 날짜를 기준으로 연가 18근무일을 축적 및 이월할 수 있다.

c 계약직 또는 연속직 직원의 연가는 직원규칙 5.3 (e)를 전제로, 보수 전액을 받는 지위에 있을 때 매월 2.5일의 비율로 누적된다. 직원이 직원규칙 6.4에 따른 봉급 및 수당에 상당한 보상을 받고 있을 때는 연가는 누적되지

않는다.

d 계약직 또는 연속직 직원은 매년 4월 1일, 또는 사무총장이 근무지별로 정하는 다른 날짜를 기준으로 연가 60근무일을 축적 및 이월할 수 있다.

e Ⅰ 연가는 1일 및 반일 단위로 사용할 수 있다.

Ⅱ 휴가는 승인을 얻은 때에만 사용할 수 있다. 승인 없이 결근하는 경우, 무단 결근 기간 중 봉급 및 수당 지급이 중단된다. 그러나 사무총장의 의견으로 결근이 직원의 통제를 넘어서는 사유로 발생했고, 누적 연가가 있을 경우, 그러한 결근은 연가로 처리한다.

Ⅲ 긴급한 업무는 모든 휴가 관련 사항에 우선하며, 이 경우 휴가는 사무총장이 지정하는 기간에 사용하게 할 수 있다. 개별 직원의 개인적 여건 및 선호는 가능한 한 고려하여야 한다.

f 해당 연가 누적에 필요한 기간 동안 계속 재직할 것이라는 전제하에, 예외적인 경우, 연가를 최대 10근무일까지 선(先)사용할 수 있다.

규칙 5.2 귀국휴가

a 직원규칙 4.5(a)에 따른, 그리고 직원규칙 4.5 (b)의 귀국휴가로부터 배제되지 않는 국제채용직원은 본국 외에서 거주하고, 근무하며, 달리 복리 대상이 되는 경우, 해당 근무 24개월마다 1회의 귀국휴가 대상이 되며, 합리적인 귀국휴가 기간 동안의 본국 내 소비에 대해서는 유엔이 비용을 부담한다. 이 조항에 규정한 조건에 따른 휴가는 이하 귀국휴가라 한다.

b 직원은 다음의 조건이 충족되는 경우 귀국휴가 대상이 된다.

Ⅰ 공무를 수행하면서

a. 국적국 이외의 국가에서 계속 거주한다. 또는

b. 근무지 국가 내 비(非)대도시 영역의 원주민이고, 임용전 그러한 비(非)대도시 영역에서 통상적 거주를 유지한 직원의 경우, 공무를 수행하면서 그러한 영역 외에서 계속 거주한다.

Ⅱ 직원의 근무가 다음 기간 동안 계속될 것으로 기대된다.

a. 계획한 귀국휴가로부터 복귀한 날 이후 최소 6개월, 그리고

b. 첫 번째 귀국휴가의 경우, 해당 근무 24개월을 채우는 날 이후 최소 6개월

Ⅲ 직원규칙 7.1 (a) (vⅡ)에 따라 가족방문 여행에서 복귀한 이후 사용하는 귀국휴가의 경우, 가족방문 여행에서 복귀한 이후 9개월 이상 연속적으로 근무하였다.

c 임용 시점에 위 (b)에 따른 귀국휴가 대상이 되는 직원은 그 날짜부터 귀국휴가를 향한 근무일수 누적이 개시된다. 임용 이후 시점에 귀국휴가 대상이 되는 직원은 귀국휴가 대상이 된 유효한 날짜부터 귀국휴가를 향한 근무일수 누적이 개시된다.

d 귀국휴가 대상 국가는 다음의 조건 및 예외를 전제로, 직원의 인정된 국적국으로 한다.

Ⅰ 직원의 본국 내 귀국휴가 장소는 여행 및 운임 복리 목적상, 최근 본국 내 거주하던 때 가장 밀접한 거주 관계에 있었던 곳으로 한다. 예외적인 경우, 귀국휴가 국가 내 장소 변경은 사무총장이 정하는 조건에 따라 승인할 수 있다.

Ⅱ 임용 직전 다른 국제공공기관에서 근무한 직원에 대해서는 해당 기관 내 근무가 유엔 내 근무였던 것으로 간주하여 귀국휴가 장소를 결정한다.

Ⅲ 사무총장은 다음을 승인할 수 있다.

a. 예외적이고 합당한 경우에, 이 규칙의 목적상, 귀국휴가 대상지로 국적국 이외의 국가. 그러한 승인을 요구하는 직원은 임용 전 해당 국가에서 장기간 통상적인 거주를 유지했고, 계속해서 친밀한 가족 관계 및 개인적 관계를 유

지하고 있으며, 해당 국가로의 귀국휴가가 직원규정 5.3의 목적과 의도에 배치되지 않음을 사무총장에게 충분하게 증명하여야 한다.

   b. 사무총장이 정하는 조건을 전제로, 본국 이외 국가로의 귀국휴가 여행. 그러한 경우, 유엔이 지불하는 여행 경비는 본국으로의 여행 경비를 초과하지 않는다.

e Ⅰ 직원의 귀국휴가는 24개월의 해당 근무 완료 시 주어진다.

   Ⅱ 귀국휴가는 긴급한 업무가 발생하지 않는 한, 주어진 후 12개월 이내에 사용할 수 있다.

f 통상적으로 12개월 이상의 해당 근무가 완료되었거나, 통상적으로 직전 귀국휴가에서 돌아온 날짜로부터 12개월 이상의 해당 근무가 경과한 경우, 귀국휴가를 선(先)사용할 수 있다. 귀국휴가를 선(先)사용하더라도, 다음 귀국휴가 대상이 되는 시점이나 사용 가능 시점을 앞당기지 않는다. 귀국휴가를 선(先)사용한 후에는 귀국휴가 선(先)사용의 조건을 충족시켜야 한다. 이러한 조건이 충족되지 않는 경우, 유엔이 지불한 선(先)사용 귀국휴가의 경비를 반환하여야 한다.

g 귀국휴가 사용 가능 일자로부터 12개월이 지난 이후에도, 다음 귀국휴가 복리의 변경 없이 지연된 귀국휴가를 사용할 수 있다. 다만 통상적으로 그 지연된 귀국휴가를 사용한 후 복귀하는 날짜와 다음 귀국휴가 출발 날짜 사이에 해당근무 12개월 이상이 경과하여야 한다.

h 귀국휴가는 직원 및 가족의 이익을 적절히 고려하여, 공무 또는 공식 근무지 변경에 따른 여행과 연계하여 사용할 수 있다.

i 현 직원규정 7장에 명시된 조건을 전제로, 직원에게는 승인된 귀국휴가

여행과 관련, 공식 근무지 및 귀국휴가 장소 간 본인 및 귀국휴가 대상인 가족 구성원의 왕복 여정 경비 신청 대상이 된다. 직원은 또한 승인된 귀국휴가 여행에 소요되는 여행 시간도 신청할 수 있다.

j 부부가 모두 귀국휴가 대상 직원인 경우, 직원규칙 4.7 (d)를 고려하여, 각 직원은 귀국휴가를 사용하거나, 배우자를 동반하는 것 중 선택할 수 있다. 배우자를 동반하는 경우, 해당 여행에 적절한 여행 시간을 부여하여야 한다. 부부가 모두 귀국휴가 대상 직원인 경우, 부양자녀는 부부 중 어느 한쪽과 동반할 수 있다. 여행의 빈도는 직원과 부양자녀의 귀국휴가 주기성을 초과할 수 없다.

k 귀국휴가로 여행하는 직원은 여행 시간을 제외하고 본국에서 7일을 보내야 한다. 사무총장은 동 요구사항이 충족되었는지에 관한 충분한 증빙 자료 제출을 요구할 수 있다.

l 사무총장이 정한 조건에 따라, 생활 및 근무 조건이 매우 열악한 지정 근무지[305]에서 근무하는 복리 대상 직원은 12개월마다 1회 귀국휴가를 사용할 수 있다. 직원은 다음의 조건을 충족하는 경우 귀국휴가 대상이 된다.

　Ⅰ 직원의 근무가 다음과 같이 계속될 것으로 기대된다.

　　a. 계획한 귀국휴가로부터 복귀한 날 이후 최소 3개월, 그리고

　　b. 첫 번째 귀국휴가의 경우, 해당 근무 12개월을 채우는 날 이후 최소 3개월

　Ⅱ 직원규칙 7.1 (a) ⅶ에 따른 가족방문 여행에서 복귀한 이후 사용하는 귀국휴가의 경우, 가족방문 여행에서 복귀한 이후 연속 재직 기간이 3개월 이상이 되었다.

305　이하 '특수지(特殊地)'라 한다.

규칙 5.3 특별휴가

a Ⅰ 특별휴가는 계약직 또는 연속직 직원이 유엔의 이익을 위한 학업 또는 연구의 수행, 장기간의 질병, 육아, 그 밖에 중요한 사유에 대해 사무총장이 정하는 기간 동안 받을 수 있다.

Ⅱ 특별휴가는 통상적으로 무급휴가이다. 예외적인 경우, 유급 또는 부분 유급 특별휴가를 받을 수 있다.

Ⅲ 사무총장이 정하는 조건을 전제로, 다음과 같이 가족휴가를 받을 수 있다.

a. 자녀를 입양하는 경우, 유급 특별휴가

b. 새로 태어난 또는 입양한 자녀의 부모인 경우, 예외적인 경우 2년 추가 연장을 전제로, 2년까지 무급 특별휴가. 그러한 무급 특별휴가 종료 이후 조직으로 복귀하는 권리는 전적으로 보호하여야 한다.

c. 직계가족 구성원의 사망, 또는 가족에게 생긴 중대한 응급상황의 경우, 필요한 여행 시간을 포함한 합리적 기간의 무급 특별휴가

b 정치적 직위, 외교 또는 기타 대표 직위에서의 정부 기능 수행, 또는 국제 공무원으로서 지위와 양립할 수 없는 기능 수행 목적의 특별휴가는 사용할 수 없다. 예외적으로, 국적국 정부 요청으로 기술적 성격의 역할 수행을 위한 일시적 봉사에 참여하여야 할 경우, 무급 특별휴가를 받을 수 있다.

c 사무총장이 정하는 조건을 전제로, 경쟁시험에 합격하고 계약직으로 1년간 근무한 직원이나, 연속직으로서 국적국의 국방 의무 수행을 위해 소집된 직원은 현 직원규칙 첨부 C에 규정된 조건에 따라, 해당 군복무 기간 동안 무급 특별휴가를 받을 수 있다.

d 사무총장은 55세 및 기여금 납부 25년 도래 2년 이내이거나, 55세 이상이

고 기여금 납부 25년 도래 2년 이내인 직원의 연금 혜택을 보호하기 위해 연금 목적의 무급 특별휴가를 승인할 수 있다.

e 임시직 직원은 예외적인 경우, 합당한 사유에 대해 사무총장이 정하는 기간 동안 유급, 부분 유급, 또는 무급으로 특별휴가를 받을 수 있다.

f 예외적으로, 사무총장은 조직의 이익에 도움이 되는 것으로 간주하는 경우, 직권으로 직원을 유급, 부분 유급, 또는 무급 특별휴가 처분을 할 수 있다.

g 유급 또는 무급 휴가 시 연속적 근무는 중단된 것으로 간주하지 않는다. 그러나 1개월을 초과하는 부분 유급 또는 무급 특별휴가 기간은 병가, 연가, 귀국휴가, 승급, 연공, 퇴직보상금 및 송환지원금을 위한 근무일수에 산입하지 않는다. 1개월을 초과하는 부분 유급 또는 무급 특별휴가 기간은 연속직 지원 요건을 위한 근무 기간에 산입하지 않는다.

| 6장 사회 보장 |

규칙 6.1 유엔통합직원연금기금 가입

6개월 이상 임용되거나, 이보다 짧은 임용의 합산 기간이 30일 이상 중단 없이 6개월에 달하는 직원은 임용장에서 가입을 배제하지 않은 한, 유엔통합직원연금기금 가입자가 된다.

병가(病假)

a 질병, 부상, 또는 공중보건상 출근 금지의 사유로 책무를 수행할 수 없는
  경우, 병가를 받을 수 있다. 모든 병가는 사무총장을 대표하여, 사무총장
  이 정하는 조건에 따라 승인한다.

최대 복리

b 임용 성격 및 기간에 따른 병가의 최대 복리는 다음의 조항에 따라 결정
  한다.
  I 임시직 직원은 1개월당 2근무일의 병가를 받을 수 있다.
  II 연속 재직 기간이 3년 이내인 계약직 직원은 연속 12개월 기간에 있어 유급 3
    개월 및 반급(半給) 3개월까지 병가를 받을 수 있다.
  III 연속직이거나, 3년 기간의 계약직이거나, 연속 재직 기간이 3년 이상인 직원은
    연속 4년의 기간에 있어 유급 9개월 및 반급 9개월까지 병가를 받을 수 있다.

진단서 없는 병가

c 질병 또는 부상으로 책무를 수행할 수 없을 때, 진단서 없이 사용할 수 있
  는 병가일수는 4월 1일부터, 또는 사무총장이 특정 근무지에 대해 정하
  는 날부터 계산하여 1년 주기 중 7근무일까지다.

진단서 있는 병가

d 위 (c)에서 정한 한계를 초과하는 병가는 사무총장이 정한 조건에 따라 승인을 받아야 한다. 이 조건이 충족되지 않는 경우는 직원규칙 5.1 (e) Ⅱ 에 따라 무단 결근한 것으로 본다.

연가 사용 중 병가

e 귀국휴가를 포함하여 연가를 사용하는 동안 7일 기간 중 5근무일간 아 플 경우, 적절한 의사 확인서를 전제로 병가를 승인할 수 있다.

직원의 의무

f 직원은 질병 또는 부상으로 인한 결근에 대해 상관에게 가능한 한 빨리 알려야 한다. 직원은 사무총장이 명시한 조건에 따라 필요한 의사 확인서 또는 진단서를 신속하게 제출하여야 한다.

g 직원에게 언제든지 본인의 몸상태에 관한 진단서를 제출하거나, 유엔 의 료팀 또는 유엔의료국장이 지정하는 의료행위자에게 의료 진단을 받도 록 명할 수 있다. 유엔의료국장의 의견으로 직원이 직무를 수행할 수 있는 건강상태가 아니라고 볼 경우, 직원에게는 출근하지 말 것을 지시할 수 있 고, 정식 의료행위자에게 치료를 받을 것을 요청할 수 있다. 직원은 이 조 항에 다른 어떠한 지시나, 요청도 신속하게 준수하여야 한다.

h 직원은 가정에서 발생한 어떠한 감염병이나, 가정에 영향을 미치는 어떠 한 검역명령도 유엔의료담당관에게 즉시 통보하여야 한다. 그러한 경우, 또는 다른 사람의 건강에 영향을 미칠 수 있는 어떠한 경우에도, 유엔의

료국장은 해당 직원의 출근 면제 여부에 대해 결정하여야 한다. 이 경우, 직원은 승인된 결근 기간에 대한 봉급 및 수당 전액을 받는다.

i 병가 중인 직원은 사무총장의 사전 승인 없이 근무지를 이탈할 수 없다.

병가 관련 결정의 재검토

j 병가 연장 신청이 받아들여지지 않거나, 근무 복귀가 가능하다는 사무총장 판단으로 미사용된 병가를 회수한 결정에 의의를 제기하려는 경우, 해당 사안은 직원의 요청에 따라 유엔의료국장과 직원 모두가, 또는 의료단이 정하는 독립적 의료행위자에게 회부하여야 한다.

k 위 의료단은 다음과 같이 구성된다.
I 직원이 선정한 의료행위자
II 유엔의료국장 또는 그가 지정하는 의료행위자
III 제3의 의료행위자로서, 유엔의료담당관이 아닌 자

l 위 (j) 및 (k)에 언급한 독립적 의료행위자 및 의료단에 사용된 비용은 사무총장이 정하는 조건에 따라 조직 및 직원이 부담하여야 한다.

규칙6.3 **출산휴가**

a 사무총장이 정하는 조건을 전제로, 여성 직원은 총 16주간 출산휴가 대상이 된다.
I 출산 전 휴가는 정식 면허가 있는 의료행위자 또는 조산원으로부터 출산예정일 확인서에 따른 출산예정일 6주 이전부터 2주 이전 사이에 개시하여야 한다.
II 출산 후 휴가는 16주에서 출산 전 휴가 기간을 뺀 기간만큼으로 하되, 최소 10

주 이상으로 한다.

Ⅲ 위 Ⅰ 및 Ⅱ에 따른 기간은 모두 유급 휴가로 한다.

b 사무총장이 정한 조건을 전제로, 남성 직원은 다음 조항에 따라 출산휴 가 대상이 된다.

Ⅰ 출산휴가는 4주까지로 한다. 비(非)가족거주지에서 근무 중인 국제채용직원 의 경우, 또는 사무총장이 정하는 예외적인 경우, 휴가는 8주까지로 한다.

Ⅱ 출산휴가는 자녀 출생 다음 해에 연속적으로 또는 기간을 나누어 사용할 수 있 다. 다만 휴가는 그해에, 그리고 계약 기간 내에 종료되어야 한다.

Ⅲ 출산휴가 기간은 모두 유급 휴가로 한다.

c 심각한 합병증이 발생하는 경우를 제외하고는, 출산한 자에게는 통상적 으로 병가는 주어지지 않는다.

d 연가는 출산휴가 중에도 누적된다.

규칙6.4 근무로 발생한 사망, 부상, 질병에 대한 보상

직원은 유엔을 대표하여 공무를 수행하는 과정에서 사망, 부상 또는 질병 발 생 시 현 직원규칙 첨부 D에 명시한 규칙에 따라, 보상의 대상이 된다.

규칙6.5 근무로 발생한 개인 재산의 손실 또는 피해에 대한 보상

직원은 사무총장이 정하는 한계와 조건에 따라, 유엔을 대표하여 공무를 수 행하는 과정에서 개인 소유물의 손실 또는 피해 발생 시, 합리적인 보상의 대 상이 된다.

규칙6.6 의료보험

직원에게는 사무총장이 정하는 조건에 따라 유엔의료보험에 가입하도록 명할 수 있다.

| 7장 여비[306] |

규칙7.1 직원의 공식 여행

a 사무총장이 정하는 조건을 전제로, 유엔은 다음의 경우에 여행 경비를 지급하여야 한다.

Ⅰ 직원규칙 4.5에 따라 국제채용직원으로 첫 임용

Ⅱ 공무 여행

Ⅲ 직원규칙 4.8에서 정의한 바와 같이 공식 근무지 변경

Ⅳ 직위를 방기한 경우를 제외하고, 직원규정 9조 및 직원규칙 9장에 정의한 바와 같이, 아래 (b)의 조항에 따라, 해직

Ⅴ 사무총장의 의견으로 경비를 지급해야 할 합당한 이유가 있는 경우, 의료, 안전 또는 치안의 사유로, 또는 기타 적절한 경우, 승인한 여행

Ⅵ 직원규칙 5.2 조항에 따른 귀국휴가

Ⅶ 가족 방문

---

306 우리 공무원 여비 제도상 여비는 운임·일비·숙박비·식비·이전비·가족여비 및 준비금 등으로 구분한다(공무원여비규정 제2호). 유엔의 여비는 경비 대상에 따라 여행(travel)에 따르는 경비와 이사(removal)에 따르는 경비로 양분하고 있는 바, 여기서는 동 구분을 따르면서 아래와 같이 번역한다.

	여행 경비(travel expenses)	이전 경비(removal expenses)
유엔 여비	운임, 터미널 경비, 일일 출장비, 기타 잡비	준비금, 비(非)동반 화물비, 이전비, 미(未)이전비
상응하는 우리 공무원 여비	운임·일비·숙박비·식비	준비금·이전비

b 위 (a) Ⅳ에 따라, 유엔은 채용 장소로의 여행에 대해 경비를 지급하여야 한다. 그러나 기간 2년 이상의 계약직이었거나, 재직 기간이 연속 2년 이상이었던 경우, 유엔은 직원규칙 5.2의 귀국휴가 목적상 본국으로 인정받은 장소로의 여행에 대해 경비를 지급하여야 한다. 해직되는 직원이 본국외로 가고자 하는 경우에 유엔이 부담하는 여행 경비는 채용 또는 귀국휴가 중 해당 장소로의 송환에 소요되었을 최대 지급액을 초과하지 않는다.

c 사무총장은 현 직원규칙에 반하여 이루어진 여비 지급 또는 반환 신청을 거설할 수 있다.

규칙 7.2

복리 대상 가족 구성원의 공식 여행

a 공식 여행 목적상 배우자와 직원규칙 3.6 (a) Ⅱ에 따라 부양 가족으로 인정된 자녀는 복리 대상 가족 구성원으로 인정된다. 아울러 학비지원금 지급 대상인 자녀는 직원규칙 3.6 (a) Ⅱ에 따라 더 이상 부양 가족으로 인정되지 않더라도, 학비지원금 지급에 따른 여행 경비 대상이 된다.

b 임시직 직원의 가족 구성원에 대해서는 여행 경비를 지급하지 않는다.

c 가족 구성원에게는 비(非)가족근무지 체류나 그곳으로의 여행에 대한 경비를 지급하지 않는다.

d 계약직 또는 연속직 직원의 위 (a)에 따른 복리 대상 가족구성원은 사무총장이 정하는 조건에 따라, 다음의 경우에 여행 경비를 지급받는다.
Ⅰ 가족구성원의 여행 시작일 이후 6개월 이상 근무가 지속될 것으로 사무총장

이 판단하는 것을 전제로, 직원규칙 4.5의 조항에 따라 국제채용된 것으로 간주되는 직원이 1년 이상의 기간에 대해 임용 시

Ⅱ 가족 구성원의 여행 시작일 이후 6개월 이상 근무가 지속될 것으로 사무총장이 판단하는 것을 전제로, 1년 이상 연속 근무한 이후

Ⅲ 가족구성원의 여행 시작일 이후 신임지(新任地)에서 6개월 이상 근무가 지속될 것으로 사무총장이 판단하는 것을 전제로, 공식 근무지 변경 시

Ⅳ 1년 이상의 기간으로 임용되었거나, 1년 이상 연속 근무한 직원이 해직 시

Ⅴ 사무총장의 의견으로 경비를 지급해야 할 합당한 이유가 있는 경우, 의료, 안전 또는 치안의 사유로, 또는 기타 적절한 경우, 승인한 여행 시

Ⅵ 직원규칙 5.2의 조항에 따른 귀국휴가 시

Ⅶ 직원규칙 7.1 (a) Ⅶ에 따른 직원의 가족 방문 여행을 대신하여 배우자가 근무지로 여행 시

Ⅷ 부양 자녀의 교육과 연계하여 승인된 여행 시

e 계약직 또는 연속직 직원의 경우, 사무총장은 자녀가 부양가족으로 인정받던 기간 중 대학에 입학한 때에는 관련 직원규정 및 직원규칙에 따라 부양가족 지위가 종료된 연령 이후라도, 그 1년 이내에, 또는 대학 또는 그 상당 기관에 전일 과정으로 연속 재학하는 상태가 종료된 후 자녀의 직원 근무지 또는 본국으로의 편도 여행 경비 지급을 승인할 수 있다.

f 위 (d)의 Ⅵ, Ⅶ, Ⅷ에도 불구하고, 사무총장은 계약직 또는 연속직 직원에게 전(前) 배우자의 송환 여행 경비 지급을 승인할 수 있다.

규칙 7.3 귀환 여행 경비 대상 제외

a 계약직 또는 연속직 직원이 재직 기간 1년을 채우기 전에, 또는 귀국휴가

나 가족 방문에서 돌아온 날부터 6개월 이내에 사임하거나, 어느 직원이든 지정 근무지로 배치된 후 3개월 이내인 경우, 사무총장이 그 지급을 승인할 합당한 이유가 있다고 결정하지 않는 한, 본인 및 가족구성원은 귀환 여행 경비 대상에서 제외된다.

b 임용 종료일 이전에 사임하는 임시직 직원은 사무총장이 그 지급을 승인할 합당한 이유가 있다고 결정하지 않는 한, 본인 및 가족구성원은 귀환 여행 경비 대상에서 제외된다.

c 여행이 해직일 2년 이내에 개시되지 않은 경우, 귀환 여행 경비 대상에서 제외된다. 그러나 직원규칙 4.7 (d)에 따라, 부부가 모두 직원이고, 먼저 해직되는 배우자가 귀환 여행 경비 대상인 경우, 직원은 다른 배우자의 해직일 이후 2년이 지날 때까지는 대상에서 제외되지 않는다.

규칙 7.4 여행 승인

여행은 사전에 서면 승인을 받아야 한다. 예외적인 경우, 직원은 구령(口令)에 따라 여행을 승인받을 수 있으나, 이 경우 서면 확인서가 필요하다. 직원은 여행을 시작하기에 앞서 적절하게 승인받았음을 확실히 할 책임이 있다.

규칙 7.5 여행 경비

직원규칙의 관련 조항에 따라 유엔이 지급 또는 상환하여야 하는 여행 경비는 다음과 같다.

a 운임

b 터미널 경비

c 일일 출장비[307]

d 기타 잡비

규칙 7.6

여행편, 날짜, 경로, 좌석 등급

a 공식 여행은 모든 경우에 있어 사무총장이 사전 승인한 여행편, 경로 및 좌석 등급에 의한다.

b 여행 경비, 그리고 여행 시간을 포함한 기타 복리는 승인된 여행편, 날짜, 경로 및 좌석 등급에 대해 지급 가능한 금액을 넘지 않는다. 개인적 선호 또는 편리함을 이유로 승인된 여행편, 날짜, 경로 및 좌석 등급과 다른 여행 방식을 택하려는 직원은 사전에 허가를 얻고, 유엔이 승인한 복리를 초과하는 추가 비용 지급을 포함하여, 변경에 따른 모든 책임을 부담하여야 한다.

여행편

c 모든 공식 여행의 여행편은 통상적으로 항공편에 의한다. 대체 여행편은 조직의 이익에 가장 도움이 된다고 판단하는 경우, 승인할 수 있다.

d 직원 또는 가족구성원이 승인된 방법보다 더 경제적인 방법으로 여행하는 경우, 유엔은 실제 사용한 여행편 경비에 대해서만 지급한다.

---

307 "daily subsistence allowance"는 우리 공무원 여비 제도상 여비는 일비·숙박비·식비를 합친 경비의 1일 치로, 여기서는 일일 출장비로 번역한다.

여행 공식일자

e 공식 출발일은 통상적으로 여행자가 책무 개시 이전에 공무 장소에 도착하기 위해 출발해야 하는 날짜로 한다. 공식 귀환일은 통상적으로 공무상 책임이 끝난 다음 날짜로 한다.

여행 경로

f 모든 공식 여행의 통상적인 경로는 전체 여정에 필요한 총 추가 여행 시간이 순로를 4시간 이상 초과하지 않는 전제로, 가용한 가장 경제적인 경로로 한다. 사무총장은 유엔의 이익을 극대화하기 위해 필요하다고 판단하는 경우, 대체 경로를 승인할 수 있다.

좌석 등급

g 모든 공식 항공편에 있어, 직원 및 복리 대상 가족구성원에게는 위 (f)에 따라 가장 경제적인 경로의 이등석을 지급하여야 한다.

h 사무총장이 정하는 조건에 따라, 직원 및 복리 대상 가족구성원에게 일등석 직하위 좌석을 승인할 수 있다.

i 예외적인 경우, 사무총장은 좌석 등급의 상향 조정을 승인할 수 있다.

j 항공편으로 여행하는 2세 이하를 포함한 자녀에게는 좌석에 앉을 수 있는 항공권을 지급하여야 한다.

k 위 (c)에서 승인한 기차 또는 상업적 육로 여행에 있어, 직원 및 복리 대상

가족구성원에게는 보통의 일등석 상당의 좌석을 지급하여야 한다.

l 위 (c)에서 승인한 모든 공식 수로(水路) 여행에 있어, 직원 및 복리 대상 가족구성원에게는 사무총장이 사안별로 적절하다고 판단하는 좌석 등급을 지급하여야 한다.

m 직원 및 복리 대상 가족 구성원이 승인된 좌석보다 더 경제적인 좌석으로 여행하는 경우, 유엔은 실제 사용한 경비에 대해서만 지급하여야 한다.

규칙 7.7 차량 여행

차량 여행을 승인받은 직원은 사무총장이 정하는 기준표와 조건에 따라 상환받는다.

규칙 7.8 표 구입

직원 및 복리 대상 가족 구성원의 공식 여행용 표는 실제 여행에 앞서 유엔이 구입하여야 한다. 직원은 사무총장이 정하는 조건에 따라 본인이 표를 구입하는 것을 승인받을 수 있다.

규칙 7.9 터미널 경비

a 근무지 발(發)·향(向) 모든 공식 여행에 있어, 직원은 사무총장이 정하는 기준표 및 조건에 따라 터미널 경비 지급 대상이 된다. 터미널 경비는 공항 또는 기타 출발·도착지와, 직원 및 유엔 경비 여행을 승인받은 가족 구성원의 호텔 또는 숙박지 간 운송에 관한 모든 지출액과 부대비용을 포함한다.

b 다음과 같이 여행 도중에 정류하는 경우에는 터미널 경비를 지급하지 않는다.

    Ⅰ 승인되지 않은 정류

    Ⅱ 터미널을 떠나는 것과 무관한 정류

    Ⅲ 전적으로 동일한 날에 여행을 이어가기 위한 목적의 정류

규칙 7.10 일일 출장비

a 아래 (g)에 규정한 바를 제외하고, 유엔이 경비를 부담하는 여행을 승인받은 직원에게는 소정의 기준표에 따라 적절한 일일 출장비를 제공하여야 한다. 다만 그러한 기준표는 아래 (d)에 우선하지 못하며, 유엔, 정부 또는 관계 기관이 무료로 숙박 또는 식사를 제공하는 경우에는 감액하여야 한다.

b 일일 출장비는 식사, 숙박, 사례금, 기타 이용 서비스 등에 대한 유엔 지급액으로 구성된다.

c 사무총장은 예외적이고 합당한 경우, 고위직을 동반하고, 출장 시 공무 수행 과정에서 정해진 기준표보다 상당히 높은 수준의 생활 경비가 소요되는 경우, 합리적 수준으로 일일 출장비 증액을 승인할 수 있다.

d 사무총장은 공식 근무지를 벗어나서 회의에 배치되거나 기타 장기 임무를 부여받는 경우를 포함하여 적절하다고 판단하는 경우, 특별 일일 출장비 기준표를 정할 수 있다.

e 유엔이 경비를 부담하는 여행을 승인받은 배우자 또는 부양 자녀에게는 가족 1명마다 직원 일일 출장비의 절반을 지급하여야 한다.

f 사무총장은 여행 중 사용한 병가, 연가 또는 특별휴가 기간에 대해 일일 출장비를 지급할 수 있는 조건을 정할 수 있다.

g 임용, 임무 부여, 귀환, 귀국휴가, 가족방문, 학비지원금상 여행에 대해서는 일일 출장비를 지급하지 않는다. 다만 사무총장이 정하는 조건에 따라 그러한 여행 중 이루어진 경유에 대해서는 일일 출장비를 지급할 수 있다. 직원규칙 7.1 (a) V 또는 7.2 (d) V에 따라 의료, 안전 또는 기타 사유로 유엔이 경비를 부담하는 여행이 승인된 경우, 사무총장 재량으로 적절한 금액의 일일 출장비를 지급할 수 있다.

h 직원 및 복리 대상 가족구성원의 일일 출장비 계산은 사무총장이 정하는 조건에 따른다.

규칙 7.11 여행 잡비

통상적으로 미화 20불 또는 사무총장이 정하는 지출액에 대한 적절한 영수증을 통해 공무와 연계되어, 또는 승인된 여행 중, 발생한 필요한 추가 경비의 필요성 및 성격에 대해 충분하게 설명하는 경우, 유엔은 여행 종료 후 이를 상환하여야 한다. 이러한 경비는 가능한 한 사전 승인을 받아야 하며, 통상적으로 다음에 국한된다.

　I 직원규칙 7.9에 따라 제공된 운임 이외의 현지 운임

　II 공무에 필요한 전화 및 기타 형태의 통신

　III 공식 용도로 필요한 공간, 장비 및 용역

　IV 공무 수행을 위해 사용한 승인된 가방 또는 재산의 운송 또는 보관

규칙 7.12 여행 경비 선급

직원은 모든 여행 경비 지불에 충분한 재원을 미리 마련하여야 한다. 직원규칙에 따른 일일 출장비 및 터미널 경비는 견적 및 확인에 기초해 100% 선급될 수 있다.

규칙 7.13 공무 여행 중 질병 또는 사고

유엔은 공무 여행 중 질병이 생기거나 부상을 입는 경우에 발생하는 병원 및 의료 경비에 대해 다른 복리에서 지불되지 않는 한, 합리적인 수준에서 지급 또는 상환하여야 한다.

규칙 7.14 준비금

준비금 정의 및 산정

a 준비금은 정착에 따른 주요 경비가 부임 초기에 발생한다는 가정에 따라, 임용 또는 부임 초기에 발생하는 비용에 대한 합리적인 금액의 현금을 제공함을 목적으로 한다.

b 준비금은 다음의 두 부분으로 구성된다.
  Ⅰ 다음에 상당하는 일일 출장비
   a. 아래 (c) Ⅰ에 따라 적용 가능한 일일 출장비 30일분
   b. 직원규칙 7.2 (d) Ⅰ-Ⅲ에 따라 유엔이 여행 경비를 지급한 복리 대상 가족구성원 1명마다 일일 출장비 30일분의 절반
  Ⅱ 일괄 지급액 부분. 일괄 지급액은 직원이 직원규칙 7.6에 따른 이전비 대상이 아니라는 전제하에, 직원의 순기본급과, 해당되는 경우 임무 수행 근무지의 지

역조정급에 기초하여 계산한다.

c Ⅰ 사무총장은 근무지별 특수 직군을 위해 준비금 목적상 일일 출장비 특별 기준
표를 정하고 공표할 수 있다. 이러한 특별 기준표가 정해지지 않은 경우에는 직
원규칙 7.10에 따른 일일 출장비 기준표를 준비금 산정에 사용하여야 한다.

Ⅱ 사무총장이 정하는 조건에 따라, 위 (b)에 규정한 30일 상한은 최대 90일까지
연장될 수 있다. 연장된 기간에 대한 준비금은 적절한 적용 기준의 60%까지로
한다.

복리 대상

d 위 직원규칙 7.1 (a) Ⅰ에 따라 유엔 부담으로 여행하는 임시직 직원에게는
위 (b) Ⅰ에 명시된 바에 따라 본인에 대한 준비금만 지급한다.

e 유엔 부담으로 1년 이상의 임무로 부임하는 계약직 또는 연속직 직원에
게는 위 (b) 및 (c)에 따라 준비금을 지급한다.

f 공식 근무지 변경이나 신규 임용으로 전임지로 귀환하여야 하는 경우, 해
당 장소에서 1년 이상 부재하지 않은 한, 준비금 전액을 지급하지 않는다.
부재 기간이 1년 미만인 경우, 근무를 채운 개월 수로 월할계산하여 지급
한다.

규칙 7.15 초과 수하물 및 비동반 화물

초과 수하물

a 직원규정 목적상, "초과 수하물"이란 운송 회사를 통해 유료로 부치는 동

반 수하물을 말한다.

b 항공편으로 여행하는 모든 직원과 계약직 또는 연속직 직원의 가족 구성원은 사무총장이 정하는 최대 금액까지 초과 수하물 비용의 상환 대상이된다.

비(非)동반 화물에 관한 일반 조항

c 직원규칙 목적상, "개인 소유물 및 가족 물품"이란 동물 및 동력 차량을 제외한, 개인 또는 가정이 사용하는 소유물 및 물품을 말한다.

d 비(非)동반 화물은 통상적으로 1회의 탁송에 대해 이 규칙에 규정한 최대복리를 기초로 직원 또는 가족구성원의 출발지와 목적지 간 가장 경제적인 수단을 통한 운송 비용을 상환한다.

e 사무총장이 정하는 조건에 따른 화물에 대해서 배송 비용만 지급하는외에는, 이 규칙에 따라 승인된 비(非)동반 화물은 포장, 목재 상자 제작,사다리차, 배송, 포장 및 상자 해체에 드는 통상적인 비용을 상환한다. 개인 소유물 및 가정 물품의 수리, 해체, 부착, 또는 특수 포장 비용은 상환하지 않는다. 보관 및 체선료의 경우, 사무총장의 의견으로 화물 운송에직접 관계되는 부대 비용이 아닌 경우에는 상환하지 않는다.

f 현 규정에 따라 유엔이 비용을 부담하는, 개인 소유물 및 가족 물품의 비(非)동반 화물 무게 또는 부피에는 포장을 포함하나, 목재 상자 및 사다리차는 제외한다.

귀국휴가, 가족 방문, 학비지원금상 여행 시 비(非)동반 화물

g 귀국휴가, 가족 방문, 학비지원금상 여행 시 비(非)동반 화물에 대한 비용은 항공편 또는 육로편 여행에 대해, 사무총장이 정하는 최대 금액까지 상환할 수 있다.

임시직 직원 또는 재직 기간 1년 미만 직원의 비(非)동반 화물

h Ⅰ 임시직 직원에게는 임용 및 해직시, 가장 경제적인 수단에 의한 최대 100kg 또는 0.62㎥까지의 개인 소유물 및 가정 물품 화물에 대해 상환할 수 있다.

Ⅱ 계약직 또는 연속직 직원에게는 1년 미만의 임무 부여 시, 가장 경제적인 수단에 의한 최대 100kg 또는 0.62㎥까지의 개인 소유물 및 가정 물품 화물에 대해 상환할 수 있다. 해당 임무가 1년 이상으로 연장되는 때에는 직원의 근무가 직원규칙 7.17 (b)에 따른 개인 소유물 및 가정 물품의 예정 도착일부터 6개월 이상 계속될 것으로 기대되는 경우, 아래 Ⅰ 최대 복리까지 개인 소유물 및 가정 물품의 추가 화물 비용을 지급한다.

1년 이상의 기간에 대해 임용 또는 임무 부여된 계약직 또는 연속직 직원의 비(非)동반 화물

Ⅰ 1년 이상 기간에 대한 임용 또는 배치, 또는 1년 이상으로 배치 연장, 다른 근무지로 전근, 또는 해직의 경우, 가장 경제적인 수단을 통한 개인 소유물 및 가정 물품의 화물 비용은 사무총장이 정하는 최대 금액까지 상환할 수 있다.

Ⅱ 개인 소유물의 미(未)이전비에 관한 복리는 직원규칙 7.16 (h)를 따르며, 국제 채용된 계약직 또는 연속직 직원은 이전비 지급 대상이었으나 이사하지 않았거나, 이전비 지급 대상이 아니었던 경우, 그 대상이 된다.

이전비 대상인 계약직 또는 연속직 직원의 개인 소유물 및 가정 물품의 입체 배송

j 직원규칙 7.16에 따라 이전비를 지급하는 직원이 임용, 배치, 전근, 또는 해직 시, 가장 경제적인 수단을 통한 개인 소유물 및 가정 물품의 입체 운송 비용은 사무총장이 정하는 최대 금액까지 상환할 수 있다.

특수지에서 근무하는 직원에 대한 추가 화물 복리

k 특수지에서 근무하는 국제채용 직원은 사무총장이 정하는 조건에 따라 다음 복리의 대상이 된다.
 I 직원 및 조직이 근무지로의 여행 비용을 지급한 가족 구성원 1명당 사무총장이 정하는 최대 금액까지 가장 경제적인 수단을 통한 연 1회의 추가 화물
 II 사무총장이 정하는 최대 금액까지 출생 또는 입양과 연계한 추가 화물
 III 이 규칙에 따른 비(非)동반 화물에 추가하여, 자가용 차량 1대를 특수지로 운송하는 비용은 사무총장이 정하는 조건에 따라 부분적으로 상환할 수 있다.

비(非)항공 화물의 항공 화물로 전환

l 가장 경제적인 배송 수단이 항공편이 아닐 때에는 사무총장이 정하는 조건에 따라 항공편을 통한 비(非)동반 화물로 전환할 수 있다.

규칙 7.16 이전 및 미(未)이전

이전비 지급 대상

a 다음의 경우에 해당하는 국제채용직원은 사무총장이 정하는 조건에 따라 직원규칙 7.15 (c)에 따른 개인 소유물 및 가정 물품에 대한 이전비 지

급 대상이 된다.

Ⅰ 신임지에서 2년 이상 근무할 것으로 기대되는 경우, 첫 임용 시

Ⅱ 신임지에서 2년 이상 근무할 것으로 기대되는 경우, 근무지 변경 시

Ⅲ 2년 이상의 기간으로 임용되었거나, 연속 재직 기간이 2년 이상이면서 아래의
조건 중 하나를 충족하는 경우, 해직 시

    a. 연속 재직 기간 2년의 과정 중 현 근무지 또는 이전 근무지로의 이전 복리를
      수령한 경우

    b. 해직하는 근무지에서 채용되었고, 직원규칙 7.1 (b)에 따라 귀국휴가 또는
      다른 장소로 귀환하는 경우

b 위 (a)에 따라 복리 대상이 되는 경우, 이전비는 통상적으로 본부 또는 같
은 등급의 다른 근무지에서 근무하는 경우에 지급한다.

c 비(非)가족근무지에서 근무하는 경우, 복리 대상이 되지 않는다.

d 개인 소유물 및 가정 물품의 이전은 사무총장이 정하는 기준표 및 조건
에 따라 가장 경제적인 수단에 의한다.

최대 복리

e Ⅰ 유엔은 사무총장이 정하는 최대 무게 또는 부피에 기초하여 이전비를 지급한
다.

Ⅱ 포장, 목재 상자 제작, 사다리차, 배송, 포장 및 상자 해체에 드는 통상적인 비용
은 상환한다. 보관 및 체선료의 경우, 화물 운송에 직접 관계되는 부대 비용이
라고 사무총장이 판단하는 경우 외에는 상환하지 않는다.

Ⅲ 개인 소유물 및 가정 물품의 운송은 사무총장이 정하는 기준표 및 조건에 따라
가장 경제적인 수단에 의한다.

f 이전비는 사무총장이 정하는 최대 무게 또는 부피에 기초하여 지급한다.

   Ⅰ 채용지 또는 직원규칙 5.2의 귀국휴가지로 인정한 장소에서 공식 근무지로 임무 부여 시

   Ⅱ 공식 근무지에서 직원규칙 7.1 조항에 따라 귀환할 수 있는 장소로 해직 시

   Ⅲ 상기 이외의 장소 발(發)·향(向) 이전비는 사무총장이 정하는 조건에 따라 지급할 수 있다.

개인 소유물 및 가정 물품 보관

g 이전비 대상 직원이 이전비 지급 없이 또는 위 (a)에 따라 복리를 지급받은 근무지로부터 신임지로 부임하거나, 또는 근무지 외로부터 임용 시 복리 대상이 되었을 경우, 유엔은 직원이 5년 이내 동일한 근무지로 돌아올 것으로 기대되는 전제하에, 사무총장이 정하는 조건에 따라, 개인 소유물 및 가정 물품의 보관 비용을 지급하여야 한다.

미(未)이전비 및 이동근무 및 특수지 수당의 未이전 요소 지급 대상

h 국제채용된 계약직 또는 연속직 직원은 직원규칙 7.16 (b)에 따른 가정 물품 전체의 이전 대상이 아니거나, 이전을 선택하지 않은 경우, 다음의 조건에 따라, 개인 소유물 및 가정 물품의 미(未)이전비 및 이동근무 및 특수지 수당의 미(未)이전 요소에 대한 복리 대상이 된다.

   Ⅰ 신임지에서 1년 이상 근무할 것으로 기대되는 전제하에, 첫 임용 시

   Ⅱ 신임지에서 1년 이상 근무할 것으로 기대되는 전제하에, 근무지 변경 시

   Ⅲ 1년 이상 기간에 대해 임용되었거나, 연속 재직 기간이 1년 이상인 경우, 해직 시

미(未)이전 수당은 사무총장이 정하는 조건에 따라 지급하여야 하며, 한 근무지에서 5년까지로 제한된다.

복리 조정

i 부부가 모두 직원이고 이 규칙에 따라 각자 이전비 또는 비(非)동반 화물 복리 대상인 경우, 그리고 직원규칙 4.7 (d)를 고려하여, 유엔이 지급하는 이전비의 최대 복리는 공식 근무지에 거주하는 배우자 또는 부양자녀가 있는 직원 1명에 대한 복리와 같다.

j 유엔이 이전비 또는 미(未)이전 수당을 지급하였음에도, 직원이 조직과 무관한 이유로 해당 지급액 대상이었던 근무 기간을 채우지 못하는 경우, 이 비용은 사무총장이 정하는 조건에 따라 비례적으로 조정될 수 있고, 직원에게 비용 보전을 청구할 수 있다.

규칙 7.17 비(非)동반 화물 또는 이전비 복리 상실

a 재직 기간 2년을 채우기 전에 사임하는 경우, 통상적으로 직원규칙 7.16에 따른 이전비 복리는 상실된다.

b 이전이 이전비 복리 대상이 된 날부터 2년 이내에 개시되지 않았거나, 직원의 근무가 개인 소유물 및 가정 물품의 예정 도착일부터 6개월 이상 지속될 것으로 기대되지 않는 경우, 직원규칙 7.16 (a)에 따른 이전비 복리는 상실된다.

c 해직 시, 운송 또는 이전이 해직일부터 2년 이내에 개시되지 않은 경우에는 직원규칙 7.15 (h) 및 l에 따른 비(非)동반 화물 또는 직원규칙 7.16에 따른 이전 경비에 대한 복리는 상실된다.

규칙 7.18 운구(運柩)

직원 또는 그 배우자 또는 부양 자녀의 사망 시, 유엔은 공식 근무지로부터, 또는 사망이 여행 중 발생한 경우에는 사망지로부터, 사망자가 직원규칙 7.1 또는 7.2에 따라 귀환 이동 대상이었던 장소로, 운구 비용을 지급하여야 한다.

규칙 7.19 보험

a 직원 개인의 사고보험 또는 휴대 수하물에 대한 보험 비용은 상환하지 않는다. 그러나 직원규칙 6.5상의 조건이 유효한 경우, 유엔을 대표한 공무 수행과 직접 연관된다고 판단하는 수하물의 분실 또는 피해에 대해서는 보상할 수 있다.

b 귀국휴가, 가족 방문, 또는 학비지원금상 여행 중인 직원을 제외하고 직원 규칙 7.15에 따라 승인한 화물과, 직원규칙 7.16에 따른 개인 소유물 및 가정 물품의 화물 운송 및 보관의 경우, 사무총장이 정하는 최대 금액까지 조직이 보험을 제공한다.

c 유엔은 비(非)동반 화물의 분실 또는 피해에 대한 책임을 부담하지 않는다.

|8장 직원 관계|

규칙8.1 직원대표기구 및 직원대표

정의

a 이 장에서 사용한 직원대표기구는 직원대표기구 및 직원대표 직원규정 8.1 (b)에 따라 설립한 직원 협의, 조합, 기타 상응하는 직원대표기구를 포함하는 것으로 본다.

b 직원대표기구는 근무지별로, 또는 근무지군(群)별로 설립할 수 있다. 직원대표기구가 부재한 근무지에 근무하는 직원은 다른 근무지의 직원대표기구를 통해 대표될 수 있다.

c 직원은 해당 직원대표기구가 수립한 설립규정 또는 선거규정에서 규정한 예외를 제외하고, 직원규정 8.1 (b)의 요구 사항을 충족시키는 경우에는 직원대표기구 선거에 참여할 수 있고, 임원에 선출될 수 있다.

d 직원이 선임한 선거담당관은 해당 직원대표기구의 선거규정에 기초하여, 투표의 완전한 비밀성 및 공정성을 보장하는 방법으로 각 직원대표기구 임원 선거를 운영한다. 선거담당관은 직원규정 및 직원규칙에 따라 필요한 다른 선거도 운영하여야 한다.

e 직원은 이 장에 따른 기능을 수행하는 직원대표를 위협하거나, 보복하거나, 그러한 기도를 하여서는 아니 된다.

f 직원대표기구는 적법하게 선출된 운영위원회를 통해 근무 조건, 일반적

인 생활 여건, 기타 인사 정책 등 직원 복지 관련 문제를 확인, 검토, 해소하는 데 적극적으로 참여할 수 있으며, 직원을 대표하여 사무총장에게 제안을 할 수 있다.

g 결사의 자유 원칙에 따라, 직원은 협회, 조합, 기타 단체를 만들고, 가입할 수 있다. 그러나 위 (f)의 사안에 관한 공식 접촉 및 소통은 각 근무지의 직원대표기구 운영위원회를 통해 이루어져야 하며, 그러한 목적상 동 기구만이 유일한 대표기구가 된다.

h 위 (f)의 범위에 속하는 문제에 관한 일반행정지침은 효력 발생 전에 해당 직원대표기구의 운영위원회가 검토할 수 있도록 사전에 송부되어야 한다. 다만 사전 송부가 비현실적인 긴급한 상황의 경우는 그렇지 아니하다.

규칙8.2 통합노사기구

a 직원규정 8.2에 규정한 통합노사기구는 다음과 같이 구성된다.
   I 통합자문위원회 또는 상응하는 노사기구의 경우, 통상적으로 3명에서 7명의 직원대표 및 동수의 사무총장 대표
   II 사무국 차원의 통합노사기구의 경우, 노사 동수의 대표

b 위 (a)에서 언급한 통합노사기구의 의장은 직원대표가 제안한 명부에서 사무총장이 선임한다.

c 위 (a)에서 언급한 권고 사항을 구체화한 지침은 직원규칙 8.1 (f) 와 (h)를 충족하는 것으로 본다.

d 위 (a)에서 언급한 통합노사기구는 자체적으로 규칙 및 절차를 정하여야

한다.

e 사무총장은 위 ⓐ에서 언급한 통합노사기구의 서기를 지명하고, 그 역할 수행에 필요한 조치를 취하여야 한다.

| **9장 해직(解職)** |

규칙9.1 해직의 정의

다음 각 호의 어느 것이라도 해직에 해당한다.

    Ⅰ 사임

    Ⅱ 직위 방기

    Ⅲ 임용 종료

    Ⅳ 퇴직

    Ⅴ 임용 면직

    Ⅵ 사망

규칙9.2 사임

a 직원규정 및 직원규칙의 의미상 사임은 의원면직을 말한다.

b 임용장에 달리 명시하지 않은 한, 연속직 직원은 3개월 이전, 계약직 직원은 30일 이전, 임시직 직원은 15일 이전에 사임 서면 통보를 하여야 한다. 그러나 사무총장은 기간이 짧은 사임을 수리할 수 있다.

c 사무총장은 사임 수리를 위해 사직서를 대면하여 제출하도록 요구할 수

있다.

규칙9.3 직위 방기

직위 방기는 직원이 사임 이외의 방식으로 유발한 해직을 말한다. 직위 방기에 따른 해직은 직원규칙의 의미상 면직으로 간주되지 않는다.

규칙9.4 임용 종료

임시직 또는 계약직 임용은 임용장에 명시한 날짜에 사전 통지 없이 자동으로 종료된다.

규칙9.5 퇴직

유엔통합직원연금기금 28조에 따른 퇴직은 직원규정 및 직원규칙의 의미상 면직으로 간주되지 않는다.

규칙9.6 면직

정의

a 직원규정 및 직원규칙의 의미상 면직은 사무총장의 직권 해직을 말한다.

b 사임, 직위 방기, 퇴직 또는 사망으로 인한 해직은 직원규칙의 의미상 면직으로 간주되지 않는다.

면직 사유

c 사무총장은 해당 이유를 제시하면서 임용 조건에 따라 또는 다음 각 호의 어느 하나에 해당하는 경우, 임시직, 계약직 또는 연속직 직원을 면직시킬 수 있다.

Ⅰ 폐직(廢職) 또는 과원(過員)

Ⅱ 근무성적 불량

Ⅲ 직원이 건강상의 이유로 더 이상의 근무가 불가능할 때

Ⅳ 직원규칙 10.2 (a) Ⅷ 및 Ⅸ에 따른 징계 사유

Ⅴ 직원의 채용에 앞서 발생한 직무 적합성과 관련된 것으로서, 만약 채용 시점에 알았더라면 헌장에 수립된 기준에 따라 채용을 배제할 사실관계가 드러났을 때

Ⅵ 조직의 원활한 운영을 위해 헌장의 기준에 의하되, 직원이 해당 면직에 대해 이의 제기가 없을 때

d 아울러 연속직 직원의 경우, 사무총장은 사무총장의 의견으로 조직의 원활한 운영에 도움이 되고, 원칙적으로 임무의 변경이나 종료로 해석되며, 헌장의 기준에 합치하는 경우, 직원의 동의 없이 면직시킬 수 있다.

폐직 및 과원으로 인한 면직

e 아래 (f) 및 직원규칙 13.1에 달리 명시적으로 규정한 외에는, 업무 필요상 폐직 또는 과원이 되어 면직이 요구되는 경우, 해당 직원의 근무를 효과적으로 활용할 적합한 직위의 가용성을 전제로, 상대적인 역량, 도덕성 및 근무 기간을 적절히 고려하여, 직원은 다음 우선순위에 따라 재임용하여야 한다.

Ⅰ 연속직 직원

Ⅱ 2년 기간 계약직에 경쟁시험을 통해 채용된 직원

Ⅲ 계약직 직원

상기 적합한 직위가 지리적 배분 원칙 대상일 경우에는 재직 기간 5년 미만의 직원 및 5년 내 국적을 바꾼 직원의 경우, 국적에 대해 적절히 고려하여야 한다.

f 일반직군 등 직원에 있어 근무지의 모(母)조직내 가용한 직위에 재임용 고려 대상이 된 경우, 위 (e)의 조항은 충족된 것으로 본다.

g 유엔사무국, 또는 총회 결의나 사무총장이 체결한 협약의 결과에 따라 임용 문제에 있어 특별한 지위를 향유하는 유엔 산하 기관 근무를 목적으로 채용된 직원은 이 규칙에 따른 채용된 기관 외의 직위 재임용 고려 대상이 되지 않는다.

근무성적 불량으로 인한 면직

h 사무총장이 정하는 조건에 따라 근무성적이 불량한 경우 면직될 수 있다.

건강상의 이유로 인한 면직

i 직원규정 및 직원규칙에 정한 정년에 도달하지 못하였으나 신체적 또는 정신적 건강상태 또는 장기간의 질병으로 계속된 근무가 불가능한 경우, 병가를 소진한 이후 면직될 수 있다.

규칙9.7 면직 통보

a 연속직 직원을 면직하려는 경우, 3개월 이상 이전에 서면 통보하여야 한다.

b 계약직 직원을 면직하려는 경우, 30일 이상 이전에 또는 임용장에 달리 규정한 바에 따라 서면 통보하여야 한다.

c 임시직 직원을 면직하려는 경우, 15일 이상 이전에 또는 임용장에 달리 규정한 바에 따라 서면 통보하여야 한다.

d 상기 통보 기간 대신, 사무총장은 근무 마지막 날짜에 유효한 금액에 따라 봉급, 적용 가능한 지역조정급 및 유관 통보 기간에 상응하는 수당을 보상금으로 승인할 수 있다.

e 해임의 경우, 면직 통보나 이를 대신한 보상금은 주어지지 않는다.

규칙9.8 면직보상금

a 직원규정 9.3 및 별표 3에 따른 면직보상금 지급액은 다음과 같이 계산한다.

Ⅰ 전문직군 직원의 경우, 총봉급에 직원규정 3.3 (b) Ⅰ에 규정된 기준표에 따른 공제액을 제한 데 기초

Ⅱ 현장직군 직원의 경우, 총봉급에 직원규정 3.3 (b) Ⅰ에 규정된 기준표에 따른 공제액을 제하고, 수령 중인 언어수당을 추가한 데 기초

Ⅲ 일반직군 등 직원의 경우, 수령 중인 언어수당을 포함한 총봉급에 총봉급에만 적용한 직원규정 3.3 (b) Ⅱ에 규정된 기준표에 따른 공제액을 제한 데 기초

b 재직 기간은 계약직 또는 연속직으로 연속적인 전임 근무의 전 기간에 달하는 것으로 본다. 근무 연속성은 특별휴가 기간으로 중단된 것으로 보지 않는다. 그러나 재직일수는 1개월 이상의 부분 유급 또는 무급 특별휴가 기간에 대해서는 누적되지 않는다.

c 면직보상금은 해직 시 유엔통합직원기금 28조에 따른 퇴직 급여 또는 직원규칙 6.4에 따른 전신 장애에 대한 보상금을 지급받는 경우에는 지급하지 않는다.

d 합의된 면직이나 폐직 또는 감원으로 해직되고, 55세까지 2년 이내의 기간이 남고 유엔통합직원기금상 기여 기간이 25년이거나, 55세 이상이고 기여 기간이 25년까지 2년 이내의 기간이 남은 직원이 신청하는 경우, 사무총장은 사무총장이 정하는 조건에 따라 직원규칙 5.3 (c)에 따른 연금 목적상 무급 특별휴가 처리할 수 있다.

e 조직은 이전 항에 따른 특별휴가 처리에 앞서 직원의 서면 요청에 따라 조직의 연금 부담금 및/또는 직원의 연금 기여금을 해당 특별휴가 기간에 대해 지급한다. 이러한 부담금 및 기여금의 총액은 지급 예정 면직보상금에서 공제된다.

f 직원규칙 9.8 (d)에 규정된 특별휴가 선택지를 택하는 직원은 해당 특별휴가가 오로지 연금 목적이며, 직원규정 및 직원규칙상 본인 및 가족구성원의 모든 수당 및 혜택에 대한 복리는 특별휴가 개시일에 최종적인 것으로 본다는 내용을 인정하는 각서에 서명하여야 한다.

규칙 9.9 적립된 연가 보상

해직 시 직원이 연가를 적립해놓은 경우, 직원규칙 4.17 (c), 4.18 및 5.1에 따라 임시직의 경우 최대 18일, 계약직 또는 연속직의 경우 60일까지 금전으로 환원한 금액을 지급한다. 지급액은 다음과 같이 계산한다.

    Ⅰ 전문직군 직원의 경우, 순기본급 및 지역조정급을 기초로

    Ⅱ 현장직군 직원의 경우, 순기본급 및 지역조정급을 기초로

    Ⅲ 일반직군 등 직원의 경우, 수령 중인 언어수당을 포함한 총봉급에만 적용한 직원규정 3.3 (b) Ⅱ에 규정된 기준표에 따른 공제액을 제한 데 기초

규칙 9.10 선(先)사용 연가 및 병가의 반납

해직일 이후 적립 가능한 연가 또는 병가를 선(先)사용한 경우, 수당 및 기타 지급액을 포함하여 해당 휴가 기간에 대해 수령한 보수에 상응하는 만큼, 현금 상환 또는 유엔이 지급해야 하는 금액을 상쇄하는 방식으로 반납하여야 한다. 사무총장은 사무총장 의견으로 예외적이거나 합당한 사유가 있는 경우, 이 요구 조건을 면제할 수 있다.

규칙 9.11 급여 목적상 마지막 날짜

a 해직되는 때에는 보수, 수당 및 혜택 대상에서 제외되는 날짜는 다음 조항에 따라 결정된다.

    Ⅰ 사임의 경우, 직원규칙 9.2에 따른 통보 기간의 종료일 또는 사무총장이 동의하는 다른 날짜로 한다. 직원은 사임이 출산휴가 종료 직후 또는 병가 또는 특별휴가 이후 이루어지는 경우를 제외하고는, 사임 통보 기간 중에도 책무를 수행할 것으로 기대된다. 통보 기간 중 연가는 단기간에 한해서만 부여된다.

    Ⅱ 직위 방기의 경우, 인사 담당 사무차장이 면직시키기로 정하는 날짜, 또는 임

용장에 명시한 종료일 중 이른 날짜로 한다.

Ⅲ 임시직 또는 계약직 종료의 경우, 임용장에 명시한 날짜로 한다.

Ⅳ 퇴직의 경우, 사무총장이 승인한 퇴직 날짜로 한다.

Ⅴ 면직의 경우, 면직 통보서에 규정된 날짜로 한다.

Ⅵ 해임의 경우, 직원이 해임 결정의 서면 통보를 받은 날짜로 한다.

Ⅶ 사망의 경우, 생존 배우자 또는 부양자녀가 없는 경우, 사망일로 한다. 부양 가족이 있는 경우에는 다음 일정에 따라 정하여야 한다.

재직 기간(규칙 9.8에 정의된 바에 따라)	봉급 월 수
3년 이하	3
4년	4
5년	5
6년	6
7년	7
8년	8
9년 이상	9

위 봉급 월 수는 급여계좌 폐쇄 등 행정 처리가 종료되는 대로 일괄 지급할 수 있다. 일괄 지급은 생존 부양 배우자 및 자녀에 대해서만 가능하다. 전문직군 직원의 경우, 총봉급에서 직원규정 3.3 (b) Ⅰ에 정한 기준표에 따른 공제액을 제한 금액을 기초로 계산한다. 현장직군 직원의 경우, 총봉급에서 직원규정 3.3 (b) Ⅰ에 정한 기준표에 따른 공제액을 제하고, 수령 중인 언어수당을 합한 금액을 기초로 계산한다. 일반직군의 경우, 총봉급에서 직원규정 3.3 (b) Ⅰ에 정한 기준표에 따라 총봉급에만 적용한 공제액을 제하고, 수령 중인 언어수당을 합한 금액을 기초로 계산한다. 기타 모든 복리 및 혜택 누적은 직원규칙 3.9 (f)에 따라 학년 개시 후 사망한 경우의 학비지원금 지급액을 제외하고, 사망일자로 중단된다.

b 국제채용직원이 직원규칙 7.1 (a) IV에 따라 귀환 여행 복리 대상인 경우에도, 이는 위 (a) 조항에 따른 급여 목적상 마지막 날짜를 정하는 데 영향을 미치지 않는다. 사임, 임시직 또는 계약직의 임용 종료, 면직, 퇴직의 경우, 직원은 근무지에서 귀환 여행 대상 장소까지 승인된 경로, 여행편 및 좌석 등급에 의한 중단 없는 여행에 기초하여 산정된 승인된 여행에 대한 추가 지급액을 해직 시 지급받는다. 동 지급액은 위 직원규칙 9.9상 누적된 연가의 보상금을 산정하는 방식으로 계산한다.

규칙9.12 재직 증명

유엔 해직 시점에 직원의 요청이 있는 경우, 맡았던 바 책무의 성격과 재직 기간에 관한 진술서를 발급하여야 한다. 직원의 서면 요청이 있는 경우, 진술서에는 해당 직원의 업무 및 공무상 행실에 관한 평가를 기입하여야 한다.

| 10장 징계조치 |

규칙10.1 위반행위

a 유엔 헌장, 직원규정 및 직원규칙, 또는 기타 관련 행정 지침에 따른 의무를 위반하거나, 국제공무원으로서 기대되는 행동 기준을 준수하지 못하는 것은 위반행위에 해당할 수 있으며, 이에 대한 징계절차의 개시 및 징계조치의 부과로 이어질 수 있다.

b 사무총장이 직원의 의무 위반 또는 국제공무원으로서 기대되는 행동 기준 준수하지 못한 것을 위반행위에 해당한다고 결정하는 경우, 해당 직원에게는 본인의 행위로 조직에 야기한 어떠한 재정적 손실에 대해서도, 그

행위가 고의적이거나, 무모하거나, 극도로 부주의한 것으로 결정되는 경우, 부분적으로 또는 전액을 상환하도록 명할 수 있다.

c 위반행위 혐의에 대해 조사에 착수하고, 징계절차를 개시하며, 징계조치를 부과하는 결정은 사무총장 또는 권한을 위임받은 직원의 재량권에 속한다.

규칙 10.2 징계조치

a 징계조치는 다음 각 호의 하나 이상 부과 가능하다.

Ⅰ 견책(譴責)

Ⅱ 강등(호봉 인하)

Ⅲ 승급 제한

Ⅳ 정직(停職)

Ⅴ 벌금

Ⅵ 승진 제한

Ⅶ 강임(승진 제한 동반)

Ⅷ 직원규칙 9.7에도 불구하고 통보 또는 통보 대신 보상 조건의 해직 및 직원규정 별표 3 (c)에 따른 면직보상금 지급 또는 미지급하는 해직

Ⅸ 해임

b 10.2(a)에 제시된 종류 이외의 조치는 이 규칙의 의미상 징계조치로 간주하지 않는다. 징계조치가 아닌 조치에는 다음의 행정조치가 포함된다.

Ⅰ 서면 또는 구두 훈계

Ⅱ 조직에 대한 금전의 회복

Ⅲ 직원규칙 10.4에 따른 유급, 부분 유급 또는 무급의 공가(公暇)

c 직원에게는 위 (b) Ⅰ에 따른 서면 또는 구두 훈계를 발급하기 전에 관련

사실관계 및 정황에 대해 언급할 기회를 제공하여야 한다.

규칙 10.3 징계절차에 있어 적법 절차

a 사무총장은 조사 결과 위반행위가 발생했을 수 있다고 보는 경우, 징계절차를 개시할 수 있다. 직원에게 위반행위에 대한 공식 혐의를 서면으로 통보하고, 해당 혐의에 대응할 수 있는 기회를 주지 않는 한, 조사 종료 후에 어떠한 징계조치도 부과할 수 없다. 직원에게는 또한 직원법률지원실을 통해, 또는 본인 부담의 외부인 상담을 통해 변호에 관한 조언 지원을 요청할 권리에 대해 안내하여야 한다.

b 직원에게 부과하는 징계조치는 직원의 위반행위의 성격과 중대성에 비례하여야 한다.

c 직원 규칙 10.2에 따라, 징계절차의 종료에 따라 징계조치 또는 비(非)징계조치 부과에 불복하는 직원은 직원규정 11장에 따라 유엔분쟁법원에 소송을 제기할 수 있다.

d 직원 또는 사무총장은 유엔분쟁법원의 판결에 대해 유엔상소법원에 상소를 제기할 수 있다.

규칙 10.4

조사와 징계절차에 따른 공가(公暇)

a 직원은 사무총장이 정한 조건에 따라, 위반행위 혐의가 제기된 이후 및 조사 개시를 대기하는 어떠한 때에도 공가 처리될 수 있다. 공가는 조사가

진행되는 동안 및 징계절차가 완료될 때까지 계속될 수 있다.

b 위 (a)에 따라 공가 처리된 직원에게는 공가 사유와 가능한 한 3개월을 초과하지 않는 휴가 기간에 대해 서면 통보하여야 한다.

c 공가는 사무총장이 부분 유급 또는 무급 공가로 처리해야 하는 예외적인 상황이라고 판단하는 경우를 제외하고, 유급 휴가로 한다.

d 공가 처리는 직원의 권리를 저해하지 않으며, 징계조치를 구성하지 않는다. 공가가 무급이며, 또한 위반행위 혐의가 결과적으로 인정되지 않거나 해당 행동이 결과적으로 해임이나 해직을 필요로 하지 않는다고 확인되는 경우에는, 보류된 급여는 지체 없이 복구되어야 한다.

e 공가 처리된 직원은 직원규칙 11장에 따라 해당 결정에 불복할 수 있다.

| 11장 상소(上訴) |

규칙 11.1 비공식 해결

a 고용 계약이나 임용 조건이 위반되었다고 보는 경우, 직원은 해당 사안을 비공식적으로 해결하기 위해 노력하여야 한다. 동 목적상, 비공식 절차를 이용하고자 하는 직원은 지체 없이 옴부즈만실에 연락하여야 한다. 다만 이러한 조치를 취하여도, 이 장의 조항에 따라 해당 사안을 공식적으로 해결하고자 하는 권리를 저해하지 않는다.

b 직원 및 사무총장 모두 문제의 공식적인 해결 경로를 추진하기 전 또는

후 어느 때이든지, 중재를 포함한 비공식적 해결을 개시할 수 있다.

c 중재를 포함한 옴부즈만실의 비공식적 해결 추진 시, 아래 직원규칙 11.2 (c) 및 (d) 및 11.4 (c)에 규정된 바와 같이 관리 평가와 유엔분쟁법원의 소 (訴) 제기 기한은 연장될 수 있다.

d 간부 결정에 불복하여 발생한 분쟁을 중재를 통한 합의 도출로 해결하는 경우에는 유엔분쟁법원에 제기하는 소는 각하된다. 그러나 중재로 도출된 합의 이행을 집행하기 위하여, 중재 합의에 명시된 이행 기한으로부터 90일 이내에, 또는 중재 합의에 명시하지 않았을 경우에는 합의가 서명된 날부터 30번째 날로부터 90일 이내에 유엔분쟁법원에 직접 소를 제기할 수 있다.

규칙 11.2 관리 평가

a 직원규정 11.1(a)에 따라 적절한 규정과 규칙을 포함하여, 직원의 고용 계약이나 임용 조건 미(未)준수를 이유로 처분에 공식적으로 불복하고자 하는 직원은 첫 단계로서 사무총장에게 서면으로 그 처분의 관리 평가를 요청하여야 한다.

b 기술적 기구의 자문을 토대로 한 사무총장의 처분, 또는 징계절차의 종료에 따라 직원규칙 10.2에 따른 징계조치 또는 비(非)징계조치를 부과하는 뉴욕 본부 결정에 공식적으로 불복하고자 하는 직원은 관리 평가를 요청하지 않을 수 있다.

c 관리 평가 요청은 불복할 처분을 통보받은 날부터 60일 이내에 송달되지 않는 한, 각하된다. 이 기한은 사무총장이 정하는 조건에 따라, 옴부즈만

실을 통해 비공식 해결 노력이 경주되는 경우, 연장될 수 있다.

d 관리 평가 결과를 반영한 사무총장의 회신은 뉴욕 근무 직원의 경우에는 관리 평가 요청 접수일로부터 30일 이내에, 뉴욕 이외 근무 직원의 경우에는 관리 평가 요청 접수일로부터 45일 이내에 서면으로 직원에게 송달하여야 한다. 이 기한은 사무총장이 정하는 조건에 따라, 옴부즈만실을 통해 비공식 해결 노력이 경주되는 경우, 연장될 수 있다.

규칙 11.3 처분의 집행정지

a 관리 평가 요청의 제출이나, 소의 제기는 모두 불복한 처분의 집행을 정지하는 효력을 갖지 못한다.

b 그러나 직원이 행정 결정에 대한 관리 평가를 요구한 경우,

Ⅰ 직원은 관리 평가가 종료되고 그 결과에 대한 통보를 접수할 때까지 불복한 처분의 집행정지를 요청하는 소를 유엔분쟁법원에 제기할 수 있다. 유엔분쟁법원은 재판부 규정 2조 2항에 따라, 처분의 집행으로 인하여 생길 회복하기 어려운 손해를 예방하기 위하여 긴급한 필요가 있다고 인정할 만한 사건에 있어, 처분이 일견 위법한 것[308]으로 판단하는 경우, 그 처분을 집행정지할 수 있다.

Ⅱ 해직 관련 사건에 있어, 직원은 관리 평가가 종료되고 그 결과에 대한 통보를 접수할 때까지 사무총장에게 처분의 집행정지를 요청할 수 있다. 사무총장은 처분 집행으로 인하여 생길 회복하기 어려운 손해를 예방하기 위하여 긴급한 필요가 있다고 인정할 만한 사건에 있어, 불복한 처분이 아직 집행되지 않았고, 일견 위법한 것으로 판단하는 경우, 그 처분을 집행정지할 수 있다. 사무총장이 집행정지 요청을 거절하는 경우, 직원은 위 (b) Ⅰ에 의해 유엔분쟁법원에 처

---

308 원문: appears prima facie to be unlawful

분의 집행정지를 요청할 수 있다.

규칙 11.4 유엔분쟁법원

a 직원은 관리 평가에 따른 처분 경정(更正) 여부와는 관계없이, 관리 평가 결과를 접수한 날 또는 직원규칙 11.2 (d)에 명시한 기한이 만료한 날 중 이른 날로부터 90일 이내에 유엔분쟁법원에 불복한 처분에 대해 소를 제기할 수 있다.

b 관리 평가를 요청할 필요가 없는 경우에는 직원규칙 11.2 (b)에 따라 직원은 행정 결정에 대한 통보를 접수한 날짜로부터 90일 이내에 유엔분쟁법원에 직접 소를 제기할 수 있다.

c 어느 일방이 직원규칙 11.4 (a) 또는 (b)에 명시한 유엔분쟁법원 소 제기 기한 내에 중재를 추진하였고, 옴부즈만실의 중재국 의사규칙에 따라 중재가 실패한 것으로 간주되는 경우, 직원은 중재 종료 후 90일 내에 유엔분쟁법원에 소를 제기할 수 있다.

d 직원은 유엔분쟁법원에 자신의 사건을 변호하는 데 있어 원하는 경우 직원법률지원실을 통한 상담 지원을 받을 수 있어야 하며, 또는 본인 부담으로 외부인 상담을 받을 수 있다.

e 직원협회는 직원이 제기한 소와 관련하여 법정 조언자에 의한 변론[309]을 제출할 수 있도록 유엔분쟁법원에 허락을 요청할 수 있다.

---

309 원문: a friend-of-the-court brief

f 다른 직원이 소를 제기한 동일한 처분에 불복할 권리가 있는 직원은 본안에 참가할 수 있도록 유엔분쟁법원에 허락을 요청할 수 있다.

g 유엔분쟁법원은 재판부 규칙 2조 1항에 따라, 직원이 다음을 위해 제기한 소에 대해 관할권을 갖는다.
   Ⅰ 해당 규정 및 규칙, 미(未)준수 주장 시점에 유효한 관련 행정 지침을 포함하여, 처분에 대한 고용 계약 또는 임용 조건의 미준수를 이유로 한 항고(抗告)
   Ⅱ 징계조치를 부과하는 처분에 대한 항고
   Ⅲ 중재를 통해 도출된 합의 이행의 집행

h 유엔분쟁법원의 권한은 재판소 규정에 명시한 바와 같이, 다음의 권한을 포함한다.
   Ⅰ 당사자 요청으로 서면으로 명시한 시간 동안 소송절차 중지
   Ⅱ 소송절차 중 어떠한 때에도 그 처분 이행으로 인하여 생길 회복하기 어려운 손해를 예방하기 위하여 긴급한 필요가 있다고 인정할 만한 사건에 있어, 처분이 일견 위법한 것으로 판단되는 경우, 어느 일방에게 일시적 구제를 제공하기 위한, 상소 대상이 되지 않는 임시 조치의 명령. 일시적 구제는 임용, 승진 또는 면직 관련 사건을 제외하고, 불복한 처분의 집행정지를 포함할 수 있다.
   Ⅲ 심리 중 어떠한 때에도 양 당사자의 합의에 따라 본안을 중재에 회부

규칙 11.5 유엔 유엔상소법원

a 유엔상소법원은 재판부 규정 2조 1항에 따라, 유엔분쟁법원 판결에 관한 다음의 상소에 대한 심판권을 갖는다.
   Ⅰ 관할권 또는 영역을 벗어난 경우
   Ⅱ 부여된 관할권을 행사하는 데 실패한 경우
   Ⅲ 법률 문제에 있어 오판한 경우

Ⅳ 사건의 결정에 영향을 미치는 정도로 절차상 실수를 범한 경우

Ⅴ 명백히 불합리한 결정을 초래한 정도로 사실관계에 있어 오판한 경우

b 상소는 어느 당사자가 유엔분쟁법원의 판결을 송달받은 후 45일 내에 해당 판결에 대해 제기할 수 있다. 상소는 기한을 충족하지 못하거나, 상소재판부가 기한을 면제 또는 중지하지 않은 한, 각하된다.

c 유엔상소법원에 대한 제소는 불복한 유엔분쟁법원 판결의 집행을 정지하는 효력을 가진다.

d 직원은 유엔상소법원에서 자신의 사건을 변호하는 데 있어 원하는 경우 직원법률지원실을 통한 상담 지원을 받을 수 있어야 하며, 또는 본인 부담으로 외부인 상담을 받을 수 있다.

e 유엔상소법원의 권한은 재판부 규정에 명시한 바와 같이, 다음의 권한을 포함한다.

Ⅰ 직권으로, 또는 어느 일방의 요청에 따라, 예외적인 경우 소송절차 종료 여부 결정

Ⅱ 회복하기 어려운 손해를 예방하고, 유엔분쟁법원의 판결과 일관성을 유지하기 위해, 어느 일방에게 일시적 구제를 제공하기 위한 임시 조치의 명령

| 12장 총칙 |

규칙 12.1 적용 대상

직원규칙 1.1부터 13.9까지는 사무총장이 임용한 모든 직원에게 적용된다.

규칙 12.2 용어의 성별

a 직원규칙 본문에서 남성 직원을 지칭하는 용어는 해당 내용이 분명하게
남성을 지칭하지 않는 한, 남녀 직원 모두를 가리킨다.

b 직원규칙 본문에서 남성 사무총장을 지칭하는 것은 해당 내용이 분명하
게 남성을 지칭하지 않는 한, 남녀 사무총장 모두를 가리킨다.

규정 12.3 직원규칙의 수정조항과 예외사항

a 직원규정 12.1, 12.2, 12.3, 12.4 및 12.5에 따라, 직원규칙은 사무총장이
직원규정과 일치하도록 수정할 수 있다.

b 사무총장은 직원규정이나 기타 총회 결정에 배치되지 않으며, 또한 직접
적으로 연관된 직원의 동의를 얻고 사무총장 의견으로 다른 직원의 이익
을 침해하지 않는 경우, 직원규칙의 예외사항을 둘 수 있다.

규칙 12.4 발효일 및 직원규칙 정본

달리 규정하지 않는 한, 직원규정 12.1, 12.2, 12.4 및 12.5를 전제로, 직원
규칙 1.1부터 13.9까지 조항은 2013년 1월 1일부터 유효하다. 영문본과

불문본은 모두 동등하게 정본이다.

| 13장 경과조치 |

규칙 13.1 영구직(永久職)

a 2009년 6월 30일 현재 영구직이거나, 또는 직원규칙 13.3 (e) 또는 13.4 (b)에 따라 영구직이 된 직원은 해직 시까지 해당 영구직을 보유한다. 2009년 7월 1일부터 모든 영구직 직원은 이 규칙에 규정한 외에는, 직원 규정 및 직원규칙에 따라 연속직에 적용 가능한 조건의 규율을 받는다.

b Ⅰ 각 중앙심사기구는 직원규정 9.3 (a) Ⅱ 및 직원규칙 9.6 (c) Ⅲ에 따라 근무성 적이 불량한 영구직의 면직에 대한 권고 의견을 심사한다.

  Ⅱ 직원규칙 9.6 (c) Ⅴ에 따른 면직은 사무총장이 임명한 특별자문단이 해당 사 안을 검토 및 보고한 이후에만 가능하다. 특별자문단은 국제사법재판소장의 지명하고 사무총장이 임명하는 의장과, 사무총장이 임명하고 직원협의회가 동의하는 4명의 구성원으로 구성된다.

c 직원규정 9.3 (b) 및 직원규칙 9.6 (d)는 영구직에 적용하지 않는다.

d 업무 필요상 폐직 또는 과원(過員)이 되는 경우, 해당 직원의 근무를 효과 적으로 활용할 적합한 직위의 가용성을 전제로, 영구직은 상대적인 역량, 도덕성 및 근무 기간을 적절히 고려하여, 모든 임용 형태에 우선하여 재임 용한다. 상기 적합한 직위가 지리적 배분 원칙 대상일 경우에는 재직 기간 5년 미만의 직원 및 5년내 국적을 바꾼 직원의 경우, 국적 또한 적절히 고 려하여여 한다.

e 일반직군 등 직원에 있어 근무지의 모(母)조직 내 가용한 직위에 재임용 고려 대상이 된 경우, 위 (d)의 조항은 충족된 것으로 본다.

f 유엔사무국, 또는 총회 결의나 사무총장이 체결한 협약의 결과에 따라 임용 문제에 있어 특별한 지위를 향유하는 유엔 산하 기관 근무를 목적으로 채용된 직원은 위 (e)에 따른, 채용된 기관 외의 직위 재임용 고려 대상이 되지 않는다.

규칙 13.2 무기직(無期職)

a 2009년 6월 30일 현재 무기직이거나, 또는 직원규칙 13.3 (e)또는는 13.4 (b)에 따라 무기직이 된 직원은 해직 시까지 해당 무기직을 보유한다. 2009년 7월 1일부터 모든 무기직 직원은 이 규칙에 규정한 외에는, 직원규정 및 직원규칙에 따라 연속직에 적용 가능한 조건의 규율을 받는다.

b 무기직 직원은 30일의 서면 통보를 통해 사임할 수 있다.

c 무기직 직원은 사무총장이 사무총장의 의견으로 조직의 이익에 도움이 되고, 원칙적으로 임무의 변경이나 종료로 해석되며, 헌장의 기준에 합치하는 경우, 어느 때이든지 면직시킬 수 있다. 직원규정 9.3 (b) 및 직원규칙 9.6 (d)는 무기직에 적용하지 않는다.

규칙 13.3 견습직(見習職)

a 2009년 6월 30일 현재 견습직인 직원은 통상적으로 2년인 해당 임용 형태의 잔여 기간에 대해 견습 근무를 계속한다. 예외적인 경우, 견습 근무 기간은 1년까지 기간을 축소 또는 연장할 수 있다.

b 2009년 7월 1일부터 견습직 직원은 이 규칙에 규정한 외에는, 직원규정 및 직원규칙에 따라 계약직에 적용 가능한 조건의 규율을 받는다.

c 직원규칙 4.13 (c)의 조항을 침해함이 없이, 사무총장은 적절한 경우에 100계열 계약직의 연속 근무에 상당하는 기간 이후 견습 근무 기간을 축소하거나 면제할 수 있다.

d 무기직 직원은 사무총장이 사무총장의 의견으로 조직의 이익에 도움이 되는 경우, 어느 때이든지 면직시킬 수 있다.

e 업무 필요상 폐직 또는 과원(過員)이 된 경우, 해당 직원의 근무를 효과적으로 활용할 적합한 직위의 가용성을 전제로, 견습직은 상대적인 역량, 도덕성 및 근무 기간을 적절히 고려하여, 계약직 또는 무기직에 우선하여 재임용한다. 상기 적합한 직위가 지리적 배분 원칙 대상일 경우에는 재직 기간 5년 미만의 직원 및 5년 내 국적을 바꾼 직원의 경우, 국적 또한 적절히 고려하여야 한다.

f 견습 근무 종료 후에는 영구직을 부여받거나, 해직된다.

g 각 중앙심사기구는 견습직 직원이 국제공무원으로서 직무 적합성을 충분히 보유해왔고, 유엔 헌장에서 정한 가장 높은 수준의 능률, 역량 및 도덕성 기준을 충족해왔다는 점 등 영구직 임명 적합성을 심사하여야 한다. 각 중앙심사기구는 영구직으로 전환, 견습 기간의 1년 연장, 또는 해직을 권고할 수 있다.

규칙 13.4 100계열 계약직

a 2009년 현재 100계열 계약직인 직원은 직원규칙 13.7에 규정된 외에는,

임용장에 명시한 종료일까지 잔여 기간 동안 근무한다. 2009년 7월 1일부터 100계열직 직원은 이 규칙에 규정한 외에는, 직원규정 및 직원규칙에 따라 계약직에 적용 가능한 조건의 규율을 받는다.

b 100계열직이 계약 갱신 또는 전환에 대한 어떠한 기대도 수반하지 않는다는 점에도 불구하고, 2009년 6월 30일 또는 이전에 100계열직 연속 재직 기간이 5년에 달하고, 가장 높은 수준의 능률, 역량 및 도덕성 기준을 충족하며, 재직 기간 5년 도달 시점에 53세 미만인 경우에는, 조직의 모든 이익을 고려하여, 영구직 임용에 최대한 충분하게 고려하여야 한다.

규칙 13.5 200계열직

2009년 6월 30일 현재 200계열의 단기, 중기, 장기직 직원은 임용장에 명시한 종료일까지 잔여 기간 동안 근무한다. 2009년 7월 1일부터 200계열직 직원은 직원규정 및 직원규칙 및 사무총장이 정하는 조건에 따라 계약직에 적용 가능한 조건의 규율을 받는다.

규칙 13.6 300계열직

2009년 6월 30일 현재 300계열직인 직원은 임용장에 명시한 종료일까지 잔여 기간 동안 근무한다. 2009년 7월 1일부터 300계열직 직원은 직원규정 및 직원규칙 및 사무총장이 정하는 조건에 따라 계약직에 적용 가능한 조건의 규율을 받는다.

규칙 13.7 임무단직(任務團職)

현장직 담당관으로 근무중인 직원은 사무총장이 정하는 조건에 따라 2011

년 6월 30일까지, 단기 통보 후 근무지로 파견된 직원을 포함하여 해당 직원의 직군에 적용 가능한 조건의 규율을 받는다.

규칙 13.8 비(非)거주자수당

직원규정 별표 1에 따라, 1983년 8월 31일 비(非)거주자수당을 받고 있었던 직원은 복리 대상으로 남는 한, 당시 유효한 조항에 따른 금액에 해당하는 비거주자수당을 계속 수령할 수 있다.

규칙 13.9 사법제도

사무총장은 2009년 6월 30일 또는 이전에 사법제도에 계류 중인 사건에 적용할 절차를 정하여야 한다.

첨부A 연금기준보수(생략)

첨부B 특정 화폐 및 국가에서 발생한 교육 경비에 관해 적용 가능한 학비지원금 복리(기준표 생략)

근무지 외의 교육기관 재학

Ⅰ 교육기관이 기숙사를 제공하는 경우, 지급액은 1열의 최대 금액 내에서 재학 및 기숙사 비용의 75%로 하고, 연간 학비지원금 최대 금액은 2열로 한다.

Ⅱ 교육기관이 기숙사를 제공하지 않는 경우, 지급액은 3열의 정액과, 2열의 연간 학비지원금 최대 금액 내에서 재학 비용의 75%로 한다.

근무지 내의 교육기관 재학

Ⅲ 지급액은 1열의 최대치 내에서 재학 비용의 75%로 하며, 연간 지원금의 최대 치는 2열과 같다.

Ⅳ 직원 근무지로부터 통학 거리가 멀고, 사무총장의 의견으로 자녀에게 적합한 학교가 부재할 경우, 학비지원금액은 위 Ⅰ 및 Ⅱ에 명시한 동일한 금액으로 계 산한다.

교육시설이 없거나 적합한 교육시설이 부재한 지정 근무지의 경우, 근무지 외의 초 등 및 중등 교육기관 재학

Ⅴ 교육기관이 기숙사를 제공하는 경우

　a. 4열의 최대 금액 내에서 기숙사 비용의 100%, 그리고

　b. 5열의 상환 가능한 최대 금액 내에서 재학 비용 및 4열의 금액을 초과하는

기숙사 비용의 75%

Ⅵ 교육기관이 기숙사를 제공하지 않는 경우

    a. 3열의 기숙사 정액, 그리고

    b. 5열의 상환 가능한 최대 금액 내에서 재학 비용의 75%

첨부C 군복무 관련 행정

a 유엔의 특권 및 면제 협약 18(c)에 따라, 동 협약에 가입한 회원국 국민인 직원은 국적국의 군복무 의무로부터 면제된다.

b 상기 협약에 가입하지 않은 정부에 대하여 직원의 유엔 고용을 이유로 한 군복무 연기 또는 면제 요청은 해당 직원이 아니라, 사무총장이 하여야 한다.

c 연속직 직원이나, 경쟁시험에 합격하고 계약직으로 양호한 근무성적으로 1년간 재직한 직원은 회원국 정부로부터 훈련 또는 현역 군입대 영장을 받는 경우, 해당 군복무 기간 동안 무급 특별휴가로 처리한다. 기타 직원 은 영장을 받는 경우, 임용 조건에 따라 사무국으로부터 해직된다.

d 군복무로 무급 특별휴가 처리된 직원은 무급 휴가에 들어가기에 앞서 근 무 마지막 날짜에 보유하고 있던 임용 형태의 조건이 유지된다. 인력 감축 또는 폐직을 규율하는 통상적인 규칙이 적용되는 경우 외에는, 직원의 사

무국 내 재고용은 보장되어야 한다.

e 직원규칙 5.3 (b)의 해석에 있어, 군복무로 인한 무급 특별휴가 기간은 연공(年功) 산정에 산입한다.

f 군복무로 무급 특별휴가 중인 직원은 사무국 현업 복귀 여부에 관한 의향을 제대 90일 이내에 사무총장에게 보고하여야 한다. 직원은 또한 제대 증명서를 제출하여야 한다.

g 의무 군복무 기간 이후 군복무를 계속하거나, 공식적으로 제대하지 못한 경우, 사무총장은 개별 사안의 특성을 감안하여 무급 특별휴가의 추가 부여 여부 및 재고용 권리 유지 여부에 대해 결정한다.

h 직원의 무급 특별휴가로 인한 부재 기간이 6개월 이상 지속될 것으로 보이는 경우, 유엔은 배우자 및 부양 자녀를 복리 대상 장소로 이동시키는 경비 및 직원의 사무국 현업 복귀 이후 귀환시키는 여행 경비에 대한 지급 요청을 받는 경우, 이를 해당 직원의 다음 귀국휴가 시 여행 경비에 산입하는 조건으로 지급한다.

i 유엔은 군복무로 무급 특별휴가 중인 직원의 부재 기간 동안 유엔통합직원연금기금에 대한 부담금을 지급하지 않는다.

j 유엔을 대표하여 공무 수행 중 발생한 사망, 부상 또는 질병과 관련된 직

원규칙 6.4 조항은 군복무 기간 중에는 적용하지 않는다.

k 군복무 여건상 필요하다고 보이는 경우, 사무총장은 군복무로 인한 무급 휴가 기간을 사무국 현업 복귀 시 봉급 호봉을 조정하는 데 산입할 수 있다.

l 사무총장은 사무총장의 사전 승인을 얻고, 군복무를 자원하거나, 유엔 특권면제협약 18 (c)상의 면제의 적용 면제를 요청하는 직원에 대해서는 위 조항을 적절히 적용할 수 있다.

첨부D 유엔을 대표하여 수행한 공무 중 발생한 사망, 부상 또는 질병에 관한 보상 규칙

각각 공표한 ST/SGB/Staff Rules/Appendix D/Rev.1 및 Amend.1 및 ST/SGB/Staff Rules/1/Rev.7/Amend.3 참조

16조 보상신청자문단

d 자문단은 행정 및 인사 문제에 필요한 전문성을 보유하고 있는 다음 인사로 구성된다.

Ⅰ 사무총장이 임명하는 사무국 대표 3명

Ⅱ 직원위원회 권고에 따라 사무총장이 임명하는 직원 3명

3
참고 사항

❶ 5위원회 예산 용어

Revised Budget(수정예산)

- 예산편성 당시 입법 기구로부터 임무(mandate)는 받았으나, 정보가 부족하거나 사태가 진행 중이어서 예산규모 확정이 곤란한 경우, 예산결의안 채택 시 별도 결의안으로 추후 예산안을 제출토록 하여 승인받은 예산안을 수정
- 예산회기 1, 2차년도 말에 각각 결산 보고서(1st/2nd performance report)에 따라 지출 예상액 조정 승인

PBI(Programme Budget Implications, 예산소요액)

- 총회에 예산이 소요되는 개발이나 인권 등 사업의 결의안이 상정되는 경우 사무총장은 예상 추가 소요액에 대한 의견을 제시하고, 이에 대해 5위원회의 권고 의견 제시(총회 의사규칙 153조)
- 절차: 여타 위원회(Main Committee)에서 결의안 채택 → 사무총장의 PBI 제출 → ACABQ 검토 → 5위의 검토 및 권고 → 본회의 결의 채택

Staff Assessment(직원 보수 세액 산정액, 공제액)

- 사무국 직원의 급여에 대한 각국의 과세정책의 차이(미국은 사무국 직원의

급여에 소득세를 부과하는 반면, 대부분의 다른 나라들은 소득세 미부과)에 따른 직원 간 형평 문제를 해소하기 위하여 Tax Equalization Fund 설치
- 직원 급여에서 일정 수준(봉급수준에 따라 20~40%)을 동 기금에 적립하고, 소득세를 과세하지 않는 국가에 대해서는 해당 금액을 분담금 배정 시 Credit으로 처리

Working Capital Fund(운영기금)

- 정규예산 분담금 청구서를 각 회원국에 발송 후 각국의 분담금 납부 시까지 발생하는 일시적인 예산 부족현상을 해소하기 위하여 설치
- 1.5억 불 규모(2007년 결정)이며, 사용분은 각국의 분담금 납부 시 1차적으로 보충

PKO Reserve Fund(PKO 예비기금)

- PKO예산 내 Working Capital Fund와 유사한 기능의 기금으로, 1992년 PKO 수요에 대한 신속하게 대응하기 위한 자금 운전(cash flow)을 위해 설치(총 1.5억 불 규모)

Contingency Fund(예비비)

- 예산 편성 당시 포함되지 않은 추가 임무(additional mandates) 실행에 필요한 추가 경비를 충당할 목적으로 마련된 재원(A/RES/41/213)
- 총 예산액의 0.75%
- 새로운 예산 소요가 동 예비비 한도를 초과하는 경우는 원칙적으로 기존 예산 사업중 우선순위를 조정하여 조달하도록 규정

Commitment Authority(지출 권한)

- 평화 및 안전 유지와 정규예산과 관련하여 새로운 임무를 부여받거나 수여해야 할 때 비용 지출을 할 수 있는 권한을 사무총장에게 부여(Unforeseen

and Extraordinary Expenses budget)
- 예산결의안 채택 시 관련 사항이 포함된 별도 결의안 채택
- 사용 내역은 총회가 사후 승인하며, 800만 불 초과 시에는 ACABQ의 승인 필요

Special Account(특별계정)
- 1972년 유엔이 겪고 있던 재정난을 해소하고자 회원국들의 자발적 기여, 일부 사장(死藏)된 임무 축소 등을 통해 조성
- 1965년 사무총장의 제안으로 만든 특별계정은 1972년 특별계정으로 통합

❷ 유엔 시스템(UN System)[310]

유엔 시스템은 유엔사무국과 기타 유엔 기구들을 통칭하며, 각 기구별 구성국, 운영 방식, 재원이 서로 다르다.

(1) 기금 및 계획(Funds and Programmes)
이들은 1945년 유엔 설립 이후에 생겨난 개발 원조, 식량 지원, 환경 등 문제에 대처하기 위해 생겨났다. 유엔 총회가 아닌, 별도의 정부간 기구가 운영 결정을 내리며, 재원도 유엔 예산이 아닌, 자발적 기여금에 의존한다. 다만, 행정 및 인사 영역에서는 유엔의 규정 및 규칙을 적용한다.
  • International Trade Centre(ITC)
  • Office of the UN High Commissioner for Refugees(UNHCR)

---

310 유엔 시스템에 대해서는 유엔 및 유엔고위조정이사회(CEB) 참조.
http://www.un.org/en/sections/about-un/funds-programmes-specialized-agencies-and-others/index.html
http://www.unsceb.org/directory

- UN Women
- UN Children's Fund(UNICEF)
- UN Conference on Trade and Development(UNCTAD)
- UN Development Programme(UNDP)
- UN Environment Programme(UNEP)
- UN Human Settlements Programme(UN-Habitat)
- UN Office on Drugs and Crime(UNODC)
- UN Population Fund(UNFPA)
- UN Relief and Works Agency for Palestine Refugees in the Near East(UNRWA)
- World Food Programme(WFP)

(2) 전문 기구(Specialized agencies)

별도의 법령, 회원국, 조직, 재원을 갖고 있는 독립적인 국제기구다. 다만, 유엔과 협정을 맺고, 경제사회이사회(ECOSOC)에 보고하며, 고위조정이사회(Chief Executives Board for Coordination, CEB)를 통해 업무를 조율한다.[311]

- Food and Agriculture Organization(FAO)
- International Civil Aviation Organization(ICAO)
- International Fund for Agricultural Development(IFAD)
- International Labour Organization(ILO)

---

311 유엔 헌장 제57조
1. The various specialized agencies, established by intergovernmental agreement and having wide international responsibilities, as defined in their basic instruments, in economic, social, cultural, educational, health, and related fields, shall be brought into relationship with the UN in accordance with the provisions of Article 63.
2. Such agencies thus brought into relationship with the UN are hereinafter referred to as specialized agencies.
제63조
1. The Economic and Social Council may enter into agreements with any of the agencies referred to in Article 57, defining the terms on which the agency concerned shall be brought into relationship with the UN. Such agreements shall be subject to approval by the GA.
2. It may co-ordinate the activities of the specialized agencies through consultation with and recommendations to such agencies and through recommendations to the GA and to the Members of the UN.

- International Maritime Organization(IMO)

- International Monetary Fund(IMF)

- International Telecommunication Union(ITU)

- UN Educational, Scientific and Cultural Organization(UNESCO)

- UN Industrial Development Organization(UNIDO)

- Universal Postal Union(UPU)

- World Bank Group(World Bank)

- World Health Organization(WHO)

- World Intellectual Property Organization(WIPO)

- World Meteorological Organization(WMO)

- World Tourism Organization(UNWTO)

(3) 관련 기구(Related Organizations)

'관련 기구'는 전문 기구와 유사하나, 유엔헌장 57조 및 63조를 원용하지 않

는 기구를 말한다. 안보리, 경사리, 또는 총회에 보고한다.

- International Atomic Energy Agency(IAEA)[312]

- Organization for the Prohibition of Chemical Weapons(OPCW)

- Prepatory Commission for the Comprehensive Nuclear- Test-Ban Tr

  eaty Organisation(CTBTO)

- World Trade Organization(WTO)

---

312 가령 2015년 우리의 의무 분담률의 경우, 유엔사무국은 1.994%인 반면, IAEA는 1.919%이다[IAEA 2014년 총회 GC(58)/RES/9].

(4) 기타 기구(Other Entities)

- Joint UN Programme on HIV/AIDS(UNAIDS)

- UN Office for Disaster Reduction(UNISDR)

- UN Office for Project Services(UNOPS)

❸ 유엔 문서 찾는 방법

- 5위원회 홈페이지에는 최근 10여 년간 개최된 총회의 회의 일정, 공식 발언
  문, 결의, 사무국 보고서, ACABQ 보고서 등이 실린다. 다만 과거로 갈수록
  자료 수록의 포괄성이 떨어진다.

  http://www.un.org/en/ga/fifth/

- 문서 번호를 알고 있을 경우, 아래 사이트 주소 다음 부분에 문서 번호를
  붙여 주소창에 입력하면 된다.

  http://undocs.org/

- 다그 함마르셸드 도서관(Dag Hammarskjöld Library) 홈페이지에 유엔 문서
  에 관한 상세한 설명이 수록되어 있다.

  http://research.un.org/c.php?g=98281&p=636258